La vente de marchandises dans les systèmes de droit civil et de *Common Law*

Logiques Juridiques

Fondée par Gérard Marcou

Dirigée par Jean-Claude Némery et Thomas Perroud

Le droit n'est pas seulement un savoir, il est d'abord un ensemble de rapports et pratiques que l'on rencontre dans presque toutes les formes de sociétés. C'est pourquoi il a toujours donné lieu à la fois à une littérature de juristes professionnels, produisant le savoir juridique, et à une littérature sur le droit, produite par des philosophes, des sociologues ou des économistes notamment.

Parce que le domaine du droit s'étend sans cesse et rend de plus en plus souvent nécessaire le recours au savoir juridique spécialisé, même dans des matières où il n'avait jadis qu'une importance secondaire, les ouvrages juridiques à caractère professionnel ou pédagogique dominent l'édition, et ils tendent à réduire la recherche en droit à sa seule dimension positive. À l'inverse de cette tendance, la collection « Logiques juridiques » des éditions L'Harmattan est ouverte à toutes les approches du droit. Tout en publiant aussi des ouvrages à vocation professionnelle ou pédagogique, elle se fixe avant tout pour but de contribuer à la publication et à la diffusion des recherches en droit, ainsi qu'au dialogue scientifique sur le droit. Comme son nom l'indique, elle se veut plurielle.

Dernières parutions

Catherine TEITGEN-COLLY et Olivier RENAUDIE (dir), *Confiance et droit public,* 2019.

Yaya DIALLO, *Les sûretés et garanties réelles dans les procédures collectives,* 2019.

Sangoné THIAM, *Droits de la défense et enquête policière*, 2019.

Georges-Philippe ZAKHOUR, *Les investissements étrangers, Droit application et tribunal compétent*, 2019.

Rachid EL BAZZIM, *Conseil de la concurrence au Maroc*, 2019.

Bienvenu OKIEMY, *L'OMC, une ingénierie juridique et commerciale à reconfigurer*, 2019.

Didier JAMOT, *Annuaire des engagements internationaux ayant fait l'objet d'une loi d'autorisation sous la Ve République*, 2019.

Sotirios LYTRAS, *Le phénomène disciplinaire dans le droit public héllenique contemporain,* 2019.

Massimo VOGLIOTTI, *Pour une nouvelle éducation juridique*, 2018.

Claire AGUILON, *Justice constitutionnelle et subsidiarité. L'apport de l'expérience canadienne pour la construction européenne*, 2018.

Jackeline Patricia CESPEDES ARTEAGA, *La contribution de la CJUE dans la construction du droit de la Communauté andine*, 2018.

Jorge BALMACEDA

La vente de marchandises dans les systèmes de droit civil et de *Common Law*

L'Harmattan

5-7, rue de l'Ecole-Polytechnique, 75005 Paris

www.editions-harmattan.fr

ISBN : 978-2-343-16616-2
EAN : 9782343166162

« *Le profit est bénédiction quand il n'est pas volé* »
William Shakespeare,
Le marchand de Venise, 1597

REMERCIEMENTS

Ces travaux sont l'aboutissement d'un projet personnel débuté en 2005. A cette époque, j'ai voulu entamer des études à la Sorbonne, mais le destin en a décidé autrement.

En 2007, je commençais une maîtrise à la *Nottingham Law School*, puis je suis revenu en 2009 en France afin de faire un D.S.U. à l'Université Paris 2. En 2013, j'ai suivi un cours en contrat commercial à l'Université de Cambridge, ce qui m'a donné l'idée de déposer une candidature en doctorat dans ce domaine, que j'ai beaucoup aimé, et ce, depuis toujours.

Heureusement, M. le Professeur Philippe Dupichot m'a fait confiance et j'ai donc eu la possibilité de réaliser cet ancien rêve d'étudier à l'Université Paris 1. Je lui exprime ici toute ma gratitude. « Tout est bien qui finit bien », comme on dit en français.

D'autre part, je voudrais remercier plusieurs personnes qui m'ont beaucoup aidé durant ces années à matérialiser ce projet.

En premier lieu, ma femme Mariangela, ma fille Anna et le Saint Esprit, qui ont été mes soutiens émotionnels les plus forts et m'ont motivé pour finir ce projet en temps opportun.

Mes parents Jorge et María Teresa, mon frère Gustavo, mes beaux-parents Anna et Antonio, les avocats Ladislao Ureta G., Hernán Ríos D. et Jorge Herrera M., et Mme. Ximena Faúndez B., qui m'ont aidé à réaliser les démarches nécessaires et m'ont aussi donné de précieuses informations.

Mme la Professeure Jane Ching de la Nottingham Law School ; M. le Professeur Raúl Lecaros Z. de la Pontificia U. Católica de Chile ; M. le Professeur Hernán Corral T. de l'Université de Los Andes, Chile ; Mme la Professeure María Francisca Elgueta de l'Université de Chile ; Mme la Professeure Marión Soto V. de l'université Iberoamericana de Ciencias y Tecnología de Chile ; M. le Professeur Patricio García M. de l'Institut franco- Chilien ; M. le Professeur Renato Nuño L. et M. le Professeur Aníbal Rodríguez L. de l'Université Santo Tomás, Chili., qui m'ont académiquement aidé à faire aboutir ce projet.

M. Stéphane Pioger et les collègues M. Alexis Chauveau Maulini et M. Bernardo García L., qui m'ont aidé à corriger la grammaire française.

Enfin, j'aimerais préciser que la difficulté pour finaliser ce projet a été triple :

1. D'une part, je n'étais pas habitué au modèle académique français, notamment à sa méthode traditionnelle qui divise les thèses en parties, titres, chapitres, sections et paragraphes.

Les livres du Professeur Capitant et d'autres ont à cet égard été très utiles. Le séminaire donné à cette fin par le Professeur Dupichot à la Sorbonne l'a été tout autant.

2. D'autre part, la langue française n'étant plus d'apprentissage obligatoire au Chili, elle est malheureusement devenue une langue de culture, prisée notamment des amateurs du droit privé et des lettres. J'ai dû me préparer en prenant des cours de langue française à l'Institut franco-chilien pendant plusieurs années.

A ce sujet, les conseils et les encouragements de M. le Professeur Patricio García M. dès l'année 2004 et jusqu'en 2015 ont été précieux. Je lui en suis très reconnaissant.

3. Enfin, après mon arrivée en France, est entrée en vigueur la réforme du droit des contrats issue de l'ordonnance n° 2016-131 du 10 février 2016, raison pour laquelle j'ai dû compléter mes connaissances du droit des obligations français, déjà étudié en 2009 à l'Université Paris 2.

Résumé :

La *Common Law* et le droit civil sont les principaux systèmes de droit dans le monde et la vente de marchandises est le contrat le plus important.

La vente internationale de marchandises a été soumise à la loi anglaise et au droit civil indistinctement, ce qui a parfois posé problème en raison des approches différentes adoptées fondées sur des principes et institutions distincts.

La Convention de Vienne du 11 avril 1980 sur la vente internationale de marchandises a essayé de concilier ces différences avec une technique codificatrice, typique du droit civil, en privilégiant le plus souvent des règles de droit civil mais en introduisant aussi des institutions du *Common Law* qui ne sont pas incompatibles avec le droit civil.

Les principes généraux du droit civil et d'Unidroit ont participé à la réalisation de ce but d'harmonisation des règles relatives à la vente internationale de marchandises en intégrant les dispositions de la Convention des Nations Unies sur les contrats de vente (CVIM), même lors de la phase interprétative.

La force de la codification s'impose par rapport à la tradition jurisprudentielle britannique, en donnant ainsi certitude et sophistication législative à ce sujet, dont l'importance est capitale pour le commerce mondial.

Descripteurs : Common Law ; Convention de Vienne 1980 ; droit civil ; internationale ; principes d'Unidroit ; principes généraux du droit ; vente

Abstract:

Common Law and Civil Law are the main legal systems in the world and the sale of goods is the most important contract.

Sales of goods have been ruled either by English Law or Civil Law, which has posed problems sometimes due to different approaches regarding certain principles and institutions.

The 11th April 1980 Vienna Convention on international sale of goods tried to harmonise these differences with a codification technique, typical of Civil Law, giving privilege to rules of Civil Law most of the time but also introducing institutions from Common Law, that are not incompatible with Civil Law, as we will see.

The general principles of Civil Law and Unidroit principles help with this harmonisation goal, integrating the rules of the CISG and also with the interpretation phase.

The power of codification prevails over Common Law, giving certitude and sophistication to this matter, which is vital for global commerce.

Keywords: civil law; common law; general principles of law; goods; international; sale; Unidroit principles; Vienna Convention 1980

PRINCIPALES ABRÉVIATIONS

AC : *Appeal Cases*

All ER : *All England Law Reports*

Art.(s). : article(s)

Ass. plén. : assemblée plénière de la Cour de cassation.

Bull. civ. : bulletin des arrêts de la Cour de cassation (chambres civiles)

Cass. : Cour de cassation

CCI : Chambre de commerce international de Paris

c. civ. ch. : Code civil chilien

c. com. ch. : Code de commerce chilien

Ch. : *Chancery division*

c. civ. : Code civil français

c. com. : Code de commerce français

c. consom. : Code de la consommation français

C.A. : cour d'appel

CE : Conseil d'Etat français

Civ. : chambres civiles de la Cour de cassation

Com. : chambre commerciale de la Cour de cassation

C. Sup. : Cour suprême

CPC ch. : Code de procédure civile chilien

CP : Constitution politique de la République (du Chili)

CPR : *Civil Procedure Rules* (Règles de procédure civile, Royaume-Uni)

CNUDCI : Commission des Nations Unies pour le droit commercial international

CVIM : Convention de Vienne de 1980 sur la vente internationale de marchandises

CLOUT : Case Law on Uncitral Texts (jurisprudence recueillie par la Commission des Nations Unies pour le droit commercial international)

CLR : *Commonwealth Law Reports*

D.: Dalloz

DLR : *Dominion Law Reports*

éd. : édition

EWCA Civ. : *England and Wales Court of Appeal. Civil*

GATT : General Agreement on Tariffs and Trade (Accord général sur les tarifs douaniers et le commerce)

GAFTA : Grain and Feed Trade Association (association internationale basée à Londres pour le commerce des grains et des aliments)

GAJC : Grands arrêts de la jurisprudence civile

Gaz. Pal. : Gazette du Palais

GATS : General Agreement on Trade and Services (Accord général sur le commerce des services)

Incoterms : International Commercial Terms, ICC (Conditions internationales de vente de la CCI)

I.B.M. : International Business Machinery

ICC : Chambre de commerce internationale de Paris

JCP : Juris-classeur périodique (Semaine juridique)

K.B. : King's bench division

Law Com. : Law Commission anglaise

LCIA : London Court of International Arbitration (Cour d'arbitrage international de Londres)

LR CP. : Law Reports Common Pleas

Lloyd's Rep. : Lloyd`s Law Reports

N.U. : Nations-Unies

P.U. : Principes d'Unidroit relatifs aux contrats du commerce international (2010)

PDEC : Principes de droit européen des contrats.

Q.B : Queen's bench.

R.D.A. : République démocratique allemande.

Req.: chambre des requêtes de la Cour de cassation.

RTD civ / RTDC : revue trimestrelle de droit civil.

s.g.a. : loi de vente sur les marchandises anglaise de 1979

U.N. : Nations-Unies

INTRODUCTION GÉNÉRALE

1. L'énonciation de quelques prolégomènes à l'étude de la vente de marchandises dans les systèmes de droit civil et de *Common Law* (I) précèdera une brève présentation des sujets à étudier (II), à la suite de laquelle on expliquera le plan de rédaction choisi pour notre étude (III).

I. Prolégomènes à l'étude de la vente de marchandises dans les systèmes de droit civil et de Common Law

2. L'erreur commune - De nombreux juristes, professeurs de droit, avocats et magistrats, estiment que les systèmes de droit civil et de *Common Law* sont irréconciliables. Ceci est une erreur.

D'autres considèrent que les différences entre ces deux systèmes juridiques, supposément insurmontables, seraient la conséquence de luttes et rivalités du passé, notamment pour le contrôle du Nouveau Monde (le Missouri, la Louisiane et le Québec, parmi d'autres, étaient des colonies françaises en Amérique du Nord et des guerres ont été menées avec l'Angleterre pour la domination de certaines colonies américaines). C'est une autre erreur.

En réalité, un examen minutieux des deux systèmes de droit les plus importants, le droit civil et la *Common Law*, sur un sujet spécifique comme celui de la vente (internationale de marchandises), permet de conclure qu'il existe plus de convergences et d'affinités entre les traditions juridiques anglaise et française que de différences. Ces traditions juridiques et les systèmes qu'elles portent ne sont pas irréconciliables. En ce sens, l'importance croissante prise par les lois écrites, *acts*, au Royaume-Uni et aux Etats-Unis est aujourd'hui parfaitement reconnue.

3. L'influence française - L'influence de la codification « à la française » est considérable et presque « toute puissante ». Napoléon Bonaparte, à Sainte-Hélène, avait eu une formule prémonitoire à ce sujet : « *Ma vraie gloire, c'est n'est pas d'avoir gagné quarante batailles ; Waterloo effacera le souvenir de tant de victoires. Ce que rien n'effacera, ce qui vivra éternellement, c'est mon Code civil. Il faudra pourtant le refaire dans trente ans* »[1].

---

[1] Napoléon 1er à Sainte-Hélène, Paris, Dalloz, 2004, rééd. du Code Civil original de 1804, commémoration de son bicentenaire, couverture arrière.

4. Les affinités - Il existe aussi des affinités philosophiques entre ces deux traditions :

Ainsi, à propos de l'exil de Voltaire en Angleterre, on peut lire :

« *Le séjour en Angleterre et ses conséquences (1726-1734).*

Le séjour de trois ans que Voltaire fit en Angleterre (1726-1729) fut très important pour le développement de ses idées. Il y a reçu le meilleur accueil, fréquenta les plus grands seigneurs et devint l'ami des écrivains les plus remarquables. Il y publia son Henriade, qu'il dédia à la reine, s'initia aux théories de Newton et au théâtre, absolument nouveau pour lui, de Shakespeare. Mais, surtout il y subit l'influence de Locke, y admira un pays où la liberté de penser était presque illimitée, où toutes les variétés du doute et de la négation se rencontraient et étaient tolérées »[2].

Mutatis mutandis, de l'autre côté de l'Atlantique, les « pères fondateurs » des Etats-Unis d'Amérique étaient francophiles. On connait la phrase célèbre attribuée à Thomas Jefferson : « *Tous les hommes ont deux patries : la leur et la France* ».

Plus récemment, en Angleterre, Winston Churchill était connu pour être un grand francophile.

De plus, on note certaines affinités linguistiques entre la France et l'Angleterre. Des mots français ou d'origine française se retrouvent partout dans le vocabulaire juridique anglais, tels que : bureau, clerc, justice, cour(t), juridiction, régime, administration, jury, etc. Même la devise de la Couronne britannique est écrite en langue française : « *Dieu et mon droit* ». Ainsi, l'influence du droit français sur la *Common Law* est indéniable. Elle est historique.

La *Gallia* comme la *Britannia* étaient des provinces de l'Empire romain et ont toutes deux étés marquées par sa culture civilisatrice : son droit, son architecture (l'arc romain, les bains…). De fait, les principes de base du droit romain, source juridique féconde, ont irrigué les deux systèmes juridiques, objets de la présente étude : la bonne foi (avec des nuances, comme on le verra), l'autonomie de la volonté, la responsabilité et l'enrichissement sans cause. Ces principes ont été transmis par les canonistes et glossateurs médiévaux et finalement repris dans le code Napoléon, qui a été le modèle favori des codes civils dans le monde entier.

5. L'importance du commerce international - La vente de marchandises fut la cause de la grandeur des empires britannique et français, car le commerce est vital pour la prospérité des pays. En effet, selon les mots du Professeur Raymond : « *La vente des marchandises est au cœur des questions économiques que pose notre société moderne. En simplifiant, on peut dire que toute notre économie est fondée sur la vente des marchandises : cette vente permet de donner du travail, donc un salaire, à des personnes qui dépenseront cet argent pour acheter des nouvelles marchandises. Au passage, le fisc prélève des taxes qui permettent de*

---

[2] Voltaire, *Lettres Choisies*, Paris, Hachette, 1935, p. 4, premier paragraphe.

financer les dépenses publiques et de procéder à une redistribution des revenus pour permettre, une fois encore, l'achat de marchandises. Dans ce type d'économie, s'il n'y a pas vente de marchandises, l'économie s'écroule comme un château des cartes »[3].

En France comme en Angleterre, la liberté d'exercer le commerce est ancienne. Les célèbres loi Le Chapelier du 14 juin 1791 et décret d'Allarde des 2-17 mars 1792 ont établi que le commerce pouvait être librement exercé en France ; à la différence de ce qu'il s'est passé dans les anciennes colonies espagnoles (comme le Chili) qui étaient obligées de commercer avec leur métropole, une situation qui a été l'un des facteurs de leur marche vers l'indépendance.

II. Présentation des sujets à étudier

6. Les liens entre le droit civil et la *Common Law* - Dans le cadre de la présente étude, notre objectif est de mettre en lumière les liens existants entre les systèmes de droit civil et la *Common Law* - à travers une étude des principes d'autonomie de la volonté, de bonne foi et de responsabilité - et la manière dont leurs différences, qui ne sont pas irréconciliables, ont été traitées par la Convention de Vienne sur la vente internationale de marchandises de 1980 (CVIM) en privilégiant la plupart du temps le système de droit civil de codification normative.

Quelques éléments de comparaison avec le droit chilien sur la vente (d'inspiration française) ont également été proposés.

7. Règles de droit - Nous analyserons en premier lieu les principales règles de droit relatives à la vente de marchandises dans le droit anglais, français et chilien, afin de souligner leurs similitudes et différences. Puis, nous étudierons l'influence des principes généraux du système de droit civil et d'Unidroit sur la méthode utilisée par la CVIM pour niveler ces différences dans plusieurs situations.

Ainsi, nous allons voir, par exemple, comment les règles sur la formation du consentement de la *Common Law* sont très proches de celles du droit civil, avec toutefois quelques petites distinctions quant à l'offre, et recueillent la théorie de la réception issue du droit français.

D'autre part, nous analyserons la manière dont la CVIM s'éloigne du droit civil français à propos des règles de transfert des risques, mais qu'elle s'attache à ce système s'agissant des pourparlers, en sanctionnant la rupture fautive ou brutale des négociations d'après un principe général de bonne foi présent dans tout *l'iter contractuel* et transversal dans la Convention de Vienne de 1980 ; fait qui est même reconnu par des auteurs outre-Manche. Ce constat a une importance capitale afin de démontrer l'hypothèse à la base

---

[3] RAYMOND Guy, *La vente de marchandises*, Paris, Dalloz, coll. « Connaissance du droit », 1996, p. 4.

de cette thèse. Nous présenterons les lourdes conséquences qui peuvent résulter pour les parties d'une infraction à ce principe général.

De plus, les obligations et droits des parties dans la CVIM feront l'objet d'une analyse approfondie afin de déterminer leurs sources dans le droit civil et la *Common Law*. A cet égard, nous montrerons comment la CVIM s'est attachée à une notion ancienne qui mélange vices cachés et défauts de conformité.

D'autre part, nous considérerons le standard relatif à l'examen et à la qualité exigée des marchandises, l'évolution de la maxime *caveat emptor* et la primauté de la maxime *de minimis non curat lex* dans la CVIM. Nous analyserons notamment l'importance de la livraison en temps opportun, s'agissant de certaines marchandises, ainsi que les nuances existant par rapport au droit civil en ce qui concerne la détermination du prix de vente dans la CVIM.

Les mécanismes d'interprétation de la CVIM et des contrats de vente internationale de marchandises seront étudiés, afin de déterminer s'ils s'attachent à la *parol evidence rule* de la *Common Law*, s'ils constituent un mécanisme original ou s'ils sont plus proches des règles subjective et objective du droit civil. Le standard du bon père de famille sera, à ce sujet, abordé.

L'exécution du contrat fera l'objet d'une analyse en relation avec les remèdes/sanctions d'inexécution (dans cette étude nous parlerons indistinctement de remèdes ou de sanctions de l'inexécution). Nous verrons comment la *nachfrist* allemande est accueillie par la CVIM, afin d'accorder des délais de grâce aux parties dans le but d'éviter une résolution trop rapide du contrat. De même, nous allons voir que la résolution mentionnée dans la Convention de Vienne de 1980 est une sorte *d'ultima ratio*, qui sanctionne seulement les infractions graves ; comme c'est le cas dans le droit civil français et dans le droit chilien depuis quelques années.

L'*anticipatory breach* de la *Common Law* sera en outre confronté à la résolution unilatérale présente dans le Code civil français depuis la réforme du droit des obligations de 2016[4], afin de déceler les similitudes et différences avec la résolution anticipée consacrée à l'article 72 de la CVIM.

La réduction du prix (presque inconnue de la *Common Law*) fera l'objet d'une analyse dans le droit civil français et chilien afin de mettre en évidence sa proximité avec les dispositions de la CVIM.

De plus, nous observerons que l'exécution en nature est le remède/sanction d'inexécution privilégiée dans la CVIM, ce qui évite la nécessité de se procurer des marchandises de remplacement, fait reconnu par la doctrine de la *Common Law*.

D'autre part, même si nous constaterons que la Convention de Vienne de 1980 privilégie la poursuite du contrat et l'exécution en nature, nous relèverons cependant qu'elle n'oublie pas l'octroi de dommages-intérêts

---

[4] Art. 1226, nouveau, c.civ.

complémentaires ou autonomes, à la seule exception de l'exonération prévue à son article 79.

Toujours en relation avec l'exécution par équivalence, nous allons voir que la CVIM a repris le critère du Code Napoléon sur la prévisibilité des dommages (précurseur de son équivalent anglais avec près d'un demi-siècle d'avance), avec quelques nuances en ce qui concerne l'étendue de la réparation, moyennant dol/faute lourde.

L'obligation d'atténuation des dommages et le principe de réparation intégrale seront également envisagés. Nous analyserons l'éventuelle compatibilité du premier avec le principe général de bonne foi du droit civil et la possibilité de réparation du dommage moral, non considérée par la CVIM.

L'exonération prévue par l'article 79 CVIM sera analysée en détail, afin de déterminer si elle se limite à la force majeure du droit civil ou si elle s'étend à l'imprévision/*hardship*. Nous verrons sur ce point l'originalité de la CVIM, les effets particuliers de la norme et les problèmes pratiques que cette innovation a posés à ces interprètes.

Les lacunes existant dans la Convention de Vienne de 1980 seront mises en évidence, afin de trouver le meilleur système susceptible de les combler.

8. Primauté du droit civil - Nous constaterons ainsi que la plupart des solutions de la CVIM trouvent leur origine dans le droit civil et que ses principales institutions sont plus proches du droit continental que de la *Common Law*.

En définitive, nous tenterons d'apporter un regard nouveau, comparatiste, sur la CVIM, en analysant les deux systèmes de droit qui l'inspirent (trois pays), afin de pouvoir les critiquer dans le cadre des solutions pratiquées par la Convention.

Nous espérons qu'en finissant la lecture de cette étude, le lecteur arrivera à la même conclusion que nous : dans un but d'harmonisation entre deux systèmes juridiques inspirateurs, la CVIM a privilégié la plupart du temps le droit civil en considération de la préexistence de ses institutions par rapport à celles de la *Common Law* et de la force de la codification « à la française » (la codification civile donne certitude, généralité et clarté à l'application d'un traité de ce type). Pour reprendre les mots de René David, « *la règle de droit anglaise (legal rule), étroitement conditionnée par la procédure, n'a pas le caractère de généralité qu'a en France une règle de droit formulée par la doctrine ou par les législateurs* »[5].

9. Sources - La bibliographie utilisée est multi-langue : française, espagnole et anglaise.

Toutes les traductions sont libres.

---

[5] DAVID René, *Le droit anglais*, 2e édition, collection Que sais-je n°1162, Presses Universitaires de France, Paris, France, 1969, p. 9.

Parfois des difficultés sont apparues, car il manquait un mot équivalent dans la langue de destination (français). Cependant, nous avons essayé de maintenir le sens original des textes de base anglais ou chiliens.

En ce qui concerne les principes d'Unidroit, la version de 2010 a été utilisée, car elle était la dernière disponible en langue française à l'époque de l'initiation de ce travail.

Finalement, il convient de préciser que nous avons utilisé des exemples récents et une vaste jurisprudence, afin d'illustrer le mieux possible notre analyse.

III. Plan de rédaction

10. Dans une première partie, nous identifierons les différences existantes entre les droits anglais, français et chilien concernant les régimes de vente de marchandises.

Dans une deuxième partie, nous analyserons le mouvement d'harmonisation de la vente internationale de marchandises réalisé à partir des principes généraux du système de droit civil, des principes d'Unidroit, mais aussi les solutions proposées par la Convention de Vienne de 1980 qui sont le plus souvent inspirées par le droit civil.

C'est donc à travers l'étude des règles de droit relatives à la vente de marchandises dans le droit anglais, français et chilien, leurs principes ainsi que les mécanismes d'harmonisation établis par la CVIM que nous tenterons de démontrer la primauté du système de droit civil par rapport à la *Common Law* dans la Convention de Vienne de 1980.

PARTIE 1

LA DIFFÉRENTIATION DES DROITS DE LA VENTE DE MARCHANDISES SUIVANT LES SYSTÈMES DE *COMMON LAW* ET DE DROIT CIVIL

11. Leitmotiv - Le fil conducteur de la thèse peut ainsi se résumer : la CVIM, au moment de choisir une solution pratique afin d'harmoniser les différences qui existent entre deux systèmes de droit, privilégie le plus souvent le droit civil, voire la codification « à la française ». Afin de comprendre comment et pourquoi se produit ce phénomène, il importe de connaître et de comprendre ces différences en s'intéressant particulièrement à la vente de marchandises.

Ainsi, nous étudierons dans un premier temps le régime juridique de la vente de marchandises de la *Common Law* en Angleterre (Chapitre 1) ; avant d'analyser, dans un second temps, le régime juridique de la vente de marchandises dans le droit civil en France et au Chili (Chapitre 2).

CHAPITRE 1

LA *COMMON LAW* : LE DROIT ANGLAIS

Deux observations générales liminaires à propos de la *Common Law* s'imposent :

12. D'une part, la *Common Law* est un système juridique qui certes s'étend au-delà du Royaume-Uni néanmoins, nous allons l'analyser seulement dans le cadre de ce pays, en raison de sa proximité géographique avec la France avec qui il partage une histoire ; mais surtout parce que les origines historiques de la *Common Law* se trouvent en Angleterre. De célèbres arrêts à la base du système de *Common Law* ont une origine anglaise, à l'instar des arrêts *Hadley vs. Baxendale*[6] et *Dunlop Pneumatic Tyre Co. Ltd. vs. New Garage Motor*[7] (pour ne citer que deux arrêts parmi les plus connus).

13. D'autre part, il convient de noter que nous ne parlerons pas de « droit britannique » dès lors qu'un des pays intégrant le Royaume-Uni, l'Ecosse, dispose d'un système juridique mixte (*Common Law* et droit civil) ; une caractéristique qui ressort notamment du *Sale of Goods Act* de 1979[8].

Les fondamentaux du droit anglais des contrats seront en premier lieu examinés, avant d'étudier les bases du système juridique anglais (Section 1), puis d'aborder la validité des contrats (Section 2) en faisant référence à la jurisprudence et aux règles de droit les plus importantes.

SECTION 1. LES ASPECTS COMMUNS À TOUS LES CONTRATS DANS LA *COMMON LAW*

14. Dans cette section, on relèvera, d'une part, que le droit anglais a des origines françaises (normandes) et que partant, on peut affirmer que la *Common Law* est issue de la *norman rule*. Par ailleurs, il est à noter que la répartition géographique mondiale de la *Common Law* sur la planète rivalise

---

[6] (1854), EWHC J70.
[7] (1915) A.C. 79.
[8] Loi relative à la vente de marchandises anglaise de 1979.

avec celle du droit civil ; chaque système s'appliquant dans un nombre similaire de pays (§ 1).

D'autre part, il s'agira d'analyser l'importance de la jurisprudence pour la *Common Law* (*case Law*) en s'interrogeant cependant sur sa pertinence lorsque l'interprétation juridique emploie une méthode inductive de raisonnement.

De plus, on relèvera comment la force des faits s'est imposée en Angleterre, obligeant le Parlement à légiférer. On a en effet pu noter une multiplication des lois (*acts*) dont la *Sale of Goods Act* de 1979 qui apparaît comme l'exemple le plus révélateur à propos de notre objet d'étude. A cet égard, on démontrera que la codification, en principe caractéristique du système de droit civil, a finalement une grande utilité en matière de vente de marchandises dans les deux systèmes (§ 2).

Enfin, on relèvera certaines notions apparemment semblables dans les deux systèmes, mais dont les nuances sont d'une importance capitale pour la validité des contrats, comme la *considération* anglaise. L'étude de la validité des contrats en droit anglais permettra de mettre en lumière les différences essentielles qui existent avec le droit civil, surtout s'agissant de l'offre et du moment de la formation du consentement (§ 3).

§ 1. Les fondamentaux du droit anglais des contrats

A. La formation du droit anglais des contrats

15. Les origines - Après la chute de l'Empire romain, des tribus germaniques, les Saxons et les Anglais envahirent les îles britanniques avec succès. Ces peuples n'avaient pas à proprement parler de tradition juridique, comme Rome, mais plutôt des coutumes séculaires d'origine celte, premières populations connues des îles britanniques. Les « nouveaux » rois anglo-saxons ont respecté la tradition de ceux-ci, ce qui a été le droit à appliquer à l'époque post-empire.

D'un autre côté, les Vikings[9], dans les divers postes ou ils se sont installés, ont apporté leurs propres traditions (ordalies), parfois les plus « barbares » et cruelles.

Néanmoins, l'apport le plus significatif arrivera plus tard, de la frontière nord de la France actuelle, d'un ex-territoire de la Gaule romaine, la Normandie. C'est en effet après la victoire de Guillaume le Conquérant à la bataille de Hastings, en 1066, que les bases du système juridique anglais seront posées.

[9] Les vikings se sont installés depuis le huitième siècle au nord du fleuve Tamise dans le nord-est de l'Angleterre, et se sont mélangés progressivement avec la population et la noblesse locales.

Le roi normand décida de nommer des juges dans les territoires conquis. La *Common Law* naît ainsi d'un mélange de traditions locales et de décisions judiciaires :

« *Ce qui était une pratique commune parmi les juges est devenu un système grâce au principe de* ***stare decisis,*** *selon lequel les juges doivent suivre les décisions prises par leurs ancêtres. La loi a été créée par les décisions des juges reconnaissant certaines coutumes et pas d'autres* »[10].

C'est à cette époque qu'un système unifié a donc vu le jour, pour la première fois depuis la chute de l'Empire romain, dans l'ancienne province de Britannia.

A l'origine, ce système fonctionnait sur le fondement d'un ***writ*** (plainte formelle exposant les faits) qui devait être issu des précédents judiciaires, d'après la maxime *« ubi remedies ubi ius »* (« où il existe une solution, il y a droit »). Evidemment, cela n'était pas toujours juste, et, d'autre part, limitait l'application de la justice seulement aux cas déjà connus. C'est pour cette raison que les rois anglais ont permis l'introduction de l'***equity***. A cette fin, le ***Lord Chancellor*** a été autorisé par les rois à décider en équité (*ex aequo et bono*). Ce dualisme perdure encore aujourd'hui[11]. En effet, la *Common Law* dans ses origines était un mélange de ***case Law*** (selon le stare decisis) et d'***equity***.

Le système a reçu son nom de la maxime suivante :

« *La Common Law s'appelle comme cela parce qu'elle a formé* ***une loi commune pour tout le royaume****, lorsque le roi d'Angleterre a nommé les juges qui l'ont établi* »[12].

B. La diffusion du droit anglais des contrats

16. Pays et territoires - Aujourd'hui, la *Common Law* est répandue dans plusieurs pays et territoires (surtout des anciennes colonies britanniques): Antigua et Barbuda, Australie, Bahamas, Bangladesh, Barbade, Belize, Bermuda, Bhutan, Botswana, Brunei, Cameroun, Canada (à l'exception du Québec), les îles Cayman, Chypre, Dominique, Angleterre, Fiji, Gambie, Ghana, Gibraltar, Grenade, Guyane anglaise, Hong Kong, Inde, Irlande, Jamaïque, Kenya, Kiribati, Liberia, Malaisie, Malawi, Maldives, Malta, îles Marshall, Micronésie, Myanmar, Nauru, Népal, Nouvelle Zélande, Niger, Pakistan, Palau, Papouasie Nouvelle Guinée, St. Kitts et Nevis, Ste. Lucie, St. Vincent et Grenadines, Samoa, Sierra Leone, Singapour, îles Salomon, Sri Lanka, Tanzanie, Tonga, Trinidad et Tobago, Tuvalu, Ouganda, Etats-Unis d'Amérique (à l'exception de la Louisiane), Zambie et Zimbabwe. D'autres pays ont un système « mixte » (Common Law et droit civil) : Israël,

---

[10] BRANAA Jean-Éric, BRUNON-ERNST A., CHAUDOIR N., et al., *The English of Law: England and Wales*, Belin, Paris, 2006, page 8.

[11] Complété avec plusieurs lois (*acts*).

[12] BRANAA, J-É., BRUNON-ERNST, A., CHAUDOIR, N., et al., op. cit., page 48 (traduction libre).

Lesotho, Namibie, Écosse, Afrique du Sud, Swaziland, Vanuatu, Maurice, Philippines, Porto Rico[13].

De son côté, le droit civil régit les territoires qui étaient des anciennes colonies françaises ou espagnoles, et est aussi présent dans d'autres pays qui l'ont introduit volontairement ; à savoir : l'Angola, l'Argentine, la Belgique, le Bénin, la Bolivie, le Brésil, le Burkina Faso, le Burundi, le Cameroun, le Canada (Québec), le Cap Vert, la République Centrale Africaine, le Tchad, le **Chili**, la Colombie, les îles Comores, la République du Congo (Brazzaville), la République Démocratique du Congo (Zaïre), le Timor Oriental, l'Équateur, le Salvador, la Guinée Equatoriale, la **France**, le Gabon, le Guatemala, la Guinée, la Guinée-Bissau, Haïti, le Honduras, l'Indonésie, l'Italie, la Côte d'Ivoire, le Liban, les Etats-Unis (Louisiane), le Luxembourg, Macao, Madagascar, le Mexique, Monaco, le Mozambique, le Nicaragua, le Niger, Panama, le Paraguay, le Pérou, le Portugal, le Rwanda, San Marin, Sao Tomé et Principe, le Sénégal, les Seychelles, l'Espagne, le Surinam, le Togo, l'Uruguay, l'Espagne et le Venezuela[14].

§ 2. Les bases du système anglais

17. Composition - Aujourd'hui, la législation anglaise est composée d'un mélange encore plus riche de sources : la *case Law*, l'équité, les *acts* (lois) et la législation européenne (à tout le moins jusqu'à sa sortie de l'Union européenne prévue à la suite du référendum sur le « Brexit » de 2016). Cette dernière s'impose aux lois anglaises, de la même façon que l'équité s'impose au *case Law*[15].

A. La case Law

18. La case Law (jurisprudence) – La *case Law* est la pièce principale du droit anglais.

Elle est composée, en ce qui concerne le droit privé, des décisions de la Cour Suprême britannique (ancienne *House of Lords*[16]), de la Cour d'Appel, de la Haute Cour, des *County Cours*, ainsi que des décisions des autres juridictions du Commonwealth. Certaines décisions sont devenues célèbres parce qu'elles ont fixé les principes à suivre pour rendre un jugement dans certaines hypothèses de fait. Nous analyserons les plus importantes, à propos de chaque élément de la vente « à l'anglaise » (Dunlop, Hadley, Romalpa,

---

[13] AZZOUZ Saliha, Contract Law, *Les Points Essentiels du Droit des Contrats Internationaux*, éditions Ophrys, Paris, 2015, pages 165-166.
[14] Ibidem.
[15] *Costa vs. Enel*, 1964, ECR 585 (6/64).
[16] La Cour Supreme est encore composée des membres de l'ancien House of Lords, afin de faire une transition judiciaire "souple", qui envisage d'harmoniser le système avec le Human Rights Act de 1998.

etc.), et d'autres qui mentionnent le Chili et la France, car ce sont les deux pays qui nous intéressent plus particulièrement pour cette étude.

Cependant, il faut noter que la Cour Suprême n'est pas tenue par ses arrêts et donc, elle est parfaitement libre d'effectuer des revirements jurisprudentiels, comme en France, même si en pratique elle ne le fait que très rarement. Les autres juridictions judiciaires n'ont pas cette liberté théorique et sont donc soumises à leurs propres décisions antérieures, tout comme aux décisions émanant des juridictions de plus haut degré.

19. Structure des arrêts - Les décisions judiciaires rendues dans le cadre d'un système de *Common Law* sont composées de trois parties : la description des faits ; l'énonciation des principes et la façon dont ils doivent être appliqués (le ***ratio decidendi***) ; la décision de la cour (***obiter dicta***). Seul le *ratio decidendi*, la partie qui crée le droit, s'impose aux juridictions inférieures (même si l'*obiter dicta* à une force persuasive)[17]. Le *ratio decidendi* tire des principes juridiques généraux de cas particuliers. C'est pour cela que l'on dit que le droit anglais opère de façon inductive (du particulier au général) et que le droit civil de manière déductive (du général au particulier)[18].

20. L'assouplissement du système anglais - Quelques éléments assouplissent cependant le système décrit précédemment : l'***overruling*** (exclusion judiciaire), le ***distinguising*** (un juge peut, s'il trouve quelques différences matérielles avec un précédent, appliquer d'autres principes pour résoudre un litige) et le ***departing*** (une cour d'appel peut ne pas appliquer un précédent erroné). Quant à la Cour Suprême, elle n'est pas liée par ses décisions antérieures, comme nous l'avons indiqué précédemment.

B. L'equity

21. L'*equity* (équité) - Elle se trouve au sommet du système. Le dictionnaire juridique *Black Law* définit l'équité comme : « *Droit administré selon la justice, par opposition avec les règles strictement formulées du Common Law* »[19].

22. L'apport de l'équité - Pour un système qui n'avait pas la possibilité de prononcer des « revirements » jurisprudentiels, et qui devait s'ajuster strictement aux *writs*, l'équité est apparue comme une solution de justice d'une extrême rigidité.

D'un autre côté, l'équité a permis, l'introduction de solutions de justice, comme la ***specific performance*** (exécution en nature) ; la ***rescission*** (déclaration de nullité) les ***injuctions*** (mandats judiciaires spécifiques) ; les ***trusts*** (*fideicomis*)[20] et les vices du consentement[21].

---

[17] BRANAA, J-É., BRUNON-ERNST, A., CHAUDOIR, N., et al., op..cit., page 11.

[18] Ibidem, page 231.

[19] BRANAA, J-É., *English Law Made Simple*, le droit anglais facile, Ellipses, Paris, 2013, page 88.

[20] BRANAA J-É., BRUNON-ERNST A., CHAUDOIR N., et al., op. cit, page 10.

C. Les acts

23. Les lois - Parmi les *acts* plusieurs sont très importants (*European Communities Act*, 1972 ; *Human Rights Act*, 1998 ; *Habeas Corpus Act*, 1679 ; *Bill of Rights Act*, 1689). Mais il y en a un qui est particulièrement intéressant pour la présente étude, le *Sale of Goods Act* de 1979 (ci-après, s.g.a.), et, subsidiairement, ceux qui ont un rapport ou un lien avec celui-ci tels que : le *Supply of Goods and Services Act*, 1982 ; le *Factors Act*, 1889 ; l'*Unfair Contract Terms Act*, 1977 ; le *Missrepresentation Act*, 1967.

§ 3. La validité des contrats

A. Les notions de base

24. Importance du contrat de vente - Depuis toujours, la vente a été le plus important des contrats patrimoniaux, dans tous les systèmes de droit. La *Common Law* ne fait pas exception à cette règle économique et juridique : la vente est réglementée en droit anglais par la loi sur la vente de marchandises de 1979 précitée (*Sale of Goods Act* ; s.g.a.) et d'autres qui sont venues apporter des précisions[22]. Pour comprendre sa réglementation particulière, il est nécessaire d'étudier certaines notions générales du droit des contrats anglais, qui ont une relation supplétive avec le contrat de vente.

25. Notion du contrat - Selon le droit anglais, un contrat est *une promesse ayant force obligatoire, d'après la loi*. Cette définition, issue du droit des contrats, a été posée par Sir Jack Beatson dans l'ouvrage *Anson's Law of Contract* (28e édition, Oxford University press, 2002, p. 1), où il indique plus précisément : *« Le droit des contrats est la branche du droit qui détermine qu'une promesse est légalement obligatoire pour la personne qui a fait cette promesse »*[23].

26. Le consensualisme - Les contrats sont consensuels, en règle générale (à l'exception des contrats de mandat de paiement, d'administration des immeubles, prénuptiaux, pour acheter des immeubles futurs, de crédit, d'assurance, et pour l'achat de véhicules[24]) et bilatéraux. Dans la plupart des cas, comme dans le droit civil, leur fondement réside dans l'autonomie de la volonté des parties[25].

27. Types des termes dans un contrat - Les contrats, en droit anglais, comprennent trois catégories de termes : *conditions*, *warranties* et *innominate terms*[26].

---

[21] FROMONT Michel, *Grands systèmes de droit étrangers*, 7e édition, Dalloz, Paris, 2013, page 117.
[22] Voir supra.
[23] BRANAA, J-É., BRUNON-ERNST, A., CHAUDOIR, N., et al., op. cit, page 231.
[24] AZZOUZ, S., op. cit, pages 48-49.
[25] A l'exception des contrats de consommation et du travail, parmi d'autres.
[26] AZZOUZ, S., op. cit., page 34.

Les conditions (*conditions)* sont des clauses d'importance capitale ; elles autorisent le cocontractant diligent à agir en résolution (*avoidance*) et à réclamer des dommages et intérêts en cas de rupture fautive de l'autre partie. Par exemple, l'obligation de délivrance en temps opportun pour les ventes commerciales, de périssables ou de matières premières.

Les *warranties* (garanties) sont des termes moins importants, voire non essentiels. En cas d'infraction, la partie diligente peut agir uniquement en dommages et intérêts. Par exemple, l'obligation de livrer des marchandises en bon état et conformes à leur fonction habituelle ou prévue.

Les *innominate terms* (termes innommés) ou *intermediate terms* (termes intermédiaires), s'obtiennent par exclusion des deux catégories antérieures (ce qui n'est ni une condition ni une garantie est un terme innommé ou intermédiaire). Les *remedies* (sanctions à l'inexécution) sont diverses et dépendent de la nature de la violation contractuelle : « *la sanction en cas d'infraction d'un terme intermédiaire dépend de la nature de l'infraction. Si le demandeur a perdu tout le bénéfice du contrat il sera autorisé à considérer le contrat comme répudié et agir en dommages et intérêts. Sinon, il pourra réclamer seulement des dommages et intérêts* »[27].

En conséquence, si l'inexécution est capitale et prive le contrat de tout son intérêt pour l'une des parties, on parle de *fundamental breach*[28].

28. Classification des contrats en droit anglais - Les contrats peuvent être solennels (*deed, under seal or covenant*) et simples ou consensuels (*simple contracts*) ; bilatéraux (*bilateral*) ou unilatéraux (*unilateral*) ; explicites (*express*) ou implicites (*implied*) ou quasi-contrats ; valides, nuls, annulables, et illégaux.

Tout comme en droit civil, les contrats consensuels sont la règle. Les *deeds* sont requis, exceptionnellement, dans la vente d'immeubles et dans les donations ou charités.

Les contrats bilatéraux sont ceux dans lesquels les deux parties s'obligent réciproquement, dès la formation de la convention. Dans les contrats unilatéraux, en revanche, seule une partie est obligée dès l'origine et par la suite, seule l'autre partie reste éventuellement obligée (dans la vente d'un immeuble, par exemple, l'agent immobilier est obligé de montrer l'immeuble et de chercher des acheteurs potentiels - pas de vendre -, mais s'il le vend, le vendeur est obligé de lui payer une commission[29]).

Le contrat explicite est un contrat dans lequel les termes sont mentionnés par écrit par les parties ; l'implicite, en revanche, est celui qui se déduit de leurs rapports ou actions.

D'autre part, les quasi-contrats, comme en droit civil, sont des actes qui ne sont pas des contrats, mais qui sont reconnus par le droit, afin d'éviter un enrichissement injustifié (enrichissement sans cause).

---

[27] Ibidem, traduction libre.
[28] Infraction fondamentale.
[29] BRANAA, J-É., BRUNON-ERNST, A., CHAUDOIR, N., et al., op. cit, page 235.

Les contrats licites sont ceux qui produisent normalement tous leurs effets.

Les contrats nuls, sont ceux qui ont été déclarés non valables à l'occasion d'une instance judiciaire, en raison, par exemple, d'un vice (ou d'un défaut) de consentement. Annulables, ceux qui ont un vice ou une autre cause de nullité.

Les contrats illégaux, sont ceux qui portent atteinte à l'ordre public, aux bonnes mœurs, ou qui sont susceptibles de constituer une infraction pénale.

29. L'importance de la *considération* dans la *Common Law* - Pour être valides, les contrats doivent avoir une ***considération***, c'est à dire, une contrepartie pécuniaire – *money consideration* – (d'habitude[30]), présente ou future[31] ou quelque chose d'intérêt pour l'autre partie[32]. Les *considérations* passées, même celles qui ne sont pas susceptibles d'évaluation financière, ne sont pas valables en droit anglais[33].

Il convient de préciser que la considération est une notion différente de la cause du droit civil. Elle emporte un quid pro quo. De cette façon, les actes à titre gratuit n'ont pas de considération suffisante et doivent obéir à des conditions de forme spécifiques (deeds).

"Montant de la considération.

Le montant de la considération importe peu ; de fait son montant n'est pas une condition de sa validité. Tout ce qu'une personne pourrait consentir à échanger contre la promesse d'autrui peut servir de considération à cette promesse. Les tribunaux n'exigent pas qu'il y ait égalité de valeur entre la considération d'un côté et la promesse ou le préjudice de l'autre. Le fait que la considération soit adéquate ou suffisante ne signifie pas qu'elle doive avoir une valeur économique suffisante. Les tribunaux voient dans un "simple grain de poivre[34]" une considération ou contrepartie suffisante [35]".

30. La capacité - Il est nécessaire aussi que les parties aient la ***capacité contractuelle*** (sont exclus les mineurs[36], les malades mentaux et les personnes privées de jugement – alcooliques, drogués –, les faillis, les prisonniers, et ceux qui contractent au nom de personnes morales sans

---

[30] Une garantie au moment de contracter serait une *consideration* suffisante, *Roscorla vs. Thomas*, (1842) EWHC J74.

[31] *Currie vs. Misa*, (1875) LR 10 Ex 153.

[32] *Dickinson vs. Dodds*, (1876) 2 Ch D 463.

[33] *Roscorla vs. Thomas*, (1842) EWHC J74.

[34] Cela explique le fait que souvent des sociétés importantes sont offertes et/ou vendues pour la modique somme de seulement une livre sterling. Voir sur ce point (consultés la dernière fois le 30 septembre 2016) :
http://news.bbc.co.uk/2/hi/uk_news/magazine/5262616.stm
https://www.theguardian.com/business/2008/nov/19/woolworths-highstreetretailers

[35] LEVASSEUR Alain A., *Le contrat en droit américain*, Dalloz, Paris,1996, pp 43-44.

[36] A l'exception des contrats qui sont nécessaires pour le soutien de la vie de l'incapable (alimentation, logement, médicine). Cette règle est posée par l'article 3 de la loi sur la vente de marchandises de 1979 (Sale of Goods Act, 1979).

pouvoirs de représentation suffisants[37]) et qu'existe aussi ***l'intention de créer une relation juridique*** (d'après la définition du contrat). Cette intention est présumée dans les contrats commerciaux ou civils, s'ils sont onéreux, et souvent écartée dans les relations entre proches[38].

Enfin, un ***accord de volontés*** (offre et acceptation) est nécessaire.

31. L'effet relatif des contrats - Les contrats de *Common Law*, en règle générale, comme en droit civil, ne produisent pas d'effets à l'égard des tiers. Néanmoins, d'après la loi sur les contrats de 1999 – Droits des tiers - (*Contracts – Rights of Third Parties- Act*, 1999), il est possible pour ces derniers de réclamer des droits, dans certains cas, par exemple, quand l'acheteur a fait savoir clairement au fournisseur qu'il achetait des produits pour un tiers[39].

« *Traditionnellement, le contrat ne produisait aucun effet à l'égard des tiers : il ne créait aucune obligation à sa charge, ni aucun droit à son profit. Cette règle, à laquelle le législateur avait apporté d'assez nombreuses exceptions, a été abandonnée en 1999 (Contract (Right of Third Parties) Act, 1999).*

Désormais, le tiers possède un droit à exiger du promettant que soit respectée la clause lui attribuant des droits et il peut s'opposer à ce que les deux parties modifient cette clause à son détriment »[40].

B. La formation du consentement

32. L'offre - La partie qui formule l'offre (l'offrant) est dénommé ***offeror*** et la partie qui la reçoit, ***offeree***.

Il convient de distinguer une offre d'une invitation à des pourparlers. Les avis publicitaires et l'exhibition des marchandises en vitrines[41] ne sont pas de vraies offres, mais de simples invitations à négocier[42] ; à moins que les avis ne contiennent un prix associé en cas d'insatisfaction du client, comme cela a été établi dans l'affaire *Carlic vs. Carbolic Smoke Ball Co.*[43] et réitéré dans d'autres[44]. L'offre doit donc, être formulée à une personne déterminée, comme règle générale.

[37] AZZOUZ, S., op. cit, page 46.

[38] *Balfour vs. Balfour* (1919) 2 KB 571 ; *Jones vs. Padavatton*, (1968) EWCA Civ 4.

[39] BRANAA, J-É., BRUNON-ERNST, A., CHAUDOIR, N., et al., op. cit., pages 233-234.

[40] FROMONT, M., op. cit., pages 120-121.

[41] *Partridge vs. Crittenden*, (1968) 1WLR 1204.

[42] FROMONT, M., op. cit., page 118.

[43] (1892) EWCA Civ 1 : une société a fait la publicité d'un médicament « miraculeux » qui devait guérir le rhume et offrait une indemnité de 100 livres sterling si cela ne fonctionnait pas. En considération de ce dernier élément, elle a été condamnée à payer cette somme à la demanderesse, qui n'as pas été guérie de son rhume.

[44] *Pharmaceutical Society of G.B. vs. Boots Cash Chemist Ltd.*, (1953) EWCA Civ 6, et *Fisher vs. Bell*, (1961) QB 394.

L'offre doit contenir : l'indication du prix, la quantité, la qualité, le temps et le lieu de délivrance, dans le contrat de vente. S'agissant du commerce électronique, les règles sont diverses et échappent à l'objet de cette thèse[45].

L'offre expire par révocation (*revocation*) : une offre en *Common Law* peut être retirée s'il n'y a pas de *considération* de l'autre part (absence d'arrhes[46]) ; rejet (*rejection*) ; caducité du délai ; offre conditionnelle dont la condition a échoué ; ou après la mort ou en cas de démence de l'offrant.

33. L'acceptation - Elle doit être pure et simple. Comme en droit civil, si le destinataire de l'offre formule de son côté une autre proposition, une contre-offre a lieu. « *Toutefois, le juge anglais admet parfois que l'offrant ait accepté implicitement les conditions générales d'affaires de l'acceptant s'il n'a pas protesté à la réception de l'acceptation* »[47].

Le silence, en règle générale ne vaut pas acceptation[48].

Le consentement est formé dès que l'acceptation est communiquée à l'offrant par voie postale (***postal rule***) [49] si cela a été le moyen choisi par les parties. La *Common Law* reconnaît le système dit de l'« émission ».

Il convient de noter que le lieu de formation du consentement n'est pas réglementé par la loi sur la vente des marchandises de 1979.

Enfin, le consentement ne pas doit être vicié. La notion des vices du consentement n'existait pas à l'origine dans le système anglais. Comme nous l'avons dit précédemment, elle a été introduite grâce à l'équité[50].

C. Les vices du consentement

34. Les vices qui autorisent à anéantir un contrat par *rescision* dans la *Common Law* sont : l'erreur (*mistake*), la fausse représentation (*misrepresentation*), la contrainte (*duress*) et l'abus de confiance (*undue influence*). De même, l'illicéité de l'objet peut affecter la validité[51] du contrat.

Comme nous le verrons plus loin à propos des obligations des parties, l'infraction des *conditions*, dans certains cas, ou une infraction fondamentale

---

[45] On doit dire, néanmoins, que d'après la directive européenne 2000/31/EC, transposée par SI 2002 N° 2013, l'entrée dans un site web d'un fournisseur et le cachet d'un onglet prévu à cet effet, est une offre, s'il y a eu l'intention d'acheter. Le vendeur devra communiquer son acceptation, expressément, ou en exécutant le contrat. Il faut noter, d'autre part, que les phases de conclusion du contrat doivent être clairement exposées, ainsi que les mécanismes de correction des erreurs existantes, avant de poser un ordre. Voir sur ce point : BRIDGE Michael G., *The Sale of Goods*, Oxford University Press, Royaume Uni, 3e éd., 2014, pages 14-15.

[46] *Dickinson vs. Dodds*, (1876) 2 Ch D 463.

[47] Ibidem

[48] Affaire *Felthouse vs. Bindley,* à propos de l'offre d'achat d'un cheval, exprimant que l'acceptation serait présumée sous réserve de négation, (1863) 1 New Rep. 401.

[49] *Household Fire Insurance Co. vs. Grant*, (1879) LR 4 Ex D 216.

[50] Voir supra.

[51] FROMONT, M., op. cit., page 118.

(*fundamental breach*) peuvent être une cause d'invalidation d'un contrat aussi, par voie de résolution (*avoidance*).

35. L'erreur (*mistake*) - En conformité avec la règle 6 de la loi sur la vente de marchandises, si les deux parties se sont trompées soit sur l'identité de la chose, objet du contrat, soit sur son existence présente (*res extincta*) ou propriété (*res sua*), ou sur les termes, le contrat est nul (en réalité s'il manque l'objet du contrat).

En règle générale, à la différence du droit civil, une erreur sur la qualité essentielle de l'objet n'est pas un motif de nullité en droit anglais[52]-[53].

Néanmoins, si seulement une des parties s'est trompée sur les termes du contrat ou sur la qualité essentielle de l'objet (la qualité étant le motif déterminant pour contracter), et que l'autre a eu connaissance de cette erreur, le contrat est nul.

Institution d'équité, le juge peut ordonner l'exécution en nature (*specific perfomance*) ou la nullité (*rescission*)[54].

L'erreur sur la personne, en règle générale, n'a pas d'importance (à l'exception des contrats *intuitu personae*).

36. La fausse représentation (*misrepresentation*) - Elle peut se produire par écrit, verbalement ou par défaut d'information[55] et être frauduleuse[56] (doleuse) ou par négligence. Dans le dernier cas, la sanction est l'allocation de dommages-intérêts[57].

S'il y a eu dol, la victime peut agir en nullité (*rescission*) et/ou réclamer des dommages-intérêts (*damages*)[58], la première mesure étant discrétionnaire[59].

La fraude a été définie dans l'affaire *Derry vs. Peek*[60] comme :

« Faire une fausse représentation (1) en le sachant, ou (2) sans penser que c'est vrai ou (3) avec indifférence ». Il doit exister une intention de tromper[61] et elle doit conduire à la conclusion du contrat[62].

D'autre part, dans les hypothèses de négligence, voire, en l'absence de dol, la victime doit choisir entre demander des dommages-intérêts ou agir en nullité[63]. D'après la *loi contre les fausses représentations* de 1967

---

[52] BRANAA, J-É., BRUNON-ERNST, A., CHAUDOIR, N., et alt., op. cit., pages 236-7.
[53] AZZOUZ, S., op. cit, page 80.
[54] BRANAA, J-É., BRUNON-ERNST, A., CHAUDOIR, N., et al., op. cit., pages 236-7.
[55] *Gordon vs. Selico Ltd.*, (1986) 18 HLR 219.
[56] Les allégations non fondées sur ce point sont objet de condamnation aux dépenses. Voir sur ce point : Loi sur la Cour Suprême de 1981, règle 51, et CPR partie 44.
[57] Règle 2 (2) Missrepresentation Act.
[58] BRANAA, J-É., BRUNON-ERNST, A., CHAUDOIR, N., et alt., op. cit., p. 236.
[59] *Spence vs. Crawford,* (1939) 3 All ER 271, 288.
[60] (1889) LR 14 App Cas 337.
[61] *Tackey vs. Mcbain*, (1912) AC 186.
[62] *Redgrave vs. Hurd*, (1881) 20 Ch. D1.
[63] Avant la loi de 1967 – Misrepresentation act - la seule sanction possible était la nullité *ab initio*.

(*Misrepresentation Act, 1967*) la négligence est présumée, le défendeur doit donc démontrer qu'il n'a pas été négligent[64].

Il convient de noter que les exagérations commerciales ne sont pas traitées comme des fausses représentations par les tribunaux[65]. Il en va de même en cas de réserve d'information (*non – disclosure*).

Les contrats de bonne foi maximale (*contracts of utmost good faith – uberrimae fidei)* dans lesquels il existe une obligation de révéler tous les faits (contrats d'assurance, de droit de la famille, vente d'immeubles ou d'actions) et un lien de confiance entre les parties (associés, médecin – patient, avocat – client, agent commercial – mandant) [66] constituent l'exception.

37. La contrainte (*duress*) - Elle suppose violence, physique ou morale. Dans le deuxième cas, la contrainte peut être exercée sur l'autre partie, sa propriété, ou avoir un caractère économique : « *La contrainte économique a lieu quand une partie est bloquée et n'a pas d'autre choix que d'agréer aux termes de l'autre. La contrainte économique comprend les menaces à la propriété. La menace est dirigée vers le bien être financier. Elle n'est pas une menace directe de faillite s'y on réfute à signer le contrat. Dans la plupart de cas, la menace est indirecte, par exemple : "Je ne ferai pas d'affaires avec toi si tu ne réduis pas tes prix de moitié"* »[67] .

38. L'abus de confiance (*undue influence*) - L'utilisation d'une position d'autorité ou d'expérience pour obtenir le consentement d'une partie afin de conclure un contrat a été considérée par la jurisprudence comme une hypothèse d'abus de confiance[68].

Il s'agit d'un *remedy* d'équité et résiduel par rapport à la contrainte (elle a lieu quand il n'y a pas de violence morale, mais plutôt une peur subtile de contrarier le cocontractant, qui chercherait ensuite à se venger).

Deux formes sont reconnues par les juridictions anglaises : l'abus d'influence actuel (*actual undue influence*) et l'abus d'influences présumées (*presumed undue influence*). Ce dernier, peut-être, à la fois, la conséquence d'une relation spéciale entre les parties, et/ou d'une relation de confiance.

La première forme implique un harcèlement direct de l'autre partie. La deuxième forme a lieu entre personnes qui se trouvent dans une relation spéciale (avocat - client, prêtre - fidèle, médecin – patient, fidéicommissaire - fiduciaire, parents – enfants), ou de confiance (entre époux, par exemple).

Dans ces cas, l'abus de la partie qui est la plus informée ou la plus puissante est présumé.

---

[64] FROMONT, M., op. cit., page 119.
[65] AZZOUZ, S., op. cit, page 74.
[66] Ibid, page 75.
[67] Ibid, page 83.
[68]BRANAA, J-É., BRUNON-ERNST, A., CHAUDOIR, N., et al., op. cit., page 236.

39. L'illicéité de l'objet - Elle se produit dans le cas des contrats qui sont interdits par la loi[69] (ex. lois de 1845 et 1892 sur le jeu[70]), parce qu'ils portent atteinte à l'ordre public (ordre public économique : atteintes à la libre concurrence, montages juridiques permettant l'évasion fiscale) ou à la morale (commerce de la drogue, sexuel), ou qui ont pour but la commission d'un délit pénal ou civil.

Le principe sous-jacent est que personne ne doit se prévaloir d'un acte illégal (*ex turpi causa non oritur action)*[71].

La sanction de ces contrats, comme en droit civil, est la nullité, ou l'absence d'action pour agir en droit.

SECTION 2. LE RÉGIME JURIDIQUE DE LA VENTE DE MARCHANDISES EN ANGLETERRE

40. Dans cette section, seront analysées les différences les plus importantes entre la *Common Law* et le droit civil concernant la vente de marchandises.

D'une part, il s'agira de comprendre pourquoi il est considéré que le droit anglais est caractérisé par une « approche darwinienne » durant la phase précontractuelle ; une situation qui n'est *a priori* pas compatible avec le respect de certains principes contenus dans la Convention de Vienne de 1980, telle la bonne foi chère au droit civil mais aussi reconnue par certains auteurs de *Common Law*.

Par ailleurs, on étudiera comment la clause de réserve de propriété, création sans équivoque du droit civil, a été reprise par le droit anglais dans les années 1970 et généralisé dans la pratique (§ 1).

D'autre part, on notera que les droits et obligations des parties au contrat sont similaires dans les deux systèmes de droit, sous réserve de quelques nuances.

En ce qui concerne les remèdes/sanctions de l'inexécution des obligations contractuelles, l'exécution en nature, règle privilégiée par la Convention de Vienne de 1980, est presque inconnue en droit anglais, comme d'autres remèdes consacrés par ledit traité (la réduction du prix) ; un droit qui utilise les dommages-intérêts en règle générale, conformément à l'*Hadley rule*[72].

En outre, l'*anticipatory breach* de la *Common Law* est différente de la résolution unilatérale introduite dans le nouvel article 1226 du Code civil français, quand cette dernière n'a pas un caractère anticipatoire.

Enfin, l'étude de la *parol evidence rule* de la *Common Law* caractérisée par une rigidité intrinsèque montrera que ce dispositif est étranger au

[69] Illegality.
[70] FROMONT, M., op. cit., page 119.
[71] AZZOUZ, S., op. cit, page 81.
[72] *Hadley vs. Baxendale*, (1854), EWHC J70.

système d'interprétation consacré par la CVIM, d'inspiration clairement civiliste (§ 2).

§ 1. Les fondamentaux de la vente de marchandises

A. Les notions de base

41. Loi applicable - La vente de marchandises est réglementée dans le droit anglais principalement par la *loi sur la vente de marchandises* de 1979, qui est une loi de modernisation de la loi originale datant de 1893 et révisée à différentes reprises[73]. Nous analyserons par la suite les principales dispositions de cette loi, à l'exclusion des ventes en Ecosse et des ventes aux consommateurs, car l'objet de la présente étude est focalisé sur les ventes commerciales de marchandises en général, et plus particulièrement les ventes internationales.

42. Caractéristiques :

1. La *loi sur la vente de marchandises* de 1979 est une sorte de codification de la loi anglaise sur la vente de marchandises, c'est à dire, de l'évolution jurisprudentielle qui a eu lieu depuis sa promulgation originale, à la fin du XIXe siècle. Il importe toutefois de relever sur ce point : « ... *La loi sur la vente de marchandises n'est pas un code comme l'entendent les juristes de droit civil, dès qu'il y a relation seulement avec un contrat spécial (vente) qui permet la pénétration de la loi générale, non codifiée, pour combler ses lacunes, mais elle peut être appelée code dans le sens où elle fait un résumé et non pas une réforme de la jurisprudence* »[74].

2. Les lacunes de cette loi sont complétées par la *Law merchant*[75] et par d'autres lois, par la *case Law*, par l'*equity* et les institutions liées à celle-ci (la notion de vices du consentement par exemple).

3. Elle consacre le caractère consensuel de la vente. Nous pouvons déduire ce caractère de la définition de la vente posée par la loi de 1979. Jusqu'en 1954, les ventes dont les montants étaient supérieurs à 10 livres sterling devaient faire l'objet d'un contrat écrit, sous peine de ne pas pouvoir faire l'objet d'une action en justice. C'est intéressant, car nous verrons plus loin, un traitement similaire dans le droit civil chilien actuel[76].

4. La loi ne règle pas les pourparlers. On dit souvent que le droit anglais adopte une approche *darwinienne* dans la phase précontractuelle, privilégiant la concurrence à d'autres considérations ; alors que le droit civil, inspiré par les droits romain et canonique, privilégie la bonne foi. A la différence du doit civil, la bonne foi n'est pas un principe général en droit anglais. La loi sur la vente de marchandises de 1979 indique seulement « *qu'une chose est*

---

[73] Des modifications ont été introduites en 1994, 1995, 2002 et 2015.

[74] BRIDGE, M.G., op. cit., page 5.

[75] *Lex Mercatoria.*

[76] Article 1709 c.c.ch.

présumée être faite de bonne foi, quand celle-ci a été faite de façon honnête »[77], sans ou avec négligence.

L'affaire le plus célèbre à cet égard est *May and Butcher Ltd. vs. The King*[78], dans laquelle la House of Lords a refusé de reconnaître un accord précontractuel. Lord Buckmaster a déclaré sur ce point : *« Il a été reconnu depuis longtemps le principe du droit des contrats selon lequel un accord entre deux parties pour entrer dans un autre accord dans lequel une partie importante reste indéterminée n'est pas un vrai contrat* »[79]. Ce critère a toujours été repris[80] par la jurisprudence ultérieure.

Néanmoins, cette solution ne veut pas forcément dire que la partie ayant causé un dommage pendant la phase des pourparlers n'engage pas sa responsabilité civile, surtout si des prestations ont eu lieu avant la conclusion d'un contrat définitif de vente[81].

En l'absence d'un principe général de bonne foi, le principe d'enrichissement injustifié, la responsabilité extracontractuelle et le principe d'estoppel (de non contradiction)[82] ont donné des solutions à cet égard.

Le principe d'enrichissement injustifié est reconnu depuis 1991 dans le droit anglais[83] ; il n'exige pas la concomitance d'une perte du demandeur corrélative au bénéfice du défendeur[84].

S'agissant de la responsabilité extracontractuelle, elle est admise comme source de dommages-intérêts depuis l'affaire *Box vs. Midland Bank*[85]. L'idée retenue est qu'il peut exister dans le cadre de la phase précontractuelle une obligation de diligence, auquel cas lorsqu'une partie est défaillante sur ce point, il lui faudra indemniser l'autre partie d'une éventuelle *misrepresentation*[86]. La difficulté d'une telle action est d'établir l'existence de cette obligation, ce qui n'est pas toujours aisé.

D'autre part, et toujours en relation avec le principe de bonne foi, il convient de noter que d'après la *Loi relative aux Clauses Contractuelle Abussives*[87] les clauses abusives sont interdites à l'égard des consommateurs. Les clauses sont abusives si elles ont été rédigées par le vendeur et qu'elles

---

[77] Règle 61 (3) s.g.a.

[78] (1934) 2 KB 17.

[79] GILIKER Paula, *Pre-Contractual Liability in English and French Law*, Kluwer Law International, Pays Bas, 2002, page 33.

[80] *Walford vs. Miles,* (1992) 2 AC 128. Dans cette affaire, un contrat pour négocier en exclusivité, a été déclaré non valable.

[81] Dans l'affaire *Foley vs. Classique Coaches Ltd.,* (1934) 2 KB1, du pétrole avait été fourni pendant trois ans, sans aucun contrat de vente. La Cour a considéré qu'il existait une obligation de délivrer du pétrole d'une qualité et à un prix raisonnables.

[82] Application de la maxime *venire contra factum proprium non valet.*

[83] *Lipkin Gorman vs. Karpnale Ltd.,* (1991) 2 AC 548.

[84] GILIKER, P., op. cit., page 97.

[85] (1979) 2 Lloyd's report 391 : dans cette affaire, un client a sollicité un découvert bancaire. Le directeur de la banque locale lui a assuré son obtention mais il a finalement été refusé.

[86] Fausse représentation.

[87] *Unfair Contract Terms Act, 1977.*

provoquent un déséquilibre contractuel au détriment de l'acheteur-consommateur, qui n'a pas eu la possibilité de négocier les stipulations contractuelles.

43. Champ d'application matériel - Il est important de déterminer précisément le champ d'application de la loi sur la vente. Plusieurs de ses dispositions excluent son application à la vente aux consommateurs[88], s'ils sont régis par la loi anglaise sur la protection des consommateurs[89].

1. D'après l'article I. (1) et (5) de la loi, cette loi s'applique aux contrats de vente de marchandises conclus après le 1er Janvier 1894[90]. Elle dispose sur ce point :

« (1) Cette loi s'applique aux contrats de vente de marchandises conclus le ou après le 1er janvier 1894 ».

« (5) Certaines parties ou sous parties de cette loi ne sont pas applicables aux contrats auxquels le chapitre 2 de la partie 1 de la loi des consommateurs 2015 fait référence ».

2. Les ventes concernées sont celles par *description* (quand l'acheteur n'a pas examiné les biens) ou d'après échantillons, et sont exclues celles qui sont régies par la loi sur la consommation, comme on l'a précédemment relevé.

3. Les ventes peuvent être aussi pures et simples ou conditionnelles[91], ventes ou promesses de vente. Les premières emportent transfert de propriété dès leur conclusion. Les deuxièmes, sont soumises à l'échéance d'un terme ou à la réalisation d'une condition, afin de donner naissance à un contrat de vente[92].

44. Définitions :

1. Définition du **contrat de vente**. Une vente, en droit anglais, est un contrat par lequel, une personne, le vendeur, transfère ou agrée de transférer la propriété de certaines marchandises à une autre, l'acheteur, s'il existe une contrepartie monétaire pour cette transaction, qui est le prix.

La loi sur la vente de marchandises de 1979 indique précisément :

« *2 Contrat de vente*

(1) Un contrat de vente de marchandises est un contrat par lequel le vendeur transfère ou s'engage à transférer la propriété des marchandises à l'acheteur à l'occasion d'une contrepartie financière, appelé le prix ».

2. Définition de la notion de **vendeur**. Le vendeur n'est pas seulement le propriétaire, mais aussi toute personne qui se trouve dans une situation assimilable à celle du propriétaire ; par exemple, le bénéficiaire d'une lettre de crédit, les agents et mandataires du propriétaire[93].

---

[88] Par exemple, la partie 5A de la loi sur la vente de marchandises de 1979.

[89] *Consumer Rights Act 2015.*

[90] La loi de 1893, reformée par la s.g.a., de 1979, a introduit cette *vacatio legis*.

[91] Règles 2 (3) et 61 (1) s.g.a.

[92] Règle 2 (4) et (5) s.g.a.

[93] Règle 38 (2) s.g.a.

3. Définition de **marchandises**. D'après la règle 61 (1) de la loi sur la vente de marchandises, les biens susceptibles de faire l'objet d'un contrat de vente en droit anglais sont[94]: les biens meubles personnels, à l'exception des monnaies, les récoltes industrielles, les revenus, les biens par adhésion et destination, et les actions indivises dans des biens. La disposition indique en effet :

« *61 Interprétation*

Dans cette loi, à l'exception du contexte où le sujet donne une autre signification au bien, la notion de 'biens' comprend tous les meubles personnels à l'exception de l'argent ; et spécialement sont compris les revenus, récoltes industrielles, et les biens attachés à la terre ou qui font partie d'elle, qui ont été séparés avant la vente ou après celle-ci, y compris les actions indivises ».

45. Capacité nécessaire pour vendre- La loi sur la vente de marchandises de 1979 indique que la capacité est règlementée par le droit des contrats[95]. Ce dernier établit que les mineurs, et ceux qui sont privés de discernement parce que se trouvant sous l'emprise de l'alcool, de drogues ou atteints de maladies, ne peuvent pas contracter.

Exceptionnellement, les mineurs peuvent acheter des biens qui leur sont nécessaires.

Par ailleurs, il est intéressant de relever que selon la loi relative aux contrats des mineurs de 1987[96], le juge peut les contraindre, éventuellement, à restituer, par équité, les biens acquis.

46. Règles quant à l'objet - Marchandises qui peuvent être vendues. Plusieurs types de biens sont soumis à la loi de 1979. La définition précédente doit être complétée avec les règles posées par les numéros 5 (1), 13 et 15, 20 A et B, qui permettent la vente de marchandises futures, par échantillons, par description, par lots ou spécifiques.

1. Marchandises futures. La vente de biens futurs n'a pas été toujours bien vue par la *case Law* de la *Common Law*[97]. Traditionnellement, elle a été liée plutôt aux promesses de vente. Aujourd'hui les choses ont changé puisque la loi prévoit expressément cette possibilité.[98] Cette règle d'équité, permet la vente d'animaux, de *commodities*[99], de minéraux et de récoltes, entre autres ; ainsi que la vente de navires et d'aéronefs.

---

[94] La vente en Écosse est soumise à des règles spéciales qui ne sont pas traitées dans cette étude. Cela s'explique par le fait que l'Écosse possède un système juridique mixte, unique en Europe, constitué par des règles de *Common Law* et de droit civil.

[95] Règle 3 s.g.a.

[96] *Minor's Contract Act* 1987, règle .3

[97] Qui interprétait strictement la maxime *nemo dat.* Voir sur ce point l'arrêt *Lorymer vs. Smith,* (1822), 1 B&C 1.

[98] La règle 5(1) s.g.a. permet la vente de biens présents et futurs. Ces dernières, dans la mesure où elles sont fabriquées par le vendeur ou acquis par celui-ci après la conclusion du contrat de vente. L'utilité pratique de cette disposition est facilement compréhensible, car les marchands en Angleterre (comme partout) achètent des biens pour les revendre après.

[99] Matières premières.

2. Marchandises vendues sur la base d'échantillons. La doctrine critique la persistance de cette catégorie, qui semble archaïque. Sur ce point le professeur M.G. BRIDGE indique : « *Il est difficile de justifier aujourd'hui l'existence séparée d'une vente sur la base d'échantillons. Les règles sur ces ventes sont des incidents pétrifiés dans l'évolution du droit moderne de la vente. Les règles de la vente sur la base d'échantillons ne devaient pas empêcher le développement normal de la loi...* »[100].

3. Marchandises vendues par description *(description).* Il s'agit de ventes portant sur des marchandises que l'acheteur n'a pas vues ni testées. Il existe alors une clause implicite, d'après la loi sur la vente de marchandises[101], selon laquelle les marchandises doivent correspondre à leur description.

4. Marchandises en gros *(bulk).* Ce sont celles comprises dans des grandes cargaisons, et en grandes quantités.

5. Marchandises spécifiques *(specific)*, non déterminées *(unascertained)* et détermineés *(ascertained).* Les premières sont celles qui ont été agréées au moment de la conclusion du contrat et qui ont un caractère irremplaçable. Aussi, les actions dans le cadre d'un lot en indivision[102]. Les marchandises indéterminées sont des biens qui n'ont pas été identifiés, ou aussi, ceux qui ont fait l'objet d'une identification partielle, par référence au lot auquel ils font partie[103]. Les marchandises déterminées, *contrario sensu,* sont celles qui ont été identifiées avec certitude et plénitude. L'importance de cette classification réside dans le fait que les biens spécifiques et déterminés peuvent être objet d'exécution en nature[104], à la différence des biens de genre[105]. Elle est aussi intéressante en ce qui concerne le transfert de propriété.

B. Le transfert de propriété et des risques

47. Règles générales sur le transfert de propriété - La norme fondamentale à appliquer est **l'autonomie de la volonté**[106]. Les parties peuvent établir avec liberté le moment et la modalité de transfert des biens, ce qui constitue une différence notable avec les régimes juridiques de tradition romaniste[107].

---

[100] BRIDGE, M.G., op. cit., page 411.

[101] Règle 13 (1) s.g.a.

[102] Règle 61 (1) s.g.a.

[103] Par exemple, 500 tonnes de blé contenues dans le navire *Challenger.* Voir sur ce point: The Law Commission and the Scottish Law Commission, (Law Com. N°145), (Scot. Law Com. N°145), Sales of Goods Forming Part of a Bulk, London, Angleterre, 1993, page 3.

[104] *Specific performance*, d'après la règle 52.

[105] Les biens génériques sont susceptibles d'allocation de dommages-intérêts, voir : exécution par équivalence.

[106] *Party autonomy.* La règle 17 (1) indique que dans les ventes de biens spécifiques ou déterminés, le transfert a lieu quand les parties le veulent.

[107] Le c.c.ch., d'après le droit romain, distingue entre titres et modes d'acquérir, comme nous le verrons dans le deuxième chapitre.

En principe, le transfert de propriété s'opère au moment de la conclusion du contrat de vente[108] ou quand le prix est payé en échange de la remise de documents. D'autre part, les biens spécifiques sont transférés à l'acheteur dès la conclusion du contrat, ou, quand ils sont **en condition de délivrance**, mesurés ou pesés[109].

48. Règles particulières sur le transfert de propriété - Il existe des exceptions à l'autonomie de la volonté, néanmoins :

1. Certains biens échappent à la liberté contractuelle, notamment, les **biens futurs**, qui seront transférés au moment de leur acquisition ou quand ils seront existants, et les biens indéterminés, dont le transfert de propriété s'opère au moment de leur détermination.

Dans les ventes de biens futurs par description, ou non spécifiés, si ces biens en condition de délivrance sont appropriés sans condition, la propriété de ces biens passe à l'acheteur[110].

2. Dans la vente des **choses de genre et de biens indéterminés**, il y a transfert de propriété, dès qu'il y a eu spécification[111]. Ceci est spécialement exact dans la vente à l'essai, sur la mesure et sur poids : la vente se concrétise par ces actes et quand le vendeur en a pris connaissance[112].

Pour que l'appropriation se produise dans la **vente de biens compris dans des lots**[113], le transfert de titre et leur identification (marquage) sont nécessaires [114]. Dès lors, l'acheteur devient propriétaire unique. Avant, il aura un droit indivis sur le lot[115], en règle générale, et une propriété en commun avec d'autres, quand les biens ont été séparés et remis dans le lot[116].

Les augmentations et réductions opèrent de façon proportionnelle. Par conséquent, dans les ventes de biens à spécifier, au moment de la délivrance, et qui font partie d'un lot qui se réduit après, s'il existe un seul acheteur, il s'approprie les biens restants, dès leur réduction[117].

Si le vendeur, conformément au contrat, a délivré les biens à l'acheteur, à un transporteur, à un dépositaire ou à un autre gardien, afin de les transférer à l'acheteur, et s'il n'a pas fait réserve de disposition de ces biens, il est

---

108 « The Law Commission », op. cit, page 20, point 4.8.

109 Cette règle (18) s.g.a. est d'origine civile, très probablement, mais certains auteurs anglais refusent de l'admettre. Voir sur ce point : BRIDGE, M.G.,op. cit., page 86.

110 Règle 18, n° 5 (1) s.g.a.

111 Règle 16 s.g.a.

112 Règle 18 (3) s.g.a.

113 Un lot *(bulk)* selon la règle 61, (1) est une masse ou collection de biens du même type, compris dans un espace défini et fongibles entre eux par rapport à leur quantité.

114 Dans l'affaire *Re Wait,* 1927, 1 Ch. 606, l'acheteur avait payé le prix de vente de 500 tonnes du blé compris dans 1000 tonnes, mais les biens n'avaient pas été marqués, et non plus reçu le connaissement ni d'autres documents représentatifs des marchandises. Pour ces raisons, la propriété n'a pas été retenue comme transfert dans ce cas.

115 Règle 20 A s.g.a.

116 « The Law Commision and the Scottish Law Commision », op. cit., page 5, point 2.7.

117 Règle 18, n° 5, (3), (a) et (b) s.g.a.

réputé s'être approprié sans condition de ces biens[118]. Il importe de tenir compte du fait que lorsque les biens sont livrés dans un navire affrété par l'acheteur, il dépend des circonstances qualifier le maître d'affréteur ou d'agent[119].

49. Règles communes au transfert des biens futurs, indéterminés et compris dans des lots - Pour que le transfert ait lieu, il est nécessaire d'avoir :

1. L'**appropriation inconditionnelle** de l'acheteur[120] ou de ses représentants et que le bien soit en condition de livraison.

L'appropriation inconditionnelle peut se produire de trois façons : expressément, en communicant au vendeur la conformité de la marchandise reçue[121] ; tacitement[122]; ou, si l'acheteur retient les biens dans un délai plus long que ce qui a été prévu ou dans un délai supérieur à ce qui est raisonnable. De cette façon, si le vendeur a envoyé les biens pour confirmation de leur conformité, le transfert a lieu dès la confirmation de l'acheteur, ou, après le délai prévu ou raisonnable[123] -[124].

2. Il est aussi nécessaire que les biens soient « **en condition de livraison** ». Cela signifie que les biens soient conformes à leur description contractuelle en quantité et qualité[125].

Une autre exclusion importante aux règles générales sur le transfert de propriété est la réserve du droit de disposition (clause de réserve de propriété).

50. La réserve de propriété dans la loi anglaise - Dans les ventes de biens déterminés, on peut se réserver le droit de disposition des marchandises jusqu'au moment où certaines conditions sont remplies. Dans ce cas-là, nonobstant la livraison des marchandises à l'acheteur, au transporteur, au dépositaire ou à tout autre gardien, afin de les transférer à l'acheteur, ou lorsqu'une lettre de change et le connaissement ont été donnés

---

[118] Règle 18, n° 5, (2) s.g.a.

[119] Règle 45, 5 s.g.a.

[120] Règle 18 (1) s.g.a.

[121] Cela est délicat. Dans l'affaire *Hayes Bros Buick-Opel-Jeep Inc. vs. Canada Permanent Trust Co.,* 1976, 15 NBR (2d) 166, l'acceptation expresse des attestations des numéros de série et factures a été suffisante pour conclure à l'existence de l'acceptation, même si des voitures n'ont jamais été livrées.

[122] Dans l'affaire *Kirkham vs. Attenborough,* 1897, la constitution d'un gage a été retenue comme signe d'acceptation tacite. Voir sur ce point : BRIDGE, M.G., op.cit., page 89.

[123] Dans l'affaire *Poole vs. Smith's cars (Balham Ltd.),* 1962, 1 WLR 744, l'absence d'un marché alternatif *–secondary market-*, la rapide dépréciation, les demandes de restitution de la part du vendeur et le caractère temporaire de la livraison ont été les critères retenus pour déterminer l'extension du délai.

[124] Règle 18, 4 (a) et (b). s.g.a.

[125] Autrement, l'acheteur recevra un droit annulable, comme nous le verrons après, à propos des obligations du vendeur.

à l'acheteur, le droit de propriété n'est pas transmis à l'acheteur sauf quand certaines conditions établies sont satisfaites[126].

Ce droit est présumé exister quand les marchandises ont été embarquées et que, d'après le *connaissement*, elles sont livrables à l'ordre du vendeur ou à son agent[127].

La condition la plus importante dans la pratique est la **réserve du transfert de propriété jusqu'au paiement** [128](généralement le paiement complet du prix), ce qui est connu comme *all-monies clause, retention of tittle clause ou Romalpa clause* et qui a pour effet de suspendre le transfert de propriété jusqu'au moment du paiement complet du prix. Sinon, selon les règles générales, le transfert a lieu au moment de la conclusion du contrat[129].

La condition stipule souvent que les biens produits avec les marchandises vendues seront la propriété du vendeur originel[130].

L'arrêt *Romalpa*[131], est à l'origine de cette jurisprudence en *Common Law* sur la réserve du droit de disposition.

Les faits étaient les suivants : une société hollandaise, Aluminium Industrie Vaassem BV., fournisseur d'aluminium de la société anglaise Romalpa Aluminum Ltd., fabricant de papier d'aluminium, a stipulé une clause pour garantir ses paiements futurs. Celle-ci indiquait que l'aluminium ne serait pas transféré avant paiement total du prix. Les produits fabriqués par la société anglaise avec cette matière, lui étaient confiés en tant que dépositaire, et pouvaient être vendus par elle, en qualité d'agent commercial du fournisseur. La société Romalpa fit faillite, et les créanciers ont agi en justice pour recouvrer leurs créances, en saisissant les produits et prix payés. La Cour d'appel et la High Court les ont déboutés, en estimant que la clause était valide[132].

51. Caractéristiques de la clause de réserve de propriété :

1. Elle peut s'appliquer à tous les types de biens et d'obligations, présents ou futurs, entre les mêmes parties[133].

2. Même si dans la pratique elle opère de façon similaire à un gage, en limitant les facultés de l'acheteur, il n'est pas obligatoire de l'inscrire dans un répertoire[134], sous deux conditions[135] :

2.1. Le vendeur doit retenir la propriété des biens.

---

[126] Règle 19, (1) et (3) s.g.a.

[127] Règle 19, (2) s.g.a.

[128] Règles 17 et 19 s.g.a.

[129] Règle 18 s.g.a.

[130] SCHMITTHOFF, *The Law and practice of International Trade*, 12e éd. MURRAY Carole, HOLLOWAY David, TIMSON-HUNT Daren, Sweet and Maxwell-Thomson Reuters, Londres, Angleterre, 2012, page 84.

[131] (1976), 1 WLR 676.

[132] Dans le même sens, voir *Armour vs. Thyssen Edelstahlwerke A.G.*, 1991, AC 339.

[133] C.C.I., « Retention of Title », 2e éd., Paris, France, 1993, page 121.

[134] BRIDGE, M.G., op. cit., page 125.

[135] SCHMITTHOFF, op. cit., page 84.

2.2. L'acheteur doit revendre et recevoir le prix des marchandises comme agent du vendeur primitif.

3. Son importance pratique est grande car elle est souvent utilisée.

La C.C.I. dit à ce propos :

« Les clauses de rétention de titre dans ses formes simples et étendues ont été souvent utilisées dans les ventes anglaises dès le milieu des années 70. Sous la loi de vente de 1979, les parties peuvent convenir du moment et des conditions dans lesquelles la propriété des biens qui sont identifiés doit être transférée à l'acheteur. Une clause de rétention de titre ne constitue pas la concession d'une sûreté par l'acheteur »[136].

52. Types de clause :

1. Clause simple. Comme son nom l'indique, elle n'a pas de spécificités. Elle réserve le transfert de propriété jusqu'à l'accomplissement d'une condition, le plus souvent, le paiement total du prix de vente.

2. Clause étendue. Dans ce cas, le vendeur autorise l'acheteur à vendre les marchandises, comme son agent. C'est ce type de clause qui a été appliquée dans l'affaire Romalpa.

3. De garantie générale. Ce type de clause suscite débat, quelques auteurs[137] y voyant une possible *failure of consideration*[138], car, malgré le paiement du prix, il y aurait une réserve de transfert, ce qui poserait un problème en termes d'équilibre du contrat et de validité de ce type de clause.

Elle est connue aussi comme *all monies paid clause*, et a été retenue comme valide par la House of Lords[139] d'après le principe de *party autonomy*[140]-[141].

53. Conséquences de la réserve de titre (propriété) :

1. Le risque passe à l'acheteur[142], même si le titre n'a pas été transféré[143].

2. Le vendeur pourra agir sur le prix de vente[144].

54. Autres exceptions aux règles générales sur le transfert de propriété - Dans certains cas, il n'y aura pas de transfert de propriété, à cause du défaut d'objet. Ces situations se produisent :

1. Dans une vente d'espèce, si le contrat n'a pas d'objet, parce que le bien a péri avant la conclusion du contrat, le contrat sera nul[145]. Donc, il n'y aura pas de transfert de propriété.

---

[136] CCI., op. cit., p. 121.

[137] DAVIES Iwan, *Retention of Title clauses in Sale of goods Contracts in Europe*, Ashgate Publishing, Cornwell, Royaume Uni, 1999, page 107.

[138] Défaillance de *consideration*, du *quid pro quo.*

[139] Dans l'affaire *Armour vs. Thyssen Edelstalhwerke A.G.,* (1991) AC 339, il a été considéré que la propriété resterait au vendeur jusqu'au règlement des toutes les dettes existantes entre les parties, quelque soit leur origine.

[140] Autonomie de la volonté.

[141] *Frigoscandia Ltd. vs. Continental Irish Meat Ltd.,* (1982) ILRM 396.

[142] Règle 20 s.g.a.

[143] DAVIES, I., op. cit., page 102.

[144] Règle 49 (2) s.g.a.

2. Par l'erreur d'une des parties sur l'objet.

Les règles sur les vices du consentement sont expressément incorporées dans la loi sur la vente de marchandises de 1979[146]. Ainsi, l'erreur de l'acheteur ou du vendeur sur l'objet vendu aura pour effet la nullité de la vente.

Tout transfert de propriété est lié au transfert des risques de perte, c'est à dire, il s'agit de déterminer qui doit supporter les dommages, la perte matérielle ou la destruction des objets vendus en cas de force majeure ou de faits de tiers. Nous verrons plus loin les règles qui s'appliquent à ce sujet.

55. Les risques dans la vente des marchandises - La règle de principe est que le risque de perte ou de détérioration repose sur le vendeur, et qu'il passe à l'acheteur **dès qu'il y a eu transfert de propriété**, même si la livraison n'a pas encore eu lieu[147], selon la maxime romaine *res perit domino*. Néanmoins, les exceptions à cette règle sont nombreuses et importantes.

56. Exceptions à la maxime romaine *res perit domino* - La règle générale susmentionnée s'efface devant les stipulations des parties, conformément au principe de **l'autonomie de la volonté**[148].

Les parties, en droit civil, sont libres de modifier les règles générales. Par conséquent, le risque qui repose sur le vendeur jusqu'à la délivrance, par exemple, peut être transféré à l'acheteur avant ce moment[149].

57. Autonomie de la volonté - Le principe est capital dans les deux systèmes de droit, constituant un « pilier » fondamental pour la formation des contrats.

Sa consécration légale se trouve dans plusieurs articles/textes de loi, à travers l'expression courante « *unless otherwise agreed* »[150], qui autorisent les parties à modifier les dispositions supplétives (non impératives) de la loi. Ce sont les règles : 10 (1) (époque du paiement), 11(2) (sanctions), 17 et 18 (transfert de propriété), 19 (1) (réserve de propriété), 20 (1) (risque), 28 (concomitance de livraison et paiement), 31 (ventes par livraisons partielles), 34 (droit d'examen des marchandises) et 36 (acceptation des marchandises) de la loi sur la vente de marchandises de 1979.

D'après ce principe, les parties peuvent, comme dans le droit civil, élever une stipulation au rang d'essentielle. Pour reprendre les mots du juge J.

---

[145] Règle 6. Elle est présumée inspirée par l'affaire *Coutourier vs. Hastie,* 1853, 9 Ex. 102. Dans ce cas, une vente de maïs a été annulée par la Chambre des Lords, en considération de l'inexistence de l'objet d'un point de vue commercial, car le maïs avait été revendu en Tunisie, après avoir été exposé à de trop forte chaleur.

[146] Règle 62 (2) s.g.a.

[147] Règle 20 (1) s.g.a.

[148] *Party autonomy.*

[149] Dans l'affaire *Horn vs. Minister of Food,* (1948), 2 All ER 1036, sur la vente d'une récolte de pommes de terre qui est abimée, le tribunal a conclu que les parties avaient modifié les règles sur le risque, et les avaient substituées par une obligation, à la charge du vendeur, d'entretenir raisonnablement les pommes de terre, en transférant donc le risque sur l'acheteur.

[150] Sauf accord contraire.

Blackburn : « *Les parties peuvent penser qu'une chose, apparemment de peu d'importance, soit essentielle ; et s'ils expriment leur intention de remplir une telle hypothèse comme une "condition précédente" elle le sera* »[151].

A ce sujet, il importe de noter que dans la *Common Law* on trouve différentes catégories de stipulations, comme nous l'avons déjà relevé[152]. Les plus importantes sont les *conditions,* qui sont similaires aux éléments essentiels en droit civil, mais à la différence que leur violation peut être traitée comme celle d'un élément relevant de la nature du contrat, selon ledit principe. De cette façon, dans les cas de manquement aux *conditions* par le vendeur, l'acheteur a une triple option : soit demander une *breach of condition* afin de résoudre le contrat et obtenir des dommages-intérêts[153] ; soit considérer les manquements de son cocontractant comme des éléments relevant de la nature du contrat de vente (*warranties*) et demander seulement des dommages-intérêts ; soit, évidemment, il peut toujours renoncer à son droit d´agir[154].

Les clauses d'exonération sont admises, d'après le principe de l'autonomie, à condition de ne pas exclure l'éventuelle négligence[155], une rupture fondamentale – *fundamental breach* - ou une *condition.* La première situation, par application de la maxime *nemo auditur propter turpitudinems allegans.* Dans le cas contraire, la règle *contra preferentem* s'imposera[156]. La seconde, car autrement le contrat serait nul.

S'agissant des exceptions, leur interprétation est toujours restrictive.

Afin de déterminer si une clause d'exonération est raisonnable, il est nécessaire de vérifier si elle est en accord avec la coutume[157]. La charge de la preuve incombe au rédacteur.

Les conséquences du principe de la vente réglementée selon la loi sur la vente des marchandises de 1979 sont les suivantes :

1. Elle permet de changer la sanction des violations de certaines normes contractuelles, c'est-à-dire sanctionner la violation d'une obligation essentielle comme si elle était un élément relevant de la nature du contrat.
2. Elle permet de déterminer le lieu de livraison.
3. Le mode de paiement (lettre de crédit, compensation des dettes, chèque, virement, etc.)
4. Elle autorise les livraisons partielles[158].

---

[151] BRIDGE, M.G., op. cit., page 512.
[152] Voir supra.
[153] AZZOUZ, S., op. cit., page 90.
[154] *Waiver,* section 11(2) s.g.a.
[155] Dans l'affaire *White vs. John Warwick & Co. Ltd.*, (1953) 1 WLR 1285, la clause d'exclusion de responsabilité dans la location d'une bicyclette avec une selle cassée qui a causé des blessures a été déclaré nulle.
[156] BRIDGE, M.G., op. cit., page 477.
[157] Ibidem, page 494.
[158] Règle 31 (1) s.g.a.

5. Elle modifie le moment du paiement (la livraison et le paiement sont des conditions concomitantes, en règle générale)[159].

6. Elle transforme le délai d'acceptation de l'acheteur en élément essentiel (comme peut l'être le délai de livraison dans les ventes commerciales de matières premières et d'aliments).

7. Elle limite la responsabilité des parties.

8. Elle stipule une réserve au transfert de la propriété jusqu'au paiement du prix[160].

9. Elle modifie la charge des risques[161].

10. Elle stipule une *waiver* – renonciation- au caractère essentiel de la livraison en temps opportun dans les ventes commerciales[162].

11. Elle définit la loi applicable et le tribunal compétent pour le règlement des conflits, etc.

58. Force majeure (*frustration*) - Elle a lieu quand « *l'exécution du contrat est devenue impossible en raison d'un événement imprévisible et insurmontable* »[163] et est régie par la loi sur la force majeure de 1943[164].

Les hypothèses « classiques » de force majeure retenues par le droit anglais sont : la déclaration de guerre, le décès ou la maladie de l'une des parties et l'incendie[165] des immeubles objets du contrat[166].

En principe, les clauses d'exonération de responsabilité en cas de force majeure sont admissibles en droit anglais, mais seulement si elles sont strictes. Ainsi, si leur amplitude est trop vaste, elles peuvent faire l'objet d'une interprétation *contra proferentem*[167] par le juge.

59. Effets de la force majeure et cas fortuit - Dans les promesses de vente d'espèces, si l'objet disparaît après sa conclusion, sans faute des parties, et avant que le risque passe à l'acheteur, il n'y aura pas de contrat de vente[168].

Le principe est évident s'agissant d'obligations d'espèces, mais si l'obligation est de genre, la jurisprudence a considéré que seulement change d'objet, car *genus numquam perit*[169].

---

[159] Règle 28 s.g.a.

[160] Clause *Romalpa.*

[161] Règle 20 (1) s.g.a.

[162] Ces renonciations peuvent être tacites aussi. Dans l'affaire *Hartley vs. Hymans,* (1920) 3 KB 475, l'acheteur, après la caducité des termes de certaines livraisons, a exigé d'autres livraisons de marchandises, ce qui a été considéré comme une renonciation au droit de les rejeter et la formulation de nouvelles offres d'achat.

[163] FROMONT, M., op. cit., page 120.

[164] Frustrated contracts act, 1943.

[165] *Taylor vs. Caldwell,* (1863) 3B & S 826, 122 ER 309.

[166] LAWSON F.H., "Remedies of English Law", penguin books Ltd., Angleterre, 1972, p. 177.

[167] BRIDGE, M.G., op. cit., page 474.

[168] Règle 7 s.g.a.

[169] Dans ce sens, la clause 20 du GAFTA 100 -, Grain and Feed Trade Association (association britannique des grains et aliments), 2010, donne la possibilité de renouveler la

60. Imprévision - L'imprévision (*hardship)* n'est pas acceptée dans le droit anglais comme une cause d'exonération de responsabilité dans la vente. Il faudra toujours chercher un moyen alternatif pour accomplir les obligations des parties, et supporter les surcoûts[170].

61. Faute des parties[171] - Notamment, leur retard à livrer ou recevoir, transfère le risque à la partie fautive.

L'acheteur devient responsable[172] des pertes subies quand le vendeur est en capacité de livrer les marchandises et lui demande de les recevoir, et l'acheteur, par faute ou simple rejet, ne les reçoit pas. Dans ce cas, l'acheteur devra aussi rembourser les dépenses subies par le vendeur pour leur garde et l'indemniser de ses pertes éventuelles[173].

De son coté, quand le vendeur a du retard dans la livraison, par sa faute, ou si les marchandises ne sont pas conformes à ce qui est prévu au contrat, il devient responsable des éventuelles pertes subies par l'acheteur.

62. Ventes selon les Incoterms de la Chambre de commerce internationale de Paris - Le commerce mondial se réalise principalement par voie maritime : environ 80%[174] de celui-ci

Les centres de production de masse sont souvent loin des lieux de consommation, ce qui explique que de longs trajets doivent s'effectuer avant que les marchandises puissent arriver à destination, par le biais souvent de « transports multimodaux »[175]. Fréquemment des détériorations se produisent.

En outre, les biens périssables[176] durent peu, si leur emballage et/ou réfrigération ne sont pas suffisants.

Dans ce cas, la règle générale dispose que le risque pèse sur le vendeur jusqu'au moment de la livraison[177].

---

livraison, sous condition de notification a l'acheteur dans le délai prévu – jusqu'à 7 jours après la livraison et non moins de 21 jours avant le début d'une période contractuelle. Dans ce cas, l'acheteur peut demander la résolution du contrat après 30 jours, ou le renouveler pour ce délai.

170 Dans l'affaire *Tsakiroglou & Co. Ltd vs. Noblee Thorl GmbH,* 1962, AC 93, la fermeture du Canal de Suez par l'Egypte n'a pas été retenue comme constitutive d'un obstacle car la livraison des noix aurait pu être réalisée autrement en passant par le Cap Horn, au sud du Chili.

171 Règle 20 (2) s.g.a.

172 *Demby Hamilton &Co. Ltd. vs. Barden,* (1949) 1 All ER 435 : dans un contrat de vente à paiement échelonné, l'acheteur a dû supporter les pertes du jus de pomme, pourri à cause de son retard à donner des instructions pour la livraison.

173 Règle 37 s.g.a.

174 Source: http://info.arte.tv/fr/le-transport-maritime-mondial-infographies (consulté le 08.09.16)

175 Par voies « mixtes » : terre, mer et/ou air.

176 Fruits et légumes, fleurs, viande et surgelés, entre autres.

177 En *Mash & Murrell Ltd. vs. Joseph I. Emmanuel Ltd.,* (1961) 1 All ER 485, la Cour d'appel a débouté le plaignant, en estimant que la faute de la détérioration des pommes de terre livrées depuis Chypre, pesait sur l'acheteur qui les a laissées pendant cinq jours dans un port, et non pas le vendeur qui les a fait transporter.

Le vendeur devra normalement assurer les biens en représentation de l'acheteur[178] et l'informer du moyen de livraison[179]. Si les marchandises sont livrées par mer, le vendeur devra préciser à l'acheteur si la coutume applicable sur les routes envisagées impose de souscrire une assurance. Si le vendeur ne procède pas ainsi, et si les biens sont endommagés, l'acheteur pourra agir en réparation de son préjudice, saisir la justice pour non-délivrance ou pour défaut de *consideration.*

Un problème se pose cependant concernant l'application de certains Incoterms[180] dans les ventes internationales régies par la loi anglaise et non pas par la CVIM :

1. Ventes F.O.B.[181] : si le vendeur délivre les biens à un transporteur, et ne fait pas réserve du droit de disposition des biens[182], la propriété est transférée quand les biens sont mis à bord[183], ainsi que les risques.

La notification par le vendeur de la livraison, et non nécessairement l'indication précise du navire, a été retenue comme suffisante pour transférer le risque à l'acheteur[184]. C'est sa responsabilité, selon la nature spéciale du contrat de vente F.O.B., d'assurer les marchandises, car le risque lui a été transféré dès la livraison sur le navire.

2. Ventes F.A.S.[185] : si le vendeur doit livrer seulement jusqu'au transporteur, son devoir de garde des marchandises finit à ce moment-là, et le risque passe à l'acheteur.

3. Ventes C.I.F.[186] : c'est la modalité la plus répandue. Le vendeur doit « tout faire » dans le pays de livraison. Si elle va au-delà l'*iter contractuel*, il est logique de conclure que le risque a été transféré à l'acheteur[187] dès le moment du chargement[188], et que les éventuelles pertes seront assumées par les sociétés d'assurance et/ou de réassurance. Néanmoins, les critères ne sont pas clairs sur ce point : « *Dans les contrats C.I.F., les conséquences du transfert du risque à l'acheteur depuis le chargement ne sont pas résolues jusqu'à aujourd'hui* »[189]-[190] . Dans la pratique, le risque est transféré à

---

[178] En tant qu'agent ou à son nom.

[179] Règle 32 (2) et (3) s.g.a.

[180] International Commercial Terms, termes de commerce international, nomenclatures de la Chambre Internationale du Commerce de Paris, CCI., Incoterms 2010.

[181] « Free on Board », livré au bord du navire, Incoterms C.C.I. 2010.

[182] La réserve est plutôt une caractéristique des ventes FOB et non des ventes CIF. Voir sur ce point BRIDGE Michael G., *The International Sale of Goods, Law and Practice*, 2e éd., Oxford University Press, Royaume Uni, 2007, pages 358-359

[183] Ibidem, page 339.

[184] *Wimble, Sons & Co. vs. Rosenberg & Sons.*, 1913, 3 KB 743.

[185] « Free Alongside Ship », livré à côté du navire, Incoterms CCI 2010.

[186] « Cost, Insurance and fleet » (coût, assurance et frêt), Incoterms C.C.I. 2010.

[187] Le professeur Bridge conclut que le risque pèse sur l'acheteur pendant le voyage, donc, le droit de paiement du vendeur n'a rien avoir avec une éventuelle violation du contrat du transporteur. Voir sur ce point : BRIDGE Michael G., *The International Sale of Goods*, op. cit., page 380

[188] *The Julia,* 1949, AC 293.

[189] BRIDGE, M.G., *The Sale of Goods*, op. cit., page 148.

l'acheteur, dès qu'il paie avant d'examiner les biens, et devra éventuellement agir sur le prix contre le vendeur s'il constate des problèmes avec la qualité et/ou aptitude des marchandises[191].

D'autre part, relevons que dans les ventes C.I.F., l'acheteur paie généralement contre remise des documents de transport, ce qui inclut le connaissement. A ce stade la propriété passera à l'acheteur, et non avec le chargement antérieur des biens[192].

§ 2. Les effets de la vente en droit anglais

A. Les droits et obligations des parties

Nous analyserons, dans un premier temps, les droits et obligations du vendeur, avant d'étudier ceux de l'acheteur.

Le vendeur a plusieurs obligations : transférer son titre, délivrer les marchandises, en garantir la possession tranquille, fournir information et conseil.

63. Obligation de transférer son titre - Le vendeur doit être propriétaire des biens qu'il vend. La loi est très claire et dispose qu'il est **implicite** dans la vente que le vendeur dispose du droit de vendre, ou, dans les promesses de vente, qu'il aura ce droit au moment du transfert de propriété.

La Règle 12 (1) s.g.a. indique en effet :

« 12. Clauses implicites concernant le titre, etc.

(1) Dans un contrat de vente, à l'exception de ce qui est prévu dans la sous-section (3) ci-dessous, il y a une clause implicite au profit du vendeur selon laquelle il a le droit de vendre les biens, et dans le cas d'une promesse, qu'il aura ce même droit au moment du transfert de la propriété ».

Si ce n'est pas le cas, la vente sera nulle, pour défaut de *consideration*[193]. L'explication de cette sanction rigoureuse tient au fait qu'il s'agit là d'un élément essentiel du contrat de vente.

Le mot « titre » a une signification plus large en droit anglais qu'en droit civil. Il peut s'agir d'un connaissement, d'une attestation d'entrepôt de douane[194], d'un ordre de délivrance des marchandises, ou de tout autre document utilisé dans le commerce ordinaire comme preuve de possession ou de contrôle des biens, qui autorise par endossement ou remise dudit document, par celui qui l'a en sa possession, de transférer ou recevoir les marchandises désignées par ces documents[195].

---

[190] BRIDGE, M.G., *Benjamin's Sale of Goods*, premier supplément à la 8e ed.", Sweet & Maxwell, Londres, 2010, para. 19-083.

[191] BRIDGE, M.G., *The Sale of Goods*, op. cit., page 571.

[192] Ibidem, page 341.

[193] Dans *Rowland vs. Divall,* 1923, 2KB 500, la revente d'une voiture volée a été retenue comme un contrat sans *consideration.*

[194] *Dock warrant.*

[195] Règle 1 (4) de la *loi des facteurs* (Factors Act) 1889.

Dans certains cas le vendeur ne sera pas propriétaire des marchandises qu'il vend. Ces différents cas sont exposés ci-après.

64. Nemo dat - Comme dans le droit civil, nul ne peut transférer plus de droit qu'il n'en a. La règle d'origine romaine *nemo dat quod non habet*[196] est logiquement retenue aussi en droit anglais. Dès lors, si le vendeur n'est pas propriétaire, il peut seulement transférer sa situation juridique par rapport au bien, et rien d'autre[197], mais l'acheteur peut acquérir un juste titre[198], sous condition d'être de bonne foi[199] et d'ignorer le défaut de titre de son prédécesseur[200].

Il importe de noter à cet égard que la notion anglaise de bonne foi est plus simple que la notion dualiste civiliste. Bien que plus modeste, elle se rapproche d'une notion subjective en statuant qu'une chose est tenue d'avoir été réalisée de bonne foi quand il s'agit d'une action honnête, même s'il y a négligence[201].

La maxime d'origine romaine a des exceptions apparentes :

1. Les mandataires commerciaux : agents commerciaux et consignataires, et les endosseurs des titres sur les marchandises[202], même s'ils ne sont pas propriétaires, peuvent transférer le titre de leur mandant.

2. D'autre part, si le vendeur continue à avoir la possession de biens vendus ou des titres représentatifs de ceux-ci (connaissement et lettre de change), leur transfert par lui-même, ou par son agent, est valide à l'égard des sous-acquéreurs de bonne-foi (qui ignoraient la première vente).

3. La même chose se produit dans un type de *constitut possessoire*[203].

Si l'acheteur acquiert la possession matérielle de biens vendus ou de documents, – à l'exception de l'acheteur conditionnel[204]-, ou des sous acquéreurs de bonne foi[205]-[206].

---

[196] « *Personne ne peut transférer la propriété d'une chose qui ne lui appartient pas* ». Cf. *Lexique des termes juridiques 2015-2016*, Dalloz, Paris, 2015, p. 699.

[197] Règle 21 s.g.a.

[198] A "good title".

[199] Dans l'affaire *Vowles vs. Island Finances Ltd.*, 1940, 4 DLR 357, le sous-acquéreur de bonne foi d'une voiture qui avait été vendue avant sous condition, par la même société vendeuse, a été considéré comme détenant d'un juste titre.

[200] Règle 23 s.g.a.

[201] Règle 61 (3) s.g.a.

[202] Règle 24 s.g.a.

[203] Il faut noter que ce type de constitut est compris dans le *constructive delivery*, qui sont l'expression de livraisons symboliques dans le droit anglais.

[204] D'après la loi sur le crédit aux consommateurs de 1974 (*Consumer Credit Act 1974*), le droit des acheteurs dans les ventes par versements est conditionnel ; soumis au paiement total du prix de vente.

[205] Règle 25 s.g.a.

[206] Dans l'affaire *Four point garage Ltd. vs. Carter,* (1985) 3 All ER 12, le vendeur, par instructions de l'acheteur, délivra une voiture au sous-acquéreur. Ce dernier ne le paie pas, mais la Cour estime que l'absence d'une délivrance physique dans la « chaîne », n'était pas un obstacle aux transferts, dès lors que le vendeur avait agi comme agent de l'acheteur.

65. Obligation de délivrer les marchandises – Le vendeur doit livrer selon les termes du contrat de vente.

La notion de « délivrance » est liée au transfert de possession. La règle 61 (1) s.g.a. la définit comme : « *Le transfert volontaire de la possession d'une personne à une autre* ».

66. Caractéristiques :

1. Il s'agit d'un élément relevant de la nature du contrat (*warranty*), donc, les parties peuvent renoncer à celle-ci[207].

2. Elle doit être totale. Les livraisons partielles peuvent avoir lieu uniquement en cas d'accord des deux parties[208]-[209].

67. Types de livraison - La façon de réaliser la livraison doit être accordée entre les parties.

A défaut d'accord, il peut se manifester une livraison réelle ; symbolique - en donnant les clés (d'une voiture ou d'un entrepôt, par exemple), en livrant une portion des biens [210] en représentation du total - ; ou en *constitut possessoire*. Alors, l'acheteur devra payer le prix[211], en règle générale.

68. Lieu de livraison - Comme dans le droit civil, à défaut de règle spéciale, c'est le domicile/siège du vendeur pour les biens de genre[212] ou l'endroit où ils se trouvent, s'il s'agit d'espèces[213]-[214]

D'autre part, l'application d'Incoterms permettra de déterminer si elle se fera dans l'établissement du producteur[215], à côté du navire[216], à bord de celui-ci[217], jusqu'au port de destination [218] ou selon d'autres formes moins habituelles.

69. Délai de livraison - Le moment de la livraison en droit anglais présente aussi des similitudes avec le droit continental. En effet, comme en droit français, la livraison dans une vente commerciale doit s'effectuer dans un « délai raisonnable »[219] s'il n'existe pas de dispositions spéciales agréées par les parties à cet égard.

---

[207] Règle 28 s.g.a.

[208] Dans l'affaire *Cobec Brazilian Trading and Warehousing Corpn vs. Alfred C.Toepfer,* (1982), 1 Lloyd's Rep 528, affd (1983) 2 Lloyd's Rep 386, la livraison en deux étapes d'une cargaison de 25.000 tonnes de soja a été considétée comme tardive, car la livraison était indivisible et devait avoir lieu avant une certaine date.

[209] FOSFA – Fédération d'huiles, semences et graisses Ltd.- 22 autorise les livraisons partielles, en estimant dans ce cas l'existence de contrats séparés.

[210] *Dixon vs Yates,* 1833, 5 B& Ad. 313.

[211] Règle 28 s.g.a.

[212] Article 1247 (ancien), 1342-6 (nouveau) c.civ.

[213] Article 1609 c.civ.

[214] Règle 29 s.g.a.

[215] Ex-Works.

[216] F.A.S.

[217] F.O.B.

[218] C.I.F.

[219] Cass. Civ. 3e, 10 avril 1973, Bull.civ.III, n° 274 : « À défaut de délai convenu, il appartenait aux juges du fond de déterminer le délai raisonnable pendant lequel les vendeurs

Un délai raisonnable est une question de fait. S'agissant de biens périssables ou de vêtements, le délai sera plus court en comparaison d'autres biens qui peuvent perdurer dans le temps[220].

70. Il convient de remarquer que **dans certains cas, une livraison en temps opportun est essentielle.** C'est le cas pour les ventes des matières premières - où elle est généralement liée à l'obligation corrélative de l'acheteur de donner des instructions[221] - et quand il s'agit de ventes commerciales de marchandises. Ainsi, dans ce dernier cas, il est habituel d'établir une période de l'année pendant laquelle la livraison aura lieu. Il n'y aura alors pas de retard tant que la période n'est pas finie[222].

Le cas le plus emblématique à ce sujet est *Bowes vs. Shand* de 1877[223]. Dans cette affaire, la *House of Lords* a débouté le demandeur en considérant que son action pour *non acceptation* était mal fondée. Il avait livré une cargaison de riz en avance, au mois de février, alors qu'il avait été stipulé que la livraison devait avoir lieu pendant les mois de mars et/ou avril.

D'autre part, précisons que lorsqu'il a été stipulé que la livraison aura lieu dans les plus brefs délais[224], cela signifie « *dans un délai raisonnable, étant entendu comme le délai le plus court possible* »[225].

Finalement, dans les ventes par versements successifs, il convient d'attendre chaque livraison particulière afin de pouvoir déterminer si la livraison a été faite en temps opportun ou pas[226].

La défaillance dans la livraison en temps opportun sera sanctionnée comme la violation d'une *condition* par le vendeur[227]. Dans ce cas, l'acheteur peut refuser la délivrance, s'abstenir d'accepter les marchandises et de payer

devaient livrer la chose vendue » et Cass. Com, 12 novembre 2008, n°07-19676 ; Contrats, conc. Consom. 2009, comm. n°30, note L. Leveneur ; Bull.civ.IV, n°192 ; RDC 2009.599, obs. S. Pimont ; JCP G 2008.IV.2997 : « à défaut de délai convenu il appartient aux juges du fond de déterminer le délai raisonnable dans lequel le vendeur devait délivrer la chose vendue ; en l'espèce, les parties n'avaient arrêté aucune date pour la mise en service de la machine vendue ». Les juges du fond ont estimé qu'un délai de six mois était raisonnable étant donné la complexité et l'ancienneté du matériel vendu. Rejet du pourvoi (MALAURIE Philippe, AYNÈS Laurent, GAUTIER Pierre-Yves, *Droit des contrats spéciaux*, 8e éd., Defrénois, Paris, 2016, p. 203-204).

220 BRIDGE, M.G., *The Sale of Goods*, op. cit., page 274.

221 *Bunge Corpn vs. Tradax S.A.*, (191) 1 WLR 711. Dans ce cas, la Cour d'appel et la House of Lords ont estimé que l'infraction de l'acheteur de donner des instructions pour la livraison dans le délai prévu dans une affaire concernant la vente de 5000 tonnes de soja était l'infraction d'une *condition*, donc, essentielle.

222 ATIYAH, P.S., *The Sale of Goods*, 9e éd., ADAMS, J.N., Pitman Publishing, Londres, Angleterre, 1995, page 97.

223 2 App. Cas. 455.

224 ASAP, « as soon as possible » (le plûtot possible).

225 BRIDGE, M.G., *The Sale of Goods*, op. cit, page 275.

226 *Jackson vs. Rotax Motor ad Cycle Co.*, (1910) 2 KB 937.

227 ATIYAH, P.S., op. cit, page 98.

le prix, et agir en dommages-intérêts[228]. Si le prix a déjà été payé, il peut le récupérer pour défaut de *consideration* et renverser la charge du risque[229].

71. Les spécificités de l'obligation de délivrance - Le vendeur doit livrer les biens en quantité, qualité et aptitude conformément aux stipulations contractuelles. Il doit aussi délivrer des documents nécessaires à l'acheteur, comme nous le verrons.

72. Quantité à livrer - Si les marchandises délivrées sont en nombre inférieur à ce qui est prévu dans le contrat, l'acheteur peut les rejeter, ou, sinon, régler le prix correspondant.

A l'inverse, si les quantités sont supérieures, il peut accepter celles qui ont été stipulées par le contrat de vente et rejeter les marchandises supplémentaires, les rejeter en totalité, ou bien accepter le surplus et payer la différence au prix contractuel[230].

Cette règle, qui permet à l'acheteur de rejeter les marchandises en cas de différences dans la livraison est soumise à la condition que cela soit raisonnable, c'est-à-dire, pour des différences significatives. Elle est une conséquence du principe romain *de minimis non curat lex* selon lequel le droit ne s'intéresse pas aux petits détails, aux choses sans importance [231]-[232].

73. Qualité des marchandises - Jusqu'à l'édiction de la loi sur la vente de marchandises de 1893, puis celle de 1979, la règle d'or[233] sur ce point était la maxime romaine *caveat emptor*. D'après celle-ci, l'acheteur devait examiner les biens qu'il achetait, avant de contracter. A défaut d'examen ou s'il se produisait une erreur dans l'examen, il était présumé être le seul responsable de sa négligence. Malgré sa rigidité apparente, elle n'a jamais admis le dol[234].

Aujourd'hui, il existe des clauses implicites relatives à la qualité[235] et à l'aptitude des marchandises. D'après celles-ci, les marchandises doivent être d'une qualité « satisfaisante »[236]. Cela est une condition nécessaire, voire essentielle, de la vente.

Avant la modification introduite en 1994 par la *loi sur la fourniture des marchandises*, les biens devaient être de *merchantable quality* [237] ; une notion introduite à la suite de l'affaire *James Drummond and Sons vs. E.H.*

---

[228] Règle 51.
[229] BRIDGE, M.G., *The Sale of Goods*, op. cit., page 144.
[230] Règle 30 s.g.a.
[231] ATIYAH, P.S., op. cit., page 106.
[232] D'après ce principe, dans l'affaire *Shipton Anderson & Co. vs Weil Bros. & Co.*, (1912) 1 KB 574, une différence des 55 livres sur 4950 tonnes a été estimée insuffisante pour rejeter la délivrance des biens.
[233] ATIYAH, P.S., op. cit., page 111.
[234] BRIDGE, M.G., *The Sale of Goods*, op. cit., page 341.
[235] Règle 14 (2) s.g.a.
[236] Cela est raisonnable, car le vendeur, souvent le fabriquant, est dans une position privilégiée pour connaître les atouts et défauts des marchandises qu'il produit. Voir sur ce point : BRIDGE, M.G., The *Sale of Goods*, op. cit., page 360.
[237] Marchandises de qualité.

Van Ingen & Co.[238], qui portait sur des tissus achetés d'après échantillons. Les produits étaient défectueux, car ils manquaient de cohésion et s'abîmaient facilement, ce que l`examen des échantillons n'avait pas montré. La House of Lords a condamné les vendeurs pour manquement à l'obligation de vendre des marchandises de bonne qualité.

Ultérieurement, la *loi sur la fourniture de marchandises* (termes implicites) de 1973, a défini cette qualité en disposant :

« *Biens de tous types sont de qualité marchande ...s'ils sont aptes pour la fin(s) pour laquelle(s) ils sont achetés d'habitude, ce qu'il est raisonnable d'attendre, en considération de leur description, prix (si relevant) et toute autre circonstance pertinente* »[239].

Comment peut-on déterminer la qualité nécessaire et suffisante à prendre en compte pour respecter ces obligations ?

D'après la loi sur la vente de marchandises de 1979[240], elle est en relation avec ce qu'une personne moyenne estime comme tel, en considération de leur description, prix, et autres circonstances d'importance.

La qualité, ajoute la loi, concerne : la finition, l'*aptitude pour les fins auxquelles les biens de ce type sont d'habitude fournis*, la durabilité, et l'absence de défauts mineurs.

74. Cas spéciaux - Vente par description ; vente en partie par description et en partie par échantillons.

Pour que la vente soit considérée comme vente par description, il est nécessaire que cela ait une influence sur la vente[241] et que les biens soient décrits, par exemple : vêtements en laine, une bouteille d'eau chaude, etc.[242]. Les marchandises neuves seront toujours vendues par description, contrairement aux marchandises d'occasion qui, souvent, ne le seront pas[243].

Si la vente est par description, il est donc entendu de manière implicite que les biens correspondent à cette description. Il s'agit d'une obligation essentielle (*condition*)[244]-[245].

La description des marchandises sera toujours nécessaire dans les ventes de genre, en considération de leur nature. Au contraire, elle n'est pas requise dans celles d'espèce, car les marchandises sont vendues *tale quale*[246]. Dans la pratique, elles sont souvent spécifiées, car cela permet d'invoquer une

---

[238] (1887) 12 App. Cas. 284.

[239] Règle 3 de la loi sur la fourniture de marchandises (termes implicites) de 1973 *–S upply of goods Act, 1973 (implied terms).*

[240] Règle 14 (2A) s.g.a.

[241] ATIYAH, P.S., op. cit., page 115.

[242] Ibidem, page 122.

[243] Ibid.

[244] Règle 13 s.g.a.

[245] Pour cette raison, dans l'affaire *Elder Smith Goldsborough Mort Ltd. vs. Mcbride,* (1976) 2 NSWLR 631, la vente d'un taureau étalon, qui s'est révélé infertile, a été considérée comme une infraction à la description et au contrat.

[246] BRIDGE, M.G., *The Sale of Goods*, op. cit, page 343.

infraction contractuelle dans le cas où les marchandises ne seraient pas conformes et aussi d'éviter l'incertitude.

Quand les marchandises ne sont pas conformes à leur description[247], même si elles ont été vendues *tale quale,* le vendeur sera en situation de manquement à ses obligations contractuelles. En revanche, si les marchandises sont conformes à leur description, même si le résultat final n'est pas celui voulu par les parties, le contrat est valide. Ce fut le cas dans la célèbre affaire *Ashington Piggeries Ltd. vs. Christopher Hill Ltd.* [248]. En l'espèce, le vendeur a vendu un aliment élaboré d'après les indications données par l'acheteur. Un litige est survenu car le fournisseur norvégien a ajouté un produit chimique qui s'est révélé toxique. La House of Lords a estimé que dans ce cas il n'y avait pas eu violation contractuelle[249] au regard de la description donnée par le vendeur, qui était conforme, mais pour la toxicité d'un produit chimique employé par le vendeur.

Il est à préciser que dans ce cas et dans d'autres similaires, lorsqu'il n'y a pas de problème de conformité avec la description des marchandises, il reste toujours une action pour agir en dommages-intérêts pour les éventuels préjudices causés, selon les règles 14 (2) et (3) s.g.a.[250], ce qui est logique.

Les termes exprès seront donc, très importants. Dans l'affaire *Drake vs. Thos Agnew & Sons. Ltd.*[251]*,* il a été conclu que dans la vente de tableaux, en règle générale, les déclarations au sujet de la paternité des œuvres d'art étaient seulement des opinions. Pour pouvoir invoquer la règle sur la description, il importe que les parties donnent à cela le caractère de *condition,* de façon expresse.

D'autre part, si la vente se fait en partie par description et en partie par échantillons, les marchandises doivent être en accord avec leur description.

La responsabilité du vendeur n'est pas engagée quand l'acheteur avait examiné les marchandises avant la conclusion du contrat et que cet examen avait révélé des défauts ; ou dans le cas d'un contrat de vente par échantillon dont les défauts auraient été apparents après un examen raisonnable.

75. Le standard exigé- Il a un spectre très large en théorie : marchandises de luxe, qualité ordinaire, marchandises *low cost.* Il convient alors de se demander quel est le niveau de qualité exigible à l'égard des vendeurs à défaut d'un *express term*[252].

---

[247] Dans l'affaire *Wieler vs. Schilizzi,* 1856, 17 CB 619, la description concernait des grains de lin *tale quale* et la cargaison s'est trouvée altérée, contaminée avec de la moutarde, raison pour laquelle le vendeur a été condamné.

[248] (1972) AC 441.

[249] A la règle 13 s.g.a.

[250] ATIYAH, P.S., op. cit. page 127.

[251] (2002) EWHC 294 (QB).

[252] Clause expresse.

La jurisprudence anglaise a conclu qu'une qualité basique suffit[253]. Donc, à la différence des principes d'Unidroit[254], il n'est pas nécessaire qu'ils soient d'une qualité moyenne.

Un certain degré de tolérance est admis aussi, en considération du prix, car il est souvent associé à la qualité des marchandises[255]. Le professeur P.S. ATIYAH considère sur ce point : « *Le prix auquel sont vendues les marchandises est souvent important afin de décider de la qualité que l'acheteur doit recevoir. C'était le cas dans les normes antérieures et c'est aussi le cas d'après la loi de 1994 qui mentionne expressément le prix* »[256].

76. Aptitude des biens - Il importe non seulement que les marchandises livrées soient conformes à leur description, et d'une certaine qualité, mais aussi qu'elles soient aptes à satisfaire les finalités prévues par les contrats. Comme s'agissant de la qualité, c'est aussi une *condition* et une clause implicite dans la vente de marchandises[257].

Il faut se demander sur ce point, quelle est la marge de tolérance prévue par la loi.

La jurisprudence a conclu, à titre d'exemple, que sont inadmissibles les défauts suivants : défaillances aléatoires et imprévisibles des disques durs[258], problèmes avec la transmission et finition des voitures de luxe[259] (une voiture d'occasion doit, au moins, être capable de rouler dans des conditions de sécurité), etc.

Dès que la loi indique expressément[260] comme une hypothèse d'aptitude spécifique l'état esthétique des biens, il importe de se demander quel est le degré de perfection exigible des marchandises.

La *Law Comission*[261] avait indiqué que les dommages insignifiants qu'auraient subis les marchandises devaient être acceptés s'ils ne nuisaient pas à leur bon fonctionnement. Néanmoins, la maxime *de minimis* n'a pas été retenue sur ce point.

Le critère est toujours très strict, d'après la jurisprudence fixée dans l'affaire *International Business Machines Co.* [262] *vs. Scherban*[263] selon laquelle les défauts, même mineurs, autorisent l'acheteur à refuser la délivrance des biens, en considération d'un défaut d'aptitude.

77. Sur l'aptitude des biens qui doivent faire de longs trajets en mer - S'agissant des ventes de produits alimentaires, ils doivent faire souvent de

---

253 *Geo. Wills & Co. Ltd. vs. Daniels Pty Ltd.*, (1957) 98 CLR 77.
254 Article 5.1.6 PU.
255 BRIDGE, M.G., *The Sale of Goods*, op. cit., page 376.
256 ATIYAH, P.S., op. cit., page 155.
257 Règles 14 (3) et (6) s.g.a.
258 *Amstrad Plc vs. Seagate Technology Inc.*, (1998) 86 BLR 34.
259 *Lamarra vs. Capital Bank Plc* (2006) CSIH 49.
260 Règle 14 (2B) (b) s.g.a.
261 Law Com N°160, 1987.
262 IBM.
263 (1925) 1 WWR 405. Dans ce cas, l'acheteur refusa la délivrance plusieurs fois par ce que la machine vendue avait le verre du rétroviseur brisé.

longs voyages pour arriver aux marchés de destination, souvent dans des continents différents de ceux de production. Comme nous l'avons indiqué précédemment, le risque de détérioration est parfois considérable et ce risque pèse sur l'acheteur dès que les marchandises sont livrées au transporteur.

Le vendeur devra dans ce cas, prévoir des emballages corrects pour remplir son obligation de délivrance[264] en considération de l'obligation de satisfaire les finalités prévues (vente de fruits, légumes, viande ou autres en bonnes conditions sanitaires et de vente).

78. Documents que le vendeur doit remettre à l'acheteur - Dans les ventes internationales F.O.B., le vendeur doit donner généralement à l'acheteur le connaissement, les certificats d'origine des biens[265], les licences d'exportation dans certains cas[266]-[267], et s'il est obligé de contracter le navire, il doit notifier cette opération.

D'autre part, dans les ventes C.I.F., l'obligation de délivrance physique est remplacée par des obligations documentaires. Ce type de vente est plutôt une vente documentaire et la délivrance des documents aura lieu souvent à travers une agence bancaire.

« *Le vendeur doit contracter ou franchir les moyens pour l'affrètement et l'assurance en relation avec les marchandises expédiées, ce qui doit être conforme en termes de description, quantité et qualité au contrat C.I.F., et transférer à l'acheteur le bénéfice de ces contrats. Le transporteur n'est pas un agent commercial de l'acheteur qui fait délivrance des marchandises en expédition, et ne fait pas non plus nécessairement partie du contrat C.I.F. selon lequel les marchandises seront livrées au port de destination. L'acheteur C.I.F. est présumé être obligé à payer contre la délivrance des documents d'expédition, qui influeront un connaissement (ou autre document de transport), un document d'assurance, et une facture* »[268].

En général, le vendeur doit donner à l'acheteur des documents qui comportent des descriptions de marchandises identiques entre elles[269]. Auparavant la pratique était plus stricte[270].

---

[264] *Gedding vs. Marsh,* (1920) 1 KB 672.

[265] Le traité de libre commerce Chili-U.E. exige ce document pour l'importation des marchandises (art. 58 et annexe III).

[266] Incoterms 2010, para A2 (FAS).

[267] Incoterms 2010, para B2 (CIF) (CFR).

[268] BRIDGE, M.G., *The Sale of Goods*, op. cit., page 296.

[269] L'article 14 (e) des règles UCP 600, C.C.I., 2007, exige aujourd'hui une conformité totale entre le crédit et la facture, mais non plus avec les autres documents, qui doivent l'être en termes généraux, seulement.

[270] Dans l'affaire *Soproma SpA vs. Marine and Animal By-Products Corpn,* (1966) 1 Lloyd's Rep 367, la lettre de crédit avait spécifié des documents pour « aliment complet poisson chilien, 70% protéines ». Mais, le connaissement disait « aliment poisson chilien » et la description des factures était en accord avec la lettre de crédit. Des divergences ont été trouvées dans les certificats de qualité (67% minimum) et d'analyse (69,7% protéines). Cela a invalidé les documents, car la règle ancienne était plus stricte.

79. Sur l'aptitude spécifique de certaines marchandises - Dans certains cas, l'acheteur informe le vendeur qu'il a besoin de marchandises avec des caractéristiques particulières. Alors, le vendeur ne peut délivrer des biens d'une qualité basique, ou moyenne.

Il remplira seulement son obligation en fournissant les qualités particulières requises pour la marchandise, et pas d'autres[271].

80. Règles de preuve - L'*onus probandi* appartient au vendeur[272], par conséquent, c'est à lui qu'il reviendra de prouver que la livraison a été faite en temps opportun, et que la quantité, qualité et aptitude des biens étaient correctes.

81. Dépenses - Tout comme dans le droit civil, à défaut d'autres stipulations, les coûts de livraison sont à la charge du vendeur[273].

Il s'agit d'une règle de logique, car il reçoit un prix pour les marchandises. De plus, cela devrait aider à fluidifier le commerce, en débarrassant les vendeurs des marchandises.

82. La livraison doit être totale, et non partielle - La règle est la même qu'en droit civil (le créancier ne peut être contraint de recevoir en plusieurs fois ce qui lui est dû[274]). Dans le cas d'une inexécution partielle de l'obligation de livraison, il est nécessaire de déterminer si ce manquement est important ou non, s'il ouvre droit à des dommages-intérêts, voire s'il peut justifier une résolution du contrat[275].

La livraison des biens au transporteur, d'après le contrat ou à la demande de l'acheteur, est présumée avoir été effectuée à l'acheteur. Le vendeur a une obligation de résultat sur ce point. A défaut de stipulation contraire, il doit contracter avec le transporteur au nom de l'acheteur en prenant en considération les caractéristiques des biens à livrer. S'il ne le fait pas, et que les biens se détériorent, l'acheteur pourra les rejeter et agir en dommages-intérêts.

83. Obligation de garantir la possession tranquille à l'acheteur – Le vendeur doit garantir l'acheteur contre toutes réclamations, de la part de tiers et de sa part.

Naturellement, vis-à-vis des tiers, il se doit uniquement d'éviter les nuisances juridiques (réclamations, etc.), mais pas les vols ou d'autres actes qui ne relèvent pas de sa sphère d'action[276].

---

[271] Dans l'affaire *Manchester Importer,* (1922) 2 AC 74, l'acheteur a acheté 500 tonnes d'un charbon spécifique nécessaire pour ce navire. Les vendeurs ont été reconnus responsables d'après la règle 14 (3) *« dès que ... il doit être assumé que les vendeurs savaient la nature des fours et les caracteristiques du charbon dont elle avait besoin, toutefois qu'il s'étaient engagés à fournir ce charbon",* BRIDGE M.G., op. cit., page 403.

[272] Règle 30 s.g.a.

[273] Règle 29 s.g.a.

[274] Article 1244 (ancien) 1342-4 (noveau) du c.civ.

[275] Règle 30 s.g.a.

[276] Sur ce point le professeur ATIYAH indique : « *Mais si le tiers agi de façon indépendante, l'acheteur pourra probablement invoquer la règle quand il s'agit d'un acte de droit* », op. cit., page 85

Il s'agit d'une obligation de nature[277] - *warranty* -, donc :

1. Les parties peuvent y renoncer.
2. Le vendeur n'est pas obligé de défendre les sous-acquéreurs.

La plupart du temps, le vendeur devra donc défendre l'acheteur des prétentions de tiers[278]. Néanmoins, c'est parfois le vendeur lui-même qui perturbe la possession de l'acheteur. C'était le cas dans l'affaire *Empresa Exportadora de Azúcar vs. Industria Azucarera Nacional S.A. (Cubazúcar vs. Iansa)* de 1983[279]. Il s'agit d'une jurisprudence d'importance pour la présente étude, eu égard à la nationalité des parties et à sa portée.

Les parties étaient les suivantes :

Le vendeur, la société d'État cubaine exportatrice de sucre (Exportadora de Azúcar), et l'acheteur, une société anonyme au Chili dans le domaine de la fabrication et de la vente de sucre (IANSA : Industria Azucarera Nacional S.A.).

Les faits étaient les suivants :

La société chilienne, IANSA S.A., avait acheté du sucre cubain, qui devait être livré au Chili par le vendeur, Exportadora de Azúcar de Cuba.

Le vendeur participa à des négociations avec le gouvernement cubain, qui eurent pour conséquence l'ordre de retour du navire transportant le sucre vendu C.I.F.[280], qui avait déjà été payé – le connaissement avait été transféré contre paiement - et le bateau était entré dans une baie chilienne[281].

La demanderesse, IANSA, a agi en réparation, compte tenu la hausse du prix des marchandises sur le marché international, le défaut de livraison et les frais de la procédure arbitrale, suite à la violation par le vendeur d'une obligation relevant de la nature du contrat[282] ; celle de garantir la possession paisible des biens, par le vendeur lui-même, selon l'obligation spécifique consacrée par la règle 12 (5) (a) s.g.a.

---

[277] La règle 12 (5) s.g.a. consacre cette obligation, et la 12 (5A) s.g.a. précise qu'il s'agit d'une garantie. Traduction libre: « *Dans un contrat régi par la sous section (3) au dessous il y a aussi un terme implicite selon lequel les personnes suivantes ne perturberont pas la possession pacifique de l'acheteur: a) le vendeur, b) quand les parties ont établi que le vendeur doit transférer un titre qui appartient a un tiers, cette personne, c) tout personne qui réclame a travers ou sous le vendeur des gages ou autres prétendions révélées avant le contrat* ».

[278] Dans l'affaire *Microbeads AG vs. Vinhurst Road Markings Ltd,* (1975), 1 WLR 218, où pendant les formalités des patentes industrielles par le vendeur, un tiers a enregistré une patente auparavant, ce que les parties ignoraient. La Cour d'appel, a condamné le vendeur, car il devait garantir la possession de l'acheteur d'une invention industrielle et éviter des nuisances par des tiers, selon la règle 12 (5) (b) s.g.a.

[279] (The Playa Larga) 2 Lloyd's Rep 171.

[280] Cout, assurance et fret, C.C.I., Incoterms 2010.

[281] D'après le professeur BRIDGE, l'expédition des marchandises par le vendeur, dans une vente C.I.F. est un acte d'exécution physique, de délivrance. Une fois qu'il est fait, les obligations de délivrance physique cessent. Voir sur ce point : BRIDGE, M.G., *The International Sale of Goods*, op. cit., page 126.

[282] *Warranty.*

La cour d'appel anglaise a cependant débouté la demanderesse en considérant que :

1. Il n'était pas raisonnable qu'elle vende la marchandise à un prix si élevé, mais plutôt, qu'elle aurait dû le vendre sur le marché interne, et pour une consommation domestique.

2. S'il est vrai que la défenderesse aurait pu vendre à un prix plus élevé à un tiers, il n'existait pas de preuve en ce sens.

(Source : (1983) 2 Lloyd's Rep 171)

84. Limitation dans le temps de la garantie d'éviction - D'après la *Loi de Limitation* de 1980 [283] elle est de six ans. Néanmoins, certains auteurs estiment qu'elle subsiste pendant tout le temps nécessaire à garantir la possession paisible de l'acheteur, c'est à dire, lorsqu'il a un intérêt possessoire[284].

85. Le vendeur a aussi une obligation d'information et conseil qui se manifeste de diverses manières :

1. S'agissant des routes maritimes, par exemple, il se doit d'informer l'acheteur sur le fait de savoir si la souscription d'une assurance est usuelle dans ce type de situation ; autrement il supporte les risques[285].

2. Il doit informer l'acheteur sur les éventuelles nuisances qui sont susceptibles de perturber son droit :

« *12 (4) Dans un contrat régi par la sous-section (3) au-dessous, il y a un terme implicite selon lequel tous les gages ou prétentions connus par le vendeur et non connus par l'acheteur doivent lui être révélés avant la conclusion du contrat* ».

Cette obligation est un élément relevant de la nature du contrat[286].

3. Il devra informer l'acheteur sur la dangerosité de certaines marchandises.

La plupart du temps, le vendeur est dans une position privilégiée par rapport à l'acheteur, car il connaît les particularités et les problèmes que peuvent révéler les marchandises. C'est pour cette raison qu'il est tenu d'informer l'acheteur sur les éventuelles précautions à prendre quant à leur utilisation, leur dangerosité, etc.

Sur la base de cette obligation d'information et/ou de conseil, des vendeurs ont été condamnés dans plusieurs affaires, par négligence, car ils avaient omis d'informer leur cocontractant sur la dangerosité connue des produits, et par infraction à la règle 14 (3) s.g.a. aussi[287]. Dans deux affaires célèbres, le manquement à cette obligation a causé la mort, d'animaux, dans la première, et de personnes humaines[288], dans la seconde.

---

[283] *Limitation Act, 1980,* règle 5.

[284] BRIDGE, M.G., *The Sale Of Goods*, op. cit, page 193.

[285] Règle 32 s.g.a.

[286] *Warranty,* d'après la règle 12 (5 A) s.g.a.

[287] Inaptitude pour la fin prévue dans le contrat.

[288] *Ashington Piggeries*, (1972) AC 441 et *Vacwell Engineering Co. Ltd. vs. BDH Chemicals Ltd.,* (1969) 3 All ER 1681. Dans le second cas, le vendeur a informé sur le risque des

Afin de se conformer à cette obligation, les vendeurs doivent informer leurs cocontractants de toutes les hypothèses dangereuses « prévisibles », explicitement, dans des instructions, brochures ou autres documents[289].

Les vendeurs disposent également d'un certain nombre de droits.

86. Droit d'être payé conformément aux prévisions contractuelles - Si l'acheteur ne paye pas le prix convenu, le vendeur peut mettre en œuvre certain droits, ou mesures protectrices qui préservent ses intérêts.

87. Droit de rétention et privilège – Ils opèrent en cas de non-paiement ou de paiement incomplet[290].

En doctrine, on dit que le vendeur a un droit de rétention, avant que la propriété ne soit passée à l'acheteur, et un privilège après le transfert de propriété[291].

Le droit de rétention est une conséquence logique du fait que la délivrance et le paiement sont des conditions réciproques[292].

Ce droit de rétention se termine en cas de renonciation, quand l'acheteur devient détenteur ou quand il délivre les biens au transporteur, dépositaire ou à un autre gardien afin de les transférer à l'acheteur sans se réserver le droit de disposition des marchandises [293]-[294]. Le même effet se produit quand un titre dûment transféré à l'acheteur est transféré à un sous-acquéreur ou en gage, moyennant une *consideration* monétaire, et avec bonne foi de la part du sous-acheteur ou créancier[295].

Les sous-ventes que l'acheteur a pu effectuer sont inopposables au vendeur, sauf si celui-ci était d'accord avec ces ventes ; que les documents représentatifs des biens aient été donnés à un tiers de bonne foi, comme acheteur ou propriétaire, et moyennant une *consideration* de valeur[296] ; ou si le transfert a été en gage (dans ce cas il est soumis aux droits du constituant).

88. *Stoppage en transit* - En cas d'insolvabilité de l'acheteur, le vendeur peut stopper les marchandises en transit, alors même qu'il a perdu leur possession.

---

vapeurs, mais non pas sur le risque d'explosion, ce qui a causé la mort d'un employé de l'acheteur.

289 ATIYAH, P.S., op. cit., page 173.

290 Règle 41 s.g.a.

291 BRIDGE, M.G., *The Sale Of Goods*, op. cit., page 587.

292 Règle 28 s.g.a.

293 Règle 43 s.g.a.

294 Dans l'affaire *D.F. Mount Ltd. vs. Jay & Jay (Provisions) Ltd,* (1960) 1 QB 159, le tribunal a débouté les vendeurs qui ont autorisé une sous-vente, sans avoir été payés par l'acheteur. Par conséquent, le lien n'a pas été retenu.

295 Rège 47(2) s.g.a.

296 En effet, c'est un des cas où la considération financière est pertinente : « Il existe pourtant une exception importante à ce refus des tribunaux d'évaluer la valeur économique de la *consideration.* C'est le cas où il y aurait échange de choses fongibles ou d'argent pour des montants inégaux. Il est considéré que dans ce cas particulier les tribunaux ne peuvent plus faire la sourde oreille, ou se déclarer aveugles, car l'inégalité des prestations saute aux yeux. Il est impossible de dire alors que les parties ont pu estimer être d'égale valeur des choses dont l'inégalité des valeurs est si manifeste » (LEVASSEUR A., op. cit. page 44).

L'insolvabilité est une situation de fait. Néanmoins, d'après la loi[297], l'acheteur est insolvable, s'agissant d'une société, s'il n'a pas payé une dette de sept cent cinquante livres sterling au moins, dans les trois semaines suivant une demande de paiement. Dans la pratique l'exécution contractuelle sera gelée, jusqu'à l'arrivée d'un syndic ou liquidateur[298].

Les effets sont les suivants :

1. L'exercice de ce droit n'emporte pas nécessairement la résolution du contrat[299].

2. Grâce à ce droit, le vendeur peut reprendre possession des marchandises, à condition que les marchandises soient encore en transit, et les retenir jusqu'au paiement ou leur sécurisation[300].

Cela peut prendre diverses formes :

La rétention peut se manifester par l'appréhension matérielle des biens de la part du vendeur, ou par sa notification[301] au transporteur, dépositaire ou autre gardien en possession des marchandises.

La notification est valable, qu'elle soit faite au commettant où a son préposé. Dans le premier cas, elle doit avoir lieu dans des circonstances qui lui permettent d'informer son préposé ou agent avant de vérifier la livraison des biens à l'acheteur.

Une fois que la notification a été reçue, les marchandises doivent être délivrées d'après les instructions du vendeur et à ses dépens[302].

Comme le privilège précédent, ce droit disparaît en cas de renonciation, quand l'acheteur devient détenteur où quand le vendeur délivre les biens au transporteur, dépositaire ou autre gardien afin de les transférer à l'acheteur sans se réserver le droit de disposition des marchandises. Aussi, quand un titre dûment transféré à l'acheteur est transféré à un sous-acquéreur ou en gage, moyennant une *consideration* (contrepartie) financière, et avec bonne foi de la part du sous-acheteur ou créancier.

Il est entendu que les biens sont en transit dès qu'ils sont livrés au transporteur, dépositaire ou autre gardien, afin de les transférer à l'acheteur, et jusqu'au moment où lui, ou son agent en prend possession, à destination ou avant ; si les biens ont été rejetés par l'acheteur, les biens restent en possession du transporteur, dépositaire ou autre gardien ; et, quand le transporteur, dépositaire ou autre gardien refuse de livrer les biens à l'acheteur ou à son agent. Une livraison seulement partielle n'emporte pas la conclusion finale du transport de toutes les marchandises[303].

---

297 Règle 123, loi sur l'insolvabilité – *Insolvency Act* de 1986.

298 BRIDGE, M.G., *The Sale Of Goods*, op. cit., page 586.

299 Règle 48 (1) s.g.a.

300 Règle 44 s.g.a.

301 D'après l'affaire *Phelps Stokes & Co. vs. Comber,* (1885) 29 Ch.D 813, la notification doit préciser les marchandises et l'intention de reprendre leur possession.

302 Règle 46 (4) s.g.a.

303 Règle 45 s.g.a.

89. Droit de revendre les marchandises en cas de non-paiement ou paiement incomplet.

La loi définit ce que l'on doit comprendre par non-paiement. Le vendeur est réputé ne pas avoir été payé si le prix total n'a pas été acquitté, ou si une lettre de crédit ou autre instrument de crédit donné en paiement conditionnel n'a pas été honorés[304].

S'agissant des biens périssables, ou quand le vendeur a notifié à l'acheteur son intention de vendre, si ce dernier ne paye pas ou ne garantit pas le paiement, dans un délai raisonnable, le vendeur peut revendre les biens et agir contre l'acheteur original en dommages-intérêts pour les pertes subies du fait de la rupture contractuelle[305].

L'exercice de ce droit produit plusieurs effets.

D'une part, dans le cas où le vendeur aurait fait réserve expresse du droit à revendre les biens en cas de non-paiement de l'acheteur, si les biens sont finalement vendus, le contrat original est résolu de plein droit, sans préjudice du droit du vendeur d'agir en réparation[306].

D'autre part, si le vendeur revend les biens, le sous-acquéreur aura un juste titre qu'il pourra opposer à l'acheteur original[307].

A l'instar du vendeur, l'acheteur doit également remplir certaines obligations et dispose de plusieurs droits.

90. Accepter et recevoir les marchandises – L'acheteur doit accepter et recevoir les marchandises sans condition, dans le strict respect des clauses du contrat de vente[308], et il n'est pas obligé d'accepter des livraisons partielles[309].

Cette obligation comporte plusieurs caractéristiques :

1. Lorsque les marchandises doivent être livrées partiellement, le rejet partiel des marchandises peut être considéré comme une cause de résolution du contrat ou non[310], selon les circonstances. Le critère est souvent quantitatif[311]. Cela est important, car : « *On avait dit qu'une vente par versements est un contrat unique, non pas une chaine de contrats comme versements compris* »[312].

2. Comme en droit civil, c'est un élément relevant de la nature du contrat (*warranty*), donc les parties peuvent y renoncer[313].

---

[304] Règle 38, (1), (b). s.g.a.
[305] Règle 48 (3) s.g.a.
[306] Règle 48 (4) s.g.a.
[307] Règle 48 (2) s.g.a.
[308] Règle 27 s.g.a.
[309] Règle 31 (1) s.g.a.
[310] Règle 31 (2) s.g.a.
[311] Dans l'affaire *Maple Flock Co. Ltd. vs. Universal Furniture Products (Wembley) Ltd.*, (1934) 1 KB 148, l'infraction du vendeur par rapport a la qualité d'une livraison – compris dans 65 - n'a pas été retenue comme suffisante pour répudier le reste du contrat.
[312] BRIDGE, M.G., *The Sale of Goods*, op. cit., page 556.
[313] Règle 28 s.g.a.

3. Comme pour l'obligation de délivrance du vendeur, l'acceptation opportune est essentielle s'agissant des biens périssables[314]. Dans certains cas, le temps d'acceptation n'a pas été retenu comme essentiel[315]. La doctrine pose des critiques à cette dichotomie[316] car il n'y a pas vraiment de justification suffisante pour le faire.

4. Le manquement à cette obligation de l'acheteur est sanctionné par des dommages-intérêts, pour non acceptation.

Ses effets sont multiples :

1. Si l'acheteur valide la conformité des marchandises, ou s'il agit en tant que propriétaire, ou s'il n'a pas rejeté les biens dans un délai raisonnable, il est réputé avoir accepté les biens.

Par exception, les sous-ventes et les réparations ne constituent pas une acceptation des marchandises, contrairement au droit civil.

2. L'acceptation de biens compris dans une unité commerciale[317] fait présumer l'acceptation de toute l'unité[318].

91. Payer le prix des marchandises

Les caractéristiques de cette obligation sont les suivantes :

1. Pour que l'acheteur puisse prendre possession des biens, il doit payer ou garantir le paiement.

2. Le prix doit être déterminé dans le contrat de vente, autrement il n'y a pas de vente[319].

Il doit être déterminé dès la conclusion du contrat de vente ou d'après le mécanisme prévu par le contrat ou par les négociations postérieures des parties[320].

En cas d'échec de la détermination du prix, un prix raisonnable devra être payé, selon les circonstances particulières à chaque cas[321].

A noter que lorsque le prix doit être déterminé par un tiers et que cette détermination n'a pas lieu, il n'y a pas de contrat de vente (il manque une *condition*). Néanmoins, si certains biens ont déjà été livrés à l'acheteur, celui-ci devra de toute façon payer leur prix[322].

---

[314] ATIYAH, P.S., op. cit., page 263.

[315] Dans l'affaire *Kidston & Co. Vs. Monceau Ironworks Co.*, (1902) 7 Com. Cas. 82., la Cour a conclu que le retard de l'acheteur à donner des instructions pour la livraison n'a pas empêché le vendeur d'organiser la production et le transport dans la période contractuelle.

[316] BRIDGE, M.G., *The Sale of Goods*, op. cit., page 331.

[317] Une unité commerciale, selon ladite loi, est une division dont la valeur diminuerait si en étaient exclus certains biens.

[318] Règle 35 s.g.a.

[319] Dans l'affaire *May & Butcher vs. R.*, (1934) 2 K.B. 17, la House of Lords a établi que si la fixation du prix a été laissée à plus tard, les parties n'ont pas vraiment contracté.

[320] Règle 8 (1) s.g.a.

[321] Règles 8 (2) et (3) s.g.a.

[322] Règle 9 (1) s.g.a.

Si l'indétermination du prix par le tiers résulte d'une faute de l'une des parties, cette partie sera tenue au paiement de dommages-intérêts vis-à-vis de l'autre[323].

3. A défaut de stipulation contractuelle, le prix doit être payé immédiatement, en espèces. Mais si le paiement est fait par lettre de crédit et soumis à un certain délai, le vendeur est présumé avoir donné crédit à l'acheteur pour payer et ne pourra pas retenir les marchandises[324].

4. Une fois que les marchandises ont été transférées à l'acheteur, l'inexécution sans droit de cette obligation[325] de paiement, autorise le vendeur à agir pour le paiement du prix.

Il en est de même en ce qui concerne les ventes soumises à un délai, si l'acheteur refuse de payer le prix[326]. Le fondement de ce principe est le suivant : « l'acheteur a reçu un *quid pro quo*, une *consideration* remplie »[327].

92. Imputation du paiement - Afin de comprendre les conséquences du paiement, il convient de distinguer les différentes situations qui peuvent se présenter :

1. Dans les contrats de vente de biens qu'il faut encore individualiser, qui font partie d'un lot qui a été identifié et dont une partie ou la totalité du prix a déjà été payée, l'acheteur deviendra propriétaire commun d'une part indivise du lot. Elle sera représentative des biens payés et dus à l'acheteur.

2. Quand l'acheteur a payé seulement le prix de certains biens qui sont compris dans un lot[328], les livraisons partielles qu'il peut recevoir seront imputées aux paiements effectués et attribués à ces biens[329].

Tous les copropriétaires dans un lot sont présumés avoir autorisé la livraison des biens dus à l'acheteur, et aussi celles qui ont lieu d'après le droit des tiers qui ont contracté avec l'un d'eux.

3. Il n'existe pas d'obligation de compenser les éventuelles différences qui peuvent se produire entre eux. Leurs accords – autonomie de la volonté – peuvent toujours altérer ces règles[330].

93. Conséquences de l'inexécution de l'obligation de paiement.

Elles sont multiples.

1. L'inexécution partielle de l'obligation de paiement et/ou de recevoir, comme celle de délivrance, si elle est grave, peut donner droit à agir en dommages-intérêts contre le vendeur[331], selon la maxime *de minimis.*

L'évaluation de celle-ci se fera par une estimation des dommages directs subis à cause de la rupture du contrat.

---

323 Règle 9 (2) s.g.a.
324 ATIYAH, P.S., op. cit., page 259.
325 L'acheteur peut refuser les marchandises dans certains cas, comme nous le verrons après.
326 Règle 49 (1) et (2) s.g.a.
327 BRIDGE, M.G., *The Sale of Goods*, op. cit., page 609
328 Règle 20 A) s.g.a.
329 Contrairement au droit civil, les paiements partiels libèrent partiellement
330 Règle 20 B) s.g.a.
331 Règle 30 s.g.a.

Dans les hypothèses où il existe un marché alternatif pour les biens, le montant des dommages-intérêts correspondra à la différence entre le prix du contrat des biens et le prix de celui-ci, ou entre ce premier prix et le prix au moment où ils devaient être livrés ou du refus (s'il n'y avait pas de délai prévu)[332].

2. Le manquement à l'obligation de paiement du prix autorise aussi le vendeur à revendre les marchandises à d'autres acheteurs, sans mise en cause de sa responsabilité. On parle dans ce cas d'un *falling market*[333].

3. Dans les *spot contracts*[334], le non-paiement immédiat, sera souvent reconnu comme une *breach of condition.*

4. Dans le cas où la propriété des biens a été transférée à l'acheteur et que celui-ci ne paye pas le prix, par négligence ou mauvaise foi, le vendeur pourra agir pour obtenir le paiement de ce prix.

5. Si le paiement du prix était soumis à un délai, et qu'il n'a pas été réalisé dans ce délai, le vendeur pourra agir en paiement du prix même lorsque la propriété des biens n'a pas encore été transférée à l'acheteur[335].

Outre ces obligations, l'acheteur bénéficie de certains droits.

94. Indemnisation - Comme nous l'avons vu auparavant, l'acheteur a le droit d'être indemnisé lorsque les biens sont endommagés.

95. Examen - L'acheteur a le droit d'examiner les biens, dans un délai raisonnable, afin de pouvoir tester s'ils sont en conformité avec la qualité et la quantité stipulées dans le contrat.

Dans les ventes C.I.F., s'agissant de ventes documentaires, l'acheteur ne pourra pas suspendre le paiement en attendant l'examen des marchandises, car la nature même de la vente l'en empêche[336]. C'est le cas, par exemple, dans des ventes pour lesquelles les connaissements ont été falsifiés, car ils tiennent lieu de titres et reçus des marchandises, dont les bénéficiaires peuvent être de bonne foi[337].

S'agissant des ventes par échantillons, l'acheteur a le droit de comparer les biens reçus avec les échantillons[338]. Il est entendu que les marchandises et leur qualité doivent être conformes aux échantillons reçus, libres de défauts qui peuvent les altérer, après un examen raisonnable des échantillons. Cela est essentiel dans la vente de marchandises - *condition* - [339].

[332] Règle 51 s.g.a.
[333] *A falling market* : un marché défaillant.
[334] Contrats d'exécution instantanée.
[335] Règle 49 s.g.a.
[336] BRIDGE, M.G., *The Sale of Goods*, op. cit., page 324.
[337] *United City Merchants (Investments) Ltd vs. Royal Bank of Canada,* (1983) 1 AC 168.
[338] Règles 34 et 35 (2) (b) s.g.a.
[339] Règle 15 (3) s.g.a.

96. Nature de l'examen - L'examen exigé est courant[340] et le lieu, s'agissant de marchandises complexes[341], sera souvent les locaux de l'acheteur. Il doit se faire dans un délai raisonnable. Cela dépendra, évidemment, des types de marchandises, car l'examen d'un réacteur nucléaire sera plus difficile que celui d'un moteur à combustion, par exemple. C'est donc, une situation de fait qui sera prise en compte par les parties pour déterminer les modalités de cet examen[342].

Généralement l'examen sera réalisé par l'acheteur lui-même ou par ses préposés. Cependant, dans les ventes internationales, surtout s'il s'agit de matières premières ou de produits alimentaires, il est effectué par des agences indépendantes qui expédient des attestations sur l'état des marchandises qui sont souvent obligatoires pour les parties.

97. Droit de rejeter les marchandises reçues en excès ou défectueuses

Plusieurs situations peuvent se présenter :

1. S'agissant d'un contrat *non séparable,* si l'acheteur accepte quelques biens, il ne pourra pas rejeter les autres.

2. Au contraire, si le contrat est *séparable* et s'il rejette quelques biens et en accepte d'autres, il ne perd pas le droit de rejeter les autres s'il y a manquement contractuel de la part du vendeur ; si les biens ne sont pas conformes au contrat.

Précisons aussi que l'acheteur n'est pas tenu d'accepter les marchandises s'il accepte une réparation, ou si une sous-vente a lieu[343]. Mais, il est présumé avoir accepté les biens, il ne pourra pas les rejeter s'il commet des actes dommageables ou contraires aux droits du vendeur[344], ou s'il ne les rejette pas dans un délai raisonnable[345]. D'autre part, il sera empêché de le faire aussi[346] dans les cas où une infraction à une *condition* a été assimilée à celle d'une *warranty*[347].

98. Ventes C.I.F. et rejet - Dans ce cas, comme l'obligation de délivrance est substituée par une obligation documentaire, l'acheteur devra, rejeter les documents que le vendeur lui a fait parvenir. Le professeur BRIDGE indique sur ce point :

« *Un contrat C.I.F. est une vente documentaire dans laquelle l'obligation normale du vendeur de délivrer les biens est substituée par un devoir d'expédier ou faire embarquer et une obligation de donner les documents*

---

340 *Heilbutt vs. Hickson,* (1872) LR CP 438 : il a été jugé que durant la guerre franco-prussienne, l'acheteur des chaussures pour l'armée française n'était pas tenu de les déchirer afin de trouver des défauts internes de fabrication.

341 BRIDGE, M.G., *The Sale of Goods*, op. cit., page 536.

342 Dans l'affaire *Bernstein vs. Pamson Motors (Golders Green) Ltd,* (1987), 2 All Er 220, l'acheteur d'une voiture qui a mis quatre semaines et roulé 140 milles, avant de relever des défauts, a été débouté pour avoir agi trop tard.

343 Règle 56 (6) (a) et (b) s.g.a.

344 Règle 35 (1) (b) s.g.a.

345 Règle 35 (4) s.g.a.

346 Règle 11 (2) s.g.a.

347 BRIDGE, M.G., *The Sale of Goods*, op. cit., page 539.

qui représentent les contrats de frètement et d'assurance dans des conditions propices. Pour le transit, les biens sont représentés par un document de transport, normalement un connaissement, qui est son expression documentaire jusqu'à la fin du transit. La vision orthodoxe est que l'acheteur à des droits séparés de rejet et de fin qui émanent des infractions documentaires par rapport à la qualité et au délai de livraison des biens. Mais la réalité est un peu plus complexe que cela. Le rejet des documents comprend aussi les biens, car le vendeur C.I.F. ne peut pas altérer unilatéralement le contrat et expédier physiquement les biens dans le port. Ainsi, le rejet des biens rend nécessaire le fait que l'acheteur retourne les documents déjà reçus, à la disposition du vendeur »[348].

De plus, l'exigence d'attestations de qualité, délivrées par des agences indépendantes, au regard de la conformité des marchandises, n'est pas une condition qui peut empêcher le paiement dans une vente C.I.F.[349].

Enfin, relevons que ce droit ne s'applique pas aux acheteurs de biens d'occasion, pour des raisons que la doctrine considère d`origine historique[350] et systématique[351].

99. Effets du rejet.

1. Si l'infraction n'est pas d'importance[352] (quantité ou défauts) elle sera considérée comme une infraction d'une *warranty* ; mais si le délai de livraison est essentiel, il y aura lieu à une *breach of condition.*

2. L'acheteur n'a pas l'obligation de retourner les biens, sa manifestation de rejet suffit[353].

3. Si le rejet a lieu au moment de l'offre de délivrance (avant la livraison physique), il évite le transfert de propriété et les risques à l'acheteur[354].

4. Le rejet autorise l'acheteur à agir pour défaut de *consideration.*

5. Le vendeur pourra faire de nouvelles tentatives de livraison, néanmoins, pendant le délai prévu par la règle 54 s.g.a. ; tant que le délai essentiel n'est pas expiré, et jusqu'au moment où il devient inacceptable par ses effets[355].

B. Les sanctions de l'inexécution des obligations contractuelles

100. Dommages-intérêts - Dans le droit anglais, l'exécution forcée en nature est l'exception. La règle générale est l'allocation de dommages-intérêts, donc, une *remedy* (sanction d'inexécution) par excellence.

---

[348] BRIDGE, M.G., *The Sale of Goods*, op. cit., page 570.

[349] Dans l'affaire *Berger &Co. Inc. vs. Gill&Duffus S.A.*, (1984) AC 382, la House of Lords a conclu que le vendeur n'était pas obligé de donner une attestation de conformité pour avoir le droit d'être payé dans une vente C.I.F.

[350] La vente massive des biens d'occasion est postérieure à la loi de 1893.

[351] Ce droit existe dans le droit civil, arts. 1641 et 1644 du c.civ.

[352] Règle 15 A s.g.a.

[353] Règles 35 (A) et 11 (4) s.g.a.

[354] Règle 18 (5) s.g.a., *contrario sensu*.

[355] BRIDGE, M.G., *The Sale of Goods*, op. cit., page 577.

Il en existe plusieurs types.

Les *reliance damages* sont la règle générale et ont pour but de placer le créancier dans la même situation patrimoniale qu'avant la violation contractuelle[356].

Les *expectation damages* placent le créancier dans la situation hypothétique d'un contrat exécuté parfaitement, donc la perte de gains est comprise.

Les *nominal damages* ont pour objectif d'indemniser des pertes non justifiées par rapport à leur montant[357].

Les *contemptuous damages* sanctionnent les actions en justice hasardeuses.

Finalement, les *punitive damages* ont pour but d'éviter la répétition de délits civils[358].

101. Légitimation active - Le vendeur aura ce droit, dans le cas où l'acheteur refuse, sans motif, d'accepter les biens non transférés.

De son côté, l'acheteur peut agir en dommages-intérêts dès que :

1. Le vendeur ne délivre pas les marchandises.
2. Il les livre en retard.
3. Quand celles-ci ne sont pas conformes en qualité, quantité[359] ou aptitude, aux termes explicites ou implicites du contrat.

102. Charge de la preuve - Elle repose sur le demandeur. Il devra démontrer, d'abord, que les préjudices subis sont la conséquence de la rupture du contrat et, ensuite, qu'ils n'ont pas une autre cause[360].

Deux principes sont à la base de cette obligation-droit d'indemnisation : l'atténuation et l'éloignement des dommages.

103. Éloignement (*remoteness*) - La règle primordiale a été posée par la célèbre affaire *Hadley vs. Baxendale*[361]. En l'espèce, le propriétaire d'un moulin, M. Hadley, a dû envoyer certaines pièces abimées depuis Gloucester vers Greenwich, afin que le constructeur puisse confirmer les dimensions exactes des nouvelles pièces à fabriquer. Un problème s'est posé : le transporteur, Baxendale et Ors, a livré en retard.

Hadley a agi en justice et demandé des dommages-intérêts pour les pertes produites pendant tout le temps durant lequel son moulin n'a pas fonctionné. Dans ce cas, le tribunal a débouté le demandeur. Le baron Alderson, jugeant l'affaire, a alors précisé : « *Quand les parties ont signé un contrat et que l'une d'elle l'a rompu, les dommages que l'autre partie doit recevoir par rapport à cette rupture doivent être justes et raisonnables, en d'autres*

---

[356] *Doyle vs. Olby (Ironmongers Ltd.),* (1969) 2 QB 158, 167.

[357] *Constantine vs. Imperial Hotels Ltd.*, (1944) K.B. 693.

[358] *Rookes vs. Barnard,* (1964) UKHL 1.

[359] Selon la règle *de minimis*, déjà mentionnée.

[360] Dans l'affaire *Beoco Ltd. vs. Alfa Laval Co. Ltd.*, (1994) 4 All ER 464, l'acheteur a essayé de réparer une machine, ce qui a causé une explosion. En conséquence, il a été débouté de sa demande d'allocation de dommages-intérêts pour perte des gains.

[361] (1854), EWHC J70.

termes, selon le cours naturel des choses, de cette rupture elle-même, ou de ce qui raisonnablement a pu être considéré par les parties, au moment qu'ils ont fait le contrat, comme le résultat probable de la rupture. Alors, si les circonstances spéciales dans lesquelles le contrat a été conclu avaient été communiquées par les demandeurs aux défendeurs, et donc connues par les deux parties, les dommages résultants de cette rupture, qu'ils auraient estimé raisonnables, seraient la quantité de préjudice qui ordinairement suit une rupture contractuelle dans ces circonstances spéciales connues et communiquées. Mais, d'un autre côté, si ces circonstances spéciales étaient inconnues par la partie défaillante, lui, au pire cas, peut être présumé d'avoir considéré le montant de préjudice qui normalement se produit, et dans la plupart de cas non affectés par aucune circonstance spéciale, depuis une rupture de contrat »[362].

Depuis cette affaire, l'*éloignement* a été considéré en tenant compte de deux variables : la probabilité de perte et la connaissance de l'autre partie[363], retenues aussi par la loi[364].

Il s'agit d'une règle qui diffère de celle du droit civil, dans lequel le débiteur fautif est responsable des préjudices directs prévus ou prévisibles[365].

104. Atténuation des dommages (*mitigation*) - D'après ce principe, chacun doit dans la mesure de ses moyens éviter l'aggravation des dommages qui lui ont été causés[366].

Les dépenses nécessaires à cette fin, néanmoins, sont à la charge du débiteur de la prestation principale, ce qui est évident, car *nul ne peut se prévaloir de sa propre faute* dès que le contraire entraîne un *enrichissement injustifié.*

Si l'acheteur est le débiteur de l'obligation, le montant des dommages-intérêts est équivalent à la différence entre le prix de vente et le prix du marché à l'époque où les marchandises ont été acceptées ou refusées[367].

Au contraire, si le vendeur est en demeure de livrer, ils seront équivalents à la différence entre le prix du marché existant entre la date où elles devaient être livrées et celle du contrat[368].

Alors, si le prix du second marché est inférieur à celui du contrat, le vendeur ne pourra pas récupérer la différence existante entre le prix de vente et celui de l'autre marché[369].

D'autre part, s'agissant de biens non conformes aux spécifications, l'acheteur peut agir pour manquement à l'obligation de garantie[370]. Le

[362] BRIDGE, M.G., *Benjamin's Sale of Goods*, Sweet & Maxwell, Londres, 2010, page 981.
[363] BRIDGE, M.G., *The Sale of Goods*, op. cit., pages 655-656.
[364] Règles 50 (2) et 51 (2) s.g.a.
[365] Art. 1150 (ancien) 1231-3 (noveau) c.civ.
[366] *British Westinghouse Electric and Mfg Co. Ltd. Vs. Underground Electric Rys Co. Of London Ltd.*, (1912) AC 673.
[367] Règle 50 s.g.a.
[368] Règle 51 s.g.a.
[369] BRIDGE, M.G., *Benjamin's Sale of Good's*, op. cit., page 1021

montant dans ce cas sera la différence entre la valeur qui aurait été la leur si les biens avaient été conformes aux spécifications et leur valeur réelle.

A propos de l'atténuation/minimisation du dommage, il est à noter que l'octroi d'intérêts simples est possible conformément à la loi sur les tribunaux supérieurs de 1981[371]-[372] qui permet à la Haute Cour de condamner au paiement d'intérêts simples en plus de l'allocation de dommages-intérêts (discrétionnairement) à partir de la date de la *cause of action* et jusqu'à celle du jugement.

105. Cas spéciaux :

1. Dommages indirects.

Il est aussi possible d'agir en réparation des dommages indirects[373], en théorie, ce qui est rarement reconnu[374] ; à l'exception des dépenses de manutention des biens, dès le refus de l'acheteur de les accepter[375].

2. Allocation de dommages-intérêts dans les hypothèses de fausses représentations (*misrepresentation).*

Dans ce cas, le demandeur peut récupérer les pertes directes subies par le contrat. Il ne peut pas récupérer les pertes de gains, mais la différence entre le prix d'achat et la valeur que les marchandises auraient eue si l'allégation avait été vraie[376] et les pertes des gains relatifs à un contrat alternatif.

3. Perte de gains.

Si la règle pour mesurer la quantité des dommages est issue d'autres marchés, les tribunaux appliquent dans ce cas l'alternative.

4. Perte d'une chance.

Pour qu'il soit indemnisé, il importe que la perte de chance soit l'objet de la transaction, ou, au moins, partie de celle-ci[377]. Souvent, les dommages directs sont déduits de ceux-ci[378]

5. Perte d'une négociation.

Si l'acheteur résilie le contrat après sa conclusion, le vendeur peut prétendre qu'il a perdu une chance/opportunité de vendre les marchandises à un autre acheteur. Dans ce cas, le montant sera généralement discrétionnaire, si les conditions d'*éloignement* et de prévisibilité sont accomplies[379].

---

370 Règle 53 s.g.a.

371 Règle 35 A (1) Senior Courts Act 1981.

372 En 1934, la section 3 de la *Law Reform (Miscellaneous Provisions Act*) introduit la possibilité d'allouer des intérêts en plus des dommages-intérêts pour les cours. Cf. LAWSON F.H., op. cit., p. 148.

373 Règle 54 s.g.a.

374 Voir sur ce point ATIYAH, P.S., op. cit., page 436.

375 Règle 37 s.g.a.

376 ATIYAH, P.S., op. cit., page 502.

377 BRIDGE, M.G., *The Sale of Goods*, op. cit., page 650.

378 Ibidem, page 685.

379 Dans l'affaire *Lazenby Garages Ltd. vs. Wright,* (1976) 1 WLR 459, le vendeur a agi en dommages-intérêts car l'acheteur a répudié le contrat de vente d'une BMW modèle 2002, le jour suivant sa conclusion, ce qui a empêché le vendeur de liquider ses stocks. La Cour

6. Préjudices intangibles.

Quand le vendeur n'a pas rempli son obligation de livraison selon les termes contractuels, des dommages peuvent être accordés par les tribunaux pour ce seul motif. Il convient de préciser, néanmoins, que les montants accordés sur ce fondement sont limités[380].

106. Clauses de dommages-intérêts et clauses pénales - Les premières sont admises dans la *Common Law*, sous l'appellation *liquidated damages* et constituent une évaluation conventionnelle des dommages[381]. Leur utilité est nuancée, car le juge n'est pas tenu par ce type de clause[382].

D'autre part, les clauses pénales[383] sont refusées depuis la célèbre affaire *Dunlop Pneumatic Tyre Co. Ltd. vs. New Garage Motor*[384]. En l'espèce, une clause avait été introduite dans un contrat de distribution selon laquelle un distributeur de pneumatiques ne pouvait pas vendre à un prix inférieur à celui fixé par le fabriquant. Dans le cas contraire, il devait payer la somme de cinq livres sterling par pneumatique comme indemnité. La House of Lords a conclu qu'il ne s'agissait pas d'une clause pénale, car cela est caractérisé par des stipulations qui fonctionnent *in terrorem,* et qui obligent à payer des sommes exorbitantes en cas de contravention. Les *liquidated damages*[385], en revanche, font « une authentique estimation du dommage »[386].

Par exemple, « *si une somme est payable dans le cas d'infraction d'une obligation de donner de l'argent, et qu'elle est supérieure à la somme d'origine, cette clause est une clause pénale* »[387].

D'autres arrêts plus récents vont dans un sens similaire[388].

107. Le fait du créancier - Il est qualifié de *contributory negligence* (négligence contributoire) par la *Common Law*, dans la *loi de Réforme* de 1945[389].

A la différence du droit civil, elle n'opère pas une compensation des fautes[390].

---

d'appel a débouté le vendeur en estimant que l'acheteur aurait dû considérer une perte, et, dès que la voiture était revendue deux mois après.

[380] Dans l'affaire *Ruxley Electronics and Constructions Ltd. Vs. Forsyth,* (1996) AC 344, 2.500.- livres sterling.

[381] SCHIMITTHOFF, op. cit., page 92.

[382] BRIDGE, M.G., *The Sale of Goods*, op. cit., page 645.

[383] *Penalty clauses.*

[384] (1915) A.C. 79.

[385] Clauses des dommages-intérêts fixées par les parties.

[386] BRIDGE, M.G., *Benjamin's Sale of Good's*, page 983.

[387] BRIDGE, M.G., *The Sale of Goods*, op. cit., page 647.

[388] *Cavendish Square Holdings BV vs. Talal El Makdessi,* (2012) EWHC 3582 (Comm).; *Parking Eye Limited vs. Beavis,* EWCA Civ 402.

[389] *Law Reform (Contributory Negligence) Act, 1945.*

[390] Dans l'affaire *Lambert vs. Lewis,* (1982) AC 225, la House of Lords a retenu que l'acheteur d'une remorque qui a causé un accident grave ne pouvait pas s'exonérer si le défaut de celle-ci était évident.

108. L'exécution en nature - Comme nous l'avons vu, la règle générale en *Common Law*, en cas d'inexécution contractuelle, est l'allocation de dommages-intérêts. Seulement de façon exceptionnelle est reconnue l*a specific performance*, c'est-à-dire, l'exécution en nature, par *equity*. Le professeur ATIYAH précise à cet égard : « *Les cours semblent encore réticentes à utiliser cette juridiction, moins encore à l'étendre* »[391].

La loi sur la vente de marchandises de 1979 l'a prévue dans le cas de rupture de contrats dont l'obligation est de délivrer des espèces ou des biens déterminés[392]. On peut dire qu'elle a été introduite afin d'harmoniser le droit anglais avec le droit écossais[393] et que son fondement est sa nécessité, dans certains cas, s'agissant de biens uniques ou irremplaçables, ou, quand l'allocation de dommages-intérêts ne semble pas la meilleure solution[394]-[395].

109. Fin du contrat à cause d'une rupture contractuelle (résolution) - De façon moins exceptionnelle que l'exécution en nature, la loi et la *case Law* anglaises permettent la fin d'un contrat. Le contrat peut être terminé de façon unilatérale par l'une des parties[396] dans les cas suivants.

Si le manquement contractuel d'une partie est d'une importance considérable, l'autre partie peut demander la fin de la relation contractuelle. Ça sera le cas :

1. S'il est privé de la *consideration* pour laquelle l'une des parties avait contracté.

2. Si le manquement atteint et remet en cause le but même du contrat - *fundamental breach* -[397].

C'est une alternative un peu obsolète, mais elle existe en théorie[398] et est difficile à satisfaire[399].

3. Si c'est une rupture qui intervient suite à désaveu ou une frustration - *frustrating breach* -.

Elle se manifeste quand une des parties fait savoir à l'autre qu'elle n'accomplira pas une ou plusieurs de ses obligations.

---

[391] ATIYAH, P.S., op.cit., page 507.

[392] Règle 52 (1) s.g.a.

[393] BRIDGE, M.G., *The Sale of Goods*, op. cit., page 630.

[394] C'est le cas des contrats complexes. Par exemple, dans l'affaire *Land Rover Group Ltd. vs. UPF (UK) Ltd.* (2002) EWHC 3183 (cour commerciale), le demandeur avait besoin d'un châssis particulier pour un de ses modèles, et pour cette raison, il avait investi des sommes importantes auprès du fournisseur. Sans l'exécution en nature, et rapide, il aurait dû finir la production de ce véhicule.

[395] Dans l'affaire *Sky Petroleum Ltd. vs. VIP Petroleum Ltd.*, (1974) 1 All ER 954, les demandeurs ont obtenu une mesure conservatoire selon laquelle les défendeurs devaient leur vendre du pétrole pendant dix ans, ce qui était dans les faits l'exécution en nature des obligations contractuelles.

[396] A cette fin, elle doit notifier l'autre de son intention de résoudre le contrat. Cf. LAWSON F.H., op. cit., p. 281.

[397] *Hong Kong Fir Shipping Ltd. vs. Kawasaki Kisen Kaisha* (1962), 2 QB 26.

[398] ATIYAH, P.S., op.cit., page 198.

[399] BRIDGE, M.G., *The Sale of Goods*, op. cit., page 436.

4. Si la clause ou l'obligation en cause est essentielle à la relation contractuelle - *condition* -, le degré de manquement est indifférent.

C'est le cas, par exemple, de l'infraction des obligations du vendeur de délivrer opportunément dans les ventes commerciales, des matières premières et des produits alimentaires, ou de délivrer des biens d'une qualité satisfaisante et aptes à l'usage prévu.

Quand une clause est une *condition,* la moindre infraction entraîne la fin de la relation contractuelle[400].

110. *Anticipatory breach* - Elle a lieu dès que l'une des parties est certaine que l'autre n'accomplira pas ses obligations contractuelles. Dans ce cas, la première a le droit de finir le contrat « *préventivement* »[401].

Or, la résolution (*avoidance*) est une sorte d'*ultima ratio* dans le droit anglais. Le plus souvent l'allocation de dommages-intérêts sera préférée et on cherchera un marché alternatif pour se débarrasser des marchandises.

Enfin, il convient de préciser que rien n'empêche les parties de stipuler une clause résolutoire *ipso iure.*

111. Conséquences de l'anéantissement du contrat :

1. L'anéantissement du contrat exonère l'acheteur du risque contractuel, et il peut acheter des marchandises à un meilleur prix, dans un *falling market*[402].

2. Elle opère pour le futur et les droits acquis ne sont pas atteints.

3. Certaines stipulations survivent à la terminaison : les droits acquis et les clauses arbitrales.

4. L'obligation initiale de la partie fautive sera transformée en obligation de payer des dommage-intérêts.

5. Les parties doivent se faire des restitutions mutuelles, si cela est possible[403].

112. Réduction de prix – Il s'agit d'un procédé originaire du droit civil. Son origine est l'*actio quanti minoris* du droit romain. Il est intéressant de relever qu'elle a été transposée en 1994 à propos des ventes aux consommateurs[404], mais son utilité est limitée à ce type des ventes.

---

400 A moins que l'infraction soit minimale, règle 15 A s.g.a.

401 *Hochster vs. De la Tour,* 2 E & B 678 : dans ce cas, il a été décidé qu'un contrat de louage de services futurs pouvait être résolu de façon préventive par le prestataire prêt à accomplir ses obligations, afin de lui permettre d'agir en dommages-intérêts ; *Bowdell vs. Parsons,* 10 East, 359 : si une partie s'oblige à vendre des marchandises dans un certain terme et qu'elle les vend avant l'échéance à une autre, le contrat peut être résolu de façon préventive par le futur acheteur, afin de lui permettre d'agir en dommages-intérêts.

402 Marché d'occasion. BRIDGE, M.G., *The Sale of Goods*, op. cit., page 511.

403 S'agissant de l'anulation d'un contrat suite à des vices du consentement (*rescission*), les tribunaux ne sont pas trop exigents à cet égard : seulement des restitutions substantielles sont exigées. V. dans ce sens : LAWSON F.H., op. cit., p. 281.

404 Règle 48 (c) s.g.a., supprimé par la Consumer Rights Act, 2015

C. Les règles d'interprétation

113. Règles d'interprétation - La *Common Law* retient certaines règles à cet égard :

1. Règle de l'interprétation harmonieuse. D'après celle-ci, le tribunal doit interpréter les dispositions contractuelles en considérant l'ensemble du contrat[405]. Elle est similaire à la règle contenue à l'article 1189, al. 1er du nouveau Code civil français.

2. Règle de l'absurde. Si plusieurs interprétations d'une clause sont possibles, celles qui ne sont pas raisonnables doivent être écartées[406].

3. Règle attributive. Comme en droit civil, si une clause peut avoir deux sens, celle qui peut lui faire produire un effet doit être préférée à celle qui ne le peut[407].

4. Règle restrictive. D'après la maxime *ejusdem generis*, les mots génériques doivent s'interpréter de la façon la plus stricte possible[408].

5. Clauses *standards vs. spéciales*. S'il existe des contradictions entre les unes et les autres, les dernières seront privilégiées[409].

6. *Parol evidence rule*. Un contrat est considéré comme un accord « final » en *Common Law*. Donc, ni les négociations, ni d'autres contrats antérieurs, même entre les mêmes parties, ne sont pris en considération pour son interprétation, en règle générale[410].

---

405 *International Fina Services AG vs. Katrina Shipping Ltd.* (1965), 2 Lloyd's Rep 344, CA.
406 *LG Schuler AG vs. Wickman Machine Tools Sale Ltd.* (1974), AC 235.
407 BRIDGE, M.G., *The international sale of goods*, op. cit., p. 43.
408 Ibidem, p. 42.
409 *Naviera Amazónica Peruana S.A. vs. Cia. Internacional de Seguros del Perú* (1987), 1 Lloyd's Rep 116.
410 Exceptionnellement, des éléments extrinsèques peuvent être ajoutés, s'agissant des termes manifestement ambigus ou d'ordre technique. Cf. BRIDGE, M.G., *The international sale of goods*, op. cit., p. 44.

CONCLUSION DU CHAPITRE

1. L'encadrement juridique de la vente de marchandises en Angleterre est principalement assuré par la *loi sur la vente de marchandises* de 1979, qui est une actualisation d'une loi de 1893.

Ce texte a tenté une sorte de codification sur le sujet, en consacrant la loi, la jurisprudence et les pratiques commerciales les plus reconnues. Bien que cette démarche soit avantageuse au regard de l'incertitude provoquée par l'absence de normes écrites, sa technique est complexe, voire rudimentaire en comparaison à des cas similaires « continentaux ». La loi constitue une sorte de « *patchwork* »[411] parfois difficile à comprendre, manquant d'harmonie.

D'un autre côté, relevons que certains des dispositifs qu'elle prévoit ne se justifient plus. C'est le cas de la vente d'après échantillons[412], par exemple.

Enfin, il convient de relever que le terme *rescision* est utilisé sans clarté, indistinctement pour signifier terminaison et nullité, ce qui indique une lacune de technique législative.

2. Par ailleurs, à la différence du droit civil et de la Convention de Vienne de 1980, il n'existe pas dans la loi anglaise de **principe général de bonne foi** à respecter dans les négociations préliminaires. Ce constat nous permet indirectement de vérifier sur ce point la primauté du droit civil dans la CVIM.

La loi sur la vente de marchandises anglaise se contente de donner une définition vague de la bonne foi : sa règle 61 (3) précise qu'une action est de bonne foi lorsqu'elle a été réalisée de façon honnête, sans ou avec négligence. Ainsi, la loi consacre une idée incomplète et paradoxalement proche de la notion subjective du droit civil, établie par exemple à l'article 706 du Code civil chilien[413] et aux articles 1135 (ancien) et 1194 (nouveau) du Code civil français ; loin de sa signification contractuelle ou objective des articles 1545 du Code civil chilien et de l'article 1104 (nouveau) du Code civil français, qui a été encore étendue au regard de la disposition originelle -

---

[411] Tissu fait de morceaux.

[412] BRIDGE, M.G., *The Sale of Goods*, op. cit., page 411.

[413] Cet article indique (traduction libre) : « *La bonne foi est la conscience d'avoir acquis la propriété d'une chose par des moyens légitimes, sans fraude ni autres vices* ».

l'alinéa 3 de l'ancien article 1134 - comme nous le verrons ultérieurement, afin de renforcer encore la protection de la phase précontractuelle.

Par voie de conséquence, les pourparlers ne sont pas visés en droit anglais et peuvent se produire entre plusieurs concurrents, à moins qu'ils ne soient expressément interdits par les parties en établissant des limitations et un devoir de diligence[414].

Le principe de l'enrichissement injustifié[415], la responsabilité extracontractuelle et le principe d'estoppel peuvent aider (en théorie) ceux qui considèrent avoir subi des dommages lors de cette phase. Dans le cas contraire, la « libre sélection darwinienne » est attendue en matière commerciale.

3. La préférence pour la poursuite du contrat. La loi et la pratique anglaises privilégient la poursuite du contrat dans le cas d'une violation non essentielle du contrat. C'est là une différence importante avec le système du droit civil.

Comme nous l'avons vu, par exemple, les vices du consentement ont été introduits dans le système anglais par équité, et consacrés par la *Misrepresentation Act* de 1967, intégrés dans la loi sur la vente de marchandises de 1979 ; alors qu'ils existaient depuis des siècles dans le droit continental positif.

Pour qu'un contrat de vente de marchandises soit résolu (*avoided*) en droit anglais, il est nécessaire que l'infraction soit grave (*fundamental breach*), principe qui a été repris par la CVIM dans ses articles 25, 49 et 64, ou qu'elle concerne une *condition* ou un *terme* auquel les parties ont donné une importance capitale. Et encore, dans ce cas, elles peuvent toujours avoir décidé que l'infraction soit considérée comme celle d'une *warranty*, ce qui leur permet de maintenir et poursuivre le contrat, exclure la terminaison et permettre seulement l'allocation de dommages-intérêts.

La règle romaine *de minimis* est respectée. Néanmoins, certaines obligations seront toujours essentielles et leur infraction, même mineure, sera durement sanctionnée : la livraison en temps opportun dans les ventes commerciales, l'aptitude des marchandises aux fins prévues, et leur finition, libre de défauts, mêmes mineurs, se traduiront par la fin du contrat et l'allocation de dommages-intérêts.

La réduction de prix, l'actio *quanti minoris qui* est reconnu depuis des siècles dans le droit civil, consacrée notamment par le nouvel article 1223 du Code civil français et l'article 1868 du Code civil chilien, et existe comme *remedy* en droit anglais mais est limité, par la règle 48 (C) de la loi de 1979, aux ventes aux consommateurs. On peut donc conclure qu'en raison de son évidente origine romaine, sa réception dans les articles 44 et 50 de la CVIM n'a pas comme source la vente « à l'anglaise » mais le droit civil.

---

[414] *Due diligence*.

[415] Introduit seulement depuis l'affaire *Lipkin Gorman vs. Karpnale Ltd.*, (1991) 2 AC 548.

4. L'allocation de dommages-intérêts est établie comme règle d'indemnisation générale.

L'exécution en nature est exceptionnelle en droit anglais et attribuée seulement dans les cas où elle est strictement nécessaire, voire, obligations d'espèce, ou quand l'allocation de dommages-intérêts ne semble pas la meilleure solution, car elle ne satisferait pas les besoins du créancier. C'est le cas des prestations complexes ou insubstituables.

La règle générale d'indemnité est l'allocation de dommages-intérêts. Elle aura lieu au profit du vendeur, quand l'acheteur refuse, sans motif, de recevoir et/ou payer les marchandises. Dans ce cas, le premier pourra aussi stopper les marchandises (apport du droit anglais qui a été retenue dans l'article 71 (2) de la CVIM), chercher un marché alternatif afin de les revendre et aura le droit d'être indemnisé des pertes subies et des différences entre valeur de vente et de revente. Il pourra agir pour le prix aussi, dans le cas de non-paiement moyennant transfert de propriété. S'il a fait réserve expresse du droit à revendre, en cas de non-paiement, le contrat original sera résolu de plein droit.

Du côté de l'acheteur, il aura le droit d'être indemnisé des défauts de qualité (basique, en règle générale), de la présentation esthétique des marchandises (immaculés, s'agissant des produits neufs et en règle générale), des différences de quantité significatives, d'aptitude aux fins prévues dans le contrat de vente, et naturellement, si le vendeur ne délivre pas ou le fait en retard.

Il est intéressant de noter que les clauses pénales ont été divisées dans la *Common Law*, à la différence du droit civil, et comment, d'un côté, en l'absence de l'institution de lésion énorme, celles « terrifiantes » résultent conceptualisés de « pénales » et interdits, et, de l'autre, celles « non terrifiantes », admises sous le concept de *liquidated dammages*. Il convient d'insister sur l'incertitude qu'un tel critère implique.

L'allocation de dommages-intérêts est basée sur deux piliers depuis le célèbre arrêt *Hadley vs. Buxendale*[416]: l'éloignement (*remoteness*) et l'atténuation (*mitigation*). Le premier principe est similaire à la réparation des préjudices directs prévus par le droit civil (la « prévisibilité » existait déjà en France avant le prononcé de la décision anglaise) ; le second est un vrai apport du droit anglais, reconnu par la CVIM dans son article 77, que nous examinerons plus tard.

Il convient de noter que l'allocation d'intérêts simples est possible dans le droit anglais d'après le *Seniors Courts Act* de 1981, règle 35 A (1), avec celle de dommages intérêts ; une institution également reprise par la CVIM dans son article 78.

5. Les droits et obligations des parties sont similaires dans les deux systèmes de droit. La vente « à l'anglaise » ajoute, néanmoins, le droit de

[416] (1854), EWHC J70.

« stoppage » en transit, ce qui a aussi été retenu par la CVIM dans son article 71(2).

6. En ce qui concerne le transfert de propriété, il est intéressant de relever que la clause de réserve de propriété (*title retention clause, Romalpa clause* ou *All Monies paid Clause*) est une création du droit civil, qui a été reprise par la *Common Law* dès les années 1970, à partir de l'arrêt *Romalpa*[417]. Avant cette jurisprudence, elle était déjà mentionnée à l'article 2367 du Code civil français, de manière positive, et aux articles 680 et 1874 du Code civil chilien, négativement, c'est-à-dire en privant d'effets celle-ci.

La seule utilité ultérieure que l'on doit reconnaître au régime anglais sur ce point est la possibilité de considérer l'acheteur comme agent du vendeur afin de pouvoir vendre les produits élaborés d'après les matières premières fournies par le vendeur originaire, ce qui recevra les produits de sous-ventes, en plus.

7. S'agissant des risques, constatons qu'il n'y a pas de différences significatives entre les deux systèmes, en règle générale.

Néanmoins, une différence importante existe aujourd'hui, concernant les exceptions d'inexécution.

Au moment de l'édiction de la CVIM (1980) et de la loi anglaise de 1979, les Codes civils français et chilien ne reconnaissaient pas l'imprévision (*hardship*). La première, d'après la jurisprudence qui insistait sur la possibilité de chercher toujours des alternatives afin de « sauver » le contrat, et les seconds, par respect du principe de force obligatoire du contrat, établi dans l'article 1134 al. 1er (ancien) 1103 (nouveau) du Code civil, et 1545 du Code civil chilien.

Aujourd'hui, depuis l'ordonnance n° 2016-131 du 10 février 2016, le nouvel article 1195 du Code civil français consacre de façon positive la théorie de l'imprévision, en permettant aux parties de l'écarter, car elle n'est pas d'ordre public. Dans le cas contraire, le contrat pourra être renégocié par elles, résolu, adapté ou révisé par le juge.

8. D'après la *parol evidence rule*, les contrats sont tenus comme des accords « finaux » en *Common Law*. Ainsi, ni les négociations, ni d'autres contrats antérieurs ne sont considérés pour son interprétation, en règle générale. Comme nous le verrons plus avant, la CVIM suit une position différente sur ce sujet, dont l'importance est capitale. Elle retient des techniques interprétatives de droit civil, ce qui nous donne un autre argument de grande importance à l'appui de l'affirmation de la primauté du droit civil dans la Convention de Vienne de 1980.

9. Toutefois, l'*anticipatory breach* du *Common Law* a eu une influence sur l'article 72 de la CVIM.

Selon cette disposition, une partie peut terminer un contrat de vente, de façon unilatérale, quand il est devenu clair que l'autre n'accomplira pas ses obligations. De cette façon, la CVIM permet la résolution par une partie si

---

[417] (1976), 1 WLR 676.

elle est certaine que l'autre partie commettra une violation essentielle du contrat, après sa notification.

La résolution unilatérale vient d'être introduite dans le droit français par l'ordonnance de 2016 précité, dans un nouvel article 1226 du Code civil, mais n'a pas un caractère anticipatoire. Elle n'existe pas en droit chilien.

10. Enfin, un autre argument qui confirme la primauté du droit civil dans la CVIM est le moment de la formation du consentement.

On l'a vu, le droit anglais suit la ***postal rule***, voire le système dit de l'« émission ». En revanche, la Convention de Vienne de 1980 retient la théorie de la réception dans ces articles 18 n° 2 et 22 qui feront l'objet de développements détaillés ultérieurs.

CHAPITRE 2

LE DROIT CIVIL : LES DROITS FRANÇAIS ET CHILIEN

Ce chapitre sera probablement plus familier aux juristes chiliens et français. Néanmoins, il convient de relever que d'importantes modifications du droit civil se sont produites en France ces derniers mois concernant directement ou indirectement l'objet de la présente étude. Or, le droit français des obligations et des contrats en général, et le code Napoléon en particulier, représentent une source primordiale du droit privé chilien. Ainsi, les règles juridiques relatives à la vente de marchandises sont similaires au Chili et en France ; avec quelques nuances, notamment concernant les moyens d'acquérir la propriété pour lesquels le Code civil chilien a suivi une influence romano-germanique.

Il en résulte la présence dans le Code civil chilien d'articles qui ont une rédaction très proche de celle de dispositions du Code civil français. Leur jurisprudence est aussi analogue sur plusieurs sujets ; par exemple, à propos des pourparlers et leur relation avec le principe général de bonne foi qui a une portée très limitée dans la *Common Law*, comme nous l'avons déjà vu, à la différence du droit civil et de la CVIM qui a retenu l'approche de ce dernier à ce sujet, comme nous allons le démontrer.

Nous mettrons en lumière les différences qui existent entre la *Common Law* – en l'espèce le régime juridique de la vente de marchandises en Angleterre - et le système de droit civil retenu par la France et le Chili. À cette fin, il s'agira en premier lieu d'analyser le droit de base, français, en commentant sommairement son régime juridique de la vente de marchandises (section 1) ; avant de poursuivre avec une étude du régime juridique de la vente de marchandises au Chili (section 2).

SECTION 1. LE RÉGIME JURIDIQUE DE LA VENTE DE MARCHANDISES EN FRANCE

Plusieurs sujets seront analysés dans cette section, qui présentent des différences non négligeables avec le régime juridique de la vente de marchandises de la *Common Law* et sont d'importance substantielle au regard de la CVIM. Il s'agit des pourparlers et du principe de bonne foi, de la formation du consentement, de la théorie de l'imprévision avec sa consécration actuelle, de la résolution, de la résiliation unilatérale, de la force majeure, de la clause pénale, de l'exécution en nature, des dommages-intérêts, de la réduction du prix, de l'interprétation du contrat, des clauses d'exonération et du principe d'autonomie de la volonté, du transfert de propriété et des risques, de la réserve de propriété, et des obligations des parties dans la vente de marchandises.

Certains de ces sujets, comme par exemple l'imprévision, ont subi des modifications importantes suite à l'ordonnance française n° 2016-131 de 10 février 2016. Il en est de même s'agissant de la résolution (possibilité de dénonciation unilatérale), entre autres. Il est ainsi très intéressant pour un juriste chilien d'analyser ces institutions « transversales » dans leur configuration actuelle, car elles revêtent aujourd'hui en France les formes que probablement elles auront au Chili dans le futur.

Nous allons donc exposer succinctement le traitement actuel de ces sujets en droit français, puis le comparer avec leur considération dans le droit privé chilien qui est logiquement plus rigide étant un droit récepteur d'influences étrangères, mais qui révèle aussi quelques originalités.

D'autre part, on montrera que la CVIM suit le droit civil sur la question de la formation du consentement, car la *postal rule* anglaise s'éloigne de la théorie de la réception retenue pour les contrats entre absents dans l'article 1121 du Code civil français. La Convention de Vienne consacre cette dernière dans ses articles 18 n° 2 et 22.

De plus, le principe général de bonne foi étant intrinsèquement lié aux notions de justice et d'équité, il aurait été incompréhensible qu'un instrument juridique ayant vocation universelle comme l'est la CVIM ait retenu une notion restrictive de celui-ci, comme l'a fait la *Common Law*.

Par ailleurs, il s'agira de démontrer que les sanctions/remèdes de l'inexécution des obligations contractuelles consacrées par le droit civil - l'exécution en nature et la réduction du prix - sont en harmonie avec le principe général de bonne foi du droit civil, consacré aux articles 1104 et 1112, al. 1er du Code civil français et présent à double titre dans la Convention de Vienne de 1980 : selon une conception générale, à l'article 7 n° 1 CVIM et particulière, s'agissant de l'application du principe à l'exécution du contrat, comme en témoignent les articles 34, 37, 48, 49, 51, 64, 71 et 72 CVIM.

Enfin, on révélera que le système interprétatif de la *Common Law* est incompatible avec les règles retenues par la Convention de Vienne de 1980 dans ses articles 7 n° 1 et 8 n ° 1, 2 et 3 qui consacrent, respectivement, le respect de la bonne foi dans le commerce international - comme une règle d'application générale -, l'interprétation subjective et objective, avec considération des négociations préliminaires. Ces dispositions sont en effet indéniablement d'inspiration civiliste, éloignées de la *parol evidence rule* de la *Common Law*.

§ 1. Les fondamentaux de la vente de marchandises

A. Les notions de base

114. Définition de vente - Le contrat de vente est défini par l'article 1582 du Code civil français de la façon suivante :

« *La vente est une convention par laquelle une partie s'oblige à livrer une chose, et l'autre à la payer.*

Elle peut être faite par acte authentique ou sous seing privé ».

115. CARACTÈRES :

1. LA VENTE EST PAR PRINCIPE UN CONTRAT CONSENSUEL.

L'article 1583 du Code civil français indique que la vente est parfaite dès que les parties ont convenu un accord sur la chose et le prix. Par conséquent, le principe réglant la vente des biens meubles en général et des marchandises en particulier est le « consensualisme ».

2. La vente est synallagmatique, car le vendeur et l'acheteur s'obligent, l'un envers l'autre.

Le premier s'oblige à délivrer les marchandises et à la garantie d'éviction, principalement. Le second s'oblige à payer le prix et à recevoir les marchandises.

3. LA VENTE EST UN CONTRAT ONÉREUX, DÈS QUE LA VALEUR DE LA PRESTATION QUE DOIT EXÉCUTER UNE PARTIE EST REPRÉSENTÉE PAR LA VALEUR DE LA PRESTATION DE L'AUTRE.

4. La vente est un contrat commutatif, car les obligations réciproques des parties, sont vues comme équivalentes, aux termes de l'article 1108 al. 1er. Nouveau du Code civil.

Exceptionnellement la vente peut être aléatoire, en cas de vente de choses futures ou la possibilité que les choses vendues puissent exister est éventuelle et non certaine[418].

5. La vente est un contrat translatif de propriété.

À la différence d'autres régimes juridiques, la vente transfère le droit de propriété en France, sans besoin d'actes supplémentaires.

6. Étant un acte juridique, ses éléments essentiels spécifiques sont la chose et le prix.

---

[418] V. dans ce sens : MALAURIE Ph., AYNÈS L. et GAUTIER P.Y., *Droit des contrats spéciaux*, 8e. éd., Defrénois, Paris, France, 2016, p. 148 et COLLART DUTILLEUL F. et DELEBECQUE Ph., *Contrats civils et commerciaux*, 10e éd., Dalloz, Paris, 2015, p. 132.

B. Les éléments essentiels spéciaux du contrat de vente des marchandises

116. Les marchandises (la chose) - Elles sont définies par le dictionnaire Larousse comme : « *Objets, matières ou fournitures acquis par l'entreprise et destinés à être revendus sans avoir subi aucune transformation préalable* »[419].

Le Littré, de son côté, précise : « *Ce qui est meuble et objet de commerce* »[420].

La jurisprudence, pour sa part, a retenu une acception large du terme, en incluant même l'équipement professionnel[421]-[422] ;

D'après ces définitions, les marchandises peuvent être des fruits ou des produits, à l'exception des meubles qui sont hors commerce : drogues illicites, matériel militaire, le corps humain[423], marchandises contrefaites[424], et toutes celles interdites par des lois spéciales[425].

117. Marchandises d'autrui - A la différence du droit chilien qui l'autorise[426], la vente de choses d'autrui est nulle, de nullité relative, au profit de l'acheteur[427], qui a aussi le droit d'être indemnisé[428]. L'article 1599 du Code civil français dispose ainsi :

« La vente de chose d'autrui est nulle : elle peut donner lieu à des dommages-intérêts, lorsque l'acheteur a ignoré que la chose fût à autrui ».

L'acheteur, néanmoins, peut acquérir sa propriété par l'effet de la prescription triennale prévue à l'article 2276 du Code civil, ou par la ratification du propriétaire, ou si le vendeur devient propriétaire et confirme l'acte annulable.

Le vrai propriétaire, de son côté, peut les revendiquer dans ledit délai de prescription.

118. Marchandises futures - Les choses futures peuvent être l'objet d'une vente, sans aucun problème.

L'ancien article 1130 al. 1er. Du Code civil le permettait, et son nouvel article 1163 al. 1er. Dispose à ce propos : « *L'obligation a pour objet une prestation présente ou future* ».

---

[419] http://www.larousse.fr/dictionnaires/francais/marchandise/49382, 3e définition, consulté le 19 janvier 2017

[420] RAYMOND Guy, op. cit., p. 3.

[421] Cf. DUPICHOT Ph., op. cit., p. 694.

[422] Cass.Com., 13 mars 1985, pourvoi n°83-17.112, Bull.civ. IV, n°99.

[423] Art 16-1, al. 3 code civil

[424] Com., 24 septembre 2003, pourvoi n°01-11.504, Bull.civ. IV, n°147.

[425] V. art. 1598 code civil.

[426] Art. 1815 c.c.ch.

[427] Cass, 3e. Civ., 16 avril 1973: Bull.Civ. III, n°198, p.218.

[428] Civ. 3e, 22 mai 1997, n°95-17.480, Bull.civ. II, 114

Il s'agit de ventes sous condition suspensive. Par exemple, les fruits d'une prochaine récolte ou des machines à construire. Dans le premier cas, la vente est aléatoire, le contrat est commutatif dans le second cas[429].

119. Marchandises péries - Si elles n'existent plus[430], la vente est nulle, de nullité relative aujourd'hui[431], d'après l'article 1601 al.1er. du Code civil.

En revanche, si elles existent partiellement, l'acheteur a un droit optionnel : agir en nullité de la vente, ou bien demander une réduction du prix, selon l'al. 2 de l'article précité.

Les parties peuvent, néanmoins, dans le cas où elles ignorent l'existence des marchandises, stipuler une vente aléatoire et assumer les risques[432].

120. Marchandises spécifiques et génériques - En général, la vente de marchandises spécifiques ne pose pas de difficulté. On vend une voiture, une récolte, etc. Une forme particulière de vente spécifique est la vente dite « en bloc ». Dans ce type de vente l'objet précis de la vente est « le lot de marchandises présenté en un bloc individualisé qui donne à la chose la qualification juridique de corps certain »[433].

C'est le cas, par exemple, de la vente d'un stock de marchandises, ou de tout le riz contenu dans un grenier.

Des marchandises génériques peuvent aussi être vendues (10.000 litres de lait, par exemple). L'objet est déterminable.

Dans ce cas, les opérations ultérieures de poids, comptage ou mesure sont nécessaires afin que les marchandises soient finalement déterminées.

121. Le prix - Le prix doit être réel et sérieux.

Réel, c'est à dire, exister et non être simulé.

Sérieux, autrement dit, il ne doit pas être dérisoire, c'est-à-dire inexistant ou trop faible. Cependant, exceptionnellement la vente « à un euro » est admise dans des hypothèses de difficultés économiques sérieuses et si une autre contrepartie y est associée[434].

Sinon, la vente est nulle, de nullité relative[435], en application du nouvel article 1179 du Code civil, car le critère de la gravité du vice[436] vient d'être remplacé par celui de l'intérêt protégé. La vente pourrait aussi être requalifiée en donation déguisée[437].

---

[429] En ce sens : COLLART DUTILLEUL F. et DELEBECQUE Ph., op. cit., p. 132.

[430] Ce serait le cas, par exemple, dans la vente d'une récolte de légumes pourris, Req., 5 févr. 1906, DP 1907, I, 468.

[431] Même si manque l'objet de l'acte, c'est seulement l'intérêt privé qui est compris, art. 1179, al.2, nouveau code civil.

[432] Voir dans ce sens : BOURDEISEAU J. et ROULET V., *L'essentiel du droit des contrats spéciaux*, Gualino, Lextenso, Paris, 2015, p.42.

[433] COLLART DUTILLEUL F. et DELEBECQUE Ph., op. cit., p. 140.

[434] Com., 3 janvier 1985, Bull. IV, n°8 et Civ. 3e., 3 mars 1993, Bull. III n°28.

[435] Civ. 3e., 11 février 2014, pourvoi n°12-25.756, disponible sur : https://www.legifrance.gouv.fr/affichJuriJudi.do?idTexte=JURITEXT000028606316, consulté la dernière fois le 7 février 2017.

[436] Manque d'un élément essentiel de la vente, en l'espèce.

[437] Cass.civ. 1er., 22 octobre 1975, Bull.civ.I, n°288.

Conformément aux usages entre commerçants, le prix s'entend hors taxes, sauf convention stipulant le contraire[438].

122. La vente « à perte » - Elle est interdite en France sous peine d'amende par l'article L. 442-2 du Code de commerce, afin d'éviter le « dumping » concurrentiel. Par exception, elle est autorisée s'agissant des produits démodés, périssables, en cas de cessation d'activité, en cas de réapprovisionnement en baisse, et pour les petits commerces (art. L. 442-4 C.com).

123. Les arrhes - Il s'agit d'une clause de dédit réciproque[439]. Elles sont prévues à l'article 1590 du Code civil qui les définit de la manière suivante :

« Si la promesse de vendre a été faite avec des arrhes, chacun des contractants est maître de s'en départir.

Celui qui les a donnés, en les perdants.

Et celui qui les a reçues, en restituant le double ».

Cette définition a été reprise par l'article 1803 du Code civil chilien.

Elles sont différentes de l'acompte, qui comprend une vente ferme. Dans cette dernière forme, le prix payé est une fraction du prix total. En revanche, les arrhes autorisent le dédit, en les perdants pour l'acheteur, ou avec la restitution de leur double montant pour le vendeur.

124. La détermination du prix en général - La monnaie à utiliser dans les ventes internes est l'euro. Les parties peuvent convenir de clauses d'indexation afin de limiter l'inflation[440].

Entre commerçants, l`émission d'une facture s'impose, d'après l'article L. 441-3 du Code de commerce. Elles doivent préciser, obligatoirement : l'identification des parties, leur adresse professionnelle, les quantités de marchandises, leur prix unitaire hors T.V.A., la dénomination précise des marchandises, les réductions de prix éventuelles, la date d'émission et le paiement.

Le prix peut être fixé par les parties ou par un tiers, en application des articles 1591 et 1592 du Code civil.

A défaut de détermination, la vente devient nulle, de nullité relative aujourd'hui, car c'est l'intérêt des parties qui serait lésé[441].

Conformément à l'article L. 410-2 du Code de commerce, les parties sont libres de déterminer le prix des marchandises en France, à la seule exception des marchandises dites « sensibles » comme les médicaments remboursables, par exemple[442].

---

[438] Com., 9 janvier 2001, pourvoi n°97-22.212, Bull.civ.IV, n°8.

[439] Dans ce sens : BÉNABENT A., *Droit des contrats spéciaux civils et commerciaux*, 12e éd., LGDJ, Paris, 2017, p. 104.

[440] Au Chili, à cette fin, les prix souvent sont stipulés en pesos ou leur équivalent en U.F. (unité créée dans les années soixante dix pour combattre l'inflation excessive à l'époque).

[441] V. CHÉNEDÉ F., *Le nouveau droit des contrats et des obligations*, Dalloz, Paris, 2016, p. 78.

[442] V. COLLART DUTILLEUL F. et DELEBECQUE Ph., op. cit., p. 148.

125. La détermination du prix dans les contrats cadres - Dans la distribution de marchandises, les contrats « cadres » sont habituels. Par ce type de contrat, un fournisseur s'engage à approvisionner un distributeur dans un certain délai, de façon exclusive, ou par un certain volume de marchandises.

La pratique selon laquelle le fournisseur pouvait fixer unilatéralement le prix des marchandises à fournir était devenue habituelle en France. Le juge s'est finalement prononcé sur la question.

Dans quatre arrêts célèbres du 1er décembre 1995, l'Assemblée plénière de la Cour de Cassation a conclu que sont valides les contrats qui autorisent l'une des parties à fixer unilatéralement les prix, à condition qu'il ne soit pas abusif[443].

Le nouvel article 1164 du Code civil consacre la jurisprudence antérieure, en statuant : « *Dans les contrats cadre, il peut être convenu que le prix sera fixé unilatéralement par l'une des parties, à charge pour elle d'en motiver le montant en cas de contestation.*

En cas d'abus dans la fixation du prix, le juge peut être saisi d'une demande tendant à obtenir des dommages et intérêts et le cas échéant la résolution du contrat ».

C. La protection de la bonne foi dans la phase précontractuelle

126. Les pourparlers - À la différence du droit anglais, où il n'existe pas de principe général de bonne foi[444], le droit civil érige celui-ci comme l'un de ses piliers fondamentaux ; ce qui n'est pas étonnant si l'on considère l'influence du droit canon en France[445]. Ce principe a été transposé sur le continent américain, comme nous le verrons ultérieurement (deuxième section).

Le principe de bonne foi imprègne tout le Code civil ; on le retrouve dans diverses institutions (mariage, prescription, possession, résolution, etc.). C'est pourquoi, il ne serait pas logique de considérer qu'à défaut de norme expresse, les pourparlers pourraient être abandonnés par la volonté des parties, sans aucune limitation, sans être soumis au principe de bonne foi.

L'article 1134, al. 3 du Code civil antérieur à la réforme du droit des contrats issue de l'ordonnance n° 2016-131 du 10 février 2016, se limitait à signaler que les conventions devaient être « exécutées » de bonne foi. A noter que l'article 1337 du Code civil italien de 1942 l'avait déjà consacré de façon expresse en disposant : « *Les parties, dans le développement des négociations et dans la formation du contrat doivent agir de bonne foi* ».

---

[443] Cass., ass. plén, 1er décembre 1995, D.1996.13, note L. Aynès, concl. Jeol.

[444] *May and Butcher Ltd. vs. The King*, (1934) 2 KB 17.

[445] La parole donnée devait être respectée sous peine de se rendre coupable de parjure. V. sur ce point : TERRÉ F., SIMLER Ph., LEQUETTE Y., *Droit civil. Les Obligations*, Dalloz, Paris, 11e éd., 2013, p. 39 ; POPINEAU-DEHAULLON C., *Les remèdes de justice privée à l'inexécution du contrat, étude comparative*, L.G.D.J., Paris, France, 2008, p. 16.

Du point de vue jurisprudentiel, à défaut de consécration normative expresse à la manière du Code civil italien avec lequel le droit français partage toutefois une tradition juridique commune, le juge français a dû préciser le régime juridique de la phase précontractuelle.

127. Jurisprudence - La décision la plus célèbre à ce sujet est l'arrêt *Manoukian,* rendu par la chambre commerciale de la Cour de cassation le 26 novembre 2003 [446].

En l'espèce, les consorts Wajsfisz avaient entrepris des négociations avec la société Manoukian, afin de lui céder leur participation actionnaire dans la société Stock. Six mois après le début des négociations, la société Manoukian accepta d'introduire les modifications requises par les cédants et de stipuler certaines conditions. Puis, le 13 novembre 1997, les consorts Wajsfisz envoyèrent une communication à la société pour l'informer que l'absence de l'expert-comptable retardait la signature d'un protocole d'accord qui introduisait les modifications requises. Finalement, le 24 novembre de la même année, les consorts Wajsfisz informèrent Manoukian qu'ils avaient déjà conclu, le 10 novembre, une promesse de cession avec la société Les Complices.

La société Manoukian agit alors solidairement en dommages-intérêts contre les consorts Wajsfisz et la société Les Complices, pour rupture fautive des pourparlers.

La Cour d'appel de Paris reconnut uniquement la responsabilité des consorts Wajsfisz, les condamnant à payer la somme de quatre cent mille francs, à la demanderesse. Les deux parties formèrent des pourvois contre l'arrêt d'appel. Les consorts Wajsfisz estimaient qu'ils n'avaient pas commis d'abus, puisque selon eux les pourparlers étaient libres et non réglementés ; tandis que Manoukian argumentait de son côté que la société Les Complices devait elle aussi être condamnée à des dommages-intérêts pour la perte des gains espérés si le contrat avait été conclu. La Cour d'appel s'était limitée aux coûts des études préalables et frais de négociations[447].

La Cour de cassation rendit un arrêt confirmatif, en statuant que la Cour d'appel avait bien justifié sa décision. Elle a ainsi considéré que les consorts Wajsfisz avaient agi de mauvaise foi en faisant croire à Manoukian que les négociations avec lui se déroulaient normalement. Quant à ce dernier, il n'avait pas subi de perte de gain car l'accord n'était pas définitif.

Cet arrêt, à côté de quelques autres similaires, a marqué un premier pas vers la reconnaissance de la sanction de la rupture fautive des pourparlers. Sa portée est importante :

1. Est clarifiée l'étendue du principe de bonne foi/loyauté, qui s'applique à tout l'*iter contractuel.*

---

[446] *D.* 2004. 869, note A.-S. Dupré-Allemagne.

[447] Son équivalent chilien, *Forestal Bío-Bío con Madesal y otra,* C. Ap., Concepción, 1996, Civ. n° 374-93, va dans le même sens, comme nous le verrons plus loin, dans la prochaine section.

Ceci est parfaitement logique si l'on considère que la bonne foi est un principe d'application générale dans le système de droit civil. Par conséquent, le limiter au seul article 1134 al. 3 de l' (ancien) Code civil aurait été, selon nous, une erreur interprétative[448].

2. La perte de chance n'est pas retenue, car en l'absence de contrat, la certitude minimale nécessaire pour la retenir n'existe pas[449].

La seule exception retenue sur ce point, est la perte d'une chance de conclure un contrat avec un tiers[450].

3. En l'absence de contrat, le régime juridique à appliquer est la responsabilité délictuelle civile[451]-[452].

4. La sanction ne s'applique pas aux tiers de bonne foi (en l'espèce, et ironiquement, la société « Les Complices »). Les tiers doivent être partie prenante du dol.

5. La liberté de rompre les pourparlers est reconnue, mais sous certaines conditions, à savoir :

5.1. Pour que la rupture ne soit pas fautive, il est nécessaire qu'il existe un motif légitime, par exemple qu'un tiers offre un meilleur prix, des produits de meilleure qualité ou mieux adaptés à certains besoins, etc.

5.2. La rupture ne doit pas être la conséquence de manœuvres frauduleuses, ou d'une intention de nuire à l'autre partie négociante[453].

5.3. L'autre partie doit être informée opportunément, à savoir, avant la conclusion d'un avant contrat[454] ou d'un contrat définitif avec un tiers.

5.4. Ne doit pas produire des dommages imprévus.

Sur ce point, il convient de noter que les études préalables et les frais et honoraires professionnels sont des investissements nécessaires et qu'ils ne sont pas remboursables à l'autre partie négociatrice, sauf s'ils perdaient leur caractère aléatoire, conséquence du dol de l'autre partie[455].

6. Il est reconnu une liberté de mener des négociations parallèles, mais dans ce cas :

6.1. L'autre partie devrait être informée de cette situation.

---

[448] S'agissant de notre objet d'étude, l'article 24 du c.c.ch. dispose, par exemple, qu'à défaut de règles précédentes d'interprétation de la loi (élément grammatical, historique, logique et systématique), il faut tenir compte de l'esprit général de la législation, voire, des principes généraux, et de l'équité.

[449] Dans le même sens : Civ.3ème., 26 juin 2006, pourvoi n° 04-20.040.

[450] Voir dans ce sens : CAPITANT H., TERRÉ F., LEQUETTE Y., *Les grands arrêts de la jurisprudence civile. Tome 2, obligations, contrats spéciaux, sûretés*, 13e. ed., Dalloz, Paris, 2015, p. 10.

[451] Voir dans ce sens : GILIKER Paula, op. cit, page 46.

[452] Rapport au Président de la République relatif à l'ordonnance n° 2016-131 du 10 février 2016, sous-Section1 « Les Négociations », clarifie ce point : « Cette responsabilité sera en principe de nature extracontractuelle, sauf aménagement conventionnel de cette phase de négociation et de sa rupture ».

[453] Cass.civ., 12 avril 1976, Bull.Civ. I n°122, p.98.

[454] Voir, pactes de préférence et pactes d'option.

[455] Dans ce sens : CAPITANT H., et al., op. cit., p. 9.

6.2. Les prix négociés ne peuvent pas être trop différents[456].

7. L'étendue de la réparation doit être juste et raisonnable, car autrement on mettrait la victime des manœuvres frauduleuses dans une meilleure situation par rapport à celle qu'elle avait avant les négociations qui ont échouées[457].

128. Doctrine - La doctrine, pour sa part, avait envisagé d'autres possibilités afin d'encadrer la phase précontractuelle : la *culpa in contrahendo*[458], le *risque contractuel*[459] et la *rupture arbitraire*[460]. Ces solutions sont cohérentes, mais incomplètes pour le cas français, car elles ne prennent pas en considération ses particularités.

Comme le Professeur Dupichot a pu l'écrire à ce sujet : « *On a longtemps cantonné le rôle de la bonne foi à celui de l'article 1134 alinéa 3 du code civil : les conventions devaient aux termes de cette disposition "être exécutées de bonne foi". Manipulant sans doute l'argument a contrario, on en déduisait l'absence de devoir particulier de contracter de bonne foi, sous la seule réserve du recours aux vices de consentement. On admet aujourd'hui qu'il en va autrement et qu'il en allait même déjà autrement dans l'esprit des rédacteurs du code civil,* ***ces derniers ayant paru estimer que le devoir de contracter les conventions de bonne foi allait de soi*** *: déjà en effet, le projet de code civil de l'an VIII précisait que "****les conventions doivent être contractées*** *et exécutées de bonne foi", Portalis ayant demandé le retrait du mot "contractés" qui, inutile, lui semblait ne rien ajouter* »[461].

129. Consécration légale - Le principe de bonne foi dans son acception objective - loyauté[462] - concerne l'exécution du contrat dans tout l'*iter contractuel*[463] ; voire la période avant, pendant, et même après la conclusion du contrat. Il est aujourd'hui précisé par le nouvel article 1104 du Code civil, aux termes duquel :

« Les contrats doivent être négociés, formés et exécutés de bonne foi.
Cette disposition est d'ordre public ».

Par ailleurs, l'article 1112, al.1er., seconde partie, du nouveau Code civil, consacre un **devoir exprès de « loyauté »**, en prévoyant que les négociations précontractuelles doivent satisfaire les exigences de la bonne foi. Un certain nombre de devoirs ou d'obligations s'imposent aux parties en conséquence

---

456 Cass.Civ. 4 juin 1997, RTDC 1997.921.
457 CAPITANT H., et alt., op. cit., p.10.
458 Von Jhering, Allemagne, 1860.
459 Windshied, Allemagne, 1906.
460 Flaggella, Italie, 1906.
461 DUPICHOT Philippe, *Le pouvoir des volontés individuelles en droit des sûretés*, Dalloz, Paris, 2003, p. 77.
462 La bonne foi-loyauté est synonyme en droit français d'une « attitude d'intégrité et d'honnêteté ». Voir dans ce sens : DUPICHOT Ph., op. cit., p. 76.
463 Et l'octroi des obligations qui émanent de la nature du contrat aussi, l'usage ou l'équité. Article 1194 nouveau code civil, article 1135 ancien code civil.

de cette loyauté qu'elles se doivent en application de l'article 1112 précité, à savoir :

1. Une obligation d'**information**, reconnue par l'article 1112-1 du Code civil, qui oblige sous peine de nullité pour réticence dolosive, à communiquer à l'autre les informations qu'une des parties connaît et qui sont déterminantes[464] pour obtenir le consentement de l'autre[465]. L'idée est de faciliter un consentement éclairé des parties[466].

Il est intéressant de relever que le débiteur de ce devoir n'est pas forcément le vendeur ou le professionnel, mais celle des parties qui connaît une information déterminante pour la souscription du contrat.

2. Une obligation de **confidentialité**, selon laquelle les parties doivent s'abstenir de divulguer sans autorisation des informations confidentielles, connues pendant les négociations[467].

D'autre part, les nouveaux articles 1102 et 1112 al. 1er, première partie, du Code civil établissent le **principe de liberté**.

Le premier article dispose le droit de contracter ou de s'abstenir de contracter, de choisir l'autre partie, le contenu et la forme du contrat, en conformité avec la loi. Ainsi, aujourd'hui il est absolument certain qu'une partie est libre de mettre fin aux pourparlers et qu'elle dispose du droit de mener des négociations parallèles, dans les deux cas, en respectant les limitations précitées.

Cependant, la perte de gains attendus a été expressément exclue par le nouvel article 1112, al.2 du Code civil, en harmonie avec la jurisprudence existante en France sur le sujet.

L'importance de cette consécration légale est capitale, car, d'une part, elle évite toute confusion possible sur l'étendue de la bonne foi dans la sphère précontractuelle, et d'autre part, elle consacre la jurisprudence et la doctrine existantes sur le sujet depuis des années en France.

D. La formation du consentement

Le Code civil n'avait pas réglé ce sujet dont l'importance est pourtant capitale[468]. Cette omission vient d'être corrigée par l'ordonnance n° 2016-

---

[464] D'après l'affaire *Baldus,* Civ. 1re, 3 mai 2000, Bull. Civ. I, n°131 et *Theuillon,* Civ.3e., 17 janvier 2007, *D.* 2007, p. 1051 ; « l'estimation de la valeur de la prestation » est expressément exclue dans l'al. 2. de l'article 1112-1 du code civil.

[465] En ce sens : Com., 28 juin 2005, pourvoi n°03-16794, Bull. 2005 IV, n°140, p.151 : « *Mais attendu que le manquement à une obligation précontractuelle d'information, à le supposer établi, ne peut suffire à caractériser le dol par réticence, si ne s'y ajoute la constatation du caractère intentionnel de ce manquement et d'une erreur déterminante provoquée par celui-ci...* ».

[466] V. TERRÉ F., SIMLER Ph., LEQUETTE Y., op. cit., p. 284-285.

[467] Cf. Com., 3 oct. 1978, Bull. des arrêts Cour de Cassation Chambre commerciale, n° 208, p. 176 ; Com., 3 juin 1986, Bull. 1986, IV, n°110, p. 94.

[468] Le c.c.ch. non plus l'a fait. A cause de cela, le c.com.ch. a traité le sujet dans ses articles 97 et s.

131 du 10 février 2016 qui, une fois de plus, consacre expressément des solutions proposées par la jurisprudence. Il est désormais explicitement considéré par la loi.

130. L'offre - Elle est caractérisée par plusieurs éléments :

1. Elle doit être **précise** et doit donc contenir les éléments essentiels du contrat envisagé, selon l'article 1114 nouveau du Code civil.

Il s'agit de la consécration légale de la jurisprudence de la chambre civile de la Cour de cassation du 27 juin 1973 (Civ. 3e, 27 juin 1973, Bull. civ. III, n° 446, p. 324).

Au regard de notre sujet d'étude, il est intéressant de noter que l'article 1583 du Code civil clarifie le fait que l'offre doit faire mention du bien et du prix, qui sont les éléments essentiels spécifiques à la vente en générale, et aux ventes de marchandises en particulier.

2. Elle doit être **ferme**, selon le même article 1114 nouveau du Code civil qui précise qu'elle doit exprimer la volonté d'être lié en cas d'acceptation.

Est ici reconnue la jurisprudence de la chambre commerciale de la Cour de cassation (Com., 6 mars 1990, JCP II 21583).

3. Par ailleurs, selon l'article 1113 nouveau Code civil, l'offre peut être **expresse** (« une déclaration ») ou **implicite** (« comportement non équivoque de son auteur »).

4. Aux termes de son article 1114, l'offre peut être destinée **au public en général** ou à une **personne déterminée**. Si elle est ferme, les conséquences seront toujours les mêmes[469].

5. Elle peut faire l'objet d'une rétractation après le délai prévu (ou raisonnable, autrement[470]) ou quand elle n'est pas parvenue à son destinataire. Sinon, elle engage la responsabilité extracontractuelle, conformément aux articles 1115, 1116 et 1117 al. 1er du Code civil[471].

Sa caducité se produit par la mort ou l'incapacité de l'offrant, selon l'article 1117 al. 2 du Code civil.

6. S'agissant des offres électroniques, elles doivent indiquer les différentes étapes à suivre pour conclure le contrat, leurs règles, langue et archivage, en conformité avec les nouveaux articles 1125 à 1127-6 nouveaux du Code civil.

131. L'acceptation – Ses principaux caractères sont les suivants.

1. Elle doit être **pure et simple** et manifester une volonté d'être lié « *dans les termes de l'offre* », d'après le nouvel article 1118 du Code civil.

---

[469] En droit chilien, par contre, l'offre au public en général n'est pas obligatoire, par règle générale, d'après l'article 105, al. 1er, c.com.ch.

[470] Civ. 3e, 20 mai 2009, Bull.civ, III, n°118.

[471] En droit anglais, au contraire, l'offre peut toujours être révoquée s'il n'y a pas de « considération », c'est à dire de contrepartie. Voir dans ce sens : MALAURIE P., AYNÈS L., STOFFEL-MUNCK Ph., *Droit des obligations*, 8e éd., LGDJ, Paris, 2016, p 272.

Aux termes du dernier alinéa de cette disposition, une manifestation de volonté qui indiquerait des termes différents n'aurait pas d'effets ou bien constituerait une contre-offre, selon les cas.

2. L'acceptation doit être **extériorisée**, sachant que le silence ne vaut pas acceptation[472], en règle générale, à moins qu'il s'agisse d'un silence « circonstancié », c'est à dire qui exprime une volonté de s'engager au regard des relations d'affaires entre les parties, des usages commerciaux, des relations particulières, ou d'après la loi, selon le nouvel article 1120 du Code civil.

Il s'agit de la consécration de la jurisprudence de la première chambre civile de la Cour de cassation (Civ. 1re., 24 mai 2005, D. 2006.1025, JCP 2005. I.195, n° 1).

Les Professeurs Terré, Simler et Lequette indiquent de manière intéressante à ce sujet : « *Le silence vaut certainement acceptation lorsque les relations d'affaires passées se sont traduites par la conclusion répétée de contrats de même nature, sans acceptation formellement exprimée ; à défaut d'un refus exprès, l'auteur de l'offre est alors fondé à compter sur la conclusion du contrat* »[473].

3. Un délai conventionnel de « réflexion » et un autre de « rétractation », en faveur du destinataire de l'offre peuvent être stipulés, en application du nouvel article 1122 du Code civil.

4. Est consacrée la **théorie de la réception**[474] pour les contrats entre absents à l'article 1121 du Code civil, qui dispose que le contrat est conclu dès que l'acceptation parvient à l'offrant. Dès ce moment, elle ne peut plus faire l'objet d'une rétractation, car selon l'article 1118 al. 2 du Code civil le contrat est alors formé.

Est ici consacrée la jurisprudence de la troisième chambre civile de la Cour de cassation (Civ. 3e., 16 juin 2011, n° 09-72679, Bull. III, n° 103, Gaz. Pal., 3 novembre 2011, n° 307, p. 16 et s.) et des propositions des projets de réforme Catala et Terré.

5. S'agissant d'une acceptation électronique, la règle du « double-clic » a été consacrée à l'article 1127-2 du Code civil. Ainsi, le destinataire a le droit de confirmer sa commande avant de l'approuver, et l'auteur de l'offre, pour sa part, doit en accuser réception.

132. La formation du consentement dans les ventes dites « spéciales » :

1. La vente à l'essai. Il s'agit d'une vente sous condition suspensive. L'article 1588 du Code civil l'indique expressément[475].

---

[472] En droit français « qui ne dit mot ne consent pas », selon une ancienne maxime du droit.

[473] Op. cit., p. 150.

[474] Le c.c.ch., par contre, retient la théorie de la déclaration (émission), articles 97 et 101 c.com.ch.

[475] Certains auteurs, néanmoins, estiment qu'il s'agirait en réalité d'une vente sous condition résolutoire ou assortie d'une faculté de résiliation unilatérale Dans ce sens : BÉNABENT A., op. cit., p. 99-100 et COLLART D., F. et DELEBECQUE Ph., op. cit., p. 91. Ils estiment que

L'acheteur a le droit de refuser les marchandises s'il s'agit de qualités subjectives stipulées par les parties, ou si les usages commerciaux l'autorisent[476].

Pendant le délai prévu ou habituel, l'acheteur de ces marchandises, ou équipements, véhicules, machines, peut les utiliser afin de vérifier leur conformité ; tant qu'il n'y est pas parvenu, le consentement n'est pas formé.

Après expiration du délai, il devra confirmer la conformité des marchandises ou les rejeter. S'il se tait, la vente devient parfaite[477].

2. Vente à l'agréage ou à la dégustation. C'est une espèce du genre précédent. Elle porte sur des marchandises qui doivent être goutées et dont la qualité doit satisfaire l'acheteur : vins[478], huiles, olives... et, plus généralement, tous les produits et marchandises qui sont vendues habituellement de cette façon.

Ce type de vente est aujourd'hui résiduel et plutôt confiné aux ventes directes de producteurs, ou fournisseurs de restaurants.

D'après le Professeur Bénabent[479], il s'agit d'une vraie promesse de vente, car l'acheteur reste maître de sa décision. Les Professeurs Collart Dutilleul et Delebecque confirment cette nature juridique, en ajoutant : « *Sauf volonté différente des parties, un tel contrat s'analyse alors en une promesse unilatérale de vente, avec un droit d'option discrétionnaire au profit du bénéficiaire* »[480].

3. Vente commerciale en disponible. C'est une variété de la forme de vente précédente. Elle concerne des marchandises qui ne sont pas disponibles le jour de la conclusion de la vente. Elle comporte une clause de « vue en sus » pour perfectionner le consentement des parties.

4. Vente avec faculté de restitution. Il s'agit de ventes sous condition résolutoire.

Un commerçant achète des marchandises à un autre, et se réserve la faculté de les restituer s'il ne les revend pas dans un délai déterminé.

5. Vente avec échantillons. Dans ce type de vente, le consentement se forme dès que l'acheteur a agréé les échantillons (à condition qu'ils soient conformes aux marchandises)[481].

---

l'acheteur a reçu l'usage du bien, donc, la résolution semble plus adapté aux faits que l'effet suspensif d'une condition suspensive.

[476] Traditionnellement, animaux et vêtements.

[477] Cass. Civ. 1re., 13 oct. 1998, Bull. civ. I, n° 304 ; Contrats, conc. consom., 1998, comm. 161; RTD civ., 1999.376, obs. J. Mestre : « la vente conclue sous la condition suspensive d'un essai satisfaisant devient parfaite si, à l'expiration du délai d'essai, l'acheteur n'a pas manifesté sa volonté de ne pas conserver le bien ».

[478] Com. 13 mai 2003, Bull.civ. IV, n° 82 ; R., p.430 ; D. 2004.414, note Bahans et Menjucq. Selon l'usage du Bordelais, une vente est parfaite dès l'expédition par le coutier des vins d'une lettre de confirmation, s'il n'y a pas réclamation dans un bref délai.

[479] Op. cit., p. 100.

[480] Op. cit., p.101.

[481] Cass. req., 26 déc 1922: DP 1924, l, 23 – Comp.

6. Vente au poids, compte ou mesure. La vente a lieu dès que ces opérations se vérifient, conformément à l'article 1585 du Code civil.

7. Vente en bloc. *Contrario sensu*, aux termes de l'article 1586 du Code civil, la vente est dans ce cas parfaite dès la conclusion du contrat, même si les opérations vues dans le point précédent, ou le paiement, ne sont pas encore effectifs.

8. Vente au réméré. Prévue par les articles 1659 et s. du Code civil, elle est peu utilisée pour les marchandises, mais reste utile en théorie.

Il s'agit d'une vente sous condition résolutoire[482] : les parties stipulent une faculté de rachat au profit du vendeur dans un délai prévu, qui ne peut pas excéder cinq ans.

Si la condition résolutoire s'accomplit (rachat par le vendeur dans le délai prévu), les actes d'administration et conservatoires, baux, perception de fruits, subsistent, dans la limite de la bonne foi. Les actes de disposition sur les biens meubles sont anéantis, conséquence de la résolution.

133. Le formalisme pratique - Même si le consensualisme est la règle générale[483], la souscription de bons de commande est usuelle entre professionnels[484].

Les bons de commande sont des actes sous seing privé qui ont une finalité probatoire entre commerçants. Normalement, au *recto* sont indiqués les parties, les objets vendus, la livraison, la garantie, et les conditions particulières. Au *verso*, les conditions générales.

E. Le transfert de propriété des marchandises et des risques

134. Le transfert de propriété en France - À la différence d'autres régimes juridiques[485] dans lesquels la vente est génératrice uniquement de l'obligation de transférer la propriété, elle est translative en droit français. En effet, selon les mots du Professeur Bénabent : « *La plupart des droits étrangers sont restés fidèles à la règle que connaissaient le droit romain et notre ancien droit : la vente ne produisait en elle-même que des obligations à la charge des parties, obligations parmi lesquelles figurait pour le vendeur celle de transférer la chose à l'acheteur, c'est à dire une obligation de donner. Ce n'est donc pas le contrat qui produisait un effet translatif, mais la tradition (remise matérielle) à laquelle s'obligeait le vendeur. Dans cette*

---

482 Cass. civ., 24 oct. 1950 : JCP 50, II, 5835, note R.C.

483 L'ancien article 1341 code civil, actuel 1359, prévoit la preuve par écrit des actes d'un montant supérieur à une somme fixée par décret (actuellement 1500 euros). Sont exclus, néanmoins, de cette exigence les actes entre commerçants, en conformité avec l'article L.110-3 du c.com. Ainsi, la preuve de ventes de marchandises est libre entre commerçants. Au Chili, l'article 1709 c.c.ch. dispose que les contrats qui contiennent la délivrance d'un bien d'un montant supérieur à 02 U.T.M. doivent être rédigés par écrit. Cette limitation à la preuve testimoniale ne s'applique pas non plus entre commerçants, d'après l'article 128 c. com.ch. Cf. TERRÉ F., SIMLER Ph., LEQUETTE Y., op. cit., p. 181-182.

484 Dans ce sens : RAYMOND Guy, *La vente de marchandises*, Dalloz, Paris, 1996, p. 61.

485 Allemand, chilien, par exemple.

conception, le contrat de vente est comme les autres contrats : il ne crée que des obligations, parmi lesquelles celle de transférer la propriété de la chose à l'acheteur »[486].

La règle d'or est le consensualisme. La vente est parfaite et transfère la propriété de plein droit dès la formation du consentement, en vertu du nouvel article 1196 al. 1er et 1583 du Code civil, ainsi que de l'article L. 132-7 du Code de commerce, pour la règle générale[487].

Exceptionnellement le transfert sera différé dans les hypothèses de ventes où le transfert est soumis à un terme suspensif, de ventes sous condition suspensive (y compris les marchandises futures et à l'essai) et celles avec clause de réserve de propriété. De même, dans les ventes de marchandises de genre et à la mesure (celles au poids, au compte ou à la mesure). Cela, dès que leur transfert a lieu au moment de leur individualisation[488].

Le transfert des marchandises sera opposable aux tiers dès l'entrée en possession de l'acheteur, cette dernière valant titre pour les meubles, selon l'article 2276 du Code civil.

135. Les risques - Avec le transfert de propriété opéré par la vente, les risques de perte ou de détérioration passent normalement à l'acheteur à ce moment. Le nouvel article 1196, al. 1 et 1583 du Code civil, et l'article L. 132-7 du Code de commerce consacrent ainsi la maxime du droit romain *res perit domino*[489]. Ce dernier dispose à ce propos : « *La marchandise sortie du magasin du vendeur ou de l'expéditeur voyage, s'il n'y a convention contraire, aux risques et périls de celui à qui elle appartient, sauf en cas de recours contre le commissionnaire et le voiturier chargés du transport* ».

Des exceptions d'origine légale nuancent néanmoins l'application de la maxime. C'est le cas des marchandises de genre, car *genera non pereunt*[490], mais aussi parce qu'avant leur individualisation, il n'y a pas vraiment transfert de propriété s'il y a faute du vendeur[491]-[492] ; dans les ventes maritimes[493] ; ventes sous condition suspensive (y compris la vente de marchandises futures et à l'essai) ; ventes à la mesure ; ou, si le vendeur est en demeure de délivrer, en conformité avec l'article 1344-2 nouveau du Code civil, à moins qu'il prouve que les marchandises auraient péri également entre les mains de l'acheteur, selon l'article 1351-1., al 1er.

---

486 Op.cit., p. 113-114.

487 Dans la common law la situation est la même. V. supra.

488 V. BÉNABENT, op. cit., p. 117.

489 « *Lorsqu'une chose est péri, c'est en principe son propriétaire qui supporte cette perte* », cf. *Locutions latines juridiques*, Dalloz, Paris, 2007, p. 83.

490 Ibidem, p. 35. Les choses de genre ne périssent pas. Le débiteur peut toujours se procurer des biens équivalents afin de satisfaire son obligation.

491 Dans ce cas il n'y a pas vraiment force majeure.

492 Civ., 1re., 22 janvier 1991, Bull.civ.I, n°28.; Com., 26 mai 2010, Bull.civ. IV, n°101.

493 Dans les ventes au départ simple (F.O.B.) et CAF (C.I.F.), les marchandises voyagent aux risques de l'acheteur. Dans ce sens : DELEBECQUE Ph., *Droit maritime*, 13e éd., Dalloz, Paris, 2014, p. 863 et 867.

Nouveau du Code civil. Dans tous ces cas, le transfert de risques est postérieur au contrat.

Les parties peuvent aussi modifier ces règles en vertu du principe de l'autonomie de la volonté, car celles-ci ne sont pas d'ordre public[494]. Ainsi, les parties peuvent indiquer que le vendeur supporte le risque de la force majeure ; différer le transfert de propriété et les risques associés au moment de la délivrance, ou à un autre moment[495] ; ou encore stipuler une clause de réserve de propriété[496]. Dans ces cas, les risques continuent à peser sur le vendeur jusqu'au moment et conditions stipulés.

Il convient de préciser qu'avant la réforme du droit des obligations, l'ancien article 1182 du Code civil accordait un droit alternatif à l'acheteur sous condition suspensive, dans les hypothèses de pertes subies par force majeure : il pouvait demander la résolution de la vente et donc la restitution des sommes déjà payées, ou bien exiger les marchandises dans l'état où elles se trouvaient, mais sans droit à une réduction de prix.

S'agissant de la disparition des marchandises, l'obligation de délivrance n'avait plus d'objet et l'acheteur pouvait demander la restitution des sommes versées.

Aujourd'hui, la situation est un peu différente car l'effet rétroactif de la condition suspensive accomplie a été supprimé par le nouvel article 1304 du Code civil. D'après celui-ci, l'obligation devient pure et simple dès que l'évènement se réalise[497].

Ainsi, aujourd'hui, si les marchandises vendues sous condition suspensive sont endommagées ou détruites par un événement de force majeure, ou que la condition n'est pas satisfaite, c'est le vendeur qui doit supporter les pertes. Il perd le prix et les dépenses de conservation. L'acheteur, de son côté, aura droit à la restitution des sommes versées, car selon le nouvel article 1304-6, al. 3 du Code civil, l'obligation est réputée n'avoir jamais existé.

136. La réserve de propriété en France - La clause de réserve de propriété a été définie comme : « *la clause qui a pour objet de différer le transfert de la propriété jusqu'au paiement complet du prix par l'acheteur* »[498].

Elle est consacrée à l'article 2329, al. 4 du Code civil en tant que sureté sur des biens meubles et sa nature juridique est celle d'une vente sous condition suspensive du paiement du prix[499]-[500].

---

494 V. TERRÉ F., SIMLER Ph., LEQUETTE Y., op. cit., p. 723.

495 Ibidem, p. 682.

496 Com., 20 novembre 1979, Bull.civ. IV, n° 300 ; Civ.1re., 4 juillet 1995, Bull.civ. I, n°305.

497 Les parties peuvent prévoir, néanmoins, un effet rétroactif.

498 V. DUPICHOT Ph., op. cit., p. 693.

499 En ce sens : COLLART DUTILLEUL F.et DELEBECQUE P., op. cit., p.189.

500 Cass.com., 1er. Octobre 1985, Bull.civ., IV, n°222, D., 1986, IR, 169 et s., obs. Derrida, D.1986.246, note Cabrillac (sol.implic.) ; Versailles, 20 mai 1987, D.1988, somm. 8, obs.Derrida.Adde: Cass. 3e. civ, 30 novembre 1988, Bull.civ., III, n°173, D., 1988, IR, 304.

Sa portée est grande, car en droit français comme en droit anglais, elle joue comme une véritable sureté d'origine conventionnelle[501], puisque le vendeur reste propriétaire des marchandises jusqu'à l'accomplissement d'une condition qui est souvent le paiement complet du prix.

Des différences importantes existent néanmoins entre les deux régimes, car le droit français, contrairement au droit anglais[502], n'autorise pas toujours son efficacité si la chose est incorporée[503] à une autre ou si elle est transformée (sauf si elle peut être séparée sans dommage)[504].

En ce qui concerne les risques, par application de la règle *res perit domino*, le vendeur doit supporter ceux de perte ou de détérioration jusqu'à l'accomplissement de la condition[505].

§ 2. Les effets de la vente

A. Les droits et obligations des parties

De par son caractère de contrat bilatéral, la vente de marchandises produit des obligations pour les deux parties.

Le vendeur doit, principalement, livrer les marchandises conformément aux instructions reçues, dans le délai convenu, et les garantir.

De son côté, l'acheteur est obligé de les retirer et de payer leur prix.

Nous commencerons notre analyse par les obligations reposant sur le vendeur.

137. Obligation de délivrer des marchandises conformes - Le vendeur doit délivrer les marchandises objets de la vente d'après les quantités et qualité stipulées, en application des articles 1603, 1604 [506], 1614 et 1616 du Code civil.

Cependant, l'obligation de délivrer n'emporte pas nécessairement « livraison physique » des marchandises, mais seulement « *laisser la chose vendue à la disposition de l'acheteur pour qu'il en prenne livraison* »[507]. Si la livraison matérielle n'est pas convenue, le vendeur doit les mettre à disposition de l'acheteur par la remise des documents endossables représentatifs des marchandises[508]-[509] ; sinon, par la remise des marchandises

[501] DUPICHOT Ph., op. cit., p. 694.

[502] Dans l'affaire *Romalpa* (1976), 1 WLR 676, nous avons vu que l'aluminium objet de la clause fut transformé en papier aluminium, ce qui n'a pas modifié son efficacité.

[503] Com., 22 mars 1994, Bull. IV, n°110 : un moteur du navire.

[504] Com., 22 mars 1994, Bull. IV, n°121 : des animaux abattus et dépecés.

[505] Civ. 3e., 13 nov 1997 : RCA 1998, n°103.

[506] L'article 1604 code civil dispose : « *La délivrance est le transport de la chose vendue en la puissance et possession de l'acheteur* ».

[507] BÉNABENT A., op. cit., p. 145, en citant MAZEAUD, *Leçons de droit civil*, t.III, vol.2, 1980, n°930, par De Juglart.

[508] Connaissement maritime, lettre de voiture, lettre de transport aérien.

[509] COLLART DUTILLEUL F. et DELEBECQUE Ph., op. cit., p. 222-223.

au transporteur, ou, s'agissant des transports multimodaux, au premier d'entre eux.

138. Frais de livraison, manutention, transport et autres - Sauf disposition contraire, tous les frais sont à la charge de l'acquéreur, aux termes de l'article 1593 du Code civil.

139. Quantité et qualité des marchandises à délivrer - Lorsque la marchandise livrée n'est pas conforme en quantité aux stipulations contractuelles, cette situation peut éventuellement constituer le délit pénal de « tromperie », prévu par le nouvel article L.441-1[510] du Code de la consommation.

S'agissant de la **qualité** de la marchandise, à défaut de stipulations expresses, il est exigé une **qualité *loyale et marchande***, c'est à dire une qualité moyenne[511].

La formule qui précède correspond à l'esprit de l'ancien article 1246 du Code civil (abrogé par l'ordonnance n° 2016-131 du 10 février 2016), qui disposait que le débiteur d'une chose d'espèce n'était pas obligé de donner le meilleur, mais qu'il ne pouvait offrir le pire non plus. Dans le même sens, le nouvel article 1166 du Code civil dispose : « *Lorsque la qualité de la prestation n'est pas déterminée ou déterminable en vertu du contrat, le débiteur doit offrir une prestation de qualité conforme aux attentes légitimes des parties en considération de sa nature, des usages et du montant de la contrepartie* ».

140. Evolution jurisprudentielle - Jusqu'en 1983, la jurisprudence française a donné la possibilité à l'acheteur d'agir en non-conformité, pour défaut de délivrance ou pour vices cachés, dans les deux cas dans le bref délai de deux ans prévus par l'article 1648 du Code civil[512]. Cependant, elle a progressivement élargi la notion de non-conformité et autorisé aussi l'action en résolution, afin de permettre un délai plus long pour agir en justice.

A partir de 1993, les juges ont adopté une position plus « stricte » : l'acheteur doit désormais apprécier s'il s'agit d'une non-conformité pour un usage normal du bien - et dans ce cas agir pour vices cachés -, ou s'il s'agit de différences entre les biens reçus et ceux commandés - auquel cas il devra impérativement agir en responsabilité sur le fondement de l'obligation de délivrance -[513].

---

[510] Issue de l'ordonnance n° 2016-131 du 10 février 2016.

[511] Le standard est plus bas dans la *common law*, car à défaut de stipulation il suffit d'une qualité basique, V. supra: *Geo. Wills & Co. Ltd. vs. Daniels Pty Ltd.*, (1957) 98 CLR 77.

[512] V. C.Ap. Amiens, 18 juillet 1974, Gaz.Pal., 1975.1.64, note Plancquel; Planiol et Ripert, t.X, par Hamel, n°126.

[513] Voir dans ce sens: COLLART DUTILLEUL F. et DELEBECQUE Ph., op. cit., p. 301 – 304.

Ainsi, par exemple, il y aura défaut de conformité dans la délivrance de voitures composées d`épaves rassemblées[514] et vices cachés si leur moteur a des défauts internes[515].

141. Délai de livraison - À défaut de stipulations spéciales, la livraison doit être immédiate, ou bien, plus souvent, réalisée dans un délai raisonnable[516]. Ainsi, par exemple, s'agissant des produits « saisonniers » (solaires, maillots de bains, ventilateurs, pulls, manteaux, etc.) il serait logiquement déraisonnable de les livrer après les périodes durant lesquelles ces produits se vendent habituellement aux consommateurs.

142. Lieu de livraison - À défaut d'accord, les marchandises sont dues au lieu où elles se trouvaient à la date de la conclusion du contrat, d'après l'article 1609 du Code civil.

143. Étendue de l'obligation - Le vendeur doit délivrer non seulement les marchandises elles-mêmes, mais aussi tous leurs fruits et accessoires. De cette façon, par exemple, s'agissant de voitures neuves, avec leurs roues de secours, manuels, et documentation d'utilisation. De même, toute la documentation administrative nécessaire est considérée comme « accessoire » et doit donc suivre le sort des marchandises[517].

144. Preuve de la délivrance - La délivrance est l'obligation principale du vendeur. Le cas échéant, il lui incombe de démontrer qu'elle a bien eu lieu, selon l'article 1353 nouveau du Code civil.

145. Obligation de garantie - Le vendeur a une obligation double à cet égard. Il doit garantir à l'acheteur la propriété des marchandises, soit la « garantie d'éviction », et garantir qu'elles sont adaptées à l'utilisation prévue ou normale pour ce type de marchandise, soit la « garantie des vices rédhibitoires ».

146. Garantie d`éviction - Elle est double aussi. D'une part, le vendeur doit s'abstenir de perturber la jouissance de l'acheteur par des faits, ou par l'exercice d'autres droits qui seraient incompatibles[518]. Selon les termes de l'article 1625, première partie, du Code civil, il doit ainsi garantir la « possession paisible » des marchandises vendues.

D'autre part, il doit le défendre contre les troubles de droits possédés par des tiers, ayant une cause antérieure à la vente[519]. Les nuisances de fait sont exclues. Cette garantie est imprescriptible[520].

Trois conditions sont nécessaires pour sa mise en cause :

---

[514] Civ. 1re., 5 novembre 1996, J.C.P.97.II.22872, note Radé.

[515] Civ. 1re., 23 mai 1995, Bull. I, n° 217.

[516] Cass. 3e. Civ., 10 avril 1973, Bull.civ. III, n°274 ; Com., 12 novembre 2008, Bull.IV, n°192.

[517] Civ 1re., 22 janvier 1991, Bull. I, n°23 ; Civ. 1re., 5 octobre 1994, C.C.C. 1995.4. obs. Leveneur.

[518] Com., 31 janvier 2006, n°05-10.116, Bull.civ.IV, 27: le vendeur ne doit pas faire valoir des droits qui affecteraient l'usage ou disposition des choses vendues.

[519] Baux, usufruits, servitudes, etc.

[520] Cass.3e. civ., 20 octobre 1981, Bull.civ. III, n°168, D., 1982, IR 531, note Audit.

1. Elle doit être imputable au vendeur, soit être une conséquence de sa négligence[521].

2. Elle doit être antérieure à la vente.

3. L'acheteur, de son côté, doit être de bonne foi, c'est à dire qu'il devait ignorer l'existence des droits de tiers antérieurs à la vente[522].

Les effets de la garantie d'éviction sont multiples :

Si l'éviction est totale, l'acheteur a droit à la restitution du prix, des fruits et à l'indemnisation des préjudices, soit les dépenses de conservation et d'amélioration. Si le vendeur était de mauvaise foi, même les dépenses somptuaires lui sont dues, conformément aux articles 1630, 1631, 1634 et 1635 du Code civil.

En revanche, si l'éviction est partielle, l'acheteur a le droit alternatif soit de résilier la vente, soit d'être remboursé d'une fraction du prix, d'après les articles 1636, 1637 et 1639 du Code civil.

147. Garantie des vices rédhibitoires - Pour être en présence de vices susceptibles d'être qualifiés de « rédhibitoires », ils doivent réunir les caractères suivants :

1. Les défauts des marchandises doivent rendre la chose impropre pour un usage « normal », selon l'article 1641 du Code civil. Ainsi, par exemple, les vibrations et bruit d'air dans une voiture de tourisme ne la rendent pas impropre à un usage normal[523] ; de même pour une voiture de collection qui n'est pas censée être utilisée pour un usage quotidien[524].

Notons toutefois que si les parties avaient convenu d'un usage spécifique et que les marchandises ne s'avèrent pas aptes à cet usage, nous nous trouvons dans une hypothèse de défaut de livraison, et non pas de vices cachés, comme nous l'avons vu auparavant.

Si les vices sont de faible intensité, soit en petites quantité, ou facilement réparables, et qu'ils ne rendent donc pas la chose impropre à son usage « normal », ils sont ignorés. *De minimis non curat lex.*

2. Ils doivent être « cachés », c'est à dire inconnus des parties selon l'article 1642 du Code civil.

S'agissant des vendeurs professionnels, la garantie a deux effets :

2.1. D'une part, ils sont censés connaître les vices qui peuvent affecter les marchandises qu'ils vendent[525], surtout lorsqu'il s'agit d'un fabricant.

Cependant, une question se pose dans le cadre de la présente étude, qui s'intéresse aux ventes entre deux parties professionnelles. En effet, d'après la jurisprudence, l'acheteur professionnel est lui aussi tenu de connaître les défauts qui peuvent affecter les produits dont il fait l'acquisition[526].

---

[521] Il a omis de lever un droit de gage, par exemple.

[522] Civ. 1re, 10 mai 1995, n°93-14.767, Bull.civ.I, 203.

[523] C.Ap. Nîmes, 18 décembre 1980, D., 1983.29, note Larroumet.

[524] Cass.civ., 1re., 24 novembre 1993, n°92-11.085, Bull.civ. I, n°347.

[525] BÉNABENT A., op. cit., p. 179.

[526] Cass.civ., 1re., 18 décembre 1962, Bull.civ.I, n°554.

Néanmoins, c'est une présomption simple qui peut être écartée si l'acheteur prouve qu'il ne pouvait raisonnablement avoir connaissance des vices. Donc, l'examen exigé des marchandises est courant (ne doit conduire à la destruction de la marchandise).

C'est le même standard qui est exigé en droit anglais[527] et chilien[528].

2.2. L'étendue de la garantie entre professionnels se limite au remboursement du prix et à la restitution des marchandises, sauf mauvaise foi, c'est à dire dol du vendeur[529].

3. L'acheteur n'aurait pas acheté les marchandises s'il avait connu les vices, ou il les aurait achetés à un moindre prix.

Le vendeur professionnel doit connaître, habituellement, l'existence des vices qui ne sont pas apparents (les vices dits « cachés »). Cette présomption n'est pas irréfragable entre professionnels de la même spécialité. Néanmoins, s'il savait, sa responsabilité est grave et double. D'une part, parce que nous nous trouvons dans une hypothèse de réticence dolosive[530], aux termes du nouvel article 1137, al. 2 du Code civil qui consacre la jurisprudence sur le sujet[531]-[532] en disposant : « *Constitue également un dol la dissimulation intentionnelle par l'un des contractants d'une information dont il sait le caractère déterminant pour l'autre* ».

D'autre part, en plus du manquement à l'obligation du vendeur de « renseignement », le silence dans ce cas peut être constitutif du délit pénal de « tromperie »[533].

Il est à noter que le nombre de réclamations à cet égard a augmenté progressivement ces dernières années[534], ce qui est normal si l'on tient compte du fait que les marchandises sont de plus en plus sophistiquées. Les difficultés de fonctionnement augmentent : les voitures, ordinateurs, téléphones portables[535]... sont désormais des marchandises technologiques complexes, donc susceptibles de défaillances.

---

[527] *Heilbutt vs. Hickson,* (1872) LR CP 438.

[528] Art. 146 C.Com.Ch.

[529] En ce sens : RAYMOND GUY, op. cit., p. 89.

[530] Les vendeurs professionnels ne doivent pas être naïfs et dénoncer tous les défauts des marchandises qu'ils vendent. Tous ont quelques défauts ou limitations, car nul ni rien n'est parfait, mais c'est autre chose de se taire à propos des défauts qui les rendent inutiles à un usage normal. Voir sur ce point le débat *Diogène ou Cicéron ?* dans : COLLART DUTILLEUL F. et DELEBECQUE Ph., op. cit., p. 245.

[531] Cass.civ, 3e., 2 octobre 1974, GAJC, t.2, n°150.

[532] Le projet d'ordonnance liait la réticence dolosive au devoir d'information du vendeur. Cela n'est pas retenu dans le texte définitif. Voir dans ce sens: CHÉNEDÉ F., op. cit., p. 52.

[533] Art. L-441-1, nouveau, c.consom.

[534] En ce sens: BÉNABENT A., op. cit., p. 177.

[535] Est célèbre à ce sujet le cas du Samsung Galaxy Note 7, par exemple, qui a dû être retiré des marchés au niveau mondial et interdit d'utilisation dans les avions, du fait des risques de combustion spontanée. Voir :
http://www.lefigaro.fr/secteur/high-tech/2016/10/11/32001-20161011ARTFIG00127-samsung-galaxy-note-7-chronologie-d-une-descente-aux-enfers.php,
consulté le 7 février 2017.

Dans ces cas, l'acheteur peut agir contre son vendeur et contre ses prédécesseurs jusqu'au fabriquant[536]. La jurisprudence a établi que cette action est de nature contractuelle[537]. Elle est aussi récursoire[538]. De cette façon, les vendeurs condamnés peuvent agir contre leurs propres vendeurs, par subrogation légale, selon le nouvel article 1346 du Code civil.

4. Des vices antérieurs à la vente.

Les défauts postérieurs sont censés être des conséquences de l'utilisation normale ou anormale des marchandises.

Cette exigence est logique, car l'acheteur doit supporter les risques des marchandises dès leur transfert[539].

148. Obligations tirés du droit commun : renseignement, conseil et sécurité - Ces obligations ont été le produit de l'action jurisprudentielle à partir des anciens articles 1134 al. 3, et 1135 du Code civil concernant la bonne foi-loyauté, aujourd'hui articles 1104 et 1194 du même code.

149. Renseignement - Le vendeur professionnel, on l'a vu, est tenu de bien connaître les marchandises qu'il vend, qu'il soit fabricant, distributeur ou importateur.

Il s'agit aussi d'une obligation de nature contractuelle[540] et concerne tout l'*iter contractuel.* Ainsi, dès la période précontractuelle, le vendeur doit informer l'acheteur sur les caractéristiques essentielles des marchandises[541].

Même entre commerçants, le vendeur doit donner à l'acheteur tous les renseignements nécessaires afin qu'il puisse faire des achats informé. D'après le Professeur Bénabent : « *Celui qui traite avec un professionnel n'est pas dispensé de lui fournir les renseignements qui sont en sa possession et dont l'absence altère le consentement du cocontractant. Tel est en particulier le cas du fabricant d'un produit nouveau* »[542].

150. Conseil - Cette obligation est une conséquence de l'obligation précédente. Elle est à la fois positive et négative.

Positive, car dans notre domaine d'étude, le vendeur doit indiquer à l'acheteur quelles sont les marchandises les plus aptes pour leur distribution, importation ou vente sur des marchés spécifiques.

Négative, dès lors qu'il doit lui déconseiller certaines ventes et même s'abstenir de lui offrir les marchandises les plus chères ou sophistiquées, par exemple, si cela pouvait se traduire par des difficultés dans des marchés émergents, entre autres hypothèses possibles d'application de la bonne foi-loyauté.

---

[536] Cass.civ., 3e., 7 mars 1990, Bull.III, n°72.
[537] Cass.civ., 1re., 9 octobre 1979, Bull.I, n°241.
[538] Cass.civ., 1re., 6 juillet 1988, Bull.civ., n°231.
[539] V. COLLART DUTILLEUL F. et DELEBECQUE Ph., op. cit., p. 251-252.
[540] Civ, 1re. 31 janvier 1973, J.C.P. 74.II.17846, note Malinvaud- Com., 25 juin 1980, Bull. IV, n° 276 ; Civ.1re., 3 juillet 1985, Bull.I, n°211.
[541] En ce sens: BÉNABENT A., op. cit., p. 155-156.
[542] Op. cit., p. 157.

Cette obligation, comme la précédente dont elle découle, sont des obligations de « moyens »[543], car le vendeur peut seulement donner son avis, mais n'a pas le contrôle de la volonté de l'acheteur, qui étant professionnel, est censé être plus prudent ou « sage » dans ses acquisitions.

151. Sécurité - Cette obligation est mentionnée expressément au nouvel article 1245 du Code civil, qui a remplacé l'ancien 1386-1 du même code, émanant de la directive européenne 85/374 du 25 juillet 1985.

Dans le cadre de la présente étude, tous les types de marchandises sont visés, car tous les meubles le sont[544].

Le vendeur est obligé de vendre des marchandises offrant des conditions de sécurité conformes aux connaissances techniques, scientifiques et aux normes en vigueur. De plus, si celles-ci causent des dommages personnels ou à d'autres marchandises ou biens, ceux-ci doivent être indemnisés, en vertu du nouvel article 1245-1 du Code civil.

Il importe ici de tenir compte du fait que conformément au nouvel article 1245-3 du Code civil, les marchandises sont considérées « défectueuses » si elles « *n'offrent pas la sécurité à laquelle on peut légitimement s'attendre* », compte tenu des circonstances, présentation et d'un usage raisonnable. Ainsi, par exemple, de nos jours l'utilisation anormale, voire dangereuse, de jouets tels que les « drones » écarterait à notre avis la responsabilité du vendeur.

Le responsable est alors le producteur des marchandises. S'il ne peut pas être identifié, la responsabilité originairement personnelle devient alors solidaire en s'étendant aux vendeurs, distributeurs et importateurs, d'après le nouvel article 1245-6 du Code civil. Leur responsabilité est de plein droit mais leur obligation « de résultat »[545] peut être écartée s'ils prouvent qu'ils n'ont pas mis en circulation les marchandises, que les connaissances techniques en vigueur à cette date ne permettaient pas de connaître sa dangerosité, ou si elles étaient en conformité avec la législation existante à l'époque. Ce qui précède n'est pas admissible comme défense s'agissant des produits issus du corps humain[546].

A la différence des deux obligations antérieures, il revient à l'acheteur de prouver le défaut, le lien de causalité et les dommages qui en ont résulté, selon le nouvel article 1245-8 du Code civil.

Nous verrons à la suite les obligations reposant sur l'acheteur.

152. Payer le prix – Il s'agit de l'obligation principale de l'acheteur. En effet, il doit payer au vendeur ou à son représentant le prix[547] convenu ou courant des marchandises, sauf accord contraire, au moment et lieu de délivrance, d'après l'article 1650 du Code civil. Autrement, il doit le faire au

---

[543] Cass., 1re. Civ, 23 avril 1985, Bull.civ., I, n°125, RTD civ., 1986.367, obs. J.Huet – Cass.com, 14 mars 1989, Bull.civ., IV, n°89, p.58.
[544] Art. 1245-2, nouveau code civil.
[545] Art. 1245-10, nouveau code civil.
[546] Art. 1245-11, nouveau code civil.
[547] Sur les acomptes, arrhes et indexation, v. supra, à propos de la formation du consentement.

domicile/siège social du vendeur, conformément au nouvel article 1343-4 du Code civil[548].

Il est toutefois habituel entre commerçants de convenir de paiements différés, à 30 ou plusieurs jours. Une pratique néanmoins limitée pour les boissons alcooliques et produits alimentaires à « 30 jours fin de mois », conformément à l'article L. 443-1 du Code de la consommation ; mais dans d'autres cas, à « 45 jours fin de mois », ou 60 jours à compter de l'émission de la facture, d'après l'article L. 441-6 du Code de la consommation. Dans les hypothèses de paiement différé, aux termes de l'article 1652 du Code civil, l'acheteur est obligé de payer des intérêts, surtout si les marchandises produisent des fruits (animaux, par exemple),

L'acheteur doit aussi régler les coûts « accessoires » de la vente, comme la T.V.A., les frais de transport, les dépenses juridiques, etc., sauf stipulation contraire.

Le prix doit être mentionné en euros. S'il l'a été dans une autre monnaie, il devra être converti en euros au jour du paiement.

En ce qui concerne la preuve du paiement, la livraison fait présumer le paiement, c'est le vendeur qui devra prouver le contraire[549].

153. Retirer les marchandises - Cette obligation est la contrepartie de l'obligation de délivrer du vendeur.

L'acheteur devient propriétaire des marchandises dès la conclusion de la vente, qui opère leur transfert. L'acheteur doit donc aller chercher les marchandises et payer les frais de transport. Cependant, s'il estime qu'elles ne sont pas conformes il peut refuser de les retirer ou les retourner au vendeur, pratique commerciale (et donc, source de droit) connue sous le nom de « laissé pour compte »[550]-[551]-[552].

Le vendeur, de son côté, doit les conserver jusqu'à leur retrait par l'acheteur. L'inexécution de cette obligation fait peser sur lui de lourdes conséquences.

B. Les sanctions de l'inexécution des obligations contractuelles

Plusieurs sanctions de l'inexécution des obligations contractuelles sont prévues en droit français, qui dépendent de la partie affectée ainsi que du moment et de la nature de l'infraction.

Sans doute l'acheteur est la partie la plus privilégiée à cet égard, voire la plus protégée, car il est doté de plus de moyens d'agir en justice. Ainsi, il peut invoquer la nullité, l'exception *non adimpleti contractus* et ses effets, la

---

[548] Le paiement du prix est devenu « portable ».
[549] Com., 23 octobre 1990, Bull.IV, n°251 ; Com., 9 juillet 1991, Bull., IV, n° 253.
[550] Cass.com., 27 janvier 1970, JCP, 1970.II.16554, obs. A. Huet, *RTD civ.*, 1971.136, obs. Loussouarn ; Cass.com., 26 mai 1981, Bull.civ., IV, n°248.
[551] V. COLLART DUTILLEUL F. et DELEBECQUE Ph., op. cit., p. 233.
[552] Cette pratique est reprise par l'article 49 CVIM.

résolution, mais aussi l'action estimatoire, l'action rédhibitoire, l'imprévision, l'exécution forcée et l'allocation de dommages-intérêts.

La loi reconnaît en effet de nombreux dispositifs aux parties quant à l'inexécution de leurs obligations dans le cadre d'une vente de marchandises.

154. La nullité - La récente réforme du droit des obligations l'a sobrement défini de la façon suivante : « *Un contrat qui ne remplit pas les conditions requises pour sa validité est nul* » (nouvel article 1178, al.1er, première partie, du Code civil).

Il est intéressant de noter que l'ordonnance précitée de 2016 à introduit quelques modifications remarquables de cette institution :

1. Elle a prévu une **action interrogatoire** : une partie peut exiger de celle qui pourrait se prévaloir de la nullité, d`agir dans ce sens dans un délai maximum de six mois, sous peine de forclusion, ou de confirmer le contrat, conformément au nouvel article 1183, al 1er du Code civil

2. Elle a consacré aussi la possibilité d'une déclaration de **nullité consensuelle** : l'article 1178, al. 1er. *in fine* du Code civil autorise les parties à déclarer la nullité d'un commun accord. Il s'agit d'une application spécifique de l'autonomie de la volonté consacrée dans les nouveaux articles 1103 et 1193 du Code civil.

3. Finalement, en s'inspirant de la doctrine contemporaine, l'ordonnance a fait une **distinction entre nullité relative et absolue**, non par rapport à la gravité des vices, mais plutôt **en considération de l'intérêt lésé**. Ainsi, le nouvel article 1179 du Code civil prévoit qu'elle est relative quand la règle violée concerne un intérêt privé, mais absolue si elle affecte l'intérêt général.

S'agissant plus précisément de notre objet d`étude, la vente de marchandises, la nullité peut se produire dans les situations suivantes[553] :

1. Si le vendeur délivre les marchandises d'autrui, la vente est nulle. L'article 1599 du Code civil, à la différence d'autres droits étrangers[554], le sanctionne de cette manière. Cette nullité est cependant relative, au profit de l'acheteur[555].

2. La même sanction s'opère en cas de réticence dolosive.

Si le vendeur ne déclare pas les vices cachés qui affectent les marchandises, il viole son devoir d'information, conséquence de la bonne foi-loyauté.

La jurisprudence française a assimilé l'omission d'information sur les vices à des mensonges et manœuvres frauduleuses du vendeur de mauvaise foi. Par conséquent, le vendeur est obligé de déclarer les vices cachés dont il a eu connaissance[556] et qu'il est présumé connaître en tant que professionnel,

---

[553] Les hypothèses de force sont plutôt théoriques. Donc, nous nous remettons aux règles communes à ce sujet, car l'intérêt est presque nul pour cette étude.

[554] La vente des choses d'autrui est valable en droit chilien, mais inopposable au vrai propriétaire, d'après l'article 1815 c.c.ch.

[555] Cass, 3e. Civ., 16 avril 1973, Bull.Civ. III, n°198, p.218.

[556] Voir sur ce point : TERRÉ F., SIMLER Ph., LEQUETTE Y., op. cit., p. 258-262.

comme nous l'avons vu. Par suite, le vendeur qui se tait dans ces cas, trompe son acheteur.

Cette position a été introduite en droit français par l'arrêt *Goutailler et autres c. Époux Jacob*[557]. D'autres arrêts postérieurs ont adopté la même position. Il est néanmoins nécessaire que l'erreur provoquée par l'omission/la réticence ait été déterminante et intentionnelle : « *Le manquement à une obligation précontractuelle d'information, à le supposer établi, ne peut suffire à caractériser le dol par réticence, si ne s'y ajoute la constatation du caractère intentionnel de ce manquement et d'une erreur déterminante provoquée par celui-ci* »[558].

La réforme a introduit cette jurisprudence dans un nouvel article 1137, al. 2 du Code civil qui dispose : « *Constitue également un dol la dissimulation intentionnelle par l'un des contractants d'une information dont il sait le caractère déterminant pour l'autre partie* ».

3. Une autre hypothèse possible est le cas dans lequel l'acheteur achète des marchandises par erreur.

Pour être retenu, aux termes des nouveaux articles 1132 et 1133 du Code civil, il doit être « excusable »[559] et « essentiel[560] », c'est-à-dire porter sur les qualités déterminantes à la conclusion du contrat.

Un des cas les plus célèbres à ce sujet en France est l'arrêt *Poussin* rendu par la première chambre civile de la Cour de cassation le 22 février 1978 : les détenteurs d'un tableau le vendent au Louvre pensant qu'il s'agissait d'une œuvre de l'école de Carrache, mais ultérieurement le musée l'exhibe comme un Poussin. En se rendant compte de leur erreur, les vendeurs agissent alors en nullité. Ils sont cependant déboutés en appel. Finalement la Cour casse l'arrêt au profit des vendeurs.

On pourrait confondre l'erreur avec le défaut de conformité. Néanmoins, une analyse classique du contrat écarte cette éventualité[561]. Ainsi, quand l'acheteur achète des marchandises en pensant qu'elles ont une qualité essentielle qu'elles n'ont de fait pas fait, il y a erreur. Ça serait le cas, par exemple, si une personne achète des véhicules tout terrain avec traction 4x2 en pensant que ce sont des 4x4, achète des raisins de table en pensant que ce sont des raisins de cuve, ou achète des téléphones portables 3G en pensant qu'ils sont 4G… parmi d'autres hypothèses possibles.

Dans tous les cas, il y a fausse représentation de la réalité qui, à la différence du dol, a pour origine l'action de l'acheteur lui-même. Cependant,

---

[557] Civ., 3e., 2 octobre 1974, Bull.civ.III, n°330, p.251, D.1974. IR. 252, Rec. gén. lois et jurisp. 1975. 569, n°458, obs. Blanc.

[558] Com., 28 juin 2005 (n°03-16794), Bull. 2005 IV, N° 140, p. 151.

[559] On notera que dans la présente étude, en application analogique de la jurisprudence existante sur les vices cachés, on devrait conclure que serait inexcusable une erreur portant sur des qualités essentielles entre professionnels du même secteur.

[560] En droit anglais, comme nous l'avons vu, l'erreur essentielle n'est pas une cause de nullité. V.supra.

[561] V. COLLART DUTILLEUL F. et DELEBECQUE Ph., op. cit., p. 287-288.

à la différence de la non-conformité, celui-ci n'est pas conscient de ce qu'il achète[562].

Il sera sanctionné avec la nullité relative de la vente.

155. Résolution - Plusieurs cas de résolution sont prévus en droit français pour résoudre une inexécution contractuelle.

Si le vendeur viole son devoir de conformité ou de garantie, ou ne délivre pas les marchandises conformes convenues, ou manque à délivrer dans le délai prévu, ou si elles ont des vices cachés, l'acheteur peut demander la résolution du contrat de vente, ou sa mise en possession en conformité avec l'article 1610 du Code civil dans les premiers cas ; mais aussi exercer une action rédhibitoire conformément à l'article 1644, première partie du Code civil, dans le dernier.

La demande vaut mise en demeure et permet une résolution judiciaire du contrat, si l'infraction est importante. C'est la solution retenue par le nouvel article 1224 du Code civil, qui consacre la jurisprudence existante sur le sujet[563]. Sinon, le tribunal allouera uniquement des dommages-intérêts[564], ou accordera un délai de grâce au vendeur afin qu'il accomplisse son obligation fondamentale, soit une exécution en nature, d'après le nouvel article 1228 du Code civil.

Dans le cas des contrats à exécution successive, à durée déterminée ou indéterminée, la résolution pourrait être totale ou partielle, compte tenu de la divisibilité ou indivisibilité des livraisons successives[565].

D'autre part, si une condition résolutoire a été stipulée, le juge se limite à constater la résolution intervenue[566].

Enfin, l'acheteur pourra, de sa propre initiative, résoudre unilatéralement le contrat « à ses risques et périls » sous certaines conditions établies par le nouvel article 1226 du Code civil :

1. L'infraction doit être suffisamment grave : elle l'est quand le débiteur met en péril les intérêts du créancier[567], s'agissant d'une violation d'une obligation essentielle du contrat ou quand elle est intentionnelle[568].

2. La notification à l'autre partie est nécessaire, afin de la mettre en demeure, en mentionnant qu'à défaut de satisfaction de son obligation dans un délai raisonnable, le contrat pourra être résolu.

---

[562] Dans ce dernier cas, il est conscient de ce qu'il veut, mais il reçoit d'autres marchandises. V. ibidem.

[563] Cass.civ., 14 avril 1891, DP, 1891.1.329, note Planiol ; Cass.com., 27 mai 1981, Bull.civ., IV, n°252 ; Cass.3e.civ., 22 mars 1983 ; Bull.civ., III, n°84 ; CA Versailles, 13 octobre 1988, D., 1988, IR 280 ; CA Paris, 22 novembre 1988, D., 1989, IR 16.

[564] C'est le cas « *si subsiste une cause suffisante de l'engagement de l'autre partie, auquel cas une condamnation à des dommages-intérêts suffit* », TERRÉ F., SIMLER Ph., LEQUETTE Y., op. cit., p. 617.

[565] Dans ce sens : COLLART DUTILLEUL F. et DELEBECQUE Ph., op. cit., p. 235.

[566] Ibidem.

[567] Par exemple, une délivrance trop tardive. Com, 4 juin 1980, Bull.IV, n° 239 ; Civ. 1re., 10 octobre 1995.

[568] V. TERRÉ F., SIMLER Ph., LEQUETTE Y., p. 713.

3. Si le débiteur n'accomplit pas ses obligations, le créancier peut lui notifier la résolution du contrat de vente.

4. Le débiteur peut contester la résolution, et donc saisir le juge. C'est pour cette raison que la résolution se fait « aux risques et périls » du créancier.

Cette institution est la consécration légale de la jurisprudence *Tocqueville* [569] de la première chambre civile de la Cour de cassation, reprise depuis par d'autres jurisprudences[570]. Il s'agit d'une solution de justice commutative. Pour reprendre les mots des Professeurs Terré, Simler et Lequette : « *Dans une économie d'abondance, il est bon de donner au contractant désappointé les moyens de recouvrer sa liberté, car il lui sera aisé de trouver un autre contractant qui répond à ses attentes* »[571].

Le vendeur, de son côté, peut invoquer la même trilogie. Ainsi, il pourra résoudre unilatéralement le contrat si l'acheteur ne retire pas les marchandises, en conformité avec l'article 1657 du Code civil, et les revendre[572]. Il peut en outre agir en résolution, si l'acheteur ne paie pas le prix, d'après l'article 1654 du Code civil, ou demander la constatation judiciaire de la réalisation d'une condition résolutoire stipulée, le cas échéant.

156. Réduction du prix - Il s'agit d'une action spécifique au profit de l'acheteur en cas de vices cachés, prévue par l'article 1644 du Code civil.

Selon le droit commun des obligations, le créancier peut accepter une exécution imparfaite en demandant une réduction proportionnelle du prix[573] (nouvel article 1223 du Code civil).

S'agissant du droit spécifique de vente, l'article 1644 du Code civil donne le droit alternatif à l'acheteur de demander la résolution de la vente ou de garder les biens avec réduction du prix.

En cas de manquement à l'obligation de délivrance dans la vente de marchandises, il existe une solution particulière. En effet, dans certains cas d'inexécution de l'obligation de délivrance, le juge peut procéder à la réfaction[574], en réduisant le prix de vente[575]-[576] lorsque : le vendeur n'a pas délivré la totalité de la commande ; le retard est mineur ; la marchandise est d'une qualité inférieure à ce qui était convenu mais que la vente reste

---

[569] Civ. 1re, 13 octobre 1998, Bull.civ. I, n°300, D.1999. 197, note C. Jamin, Somm. 115, obs. Ph. Delebecque., JCP 1999.II.101333, note Rzepecki, Défrenois 1999.374, obs. D. Mazeaud, RTD civ. 1999. 374, obs. J. Mestre.

[570] Civ. 1re., 28 octobre 2003, Bulletin civil 2003, I, n° 211, p. 166.

[571] TERRÉ F., SIMLER Ph., LEQUETTE Y., op. cit., 712.

[572] C'est la même solution qu'en droit anglais pour un « *falling market* » (défaillance du marché).

[573] La mise en demeure et la notification du débiteur sont nécessaires.

[574] Cass.req., 23 mai 1900, DP, 1901.1.1269 ; Cass.com., 23 mars 1971, Bull.civ., IV, n°89, D.1974.40, note Alter ; Rennes, Ch.1 B, 25 octobre 1989, Rev.jur.Ouest, 1990/2, p.270 ; Cass.com., 15 décembre 1992, Bull.civ., IV, n°421, JCP, 1994.II.22075, obs.M. Poulnais.

[575] V. COLLART DUTILLEUL F. et DELEBECQUE Ph., op. Cit., p. 220-221.

[576] Cette solution, typique du droit français, est reprise par la CVIM, arts. 44 et 50.

néanmoins utile ou nécessaire à l'acheteur ; la gravité de l'infraction ne justifie pas la résolution,

Elle peut être exercée aussi selon les règles générales, s'agissant des vices cachés qui affectent les marchandises.

157. Exécution en nature - Cette « sanction » à l'inexécution des obligations des parties est utilisée dans les cas de manquement à l'obligation du vendeur de délivrance.

S'agissant des marchandises de genre, l'acheteur est autorisé à les remplacer par d'autres marchandises similaires, aux dépens du vendeur original[577]. Il lui suffit de mettre le vendeur en demeure. Le nouvel article 1222 du Code civil dispose ainsi : « *Après mise en demeure, le créancier peut aussi, dans un délai et à un coût raisonnable, faire exécuter lui-même l'obligation ou, sur autorisation préalable du juge, détruire ce qui a été fait en violation de celle-ci. Il peut demander au débiteur le remboursement des sommes engagées à cette fin. Il peut aussi demander en justice que le débiteur avance les sommes nécessaires à cette exécution ou à cette destruction* ».

La doctrine qualifie ce dispositif d'« exécution forcée indirecte »[578].

Si les marchandises ont disparu ou si elles ont été vendues à des tiers de bonne foi, cette sanction se transformera en allocation de dommages-intérêts compensatoires, correspondants à leur valeur actuelle[579]-[580].

Elle est utilisée aussi dans les cas de manquement de l'acheteur à ses obligations de payer le prix ou de retirer les marchandises[581].

D'après la réforme du droit des obligations de 2016, trois conditions sont exigées pour que la demande d'exécution en nature soit admissible :

1. Une mise en demeure du débiteur de l'obligation.
2. Elle doit être possible : le nouvel article 1221 du Code civil reprend les critères jurisprudentiels sur ce sujet[582].
3. Être raisonnable : les coûts ne doivent pas être exorbitants, ou disproportionnés au regard de l'intérêt du créancier[583].

Rappelons que l'exécution en nature est un remède nouveau en droit anglais, introduit par l'équité[584]. En droit chilien, elle existe par transposition du droit français[585].

---

[577] « Faculté de remplacement ». Cette faculté est habituelle s'agissant des ventes de céréales. V. BÉNABENT A., op. cit., p. 154.
[578] CHÉNEDÉ F., op. cit., p. 124
[579] BÉNABENT A.,op.cit, p. 154.
[580] Com., 5 octobre 1993, Bull.IV, n°313.
[581] Dans ce sens : COLLART DUTILLEUL F. et DELEBECQUE Ph., op. cit., p. 304 et 307.
[582] Civ., 3e., 11 mai 2005, Bull.civ. III, n°103 : absurdité, due à une différence infime entre le bien livré et celui commandé ; Civ. 1re., 27 novembre 2008, Bull.civ.I, n°269 : consolidation des droits des tiers ; Req. 14 mars 1900, DP 1900.1497 : prestation *intuitu personae*).
[583] L'exécution forcée ne doit pas signifier *abus du droit* du créancier. Dans ce sens: CHÉNEDÉ F., op. cit., p. 124.
[584] Et afin d'harmoniser le droit anglais avec le droit écossais. V. supra.
[585] Art. 1489 c.c.ch.

Par ailleurs, l'article 1553 du Code civil chilien, à propos de l'exécution forcée des obligations de faire, dispose dans ses alinéas 1 et 2, respectivement, deux manifestations de l'exécution en nature : le droit du créancier de demander l'exécution directe de la prestation au débiteur et la faculté de demander autorisation pour qu'elle soit exécutée par un tiers aux dépens du débiteur (ce qui est similaire à la faculté de remplacement du droit français).

158. Dommages-intérêts – Il s'agit de la sanction par excellence de l'inexécution des obligations contractuelles. Si les infractions des parties ne sont pas d'une gravité suffisante pour prononcer la résolution du contrat de vente de marchandises, l'inexécution totale ou partielle est réparée par l'allocation de dommages-intérêts compensatoires [586] et l'inexécution tardive par des dommages-intérêts moratoires[587]. Le nouvel article 1231-1 du Code civil dispose à cet égard : « *Le débiteur est condamné, s'il y a lieu, au paiement de dommages et intérêts soit à raison de l'inexécution de l'obligation, soit à raison du retard dans l'exécution, s'il ne justifie pas que l'exécution a été empêchée par la force majeure* ».

Elle comprend le dommage matériel et moral subis par les parties, même si la demanderesse est une personne morale[588] et le dommage futur, à condition d'être certain. Ainsi que la perte de gains[589] (*lucrum cessans*), consacrée par le nouvel article 1231-2 du Code civil.

Le préjudice éventuel est exclu, car le dommage doit être certain et une conséquence directe de l'infraction pour être indemnisé[590], selon le nouvel article 1231-4 du Code civil. Cependant, la jurisprudence française autorise l'indemnisation de la « perte d'une chance », dès qu'elle a une valeur en elle-même, donc une certitude[591].

Or, si l'acheteur n'accomplit pas son obligation de payer le prix, le vendeur peut obtenir l'exécution forcée ou la résolution, et en plus, des dommages-intérêts s'il a subi un préjudice[592].

De même, si l'acheteur refuse de retirer les marchandises, sans motif, en plus de la résolution de plein droit prévu par l'article 1657 du Code civil, le

[586] Civ., 1re., 29 janvier 2003, Bull.civ.III, n°23.

[587] Les premières auront lieu à défaut d'exécution totale ou partielle, et doivent être justifiées. Les deuxièmes, en cas de retard dans le paiement des obligations des parties, n'ont pas besoin de preuves, et son dues dès la mise en demeure selon l'article 1231-6, nouveau code civil. Dans ce sens: TERRÉ F., SIMLER Ph., LEQUETTE Y., p. 616.

[588] Cass.com, 15 mai 2012, n°11-10278, Bulletin 2012, IV, n° 101.

[589] Com., 5 novembre 1951, D.1952.3.

[590] Dans le même sens, le nouvel article 1231-3 code civil limite l'étendue de l'indemnisation aux préjudices directs prévus ou prévisibles, sauf faute lourde, auquel cas elle s'étend aux préjudices directs imprévus, art. 1231-4, nouveau, code civil. C'est une solution similaire à la règle sur l'éloignement (*remoteness*) établie par la *Hadley rule* anglaise. Le droit chilien va dans le même sens que le droit français à ce sujet, art. 1558 c.c.ch.

[591] Civ. 2e., 1er. Avril 1965, Bull.civ. II, n°336, p.230; 8 novembre 1971, D. 1972.667, note C.Lapoyade-Deschamps.

[592] V. COLLART DUTILLEUL F. et DELEBECQUE Ph., op.cit., p. 304.

vendeur peut revendre les marchandises[593] et agir en dommages-intérêts le cas échéant, ou s'il reçoit un moindre prix.

Le vendeur, de son côté, devra payer des dommages-intérêts : si s'agissant de ventes au poids, à l'unité ou mesure ceux-ci ne se concluent pas par des motifs qui lui sont imputables ; s'il vend des marchandises appartenant à autrui, selon l'article 1599 du Code civil et, notamment, dans l'hypothèse de vices cachés, auquel cas ceux-ci seront complémentaires ou indépendants aux actions estimatoires et rédhibitoires. La loi distingue à ce propos, s'il est de mauvaise foi ou s'il connaissait l'existence de vices[594], auquel cas il devra indemniser le prix et tous les dommages subis[595]-[596], d'après le nouvel article 1231-3 et l'article 1645 du Code civil, prévus ou prévisibles ; ou, étant de bonne foi, seulement les frais de la vente et le prix, en conformité avec l'article 1646 du Code civil.

Il est à noter qu'il n'existe pas en droit français d'obligation de *mitigation*, c'est-à-dire de minimiser les dommages[597], comme dans la *Common Law*[598], mais les parties doivent se rapprocher conformément au principe de bonne foi, en l'occurrence du vendeur.

L'infraction aux obligations du vendeur tirées du droit commun, ou de renseignement, conseil et sécurité, donne ainsi lieu à l'octroi de dommages-intérêts compensatoires.

Aux termes du nouvel article 1231-7 du Code civil, des intérêts moratoires commencent à courir dès qu'une décision de justice ou que la résolution unilatérale est ferme. S'agissant des sommes d'argent, elles sont dues automatiquement, dès la mise en demeure de paiement, d'après le nouvel article 1344-1 du Code civil

Pour finir, il convient de relever que l'anatocisme est autorisé en France, à condition que le retard soit supérieur à un an, que le contrat l'ait stipulé, ou que le juge l'ait ordonné, selon le nouvel article 1343-2 du Code civil.

159. Clause pénale - La clause pénale est une indemnisation conventionnelle des préjudices résultants de la violation des obligations de l'une des parties dans un contrat.

---

[593] Cass.Com., 21 avril 1950, Rev.trim. 1951.262, obs. Carbonnier.

[594] Celle qui est presumée s'agissant des vendeurs professionnels, comme déjà vu.

[595] Par exemple, les conséquences d'un accident causé par la chose ou les indemnités que l'acheteur a dû verser à des tiers, pour ce motif. Voir à ce propos: BÉNABENT A., op. cit., p. 192.

[596] La perte des gains aussi, Cass.com., 20 janvier 1998, Bull.civ., IV, n°35.

[597] Civ.2e., 19 juin 2003, Bulletin 2003 II N° 203 p. 171.

[598] Les refus de la Cour de cassation à ce sujet ont posé des critiques, dans le sens ou la France s'éloignerait des tendances dominantes dans le droit comparé, et, dès que l'intérêt social exige de réduire les dommages subis, aussi. V. dans ce sens : TERRÉ F., SIMLER P., LEQUETTE Y., op. cit., p. 960-962.

La doctrine définie la clause pénale comme « *celle par laquelle les contractants évaluent par avance les dommages-intérêts dus par le débiteur, en cas de retard ou d'inexécution* »[599].

Elle a un caractère double : forfaitaire[600] et de peine privée[601].

Souvent, elle est confondue avec la clause de dédit et l'indemnité d'immobilisation. Néanmoins, dans le premier cas, il n'y a pas d'inexécution, mais plutôt le contraire, d'où son nom[602]-[603]. Dans le second, le montant payé est le prix payé pour l'exclusivité[604], et pourtant ce n'est pas une peine privée.

Les différences avec la *Common Law* sont remarquables à ce sujet. Comme nous l'avons vu, le droit anglais fait une distinction entre *liquidated damages* et *penalty clauses.* Les premières, ayant une nature juridique forfaitaire, sont autorisées et considérées comme une estimation fiable des dommages ; les dernières, en revanche, au regard de leur caractère *in terrorem*[605], sont interdites[606]. C'est ainsi que la *Common Law* dénie le caractère de peine privée aux clauses pénales, d'une part, et confond les clauses pénales avec les clauses pénales « énormes » de l'autre[607].

Conformément à l'article R. 132-2 n° 3 du Code de la consommation, les clauses pénales excessives ne sont pas autorisées entre professionnels.

La bonne foi-loyauté ne le permet pas non plus. Comme le remarque le Professeur Dupichot : « *Le mouvement contemporain de prévention du surendettement et de recherche d'un certain équilibre contractuel, à la faveur des concepts de bonne foi et de loyauté, ne saurait rester sans influence sur le droit commun du contrat de cautionnement. La prise en compte par les droits spéciaux, et spécialement par un droit de la consommation dont la puissance d'attraction a été soulignée, d'un principe de proportionnalité du cautionnement appelle une condamnation de la conception quelque peu obsolète d'un cautionnement conçu dans l'intérêt exclusif du créancier et une consécration plus éclatante encore de l'exigence de proportionnalité* »[608].

Or, la réforme du droit des obligations confirme ce qui précède, en autorisant l'introduction de ce type de clauses, à titre de dédommagement

---

599 TERRÉ F., SIMLER P., LEQUETTE Y., p. 675.

600 En vertu de celle-ci les parties fixent définitivement le montant des dommages-intérêts en cas d'inexécution. En ce sens : ibidem, p. 637.

601 V. POPINEAU-DEHAULLON Catherine, op. cit., p.60, en citant BÉNABENT A., *Droit Civil, les obligations*, 10e. éd., coll. Domat droit privé, Paris: Montchrestien, 2005, n°427, p.258.

602 Ibidem, p. 55.

603 Com., 14 octobre 1997, Bull.civ. IV., n°255.

604 V. COLLART DUTILLEUL F. et DELEBECQUE Ph., op. cit., p. 65-66.

605 Par exemple, lorsque la somme stipulée est considérable et disproportionnée par rapport aux dommages subis par le créancier. V. POPINEAU-DEHAULLON Catherine, op. cit., p. 36.

606 *Dunlop Pneumatic Tyre Co. Ltd. vs. New Garage Motor*, (1915) A.C. 79.

607 Si la clause est qualifiée de *penalty*, le juge devra l'annuler et apliquer les remèdes de la *common law*. V. POPINEAU-DEHAULLON Catherine, op. cit., p. 36.

608 DUPICHOT Ph., op. cit., p. 111.

forfaitaire. L'article 1231-5, al. 1er du Code civil, autorise le juge dans son alinéa 2, en reconnaissant aussi son caractère de peine privée, « *à modérer ou augmenter la pénalité ainsi convenue si elle est manifestement excessive ou dérisoire* ». Cette modification est proportionnelle dans le cas d'une exécution partielle.

Ces normes sont impératives, ou d'ordre public[609] et leur mise en jeu exige la mise en demeure du débiteur (al. 4 et 5 de l'article précité).

160. Exception d'inexécution - L'*exceptio non adimplenti contractus* du droit romain, est consacrée au nouvel article 1219 du Code civil. Il exige pour son admissibilité que l'inexécution des obligations d'une des parties soit « suffisamment grave », ou qu'elle fasse disparaître l'intérêt de sa contrepartie[610].

Avec la réforme au droit des obligations, la suspension anticipatoire[611] a été introduite. A cet égard, le nouvel article 1220 du Code civil autorise le créancier, après notification du débiteur, à suspendre l'exécution de ces obligations quand il est manifeste, ou certain, que la contrepartie n'exécutera pas ses obligations et que les conséquences seront « graves » pour lui.

Aucun critère n'a cependant été établi pour déterminer que « l'inexécution future du débiteur soit manifeste ». On peut alors estimer, au regard des normes spéciales de la vente[612], que les hypothèses de faillite et déconfiture seront admissibles, parmi d'autres.

Or, s'agissant de l'obligation de l'acheteur de payer le prix, il peut invoquer l'exception dans le cas où le vendeur n'a pas exécuté son obligation de délivrance, c'est-à-dire, ne lui a pas livré les marchandises ; ou que celles-ci sont d'une qualité insatisfaisante, avec des défauts, même mineurs[613] ; ou s'il manque les documents administratifs ; ou s'il n'a pas pu vérifier la marchandise[614] ; ou s'il est menacé d'éviction par l'action de tiers.

Sur ce sujet, notons que la pratique commerciale connue sous le nom de *laissé pour compte*[615] autorise l'acheteur à refuser ou même à retourner les marchandises non conformes.

Du côté du vendeur, en application de l'article 1612 du Code civil, il peut invoquer l'exception et refuser de délivrer, si l'acheteur ne lui paie pas le prix[616] ; dans les ventes au comptant, s'il risque de ne pas être payé[617] ; dans

---

[609] Les dispositions au contraire sont réputées non écrites. C'est la consécration de la jurisprudence Civ., 1re., 17 octobre 2012, pourvoi n°11-16292.
[610] Dans ce sens: CHÉNEDÉ F., op. cit., p. 121.
[611] Différent de l'*anticipatory breach* de la *common law* et de l'article 72 CVIM.
[612] Art. 1613 code civil.
[613] Civ 1re., 4 avril 1991, Bull.I, n°130 : pour des petits défauts dans la peinture d'une voiture, presque imperceptibles.
[614] Com, 21 octobre 1974, Bull. IV, n°261.
[615] Dans ce sens : COLLART DUTILLEUL F. et DELEBECQUE Ph., op. Cit., p. 219-220.
[616] Ainsi, dans les paiements par chèque, il peut le faire jusqu'à l'encaissement du document. Dans ce sens: BÉNABENT A., op. cit., p. 135.
[617] Au moins que l'acheteur cautionne le paiement.

les ventes à terme, aux termes de l'article 1613 du Code civil[618], ou dans l'hypothèse d'une force majeure, pendant son exécution[619].

Ce droit de rétention est opposable aux tiers, ou, aux sous-acquéreurs de l'acheteur original[620].

161. D'autres remèdes au profit du vendeur :

1. Le vendeur jouit d'un **privilège spécial mobilier** et d'un droit de revendication des marchandises, prévus par le nouvel article 2332, al. 4 du Code civil. D'après ce texte, le vendeur peut les revendiquer dans un délai de huit jours et empêcher leur revente.

2. **Il peut reprendre les marchandises** en possession de l'acheteur ou encore déposer une injonction de payer[621].

162. La caducité - Elle a été introduite par l'ordonnance n° 2016-131 du 10 février 2016, aux nouveaux articles 1186 et s. du Code civil, en consacrant ainsi la jurisprudence de la première chambre civile de la Cour de cassation (Civ., 1er., 8 octobre 2008, pourvoi n° 07-17.646)[622].

L'alinéa 1er dudit article la définit comme : « *Un contrat valablement formé devient caduc si l'un de ses éléments essentiels disparaît* ».

Or, nous n'avons pas trouvé d'application jurisprudentielle de ce dispositif en lien avec la vente de marchandises ou de biens meubles, objet de notre étude, mais seulement des cas de promesses de vente d'immeubles. Leur caducité fut déclarée en considérant que les conditions suspensives auxquelles elles étaient soumises n'étaient pas remplies[623]. D'après ces arrêts, on peut envisager que la caducité serait applicable aux promesses de vente de marchandises, sous condition suspensive de financement ou autres, devenues caduques suite à la défaillance des conditions.

En ce qui concerne ses effets, elle met fin au contrat et peut donner lieu à des restitutions, comme dans la nullité, selon le nouvel article 1187 du Code civil.

Elle entraîne aussi la caducité des contrats interdépendants[624] quand leur exécution est devenue impossible ou quand le contrat disparu était leur condition déterminante, d'après le nouvel article 1186, al. 2 du Code civil. Néanmoins, la caducité d'un contrat ne provoque pas celle d'une clause pénale contenue dans celui-ci.

163. Clauses limitatives de responsabilité - D'après le principe de l'autonomie de la volonté, les parties peuvent modifier les effets de certaines de leurs obligations. Ainsi, aux termes de l'article 1627 du Code civil, il est

---

618 Déconfiture ou défaillance.

619 Similairement au *hardship* du droit anglais.

620 Civ., 1re, 24 septembre 2009, Bull. I., n°178 ; J.C.P. 2009, n°44.386, obs. A. AYNÉS.

621 Voir, dans ce sens. RAYMOND GUY, op. cit., p. 83-84.

622 V. Corinne RENAULT-BRAHINSKY, *L'essentiel de la réforme du droit des obligations*, Gualiano, Lextenso, Paris, 2016, p.79.

623 Civ. 3e,18 février 2016, pourvoi n° 15-10.007 ; Civ. 3ème., 29 mai 2013, pourvoi n° 12-17.077.

624 Ceux nécessaires à la réalisation d'une même opération.

possible de renoncer à l'obligation de garantie de vices cachés et à l'éviction des tiers, au profit du vendeur, si ce dernier est de bonne foi[625]. Cette possibilité est compréhensible ; elle équivaut à la renonciation d'un élément relevant de la nature de l'acte juridique « vente » et non pas d'un élément essentiel, comme le sont le prix et la chose. Cependant, cette possibilité de renonciation ne s'étend pas au prix payé, sauf dans le cas d'un acheteur qui a acheté « à ses risques et périls », selon l'article 1629 du Code civil.

S'agissant de notre champ d`étude, les deux parties doivent être des professionnels « de même spécialité », d'après la doctrine et jurisprudence[626], pour que la renonciation à la garantie des vices cachés soit valable.

En revanche, il n'est pas permis en droit français de renoncer à la garantie d'éviction des faits personnels, d'après l'article 1628 du Code civil. Il a été retenu à cet égard qu'il s'agit d'une norme d'ordre public, dont l'infraction est donc sanctionnée par la nullité absolue[627].

Ce régime s'accorde avec la maxime *nemo auditur propriam turpitudinems allegans :* nul ne peut se prévaloir de sa propre faute, lourde en l'espèce, assimilable au dol.

D'autre part, il est aussi possible de stipuler entre professionnels des clauses de renonciation aux réclamations à l'occasion de délivrances tardives[628] en établissant, par exemple, que : « Le vendeur fera ses meilleurs efforts afin de délivrer les marchandises dans un délai raisonnable. Dans l'impossibilité de le faire, pour n'importe quelle raison, il n'engagera aucune responsabilité de sa part ». Si elle ne se traduit pas par une renonciation future en cas de dol ou faute lourde, cette clause est toujours valable[629].

Il est aussi possible de renoncer entre professionnels à certaines parties de l'obligation de délivrance elle-même (contenance ou conformité des marchandises). En effet, ainsi que le remarquent les Professeurs Collart Dutilleul et Delebecque : « *Il en va différemment dans les rapports entre*

---

625 Dans les ventes entre professionnels la renonciation ne pose pas de problèmes. Dans ce sens: RAYMOND GUY, op. cit., p. 89-90.

626 Dans ce sens: BÉNABENT A., op. cit., p. 179-180 ; MALAURIE Ph., AYNÈS L. et GAUTIER P.Y, op. cit., p. 273 : entre professionnels « de même spécialité », car ils auraient les mêmes possibilités d'apprécier les risques de cet aléa. Le vice doit être « indécelable », en plus. Cf. Com., 8 octobre 1973, J.C.P. 75.II.17927, note GHESTIN ; Com., 3 décembre 1985, Bull. IV n°287 ; Civ., 1re., 20 février 1996, Bull. I, n°86 ; Com., 19 mars 2013, pourvoi n°11-26566.

627 L'article 1162, nouveau, du Code civil dispose : « *Le contrat ne peut déroger à l'ordre public ni par ces stipulations, ni par son but, que ce dernier ait été connu ou non par toutes les parties* ».

628 Cass.com., 15 juin 1981, Bull.civ.IV, n°270.

629 Dans le célèbre affaire *Chronopost*, Com., 22 octobre 1996, D.1997.121, note A. Sériaux, Somm. 175, obs. Ph. Delebecque, Ch. Larroumet, p.145. La renonce aux réclamations établies dans un contrat d'adhésion pour la livraison d'un colis, en prévoyant une clause similaire, a été retenue comme non écrite à cause d'une faute lourde du débiteur de l'obligation, donc, inexcusable.

professionnels ou au profit du vendeur occasionnel. Les clauses limitatives de la responsabilité du vendeur sont permises, notamment lorsqu'elles ont trait à la date de livraison, à la contenance ou à la non-conformité de la chose livrée, peu importat que l'acheteur soit ou non un professionnel de la même spécialité que le vendeur »[630]-[631].

En ce qui concerne les clauses limitatives de l'obligation de sécurité, entre professionnels, elles sont aussi valables. Si cette solution peut *a priori* sembler contestable, il importe de noter qu'il existait une limitation légale à ce sujet : l'ancien article 1386-15, al. 2 du Code civil les tolérait ; mais seulement en ce qui concerne les dommages aux marchandises. Quand cet article a été abrogé par l'ordonnance n ° 2016-131 du 10 février de 2016, on pouvait douter de leur validité actuelle. Néanmoins, en l'absence de norme expresse les excluant et conformément à la maxime selon laquelle « *tout ce qui n'est pas interdit est permis* », on peut penser que la situation n'a pas changé. En conséquence, de notre point de vue, ces clauses resteraient valables.

Toutefois, la portée du principe de l'autonomie ne s'étend pas à l'imprévision.

164. L'imprévision - Le dictionnaire Dalloz la définit comme suit : « *(Droit civil) Théorie en vertu de laquelle le juge doit rétablir l'équilibre d'un contrat dont les conditions d`exécution ont été gravement modifiées au détriment de l'une des parties, à la suite d'évènements raisonnablement imprévisibles lors de la conclusion de la convention* »[632].

Son fondement se trouve dans la clause *rebus sic stantibus*[633] du droit canon et dans le principe de bonne foi-loyauté.

Elle se caractérise par plusieurs éléments :

1. Imprévisibilité : les parties ne pouvaient prévoir la survenue d'événements qui altèrent le *statu quo* existant au moment de la conclusion du contrat ; par exemple, une guerre, une inflation démesurée, des surcoûts de matières premières, etc.

2. Excessive onérosité : l'équilibre, l'économie du contrat onéreux commutatif se rompt suite à ces évènements non prévus par les parties. Même si l'exécution reste encore possible, il est économiquement pénible et

---

[630] COLLART DUTILLEUL F. et DELEBECQUE Ph., op. cit., p. 233.

[631] Cass., 1re., civ., 20 decembre 1988, Bull.civ., I, n°373, D., 1989, IR 24, JCP, 1989.II.21354, obs. Virassamy ; Cass.1re., civ., 24 novembre 1993, D.1994, somm.236, obs. G. Paisant, JCP, éd. E., 1994.II.593, obs. L. Leveneur.

[632] *Lexique des termes juridiques 2015-2016,* Dalloz, Paris, 2015, p.550.

[633] Saint Thomas d'Aquin, Professeur à la Sorbonne, déclarait que ne pas tenir sa promesse était équivalent à mentir *si les circonstances qu'on a pu prévoir lors du contrat se sont maintenues ; si au contraire, les circonstances sont profondément changées, celui qui a promis quelque chose ne commet aucune faute s'il refuse d'exécuter.* Cette doctrine du droit canon fut juridicisée après, au XIV siècle, par Bartole et Balde, V. TERRÉ F., SIMLER P., LEQUETTE Y., p. 520.

il devient difficile ou impossible de considérer les prestations comme « équivalentes », au sens du nouvel article 1108 al. 1er du Code civil.

La révision des contrats pour imprévision a été interdite pendant longtemps en France[634]. Dans le célébrissime arrêt *canal de Craponne*[635], la Cour de cassation a refusé d'admettre sa possibilité, estimant qu'elle contredisait la *force obligatoire* des contrats consacrée à l'ancien article 1134 du Code civil[636] Néanmoins, d'autres décisions se sont approchées de la notion d'imprévision, par la voie de la bonne foi, sans pour autant la consacrer[637].

Les effets du bouleversement de l'économie d'un contrat peuvent être limités par des clauses d'indexation ou de *hardship.* Ces dernières ont été reconnues par la jurisprudence[638], dès qu'elles invitent les parties à renégocier le contrat devenu plus onéreux pour l'une des parties, lequel continue à produire ses effets normaux pendant les négociations, sauf si sa suspension est prévue[639]. Il n'y a donc pas violation de la loi du contrat.

En matière administrative, néanmoins, la position traditionnelle a été différente. Avec la Première Guerre mondiale, la réalité des faits s'imposant, elle était admise par le Conseil d'Etat dans le célèbre arrêt *Compagnie générale d'éclairage de Bordeaux*[640]. En l'espèce, le juge reconnut qu'une hausse imprévisible du prix du charbon, suite à l'effort de guerre, avait bouleversé l'économie d'un contrat nécessaire à l'intérêt général de la population et consacra donc la théorie de l'imprévision en matière administrative. Elle a été admise en droit privé avec l'ordonnance n° 2016-131 du 10 février 2016 mais sous réserve de remplir plusieurs conditions.

165. Consécration légale – Depuis la réforme du droit des obligations de 2016, le nouvel article 1195 du Code civil, consacre l'imprévision, en trois étapes :

---

[634] Dans le droit anglais la *hardship* n'est pas admis : *Tsakiroglou & Co. Ltd vs Noblee Thorl GmbH,* 1962, AC 93. Au Chili, non plus dans la vente par les tribunaux ordinaires, mais oui par les tribunaux arbitraux. V.supra.

[635] Civ., 6 mars 1876, DP 1876.1.193, note Giboulot. Le marquis de Galliffet, exploitant du canal, n'a pas pu obtenir la revalorisation de la redevance d'arrosage stipulé en 1520, devenue dérisoire à la fin de XIXe siècle, a cause des surcouts de main-d'œuvre.

[636] Actuel article 1103 code civil.

[637] *Huard,* Com., 3 novembre 1992, retient que la pétrolière BP n'avait pas exécuté le contrat de bonne foi en privant le concessionnaire M. Huard des moyens de pratiquer des prix concurrentiels (condamne BP à verser 150.000 Francs de dommages-intérêts) ; *Chevassus,* Com., 24 novembre 1998, dispose que le mandataire doit être en mesure de pouvoir pratiquer le mandat, donc de pratiquer des prix concurrentiels.

[638] Paris, 28 septembre 1976, JCP 1978.II.18810 note J. Robert.

[639] « *La clause de hardship, encore nommée clause de sauvegarde, illustre le mieux cette réalité. Elle permet à l'une ou à l'autre des parties de demander un "réaménagement du contrat qui les lie si un changement intervenu dans les données initiales au regard desquelles elles s'étaient engagées vient à modifier l'équilibre de ce contrat au point de faire subir à l'une d'elles une rigueur ("hardship")* injuste », TERRÉ F., SIMLER Ph., LEQUETTE Y., op. cit., p. 524.

[640] CE, 30 mars 1916.

1. La partie lésée peut demander une renégociation à son contractant. Entretemps il doit continuer à exécuter ses obligations.

Dans notre objet d'étude, ce serait le cas, par exemple, d'une excessive onérosité survenant en conséquence de surcoûts d'importation de marchandises[641].

2. En cas d'échec, les parties peuvent convenir de la résolution du contrat, à la date et aux conditions qu'ils déterminent, ou demander au juge sa révision.

3. Á défaut d'accord, la partie lésée peut demander au juge la révision ou résolution, dans les mêmes conditions.

Afin de limiter les effets de l'imprévision, il est très probable que des clauses par lesquelles les parties s'engagent à assumer les risques d'une excessive onérosité qui survient deviennent habituelles[642]. On se trouverait alors dans le paradoxe de « prévoir » l'imprévision.

166. Force majeure - Si l'imprévision rend plus difficile l'exécution des obligations, la force majeure la rend impossible.

Elle a en commun, avec la première institution, le caractère « imprévisible », mais existe en plus la notion d'« insurmontable », conformément à la jurisprudence existante[643].

Le nouvel article 1218 du Code civil la consacre, et la définit d'après la jurisprudence en disposant qu'il y a force majeure lorsqu'un événement échappant au contrôle du débiteur, qui ne pouvait être raisonnablement prévu, et dont les effets ne peuvent être évités par des mesures appropriées, empêche l'exécution des obligations du débiteur.

La notion de cas fortuit disparaît avec la réforme.

Dans notre domaine d'étude, si les marchandises sont détruites ou endommagées à l'occasion d'un événement de force majeure (tempêtes, incendies, tremblements de terre, pestes[644], par exemple) le vendeur est exonéré de son obligation de délivrance, en règle générale[645]. Cela, en conformité avec la maxime *res perit domino*[646].

S'agissant de son obligation de garantie, si le vendeur est de mauvaise foi, c'est à dire s'il connaissait des vices cachés qui affectaient les

---

[641] Il reste à voir ce qui se passera à l'avenir dans l'UE avec les marchandises britanniques, suite au Brexit. De même, avec celles mexicaines et chinoises aux E.U.A., conséquence de nouvelles mesures douanières annoncées par l'administration TRUMP.

[642] Cf., CHÉNÉDE F., op. cit., p. 96.

[643] Ass.plén., 14 avril 2006, deux arrêts, GAJC, t.2, n°183-184.

[644] C'était le cas de la *phylloxéra* qui a décimé plusieurs vignes en France au XIXe siècle. Civ., 14 avril 1891, GAJC, t.2, n°180.

[645] Sauf stipulations contraires ou qu'il soit mis en demeure de délivrer, conformément à l'article 1351, nouveau, code civil, ou que les marchandises aient péri aussi dans le cas d'exécution, d'après l'article 1351-1, nouveau code civil.

[646] Il faut rappeler que l'acheteur devient propriétaire, par règle générale, dès la conclusion du contrat.

marchandises, la force majeure n'opère pas à son profit[647] en application de l'article 1645 du Code civil et de la maxime *nemo auditur*.

Il convient de tenir compte du fait, selon le nouvel article 1218, al. 2 du Code civil, que si l'inexécution est définitive, le contrat est résolu de plein droit[648]. Sinon, si elle est seulement temporaire, le contrat peut être suspendu[649], à moins que celui-ci ne justifie la résolution.

C. Les règles d'interprétation

167. L'interprétation « subjective » - La règle générale est l'interprétation « subjective », qui consiste à chercher à déterminer l'intention des parties contractantes. Elle est prévue au nouvel article 1188, al. 1er du Code civil.

Á défaut de pouvoir déterminer l'intention des parties, le système dit de l'interprétation « objective » s'impose, soit connaître le sens qu'une personne « raisonnable » donnerait à une disposition, dans le même cas. C'est l'esprit de l'al. 2, du même article.

Quelques règles spéciales aident aussi l'interprète :

1. Règle *contra proferentem :* les clauses obscures ou douteuses s'interprètent contre son rédacteur, s'agissant des contrats d'adhésion, et pour les contrats de gré à gré, contre le créancier, selon le nouvel article 1190 du code civil.

2. Règle *systématique* : il s'agit d'une règle double :

2.1.- Les clauses d'un contrat doivent s'interpréter les unes par rapport aux autres (nouvel art. 1189, al. 1er C. civ.).

2.2.- Les contrats existants entre les mêmes parties doivent aider à donner une interprétation cohérente à une opération particulière (nouvel art. 1189, al. 2. C. civ.)

3. Règle *attributive :* quand une clause est susceptible d'avoir deux sens, celle qui peut lui donner un effet doit être préférée à celle qui ne le peut (nouvel art. 1191 C. civ.)

4. Règle de l'interdiction de la *dénaturation* : consacrant la jurisprudence initiée par l'arrêt de la chambre civile de la Cour de cassation du 15 avril 1872 (GAJC, t.2, n° 161), le nouvel article 1192 du Code civil interdit la révision des contrats. L'interprétation suppose confusion des normes objet de l'interprétation et rien d'autre.

---

[647] Les Professeurs COLLART DUTILLEUL et DELEBECQUE expliquent que si des dommages-intérêts constituent l'un des effets de la garantie des vices cachés, la force majeure ne doit pas bénéficier au vendeur. V. op. cit., p. 250.

[648] Avec les conditions des articles 1351 et 1351-1, nouveaux, code civil.

[649] À notre avis, cette solution ne se concilie pas avec le caractère « insurmontable" » de l'imprévision. Il nous semble que le législateur a mélangé deux institutions ici : imprévision et force majeure. Cependant, la réforme vise à consacrer la jurisprudence dans ce sens : Civ., 1re., 24 février 1981, Bull.civ.I, n°65.

Parce qu'il a trouvé dans le droit français sa principale source d'inspiration, le droit civil chilien reprend de nombreuses règles du régime juridique qui vient d'être exposé. En cela, il se démarque également de la *Common Law* propre au droit anglais.

SECTION 2. LE RÉGIME JURIDIQUE DE LA VENTE DE MARCHANDISES AU CHILI

Le Code civil chilien a été rédigé par Andrés Bello dans les années 1850 et est entré en vigueur le 1er janvier 1857. Il a pris comme modèle le Code Napoléon pour le droit des obligations et des contrats (Livre IV, « Des Obligations et des Contrats », articles 1437 à 2524 du Code civil chilien). C'est pourquoi il n'est pas rare de rencontrer des articles très similaires[650] dans les Codes civils français et chilien.

Certaines différences peuvent cependant être relevées. En effet, Andrés Bello a préféré s'inspirer du système romano-germanique s'agissant du transfert de propriété. Ainsi, en droit civil chilien, le transfert de titre doit être accompagné d'un moyen de transfert (tradition, prescription, occupation, accession, la loi, succession héréditaire) pour être valable.

Dans le cadre de la présente étude, le titre est le contrat de vente et le moyen de transfert est la tradition des marchandises.

§ 1. Les fondamentaux de la vente de marchandises

A. Les notions de base

168. Définition de la vente au Chili - L'article 1793 du Code civil chilien définit la vente comme suit : « *La vente est un contrat par lequel une des parties s'oblige à donner une chose et l'autre à payer cette chose en argent. On dit vendre et acheter. L'argent que l'acheteur donne pour la chose s'appelle prix* ».

169. Caractéristiques de la vente de marchandises au Chili.

1. La vente de marchandises est réglementée au Chili par le Code civil. (Articles 1793 et suivants), par le Code de commerce chilien (articles 130 et suivants) et la CVIM, qui a été ratifiée par le Chili et est devenue loi interne en 1990.

2. Elle est consensuelle, par principe[651]. Néanmoins, les ventes pour lesquelles le montant est supérieur à 02 U.T.M.[652] doivent être rédigées par

---

[650] Par exemple, l'ancien article 1134 du Code Napoléon a servi de base aux articles 1545 et 1546 du c.c.ch.

[651] Nous verrons plus tard dans la CVIM que son art. 11 établit la même chose.

[652] Unité Tributaire Mensuelle. Deux U.T.M. étaient équivalent à 128 euros le 16 novembre 2016.

écrit. Il s'agit d'une règle probatoire ; l'existence de ce contrat ne peut se prouver par témoignage[653].

3. Elle est synallagmatique, onéreuse, commutative par principe et aléatoire s'agissant de marchandises futures.

Dans le dernier cas il convient de distinguer :

3.1. Si les parties croient que les marchandises existent et que ce n'est finalement pas le cas, alors il n'y a pas de contrat[654] ;

3.2. Si les parties attendent l'existence de la marchandise pour l'avenir, alors il est convenu que la vente est réalisée sous condition suspensive ;

3.3. Si la vente est conclue aux risques et périls des parties qui ne savent pas que les marchandises ont déjà disparues, alors elle est aléatoire et valable si toutes les parties sont de bonne foi.

4. Les marchandises peuvent être vendues par spécification, à la dégustation, poids, mesure, en lots, ou d'après échantillons.

5. A défaut de stipulation contraire, le versement d'arrhes ne prive pas l'acheteur du droit de se rétracter[655].

6. Les marchandises doivent être propriétés du vendeur. C'est la règle générale.

170. La tradition - Elle est définie par l'alinéa premier de l'article 670 du Code civil chilien de la façon suivante : « *La tradition est un moyen d'acquérir la propriété des choses et consiste en la délivrance faite par le propriétaire, à autrui, ayant pour une partie la faculté et l'intention de transférer le droit de propriété, et pour l'autre partie, la capacité et l'intention de l'acquérir* ».

La tradition des biens meubles peut être réelle ou symbolique[656] ; celle des immeubles, en revanche, est solennelle et a besoin de l'inscription du titre dans le Registre Conservatoire de Propriété[657].

B. Les éléments essentiels spéciaux du contrat de vente d marchandises

171. Le prix - Comme en droit français, le prix et la chose sont les éléments essentiels du contrat de vente.

Le prix doit être payé en argent, être réel, sérieux et déterminé ou déterminable par les parties. De cette façon, si l'essentiel du prix est payé en espèces, le contrat devient un échange[658].

Un prix réel signifie qu'il doit être réellement payé et non pas simulé[659].

---

[653] L'article 1709 c.c.ch. dispose : « *Les actes ou contrats qui contiennent la promesse ou la délivrance d'une chose d'un montant supérieur à 02 U.T.M. doivent être rédigées par écrit* ».

[654] L'article 1814 c.c.ch. établit la règle, qui est répétée par l'art. 138 al. 1er c.com.ch.

[655] Art. 107 c.com.ch.

[656] Art 684 c.c.ch.

[657] Art 686 c.c.ch.

[658] Art. 1794 c.c.ch.

Un prix sérieux n'est pas synonyme de « juste ». Les tribunaux supérieurs ont déterminé qu'un prix sérieux s'opposait à un prix ridicule[660].

En résumé, le prix doit manifester une véritable volonté de s'obliger de la part des parties au contrat.

La détermination du prix des marchandises est aussi réglementée aux articles 139 et s. du Code de commerce chilien selon lesquelles il peut être déterminé par les parties ou par un tiers. Si les marchandises ont été livrées, il est présumé que les parties ont fixé le prix courant au jour de la conclusion du contrat[661] ; s'il y a des diversités, le prix moyen.

Une règle intéressante à mentionner est celle contenue dans l'article 141 du Code de commerce chilien qui dispose : « *S'agissant des ventes de marchandises pour le prix qui autre offre, l'acheteur, dans l'acte requis par le vendeur, peut persévérer ou se rétracter. Passés trois jours sans que le vendeur ait requis l'acheteur, le contrat n'aura pas d'effets.*

Mais si le vendeur a déjà livré les marchandises, l'acheteur doit payer le prix correspondant au jour de la livraison ».

D'après les règles générales, le paiement doit être total[662], sauf accord différent des parties, et être réalisé au moment de la livraison ou dans le délai prévu[663].

172. Marchandises d'autrui - À la différence du régime français qui l'a inspiré[664], la vente de la chose d'autrui est valable en droit chilien[665], mais inopposable au vrai propriétaire. L'acheteur peut dans ce cas agir en exécution forcée de l'obligation de délivrance du vendeur ou en résolution, dans les deux cas avec des dommages-intérêts. Le vrai propriétaire, de son côté, pourra agir en revendication en vue de réclamer la chose, avant que ne s'opère la prescription.

C. La protection de la bonne foi dans la phase précontractuelle

173. Les pourparlers - Leur traitement est similaire au droit français. Les négociateurs sont tenus de respecter le principe général de bonne foi, car l'état de confiance né entre eux dans cette phase précontractuelle doit être

---

[659] C.Sup. 11 novembre 1922. G. 1922, 2° sem., N°65, p. 319. R., t.21, sec. 1a, p.973, dans *Repertorio de Legislación y Jurisprudencia Chilenas, Código Civil y Leyes Complementarias, tomo VII,* Ed. Jurídica de Chile, 3ème ed., 1997, Santiago, Chili, p.196.

[660] C.Ap. Santiago, 11 septembre 1958, R., t. 58, sec. 2ª, p.21, ibid.

[661] Art. 139 c.com.ch.

[662] Art. 1591 c.c.ch.

[663] Art. 1872 c.c.ch.

[664] L' article 1599 du Code civil établit que la vente des choses d'autrui est nulle en France.

[665] Art. 1815 c.c.ch.: « *La vente des choses d'autrui est valable, sans préjudice des droits du propriétaire, tant qu'ils ne sont pas anéantis par le temps* ».

respecté[666]. Ainsi, devront être appliquées les règles de la responsabilité *aquiliana*[667].

Selon les Professeurs Domínguez : « *Cela ne signifie pas que celui qui initie des négociations soit lié dès le début. La rétractation est un droit d'après la liberté contractuelle, qui lui permet de ne pas contracter. Néanmoins, comme tout droit qui n'est pas absolu, son exercice ne peut pas être abusif et non plus dommageable* »[668].

En outre d'après le Professeur Barros : « *Le contrat présume l'existence d'un accord antérieur, qui doit être respecté et indemnisé en cas de rupture. Néanmoins, la plupart des devoirs de diligence ne produisent pas de relations obligatoires. Pour cela, dans la pratique, le régime commun est celui de la responsabilité extracontractuelle, car il s'agit précisément de relations qui ne sont pas soumises à un lien obligatoire préexistant* »[669].

Parler de bonne foi dans les négociations antérieures à un contrat est équivalent à parler de loyauté[670].

Quelques auteurs estiment que selon la théorie unitaire elle est une et indivisible[671], donc il serait inutile de la diviser en deux. Néanmoins, la plupart des auteurs estiment que bien qu'elle configure un seul principe, elle a deux significations en droit civil chilien : bonne foi subjective et objective.

La première forme peut être définie comme suit : « *La conviction interne ou psychologique qu'a le sujet croyant qu'il se trouve dans une situation juridique régulière, même si objectivement ce n'est pas le cas* »[672]. Elle est la reconnaissance de l'aphorisme du droit romain *error communis facit ius* et s'apprécie *in concreto*.

Sa source légale est l'article 706, alinéa 1er du Code civil chilien qui indique : « *La bonne foi est la croyance d'avoir acquis la propriété d'une chose par voies légitimes, sans fraude ni autres vices* ».

La conséquence pratique la plus importante de cette disposition à l'égard de la vente de marchandises est que le possesseur de bonne foi peut acquérir la propriété par prescription acquisitive ordinaire[673] de deux ans, s'agissant de meubles.

---

[666] Voir sur ce point: Francisco Javier Saavedra G., *Teoría del Consentimiento*, Ed. Jurídica Conosur, Santiago, Chili, 1994, p. 268.

[667] Voir sur ce point ZULOAGA RÍOS Isabel Margarita, *Teoría de la Responsabilidad Precontractual*, Lexis Nexis, Santiago, Chili, 2e éd., 2007, p. 118, citant Corral Hernán H., *Lecciones de responsabilidad civil extracontractual*, Santiago, chili, 2003, p. 41, 43 et 44.

[668] DOMINGUEZ B. Ramón, DOMINGUEZ A. Ramón, DOMINGUEZ H. Carmen, *Magazine de droit de l'Université de Concepción, Chili, N°199, année LXIV*, p. 181.

[669] BARROS B. Enrique, *Curso de Derecho de Obligaciones, Responsabilidad Extracontractual*, Université du Chili, Santiago, 2001, p. 280.

[670] LÓPEZ SANTA MARÍA Jorge, *Los Contratos, Parte General, tomo II*, ed. Jurídica de Chile, Santiago, Chili, 1998, p. 391.

[671] Dans ce sens voir : PEÑAILLO Daniel, *Libre hommage au Professeur Fernando Fueyo Lanieri, Insituciones Modernas de Derecho Civil*, ed. Cono Sur, Santiago, Chili, 1996, p. 40.

[672] LÓPEZ SANTA MARÍA Jorge, op. cit., page 392.

[673] Arts. 702 et 2507 et s. c.c.ch.

D'autre part, la notion objective du principe se trouve à l'article 1546 du Code civil chilien qui établit que : « *Les contrats doivent être exécutés de bonne foi, et donc obligent non seulement à ce qu'ils indiquent le contenu expressément, mais aussi à tout ce qui émane précisément de la nature de l'obligation, ou qui d'après la loi ou la coutume leur appartiennent* ». Elle s'apprécie *in abstracto*.

L'importance de la notion susmentionnée est considérable, car elle s'applique avant la conclusion du contrat, durant la phase précontractuelle, au moment de sa conclusion, mais aussi durant l'exécution, et même au-delà[674]. Le principe s'étend ainsi à tout l'*iter contractuel.*

Afin d'éviter toute confusion s'agissant de son champ d'application, certains auteurs estiment qu'il serait nécessaire de modifier cet article 1546 et de faire mention explicite qu'il s'étend à tout l'*iter contractuel*, à la façon de l'article 1337 du Code civil italien[675]-[676].

A cet égard, le Professeur López Santa María précise : « *Pendant la phase pré - contractuelle, qui parfois est antérieure à l'instant de la conclusion des contrats, la bonne foi demande que chacun des négociateurs montre les choses selon la réalité. L'attitude demandée est celle de parler clairement, s'abstenir d'affirmations fausses ou inexactes, mais également d'un silence ou réticence qui peut conduire à une représentation erronée des éléments subjectifs ou objectifs du contrat envisagé* »[677].

174. Jurisprudence - La jurisprudence chilienne à ce sujet est parcimonieuse ; on dénombre peu de décisions.

L'arrêt *Caja de Crédito Popular con Schiavetti viuda de Maino, Teresa y Otros*, de la Cour d'appel de Santiago du 25 août 1948 définit la responsabilité précontractuelle comme : « *...celle qui naît de l'équité commerciale, qui oblige à indemniser les préjudices causés par la confiance lors de la formation du contrat* »[678]. Ce faisant, elle infirme la décision rendue en première instance en estimant que les défendeurs ont exercé un droit, celui de ne pas souscrire un contrat, dès qu'ils avaient employé tous les moyens afin d'obtenir un crédit, sans y parvenir, et avaient agi aussi de bonne foi.

---

[674] Ainsi par exemple une partie peut demander des copies du contrat, d'annexes ou d'autres informations dans les années qui suivent la conclusion du contrat.

[675] Voir sur ce point ZULOAGA Ríos Isabel Margarita, op. cit., p. 80-81, citant Gómez Balmaceda R. y Rosende Alvarez H., *Comentario crítico a la ponencia principal presentada por el profesor don Álvaro Puelma Accorsi, en Los Contratos Preparatorios, en Estudios sobre reformas al Código Civil y Código de Comercio, de la fundación Fernando Fueyo Laneri*, Santiago, 2000, p. 395.

[676] Le Code civil l'a déjà fait, dans le nouvel article 1104, qui dispose que les contrats doivent être négociés de bonne foi.

[677] V. LOPEZ SANTA MARIA Jorge, op. cit., p. 399.

[678] V. ZULOAGA R. Isabel Margarita, op. cit., p. 186, citant *Revista de Derecho y Jurisprudencia, T.46*, año 1949, 2e partie, section 2, p. 48.

L'arrêt le plus célèbre à ce sujet au Chili, plus récent, est l'arrêt *Forestal Bío-Bío con Madesal y otra* rendu par la Cour d'appel de Concepción en 1996 (Civ. nº 374-93).

En l'espèce, une société avait négocié l'achat de plusieurs terrains à une autre société. Elle réalisa de grandes dépenses (études, honoraires, etc.) pour les besoins de cette vente. Mais le jour de la signature du contrat de vente chez le notaire, elle s'est rendue compte que les terrains avaient été vendus à une autre société et pour un prix supérieur.

La demanderesse a assigné en dommages-intérêts le vendeur et l'acheteur afin qu'ils soient condamnés à l'indemniser des préjudices causés (des dépenses de plusieurs millions).

La Cour d'appel de Concepción a fait droit à la demande en condamnant les défendeurs. Elle a établi leur responsabilité extracontractuelle, car s'il y a bien un droit de se retirer d'une négociation, il n'est pas possible de le faire de façon arbitraire, sans informer l'autre négociateur, et surtout en lui causant un préjudice. Ainsi, les préjudices, voire les frais et dépenses engagés, ont dû être indemnisés d'après le principe de l'enrichissement sans cause.

Un arrêt postérieur de la Cour Suprême en date du 22 novembre 2001 a cassé par *ultra petita* l'arrêt rendu par la Cour d'appel de Talca le 8 novembre 1999 qui avait reconnu la responsabilité précontractuelle du défendeur.

Dans ce cas, le demandeur l'avait assigné afin que soit reconnue l'obligation de conclure un contrat de vente et pour obtenir réparation du préjudice causé par un retard. La Cour Suprême a estimé que l'arrêt d'appel s'étendait au-delà de la demande et l'a rejeté en toutes ses parties[679].

D. La formation du consentement dans la vente de marchandises

Les règles relatives à la formation du consentement en matière de vente de marchandises sont contenues aux articles 97 et suivants du Code de commerce chilien. Elles sont très proches des règles françaises, avec toutefois quelques nuances.

175. L'offre - Le Code de commerce chilien retient le système de la déclaration (émission)[680] aux articles 97, 99, 101 et suivants :

- « *Art. 97. Pour que la proposition verbale d'une affaire impose à l'offrant une obligation, il est nécessaire qu'elle soit acceptée dans l'acte d'être connue par le destinataire. En l'absence d'acceptation, l'offrant est libre de tout engagement* ».

[679] Ibidem, p. 190.

[680] Le système de l'émission (ou de la déclaration), dans sa version la plus simple, considère que le contrat se forme dès que le destinataire de l'offre a pris la décision de l'accepter. Ainsi, par exemple, dans le contrat par correspondance, au moment et au lieu où l'acceptant signe sa lettre d'acceptation. Cf. TERRÉ F., SIMLER Ph., LEQUETTE Y., op. cit., p. 189.

- « *Art. 101. Si l'acceptation est pure et simple, le contrat sera conclu dès son expédition et produira tous ses effets légaux dès ce moment, à l'exception de la rétractation antérieure, de la mort ou de l'incapacité légale de l'offrant* ».

Comme en droit français, l'offre doit être complète, pure et simple[681].

Au sujet de la possibilité de rétractation, l'offrant peut se rétracter avant l'acceptation, à moins qu'il soit obligé d'attendre un certain délai ou la réponse du destinataire[682]. Une rétractation intempestive entraîne le paiement de dommages-intérêts au vendeur, à moins que l'offrant n'accomplisse le contrat offert[683]-[684].

D'autre part, notons que les offres formulées dans des catalogues[685] ou autres moyens écrits, dirigées à un public indéterminé, ne sont pas obligatoires de manière générale. On peut formuler à ce propos la même critique que précédemment, même si l'on trouve diverses dispositions[686] dans la législation spéciale qui essaient de protéger les consommateurs. Par exemple, l'article 12 A de la loi sur la protection des consommateurs n° 19.496 du 07 mars 1997 oblige l'offrant, par voie électronique, à envoyer confirmation de la vente et le contrat à l'acheteur, et à justifier qu'il a pris connaissance des termes contractuels.

176. L'acceptation - Le silence ne vaut pas acceptation, d'après la maxime *qui tacet non utique fatetur*[687].

L'acceptation conditionnée vaut contre-offre[688].

Si elle est verbale, elle doit être acceptée immédiatement, et si elle est formulée par écrit, dans les 24 heures si les deux parties se trouvent dans le même lieu. Sinon, par retour de courrier postal[689]-[690].

---

[681] Art. 101 c.com.ch.

[682] Art. 99 c.com.ch.

[683] Art. 100 c.com.ch.

[684] C.Sup., 12 avril 2012, N° Legal Publishing : 60175, Rol N°218-2011, dans: *Código de Comercio 2014*, LegalPublishing, Thomson Reuters, Santiago, Chili, 2014, p. 58.

[685] Art. 105 c.com.ch.

[686] Voir sur ce point : BARROILHET Silvia, *Revista chilena de derecho informático*, n°3, 2003 ; disponible sur : http://www.derechoinformatico.uchile.cl/index.php/RCHDI/article/view/10664/11418 (consulté le 21 novembre 2016).

[687] Le silence est toujours équivoque, il n'a pas de signification sinon dans les cas ou la loi ou le juge lui attribuent des effets juridiques. Par exemple, les hypothèses des articles 2125 (mandataire habituel doit se prononcer dans un délai raisonnable sous peine d'acceptation), 1233 (assignataire testamentaire, idem) et 1956, al. 3., c.c.ch. (bail : tacite reconduction dans le cas de continuation après son échéance). Dans ce sens : LEÓN H. Avelino, *La voluntad y la capacidad en los actos jurídicos*, editorial jurídica de Chile, Santiago, Chile, 3e éd., 1979, p. 48 et s.

[688] Art. 102 c.com.ch.

[689] Art. 98 c.com.ch.

[690] D'après l'article 104 c.com.ch., le lieu ou est acceptée l'offre initiale ou modifiée sera présumé comme celui de la célébration du contrat.

Il est évident que toutes ces normes devraient faire l'objet d'une actualisation au regard de la possibilité de contracter par voie électronique, sous peine de devenir obsolètes, car les transactions commerciales ont acquis une vitesse vertigineuse, et ne sont donc plus en accord avec des normes rédigées il y a plus de cent ans.

E. Le transfert de propriété des marchandises et des risques

177. Le transfert de propriété dans la vente de marchandises - Comme nous l'avons relevé, le système chilien est fondé sur le droit romain. Le titre, en l'occurrence le contrat de vente, a besoin d'un mode supplémentaire pour transférer valablement la propriété. Plusieurs moyens sont prévus à l'article 588 du Code civil chilien

De son côté, le Code de commerce chilien indique que l'expédition des marchandises faite par le vendeur au domicile de l'acheteur, ou à un autre lieu convenu, emporte sa tradition[691] et précise qu'elle a lieu dès la transmission du connaissement, facture, ou lettre de voiture, par la fixation de la marque de l'acheteur (avec le consentement du vendeur) et par d'autres moyens autorisés par les usages du commerce[692].

Une situation intéressante se pose au regard de la vente de marchandises qui ne sont pas de la propriété du vendeur. D'après ce système « dualiste » (binaire), un tel contrat de vente est valable. Des droits personnels et des obligations résultent du contrat, mais seront inopposables au vrai propriétaire, car la tradition est imparfaite selon la maxime *nemo dat.* De cette façon, l'article 1815 Code civil chilien permet expressément la vente de choses d'autrui[693].

Le fondement de la norme précédente est que la vente ne transfère pas la propriété dans le droit chilien. Elle est seulement un titre qui permet de l'obtenir ultérieurement[694].

178. Réserve de propriété - Deux articles traitent de ce sujet : d'une part, l'article 680, contenu dans le paragraphe 1° « Dispositions générales », titre VI « De la tradition », livre II du Code civil chilien ; d'autre part, l'article 1874, contenu dans le paragraphe 9°, « Des obligations de l'acheteur », titre XXIII « De la vente », livre IV du même code.

Le premier dispose : « *La tradition peut transférer la propriété sous condition suspensive ou résolutoire, si elle est stipulée.*

La tradition faite par le vendeur, opère le transfert de propriété de la chose vendue, même si le prix n'a pas été payé, à moins que le vendeur ait

---

[691] Article 148 c.com.ch.

[692] Art. 149 c.com.ch.

[693] Art. 1815 c.c.ch.: « *La vente des choses d'autrui est valide, sans préjudice des droits du propriétaire, tant qu'ils ne sont pas anéantis par le temps* ».

[694] Voir dans ce sens : ALESSANDRI R. Arturo et SOMARRIVA U. Manuel, *Curso de Derecho Civil, tomo IV, Fuentes de las Obligaciones*, Ed. Nascimiento, Santiago, Chili, 1942, p. 372.

fait réserve de transfert jusqu'au paiement ou l'accomplissement d'une condition ».

Quant au second, il précise :

« *La clause de non transfert de propriété jusqu'au paiement du prix, n'aura d'autres effets que l'alternative énoncée dans l'article précédent*[695], *et si l'acheteur paye le prix, substitueront les cessions qu'il a fait sur la chose et les droits constitués entretemps* ».

Traditionnellement, il a été soutenu que ces deux normes étaient antagoniques et irréconciliables, et que leur conflit devait se résoudre à la faveur de l'article 1874 du Code civil chilien, règle spéciale[696]. Cette tendance était également majoritaire dans la jurisprudence. Néanmoins, ces dernières années, la doctrine a évolué[697] en estimant qu'il n'y avait pas de contradiction réelle entre les dispositions : d'une part, l'article 680 relève des règles générale de la tradition et fait mention expresse du prix, c'est-à-dire de la vente ; d'autre part, le « vrai » sens de l'article 1874 (règle spéciale) serait de préciser que le droit alternatif existe toujours dans la vente, comme l'indique la règle des obligations à propos des contrats bilatéraux[698]. Par conséquent, la réserve de propriété serait valide.

À notre avis, la position de la doctrine contemporaine est correcte et pragmatique à la fois, puisqu'elle s'adapte non seulement à l'évolution de la loi[699], mais aussi à la réalité juridique existante en droit comparé[700].

La clause de réserve de propriété n'est pas souvent utilisée au Chili, car la jurisprudence s'attache à la doctrine classique. Dans un arrêt célèbre à ce sujet, la Cour Suprême a débouté une tierce-opposition interposée par le vendeur d'un avion vendu avec cette clause, qui a été saisi par d'autres créanciers de l'acheteur, en considération de l'article 1874 du Code civil chilien[701].

179. Le transfert des risques - Conforme au système « dualiste » (binaire) chilien, nous trouvons des dispositions sur les risques rattachés à la fois aux effets des obligations et à la réglementation sur la vente.

---

[695] L'article 1873 c.c.ch., dans les règles de la vente, établit à égalité que l'article 1489, dans celles des obligations, le droit alternatif à demander la résolution ou l'exécution en nature, avec l'allocation des dommages-intérêts dans les deux cas.

[696] Voir dans ce sens: MEZA B., Ramón, *Manual de Derecho Civil, de las Fuentes de las Obligaciones, tomo I*, 8ème. ed., Ed. Jurídica de Chile, Santiago, Chili, 1995, p. 157-158.

[697] Voir dans ce sens: CAPRILE B. Bruno, "La Reserva de Propiedad, garantía eficaz en el derecho chileno?", *Revista Chilena de Derecho*, Vol. 27, n° 1 (2000), p. 29-49.

[698] Art. 1489 c.c.ch.

[699] L'article 680 a eu pour base l'article 821 du projet de 1853, qui faisait mention expresse de la vente. Dans ce sens : CAPRILE B. Bruno, op. cit.

[700] Clause Romalpa dans la *common law* et Réserve de Propriété consacrée par le droit français dans l'article 2367 code civil.

[701] Santiago, 29.MAR.962, R., t. 59, sec. 1, p. 261, dans : *Repertorio de Legislación y Jurisprudencia Chilenas, Código Civil y Leyes Complementarias, tomo VII*, Ed. Jurídica de Chili, 3e éd., 1997, Santiago, Chili, p. 375.

Au titre XII du livre IV, l'article 1550 du Code civil chilien[702] consacre la règle *res perit creditoris* et dispose que le risque est supporté par le créancier dès le contrat signé, ce qui peut sembler injuste dans la mesure où il n'y pas eu de tradition, donc de transfert de propriété.

L'article 1820 du Code civil chilien précise l'étendue de la règle pour la vente, en disposant : « *La perte, détérioration ou amélioration du bien qui se vend appartient à l'acheteur dès la célébration du contrat, même s'il n'a pas été livré, à moins qu'il soit vendu sous condition suspensive, et que la condition soit remplie, car dans ce cas, si la chose est complètement détruite pendant la condition, la perte appartient au vendeur et l'amélioration ou détérioration à l'acheteur* ».

L'article 142 du Code de commerce chilien reprend cette règle en précisant : « *La perte, détérioration ou amélioration du bien, après la conclusion du contrat, appartient à l'acheteur, sauf stipulation du contraire, ou si la perte ou détérioration se sont produites par fraude ou faute du vendeur ou par vice interne du bien vendu* ».

Cette règle est la conséquence de la maxime *periculum emptoris* (le risque appartient à l'acheteur) du droit romain qui distinguait l'*emptio* (achat) de la *venditio* (vente). Le contrat bilatéral de vente n'existait pas, il y avait deux actes.

Comme contrepartie à la règle *res perit creditoris*, l'article 1820 du Code civil chilien établit que les améliorations des choses et de leurs fruits appartiennent à l'acheteur.

Le vendeur, d'autre part, est responsable de la faute légère, jusqu'à la tradition[703].

Selon les articles 1550 et 1820 du Code civil chilien et 142 du Code de commerce chilien, des exceptions à la règle *res perit creditoris* sont prévues :

1. Si le débiteur est mis en demeure de livrer.
2. S'il est obligé de donner la même chose à plusieurs personnes à cause de différentes obligations.
3. Dans les obligations alternatives.
4. En cas de dol ou de faute lourde de la part du vendeur, il est responsable.
5. Dans la vente conditionnelle : si l'objet disparaît avant l'accomplissement de la condition, le risque repose sur le vendeur.
6. Ventes à la dégustation goût, poids ou mesure, avant la conclusion desdites opérations[704].

---

[702] Art. 1550 c.c.ch : « *Le risque de perte des espèces appartient toujours au créancier, à moins que le débiteur soit en demeure ou qu'il soit obligé de donner la même chose a plusieurs personnes à cause de différentes obligations. Dans ce cas le risque lui appartient, jusqu'à la livraison* ».

[703] Art. 1549 c.c.ch. : « *l'obligation de conservation du bien demande l'emploi des précautions nécessaires dans sa garde* ».

7. Dans les ventes à terme, si l'objet disparaît avant l'échéance et n'a pas été livré.

8. Principe *pacta sunt servanda* : les parties peuvent remplacer les dispositions antérieures.

Dans tous les cas précités, le risque sera à la charge du vendeur.

180. Autonomie de la volonté - Le principe est retenu par l'article 1545 du Code civil chilien qui a pris pour source les alinéas premier et deuxième de l'ancien article 1134 du Code civil français[705]. Cet article dispose en effet : « *Tout contrat valablement conclu est loi pour le cocontractant, et ne peut pas être invalidé sinon par consentement mutuel ou pour causes légales* ».

Selon le Professeur López Blanco[706], les conséquences dans le droit chilien sont les suivantes :

1. Liberté pour les parties de contracter sans autres limites que celles de l'ordre public et les bonnes mœurs.

2. Liberté dans le choix du contenu et des effets des obligations[707] (avec les mêmes limitations).

3. Une fois conclu, le contrat devient la loi des parties.

4. Les clauses obscures doivent être interprétées selon l'intention des parties et non pas nécessairement d'après leur expression littérale.

Nous pouvons ajouter que d'autres conséquences importantes émanent du principe *pacta sunt servanda*, par rapport au contrat de vente.

5. Le prix peut être librement convenu entre les parties dans la vente de marchandises, du fait qu'il s'agit de biens meubles, sans aucune limite, à la différence de la vente d'immeubles[708] pour laquelle le prix doit être « juste » sous peine de « lésion ».

6. La stipulation d'une clause pénale peut avoir un caractère punitif en droit privé chilien, et donc s'ajouter à l'allocation de dommages-intérêts[709].

7. La portée du principe d'autonomie ne s'étend pas à l'imprévision.

181. L'imprévision - De manière générale la jurisprudence chilienne a rejeté la théorie de l'imprévision, car elle considère qu'elle n'est pas compatible avec le principe de l'autonomie de la volonté, suivant le modèle classique français.

---

704 MEZA B., Ramón, *Manual de Derecho Civil, de las Fuentes de las Obligaciones, tomo I*, 8e éd., 1995, Ed. Jurídica de Chile, Santiago, Chili, p. 119.

705 Aujourd'hui devenus 1103, 1104 et 1193

706 LÓPEZ BLANCO José Luis, *Compraventa Internacional de Mercaderías*, édition Ace Ediciones y Publicaciones S.A., imprimé par Xerox de Chile S.A., Santiago, Chili, 2001, p. 38-39.

707 De cette façon, comme en droit français, les parties peuvent résilier un contrat par consentement mutuel.

708 D'après l'article 1889 c.c.ch., le prix de vente des immeubles ne peut pas dépasser le double du juste prix, du côté de l'acheteur, ni être inférieur à sa moitié, pour le vendeur.

709 Art. 1543 c.c.ch., première partie.

L'arrêt le plus célèbre sur ce sujet est l'arrêt de cassation *Galtier Auguste con Fisco* rendu par la Cour Suprême le 10 janvier 1925, qui dispose que les tribunaux ne peuvent pas modifier la loi du contrat. Dans le cas contraire, nous nous trouverions dans une hypothèse d'infraction à la loi du contrat, voire de cassation[710]. Par la suite, d'autres arrêts ont confirmé cette jurisprudence de principe[711].

Une doctrine minoritaire estime, néanmoins, qu'elle peut être appliquée en considération du caractère onéreux commutatif de la vente, qui emporte l'équivalence des prestations, du principe de bonne foi, de la théorie de la cause et de l'application de l'équité[712]. Cette doctrine a été retenue par la jurisprudence arbitrale au Chili. C'est pourquoi de nombreuses décisions arbitrales acceptent la théorie de l'imprévision. C'est le cas, par exemple, des décisions suivantes :

1. *Inversiones Mónaco Ltda. con ENAP,* juge arbitre : M. Carlos Urenda Zegers, 13 novembre 1986.

Les faits étaient les suivants : Inversiones Mónaco Ltda. Acheta à terme plusieurs actions d'ENAP[713] avant la crise mondiale de 1982 à la suite de laquelle les actions ont significativement perdu de leur valeur et le dollar américain, monnaie de paiement, a pris plusieurs fois sa valeur, ce qui a fait augmenter la dette. Mónaco agit alors en nullité pour absence de cause, car le déséquilibre des prestations, dû à des causes imprévisibles et exogènes aux parties, était énorme. Le juge arbitre fait droit à la demanderesse en estimant que l'imprévision étant une institution qui résulte du principe de

---

[710] Les faits étaient les suivants : l'entrepreneur français M. Galtier obtient une adjudication dans un appel d'offres pour moderniser le port de San Antonio au Chili, en 1911. Le contrat prévoit que le paiement sera fait en livres sterling or. Les premiers paiements sont faits en livres 'or', mais pendant la première guerre mondiale il est difficile de les trouver au Chili et le gouvernement continue à payer l'entrepreneur en livres « papier », avec la même valeur nominale mais en réalité inférieure. M. Galtier porte plainte afin de récupérer la différence de valeur entre les livres or voulues et les livres papier reçues. Le tribunal de première instance rejette sa demande. Il fait appel à cet arrêt et la C.Ap. rend un arrêt infirmatif, en estimant que son acceptation des paiements partiels n'implique pas renoncement à son droit de réclamer, car le paiement total n'a pas eu lieu. L'Etat forme un pourvoi en Cassation et la Cour Suprême fait droit a ceci, en estimant que la loi du contrat a prévu le paiement « en bonnes livres sterling or » et non pas en « or ».

[711] Dans l'équivalent au *Canal de Craponne* au Chili, *Cass. Civ, 6 mars 1876*, l'arrêt *Guzmán, veuve de Shirazawa con Empresa de Ferrocarriles del Estado, C.Sup., Cass. 1961,* une rente viagère établie en faveur d'une veuve est devenue dérisoire à cause de l'inflation monétaire. Le tribunal de première instance fait droit à sa demande d'actualisation, mais la cour d'appel et de Cassation la déboutent, en disant que bien que ce soit une situation lamentable, l'inflation n'est pas source des obligations dans le droit chilien (dans URREJOLA S. Bárbara, *Teoría de la Imprevisión*, thèse, U. de Chile, 2003, p. 211 et s.

[712] Ibid, p. 185, en citation au Professeur Juan Carlos Dörr Z, *Notas acerca de la Teoría de la Imprevisión*, *Revista Chilena de Derecho, volumen XII, N°2, Mayo-Agosto*, Santiago, Chili, 1988, p. 264.

[713] Société Nationale des Pétroles du Chili.

bonne foi, malgré l'absence de réglementation spécifique dans les contrats commutatifs, elle doit être accueillie en l'espèce par équité[714].

2. *Sociedad Constructora La Aguada Ltda. con EMOS S.A.*, juge arbitre : M. Claudio Illanes Ríos, ratifié par la Cour Suprême le 10 octobre 1994.

Les faits étaient les suivants : La société La Aguada gagna un appel d'offre pour des constructions sur un canal, mais pendant les travaux, elle a dû modifier la méthode prévue par EMOS, la mandante, parce que le terrain ne lui permettait pas de travailler comme prévu et que de dangereux glissements de terrain se produisirent. La société agit en dommages-intérêts réclamant un prix majoré, conséquence des travaux non prévus et indispensables à faire. Le juge arbitre, dans une décision double (un consacré à l'existence de l'obligation de paiement et l'autre au montant) a fait droit à la demanderesse en estimant qu'un fait imprévisible, grave et extraordinaire rendait nécessaire la modification de la méthode de construction, qui s'avérait plus chère, et devait être payée par la défenderesse. En révision par la voie du recours de déni, la Cour Suprême confirma la décision arbitrale.

Certains auteurs relèvent par ailleurs[715] que l'arrêt *Guillermo Larraín Vial con SERVIU*[716] rendu par la Cour d'appel de Santiago en 2006 a aussi retenu la théorie de l'imprévision, car il a expressément été jugé qu'il n'était pas possible d'exiger d'une partie qu'elle assume les surcoûts non prévus pour l'exécution d'une œuvre, dès lors qu'ils étaient extérieurs à la relation contractuelle existant depuis plusieurs années, et provoquant une grande perte pour une partie et un enrichissement sans cause pour l'autre. En conséquence, le contrat devrait être révisé conformément à la théorie de l'imprévision.

D'autres auteurs considèrent toutefois qu'il n'en est rien[717], car l'imprévision suppose l'absence de texte légal traitant la situation. Or l'article 2003, al. 2 du Code civil chilien prévoit spécifiquement le remboursement du constructeur lorsque surviennent des surcoûts non prévus dans un contrat de construction à prix fixe.

§ 2. Les effets de la vente en droit chilien

A. Les droits et obligations des parties

Les droits et obligations des parties sont similaires à ceux du droit français.

---

[714] Ibidem, p. 218-227.

[715] ALCALDE R. Enrique, *Revista Chilena de Derecho, Vol. 34, No. 2 (Mayo - Agosto 2007)*, p. 361-372.

[716] C.Ap. de Santiago, 14 novembre 2006.

[717] LECAROS José M., *Notas de derecho civil, los contratos, parte general*, p. 18 ; disponible sur: http://www.josemiguellecaros.cl, consulté le 13 avril 2017.

Le vendeur a deux obligations principales : délivrer la chose vendue et la garantir. L'acheteur doit quant à lui payer le prix et recevoir les marchandises.

On commencera par l'étude des droits et obligations du vendeur.

182. Obligation de délivrer les marchandises - Le manquement du vendeur à son obligation de délivrance activera la condition résolutoire tacite contenue dans les règles générales des obligations à l'article 1489 du Code civil chilien, et reprise dans les règles spéciales relatives à la vente à l'article 1826, al. 2 du même code qui dispose : « *Si le vendeur par faute ou dol retarde la livraison, l'acheteur pourra, à son choix, poursuivre le contrat ou s'en abstenir, avec allocation de dommages-intérêts dans les deux cas, selon les règles générales* ».

Afin qu'il soit possible d'agir en résolution ou en exécution en nature, il est nécessaire que l'acheteur, de son côté, ne soit pas en situation de faute, c'est-à-dire, qu'il ait payé ou soit prêt à payer. Aussi, l'inexécution devra être fautive ou doleuse. Ce ne sera pas le cas si l'inexécution n'est pas intentionnelle, voire est la conséquence d'une force majeure.

183. Force majeure et cas fortuit - Ces notions sont consacrées à l'article 45 du Code civil chilien qui trouve un fondement dans l'ancien article 1148 du Code civil français[718]. Celui-ci indique : « *S'appelle force majeure ou cas fortuit le fait imprévisible qu'il n'est pas possible de surmonter, tel qu'un naufrage, tremblement de terre, devenir prisonnier, les faits d'autorité exercés par des fonctionnaires publiques, etc.* ».

Toutefois, à la différence de son modèle français, le Code civil chilien différencie plus clairement la force majeure et le cas fortuit. La force majeure a les mêmes caractères de gravité et d'imprévisibilité qu'en droit français, mais le cas fortuit est la conséquence de faits naturels[719]. En outre, la force majeure des actes des autorités qui rendent impossible l'exécution d'un contrat (par exemple, une loi qui change les spécifications nécessaires pour importer des automobiles au Chili, quand cette hypothèse n'a pas été prévue dans un contrat d'importation de ces marchandises) est prévue en droit chilien.

Il est intéressant de noter que la jurisprudence a pu préciser que les tremblements de terre n'étaient pas des cas fortuits, car le Chili est un pays sismique[720]. La rupture de stock d'un article, non plus[721]. Dans ce cas, malgré les difficultés qui peuvent se poser, le vendeur devra toujours trouver une solution pour livrer les marchandises vendues.

---

[718] Actuel 1218.

[719] « *Acts of God* », en droit anglais.

[720] C.Ap. Santiago, 10 septembre 1940, R., t.39, sec. 1ª., p. 203, dans : *Repertorio de Legislación y Jurisprudencia Chilenas, tomo I,* op. cit., p. 205.

[721] C.Ap. de Valdivia, 17 avril 1941, G. 1941, 1er. Sem. N°91, p. 491, R., t.39, sec. 2ª., p.1, dans : ibid, p. 206.

184. Quantité et qualité - Le vendeur doit délivrer les marchandises selon les quantité, qualité et caractéristiques convenues dans le contrat de vente, ou, à défaut, d'une qualité moyenne[722].

185. Dépenses - Les dépenses, associées à l'expédition sont à la charge du vendeur, d'après les articles 1571 [723] et 1825 du Code civil chilien. Ce dernier article dispose : « *Le vendeur doit payer les dépenses faites pour mettre la chose en état de délivrance, et l'acheteur celles pour la transporter à partir de ce moment* ».

186. Etendue de l'obligation - L'étendue de l'obligation comprend le bien et ses accessoires, voire leurs fruits naturels et civils[724]-[725] à l'exception des ventes à terme, conditionnelles, ou si les parties ont convenu que les fruits appartiennent au vendeur jusqu'au moment de la livraison.

187. Moyens de transfert - Selon le Code de commerce chilien[726], la tradition des marchandises peut se réaliser par plusieurs moyens symboliques : transfert du connaissement, de la facture, selon la coutume ; par la livraison au siège/domicile de l'acheteur ou en un lieu convenu[727].

188. Moment de la livraison - La livraison en temps opportun des marchandises est essentielle, surtout lorsqu'il s'agit de biens périssables[728]. Ainsi, à défaut de stipulation, les marchandises doivent être livrées dans les 24 heures qui suivent la conclusion du contrat[729], à moins qu'il y ait un délai ou une condition stipulée, qu'il conviendra alors de respecter. Néanmoins, s'opère l'échéance si l'acheteur a vu diminuer considérablement ses facultés économiques. Dans ce cas, il ne pourra pas exiger la délivrance à moins qu'il ne paie ou garantisse le paiement. Cette disposition est contenue dans les articles 1826 *in fine* du Code civil et 147 du Code de commerce chiliens ; en accord avec la règle générale de caducité établie à l'article 1496, al. 2 du Code civil chilien applicable aux débiteurs dont les sûretés ont diminué considérablement de valeur. Son importance est grande, car la résolution unilatérale n'existe pas encore en droit chilien. Ainsi, c'est le seul remède « unilatéral » et préventif existant à ce moment de l'*iter contractuel*. Par

---

[722] Art. 145 c.com.ch.

[723] Les charges du paiement reposent sur le débiteur.

[724] Arts. 1816 et 1829 c.c.ch.

[725] La livraison est comprise dans l'obligation de délivrance au Chili. Cf. ALESSANDRI R. Arturo et SOMARRIVA U. Manuel (mis à jour par VODANOVIC H. Antonio), *Curso de derecho civil, tomo III, De las obligaciones*, ed. Nascimiento, Santiago, Chili, 1941, p. 28.

[726] Art. 149 c.com.ch.

[727] Art. 148 c.com.ch.

[728] First Chile con Agrícola Perquilauquén Ltda, 26° tribunal civil de Santiago, n°4218-2013. Dans ce cas, le tribunal a débouté l'action en dommages-intérêts de la demanderesse, une société exportatrice des fruits, en estimant que la livraison des marchandises (myrtilles) depuis le Chili vers l'Europe était tardive, considérant les conditions climatiques et d'autres facteurs divers qui auraient rendu nécessaire un transport plus rapide, voire aérien, afin d'éviter leur putréfaction.

[729] Art. 144 al.2 c.com.ch.

ailleurs, l'article 151 du Code de commerce chilien réaffirme que le vendeur peut retenir les marchandises non payées, jusqu'à leur complet paiement.

La délivrance se fera dans le lieu où ils se trouvaient à ce moment, s'agissant des espèces ou au domicile du vendeur, dans le cas contraire[730].

S'agissant des espèces, il doit donner celles prévues et non pas d'autres.

S'il s'agit d'obligations de genre, le vendeur remplit son obligation en donnant une chose d'une qualité moyenne[731]. S'il n'atteint pas ce standard, l'obligation de garantie s'applique.

189. Obligation de garantie (vices cachés et éviction) - Il s'agit d'un élément relevant de la nature du contrat, donc susceptible de renonciation[732] d'après le principe de l'autonomie de la volonté, comme on l'a déjà relevé. *Contrario sensu*, les parties peuvent conférer un caractère rédhibitoire à des vices qui naturellement ne le sont pas.

Le vendeur devra livrer des marchandises de qualité et répondant aux caractéristiques convenues, ou, à défaut d'accord spécial, d'une qualité moyenne. Sinon, elles seront considérées comme ayant des vices cachés, situation ouvrant droit à une éventuelle action en résolution ou exécution en nature, avec allocation de dommages intérêts s'ils sont importants[733] ou possibilité de demander une réduction du prix dans le cas contraire, conformément aux articles 154 du Code de commerce et 1860 du Code civil chiliens. Ce dernier établit ainsi que : « *Les vices rédhibitoires donnent droit à l'acheteur de demander la résolution ou la réduction du prix, à son choix* ».

S'agissant des ventes par spécification, l'acheteur peut agir en résolution, si les marchandises reçues ne sont pas d'une qualité moyenne[734] ou de celle qui a été prévue au contrat.

Dans les ventes d'après échantillons, elles sont présumées être réalisées sous condition résolutoire si les marchandises ne sont pas conformes aux échantillons[735].

S'agissant des ventes au goût, le droit d'essayer est présumé, et la vente est réputée réalisée sous condition suspensive d'approbation dans les trois jours, si un autre délai n'est pas stipulé[736].

Dans les ventes en lots, l'acheteur a la faculté de les examiner et de les rejeter dans les trois jours également, si les sceaux son intacts en cas de défaut de quantité ; et si les restants le sont, pour des défauts de qualité[737].

---

[730] Arts. 1587, 1588 et 1589 c.c.ch.

[731] Art. 145 c.com.ch. Il faut noter ici la différence avec le droit anglais, dont nous avons vu que le standard exigé est une qualité « basique », seulement. Voir supra.

[732] Au moins que le vendeur soit de mauvaise foi, art. 1842 c.c.ch.

[733] On doit noter que le choix est à la discrétion de l'acheteur, et donc il pourra toujours agir en résolution dans le cas de vices rédhibitoires de peu d'importance. Néanmoins, il est peu raisonnable.

[734] Art. 134 c.com.ch.

[735] Art. 135 c.com.ch.

[736] Arts. 131 et 132 c.com.ch.

Les vices, comme en droit français, doivent être graves, cachés et antérieurs à la vente[738].

La jurisprudence a pu par exemple préciser à ce propos que le mauvais fonctionnement des pièces d'une machine moissonneuse-batteuse qui empêche sa correcte utilisation constitue un vice caché que l'acheteur a pu ignorer à l'époque de la conclusion du contrat[739].

Sur la question de la gravité, la doctrine indique que les vices sont graves s'ils empêchent l'utilisation normale des marchandises, ou du moins sont la cause d'une utilisation imparfaite[740].

Conséquence de l'effet relatif des contrats, les sous-acquéreurs sont dépourvus d'action contre les vendeurs ab initio, et par conséquent peuvent agir seulement contre leurs cocontractants[741].

La garantie d'éviction, cependant, comme en droit français, est peu fréquente s'agissant des marchandises.

Le vendeur doit garantir à l'acheteur une possession paisible des biens achetés et lui garantir qu'il ne fera pas l'objet de nuisances, ni de sa part, ni de la part de tiers[742] qui revendiqueraient des droits antérieurs à la vente.

La jurisprudence a notamment précisé à ce sujet que non seulement la privation totale ou partielle des objets vendus entraînait l'éviction, mais aussi la déclaration judiciaire de droits antérieurs à la vente qui limitent les droits de l'acheteur[743].

À la différence de la garantie des vices cachés, les sous-acquéreurs peuvent agir contre tous les vendeurs antérieurs dans l'exercice de ce droit[744].

190. Existe-t-il un vrai devoir d'information et de conseil au Chili ? - Il est plus limité que son équivalent français et son régime législatif le circonscrit à l'obligation de garantie des vices cachés (conformité). Ainsi, si le vendeur connaît ou devait connaître les vices qui affectent le bien[745], il a l'obligation d'en informer l'acheteur. Sinon, une éventuelle renonciation à cette garantie ne serait pas valable et considérée comme dolosive.

---

737 Art. 159 c.com.ch.

738 Art. 1858 c.c.ch.

739 C.Ap. Santiago, 22 juin 1887, G. 1887, n°1992, p.788, dans: *Repertorio de Legislación y Jurisprudencia Chilenas, tomo VII*, op. cit., p. 345.

740 MEZA B. Ramón, op. cit., p. 144

741 Voir dans ce sens: PIZARRO W. Carlos, *Étude critique sur la responsabilité contractuelle en droit positif chilien, thèse pour le doctorat en droit privé*, U. Panthéon-Assas, Paris, France, 2003, p.220.

742 Art. 1839 c.c.ch.

743 C.Ap. de Talca 13 août 1921, G. 1921, 2° sem., n°235, p. 958, dans : *Repertorio de Legislación y Jurisprudencia Chilenas, Código Civil y Leyes Complementarias, tomo VII*, Ed. Jurídica de Chili, 3ème ed., 1997, Santiago, Chili, p. 314.

744 Art. 1841 c.c.ch.

745 Ce serait toujours le cas des professionnels. Voir dans ce sens: ALESSANDRI, op. cit., p. 408, contrario sensu.

En dépit de cette règle et à défaut d'autres normes, le principe de bonne foi oblige le vendeur dans les pourparlers à agir loyalement et ainsi toujours mentionner les qualités et défauts des marchandises à vendre. Il serait donc inacceptable de limiter l'application de ce devoir d'information à l'hypothèse prévue, car il n'est pas conciliable avec ledit principe et les règles d'interprétation vues[746].

191. Existe-t-il un devoir de sécurité au Chili ? - A la différence du droit français, il n'existe pas au Chili de jurisprudence constante en ce sens. Elle est plutôt contradictoire. Certains arrêts condamnent les vendeurs qui ont vendu des produits dangereux et qui ont causé des dommages personnels[747] ; d'autres rejettent les actions qui en résultent[748]. La raison principale de cette hésitation est qu'il n'existe pas de devoir général de sécurité comme en France. Par conséquent, l'obligation de sécurité reste encore résiduelle au Chili, limitée à la loi n° 19.946 sur la protection des droits des consommateurs. L'article 45 de ladite loi indique que le fournisseur des produits doit incorporer en eux-mêmes ou dans des annexes, les avertissements nécessaires, en langue espagnole[749]. En dehors de cette norme, nous n'avons pas trouvé de mentions expresses au sujet de cette obligation, applicables en l'espèce.

Précisons cependant, s'agissant d'une loi spéciale, de droit public et d'ordre public, qu'elle ne peut être appliquée par analogie au cas chilien. Sa portée reste donc pour le moment seulement indicative ou suggestive s'agissant de notre objet d'étude.

192. Recevoir le paiement – Cette question sera traitée ci-dessous avec l'obligation de l'acheteur de payer le prix.

193. Dommages-intérêts – Le vendeur a le droit d'être indemnisé, selon les règles générales.

Il s'agit à présent d'analyser les droits et obligations de l'acheteur.

194. Payer le prix – Il s'agit de la contrepartie du droit du vendeur de recevoir le paiement.

En cas d'éviction, il doit faire dépôt du prix auprès du tribunal compétent[750]. A la différence du droit du vendeur à la caducité légale du délai, il n'a pas le droit de le retenir.

---

[746] Elément systématique.

[747] Bureau communal d'information aux consommateurs de San Antonio vs. L'Oréal Chile S.A., tribunal de police locale, 15 septembre 2008, rol 3407-2007 (au sujet des dommages causés aux yeux d'une consommatrice avec un mascara pour cils) et Salamanca vs. Bruno Fritsch Ltda., C.Ap. Santiago, 23 octobre 2009, rol 9504-2009. Dans : CORRAL T., Hernán, *Responsabilidad por Productos Defectuosos, análisis y propuestas para el derecho civil y de consumo en Chile*, ed. Abeledo Perrot, Legal Publishing Chile, Santiago, Chili, 2011, p.150.

[748] C.Ap. Santiago, 17 novembre 1910, G.1915, p.278. Dans ce cas la cour rejette l'action du demandeur, en estimant que le fabricant ne pouvait pas être tenu comme responsable de tout le processus de fabrication des conserves, car il était obligé de faire confiance aux chargés de la production directe.

[749] Voir dans ce sens: CORRAL T., Hernán, op. cit., p.129.

[750] Ibid, al. 2.

195. Recevoir les marchandises - Comme la délivrance ou tradition, elle peut être réelle ou symbolique.

Si l'acheteur est en demeure de recevoir, il devra payer les dépenses de conservation et le vendeur, de son côté, sera seulement responsable d'une faute lourde[751] et pourra agir en résolution ou exécution en nature, avec allocation de dommages-intérêts.

Au moment de la réception, il a le droit d'inspecter les marchandises.

196. Examiner les marchandises - L'examen est, comme en droit anglais, un examen standard. Rappelons sur ce point les arrêts relatifs aux ventes de marchandises-chaussures, qui sont presque applicables à l'identique en droit chilien[752].

Le Code de commerce chilien précise qu'à défaut d'inspection, l'acheteur perd son droit à réclamer pour défaut de quantité ou qualité[753].

197. Garantie des vices cachés – conformité. Voir *supra.*

B. Les sanctions de l'inexécution des obligations contractuelles

198. Exécution en nature - Comme en droit français, l'exécution en nature est la règle générale en droit privé chilien.

Le paiement est traité aux articles 1568 et s. du Code civil chilien. Il est défini comme : « *la prestation de ce qui est dû* ».

Il doit être complet, car, comme en droits français[754] et anglais[755], le créancier n'est pas obligé d'accepter des paiements partiels. À ce sujet, l'article 1591 du Code civil chilien précise : « *Le débiteur ne peut pas obliger le créancier à recevoir des versements partiels, sauf accord contraire ; et sans préjudice de ce que disposent les lois dans les cas spéciaux. Le paiement total de la dette entraîne les intérêts et les indemnisations dus* ».

199. L'exécution par équivalent - Elle est exceptionnelle en droit chilien. L'article 1569 [756] du Code civil chilien indique en effet que le paiement, voire l'exécution en nature, doit être réalisé par la remise de l'objet dû.

L'exécution par équivalent a lieu quand le paiement en nature est impossible[757] ou lorsqu'il n'est plus souhaité et s'étend en règle générale aux préjudices directs prévus[758].

---

[751] Art. 1827 c.c.ch.

[752] *Heilbutt vs. Hickson,* (1872) LR CP 438.

[753] Art. 146 c.com.ch.

[754] Article 1244 (ancien) 1342-4 (nouveau) du code civil français.

[755] Règle 30 s.g.a. 1979, à propos de l'obligation de délivrance du vendeur.

[756] Art. 1569 c.c.ch. : « *Le paiement sera fait d'après l'obligation contractée, sans préjudice des dispositions spéciales des lois.*
Le créancier ne peut pas être obligé de recevoir une chose différente de celle due, sous prétexte d'être égale ou de valeur supérieure ».

[757] Dans l'inexécution des obligations de ne pas faire, par exemple.

L'article 1556 du Code civil chilien dispose à ce sujet que : « *L'indemnisation des préjudices comprend le dommage émergent et la perte de gains, qu'il soit conséquence d'une violation contractuelle, d'une exécution imparfaite ou tardive...* »

L'indemnisation peut prendre différentes formes :

1. Dommages-intérêts compensatoires.

Comme dans le modèle français, les dommages-intérêts compensatoires doivent être équivalents à l'exécution en nature et se divisent-en :

1.1. Dommage émergent (réel), conçu par la Cour Suprême chilienne comme : « *la diminution véritable et effective dont souffre le patrimoine du créancier comme conséquence directe de l'inexécution du débiteur* »[759].

1.2. Perte de gains, définie par la même Cour comme : « *... la somme d'argent que le créancier a perdue et qu'il aurait pu gagner si le débiteur avait rempli opportunément son obligation* »[760].

1.3. Préjudice moral, entendu comme : « *...le regret, douleur ou malaise dont souffre une personne dans sa sensibilité physique ou ses sentiments, croyances ou affections* »[761].

L'indemnisation est donc une conséquence de l'inexécution en nature. Selon les termes de l'article 1489 du Code civil chilien : « *Dans les contrats bilatéraux la condition résolutoire de ne pas remplir une des parties de ses obligations est comprise. Mais dans un tel cas, l'autre partie au contrat peut demander à son choix la résolution ou l'exécution en nature, avec l'octroi de dommages-intérêts* ».

D'après ce qui vient d`être exposé, les parties devraient toujours agir en résolution ou en exécution en nature, pour demander l'allocation conséquente de dommages-intérêts. Cependant, une nouvelle doctrine et jurisprudence considèrent que l'indemnisation compensatoire peut avoir lieu directement, de façon autonome, sans nécessité de demander la résolution ou l'exécution en nature[762]-[763]-[764].

---

[758] L'article 1558 c.c.ch. prévoit l'indemnisation des préjudices directs prévus en cas de faute, et aussi les imprévus à cause d'un dol.

[759] C. Sup., 24.OCT.979, *Fallos del Mes N°251*, deuxième arrêt, p. 289, dans *Repertorio de Legislación y Jurisprudencia Chilenas, Código Civil y Leyes Complementarias, tomo V*, Ed. Jurídica de Chile, 3e éd., 1997, Santiago, Chili, p. 350.

[760] Ibidem.

[761] C.Ap. Santiago, 28 mars 1958, R., t. 56, p. 195, dans : ibid, p. 355.

[762] C.Sup., Cass. 3341-2009 ; C.Sup., Cass. 8123-2010 ; C.Sup., Cass. 720-2013 ; C.Sup., Cass. 16.882-2013 ; C.Sup., Cass. 21.342-2014.

[763] Le nouvel article 1228 code civil opère avec cette logique, et autorise expressément le juge en ce sens.

[764] La doctrine « moderne » considère que l'indemnisation autonome à la violation des obligations de donner est possible d'après une interprétation correcte de l'article 1489 c.c.ch., comme il l'est clairemnt s'agissant des obligations de faire ou de ne pas faire. V. dans ce sens : LÓPEZ D. Patricia, *La autonomía de la indemnización de daños en la jurisprudencia nacional reciente : un cambio de paradigma ?*. Disponible sur : http://www.scielo.cl/scielo.php?script=sci_arttext&pid=S0718-80722014000200004, consulté le 6 juillet 2017.

Il n'existe pas en droit chilien une règle comme la *Hadley* anglaise, c'est-à-dire une obligation de minimiser les dommages. L'obligation de proximité n'existe pas non plus. En revanche, tous les dommages doivent être indemnisés[765].

2. Dommages-intérêts moratoires.

Les dommages-intérêts moratoires constituent l'indemnisation légale. Quand elle est fixée, le créancier n'a pas besoin de prouver de dommages. Ainsi, le retard dans le paiement suffit[766]. Elle est encadrée par le Code civil chilien[767], qui prévoit des règles générales, et par la loi n° 18.010 du 27 juin 1981, pour les opérations de crédit d'argent[768].

La différence primordiale entre ces deux sources est que la dernière consacre l'anatocisme dans son article 9[769] et établit que l'intérêt maximal conventionnel[770] ne peut être supérieur de 50%[771] à l'intérêt courant[772]. En cas de manquement contractuel, il est réduit au taux légal.

De son côté, le Code civil chilien traite de l'intérêt pour tous les autres cas, en disposant que les intérêts sont dus dès que le débiteur est mis en demeure[773], ou, s'agissant des obligations de ne pas faire, dès leur violation. Il ajoute qu'en cas de stipulation d'un intérêt supérieur au maximum légal dans une clause pénale, il sera réduit au maximum conventionnel, c'est-à-dire l'intérêt courant augmenté jusqu'au maximum légal. Ainsi, si dans une clause pénale stipulée dans une vente de marchandises il est établi un intérêt moratoire qui excède l'intérêt courant augmenté, il sera réduit jusqu'au taux légal.

200. Clause pénale - Elle est une évaluation conventionnelle et anticipée des préjudices résultant d'une infraction contractuelle.

Son régime juridique en droit chilien manifeste une influence du Code civil français. En effet, plusieurs de ces dispositions reproduisent les normes françaises. Par exemple, le droit alternatif du créancier de demander la peine

[765] L'article 2329 c.c.ch., dans les règles de responsabilité extracontractuelle dispose que « tout » dommage doit être indemnisé. Cette règle est considérée comme étant applicable aux deux systèmes de responsabilité par la doctrine nationale.

[766] Article 1559 n°2 c.c.ch.

[767] Articles 1544 et 1557 à 1559 c.c.ch.

[768] D'après l'art. 1 de la loi 18.010, les dommages-intérêts moratoires sont ceux pour lesquels l'une des parties livre ou s'oblige à délivrer une certaine quantité d'argent, et l'autre à la payer en un moment différent à celui fixé par la convention. Il en va de même pour les opérations d'escompte des effets représentatifs d'argent.

[769] Art. 9, al. 3, loi 18.010 : « *Les intérêts relatifs à une opération qui a expirée et qui n'ont pas été payés seront incorporés, sauf stipulation contraire* ».

[770] Art. 6, dernier alinéa, loi 18.010.

[771] Par règle générale, et exceptionnellement d'autres hypothèses prévues dans l'art. 6, 6 bis et 6 ter de la loi 18.010.

[772] Intérêt moyen chargé par les banques et institutions financières au Chili.

[773] Art. 1557 c.c.ch.

ou l'obligation principale, la nécessité que le débiteur soit mis en demeure[774], etc.[775].

Dans d'autres cas cependant, le rédacteur du Code civil chilien s'est éloigné de sa source principale et a opté pour d'autres règles. Par exemple, il autorise le créancier à agir en dommages-intérêts sans être contraint de demander l'application de la clause pénale[776]-[777]

Avec la clause pénale, les parties peuvent aussi prévoir l'indemnisation de préjudices indirects qui, en règle générale, ne sont pas alloués au Chili.

Accessoire, son destin dépend de l'obligation principale et conditionnelle, elle naît si l'obligation principale n'est pas accomplie.

Elle est encadrée par les articles 1535 et suivants du Code civil chilien qui la définit comme suit : « *La clause pénale est celle par laquelle une personne, pour affirmer l'accomplissement d'une obligation, est soumise à une peine, qu'il s'agit de donner ou faire quelque chose dans le cas de non-exécution ou retarder l'obligation principale* ».

Elle est « autonome »[778], moratoire ou compensatoire.

La clause pénale ne peut excéder le double de l'obligation principale. Ainsi, dans un contrat de vente de marchandises, les parties ne pourront pas stipuler une peine supérieure à 200% du prix des marchandises. Dans le cas contraire, d'après l'article 1544 al. 1er du Code civil chilien, elle serait considérée excessive et réduite à juste proportion.

Finalement, il est intéressant de noter qu'à la différence du droit anglais[779], la clause pénale en droit privé chilien peut avoir un caractère punitif et venir s'ajouter à l'allocation de dommages-intérêts, de façon conventionnelle[780]. Sur ce point elle se différencie aussi du droit français[781].

201. Perte d'une chance - Elle n'est pas toujours indemnisée dans le droit privé chilien. Par exemple, l'allocation de dommages-intérêts a lieu s'agissant de salariés qui meurent ou qui souffrent d'une incapacité à cause d'un accident du travail[782], dans l'hypothèse de responsabilité médicale par

---

774 Art. 1537 c.c.ch.

775 Voir dans ce sens: CORRAL T., Hernán, *La Cláusula Penal, función y eficacia del contrato penal en el derecho chileno*, ed. Jurídica de Chile, Santiago, Chili, 2012, p.50.

776 Ibid, p. 56.

777 Art. 1543 c.c.ch., seconde partie.

778 D'après l'article 1542 c.c.ch., il n'est pas nécessaire l'existence de préjudices.

779 *Dunlop Pneumatic Tyre Co. Ltd. vs. New Garage Motor,* (1915) A.C. 79.

780 Art. 1543 c.c.ch., première partie.

781 L'ancien article 1152 code civil, actuel article 1231-5 al. 1er, s'oppose à une telle possibilité.

782 C.Sup., 13 juin 2006, Rol 4514-2005, dans : TAPIA R., Mauricio, *Pérdida de una chance. Su Indemnización en la Jurisprudencia Chilena, Revista de Derecho, Escuela de Postgrado N°2, Diciembre 2012*, p. 251-264, sur : www.revistaderecho.uchile.cl/index.php/RDEP/article/download/31008/32736, contrôlé le 16 novembre 2016. La Cour condamne à payer des dommages-intérêts suite à un accident de travail.

infraction à la *lex artis*[783], ou lorsque des avocats font perdre à leurs clients les bénéfices d'un recours[784]. Néanmoins, elle n'est pas retenue en matière commerciale[785].

202. La réduction de prix – L'actio *quanti minoris* ou *aestimatoria* existe depuis toujours dans le droit civil et est reprise, comme nous l'avons vu, par le nouvel article 1223 du Code civil français ; de même qu'elle est retenue aussi par les articles 44 et 50 de la CVIM, comme nous le verrons plus loin.

De son côté, le Code civil chilien la consacre dans son article 1868, qui dispose : « *Si les vices ne sont pas de l'importance retenue dans le numéro 2ª de l'article 1858* [786]*, l'acheteur n'aura pas le droit à agir en annulation de la vente, mais seulement à demander la réduction du prix* ».

L'article 154 du Code de commerce chilien précise par ailleurs que le délai de prescription est de six mois en matière commerciale.

Dans un arrêt similaire à celui analysé à propos de la même question en droit anglais, la Cour d'appel de Valparaíso a conclu que les vices cachés qui n'affectent pas l'utilisation des marchandises (chaussures) autorisent seulement à demander la réduction du prix[787].

Une partie de la doctrine nationale[788], d'autre part, estime que l'acheteur aurait en plus le droit à agir en dommages-intérêts, ce qui est discutable au regard de la jurisprudence précitée. Néanmoins, le Professeur Meza[789] précise que ce serait le cas si le vendeur connaissait les défauts ou aurait dû les connaître d'après son métier.

203. L'exception d'inexécution - L'*exceptio non adimplenti contractus* de droit civil est consacrée à l'article 1552 du Code civil chilien qui prévoit que : « *Dans les contrats bilatéraux un cocontractant n'est pas défaillant s'il n'exécute pas ses obligations, tandis que l'autre n'accomplit*

---

[783] C.Sup., 20 janvier 2011, Rol 2074-2009, dans : ibid. Une femme et son bébé meurent à cause du cancer. Le médecin ne détecte pas la tumeur. La Cour condamne à payer des dommages-intérêts pour la perte d'une chance de n'avoir pas suivi des traitements médicaux pour améliorer la qualité de vie de la mère.

[784] Cour Suprême, 11 Avril 2007, Rol 3291-2005, Legal Publishing N° 36311, dans : ibid. Un avocat fait perdre à son client le bénéfice d'un recours. La Cour le condamne à payer une indemnisation monétaire à son client.

[785] Cour Suprême, 4 juillet 2011, Rol 137-2010, Legal Publishing N° 49550, dans : ibid. Une banque publie le nom de son client dans un registre de retard de paiement ce qui l'empêche d'adhérer à une société. La Cour déboute sa demande d'allocation des dommages-intérêts, car estime que le préjudice est éventuel.

[786] C'est à dire, vices « mineurs » qui n'affectent pas l'utilisation des marchandises.

[787] Des chaussures avaient été renforcées avec du carton à l'intérieur, ce qui a été considéré comme un défaut sans importance. C.Ap. Valparaíso, 31 octobre 1914. G. 1914, 2° sem., N°484, p. 1330, dans: *Repertorio de Legislación y Jurisprudencia Chilenas, tomo VII*, op. cit., p. 344. Le raisonnement est intéressant, car il est similaire a celui de la *case law* anglaise. Voir dans ce sens *Heilbutt vs. Hickson,* (1872) LR CP 43 au chapitre précédent.

[788] ALESSANDRI R. Arturo et SOMARRIVA U. Manuel, *Curso de Derecho Civil, tomo IV, Fuentes de las Obligaciones*, Ed. Nascimiento, Santiago, Chili, 1942, p. 409.

[789] MEZA B. Ramón, op. cit., p. 146.

pas les siennes, ou n'est pas prêt à le faire dans la forme et les temps prévus ».

D'après cette disposition, comme en droit français, l'exécution en nature, par équivalent, et la résolution sont soumises à cette condition, car avant l'inexécution les deux parties dans un contrat bilatéral sont créancières et débitrices l'une de l'autre et réciproquement.

En suivant Domat et Pothier, la jurisprudence chilienne a décidé que la cause de l'obligation de l'une des parties devait être considérée comme l'objet de l'obligation de l'autre[790].

De cette manière, le vendeur ne peut pas réclamer le paiement du prix à son cocontractant si lui, de son côté, n'a pas livré la marchandise ; de même que l'acheteur ne peut exiger la livraison à défaut de paiement[791].

204. La dénonciation unilatérale du contrat est-elle possible au Chili ? - A la différence du droit français[792], anglais[793] et de la CVIM[794], il n'est pas possible encore de mettre unilatéralement fin à un contrat de vente en droit chilien. Les seules exceptions où il est possible de terminer un contrat de façon unilatérale, sont les contrats de mandat[795], commodat[796], dépôt[797], prêt[798] et société commerciale[799]. La règle générale pour les contrats bilatéraux est encore la résolution pour faute, résolution pour manquement aux obligations bilatérales.

205. Résolution suite à la violation des obligations des parties - L'équivalent de l'ancien article 1184 du Code civil français[800] est l'article 1489 du Code civil chilien qui consacre la condition résolutoire tacite et le droit optionnel pour le contractant diligent de demander la résolution ou l'exécution en nature, dans les deux cas, avec l'allocation des dommages-intérêts. Il ne prévoit cependant pas la possibilité d'un délai de grâce comme en droit français.

Le vendeur peut donc agir en résolution quand le prix ne lui est pas payé, d'après l'article 1873 du Code civil chilien, application spécifique de la règle générale de l'article 1489 du même qui indique : « *Si l'acheteur est en demeure de paiement du prix dans le lieu et le moment prévu, le vendeur aura le droit de demander le prix ou la résolution de la vente, avec des dommages-intérêts* ».

---

790 C.Ap. de Talca, 26 aout 1931, G. 1931, 1er. sem., n°75, p. 351, R., t., 30, sec. 2, p. 1, dans : *Repertorio de Legislación y Jurisprudencia Chilenas, Código Civil y Leyes Complementarias, tomo V*, Ed. Jurídica de Chile, 3ème. ed., 1997, Santiago, Chili, p. 276.
791 Art 1826, al. 3, c.c.ch., à contrario.
792 Art. 1226 code civil.
793 *Anticipatory breach.*
794 Art. 72n°1 CVIM.
795 Art. 2163 n°3 c.c.ch.
796 Arts. 2177 et 2180 n°2 c.c.ch.
797 Art. 2226 c.c.ch.
798 Art. 2204 c.c.ch.
799 Art 379 c.c.ch.
800 Actuels 1218, 1224, 1227 et 1228.

La résolution prononcée ne donne pas droit à agir contre des tiers, sous-acquéreurs de bonne foi[801].

L'acheteur, de son côté, peut agir en résolution quand il ne reçoit pas les marchandises selon les qualités, quantités et spécifications prévues.

La doctrine classique[802] considère que dans tous les cas d'inexécution des obligations par l'une des parties, l'autre peut toujours demander la résolution du contrat. La gravité du manquement est sans importance.

Nous avons vu que dans la *Common Law* la situation était différente, car il est nécessaire qu'il existe un manquement contractuel significatif (*fundamental breach)* pour justifier le prononcé de sa résolution. Notons sur ce point que le Professeur Pizarro indique que dans les *entire obligations* la situation est plus sévère que dans les *severable obligations*[803].

En France, nous savons aussi qu'après la modification introduite par l'ordonnance n° 2016-131 de 10 février 2016, l'article 1228 du Code civil a permis au juge, facultativement, de prononcer la résolution ou l'exécution forcée, avec un délai de grâce, ou d'allouer des dommages-intérêts.

Malgré cela, une nouvelle doctrine a récemment commencé à émerger au Chili, selon laquelle un manquement contractuel doit avoir une certaine importance pour pouvoir justifier la résolution judiciaire d'un contrat. En effet, pour qu'elle soit admissible, il est nécessaire de constater une infraction aux obligations essentielles, ou d'une certaine importance, voire qu'elles se traduisent par l'insatisfaction de l'intérêt du créancier[804]. La jurisprudence a ratifié ce raisonnement[805] en estimant que le principe de bonne foi empêchait la résolution pour des motifs mineurs. *De minimis non curat lex.*

De notre point de vue, à défaut de norme expresse qui établirait la possibilité précédemment énoncée, une modification du Code civil chilien s'impose afin d'éviter des problèmes d'interprétation et des décisions contradictoires à ce sujet.

---

[801] Arts. 1490-1491 et 1876 c.c.ch.

[802] PIZARRO W. Carlos, *Puede el acreedor poner término unilateral al contrato ?, magazine Ius et Praxis, v13 n°1*, Talca, Chili, 2007 ; disponible sur : http://www.scielo.cl/scielo.php?script=sci_arttext&pid=S0718-00122007000100002 en citation a : ALESSANDRI R., Arturo, *De la compraventa y de la promesa de venta, T. II, vol. I*, Santiago, Jurídica, reimpresión 2003, n° 1662, p. 384 et s. (consulté le 16 novembre 2016).

[803] Ibidem.

[804] Voir dans ce sens: VIDAL O. Álvaro R., *La Noción de Incumplimiento Esencial en el Código Civil, magazine de droit de la Pontificia U. Católica de Valparaíso, Chili, XXXII, premier semestre 2009*, en citation a CLARO S., Luis, *Explicaciones de Derecho civil chileno y comparado (Santiago, 1978)* p.190-193 et ABELIUK M., René, *Las obligaciones,* 4ème. ed., Santiago, 2001, I, p. 344 ; disponible sur: http://www.scielo.cl/scielo.php?script=sci_arttext&pid=S0718-68512009000100006 (contrôlé le 21 novembre 2016).

[805] C.Ap. Concepción, 4 octobre 2007, ibidem.

C. Les règles d'interprétation

206. Règles d'interprétation applicables à la vente de marchandises - Les articles 1560 et s. du Code civil chilien ont repris les règles du code Napoléon, à quelques petites différences près.

A l'instar de la jurisprudence française, la Cour Suprême chilienne a statué qu'il n'était pas possible d'attaquer en cassation un arrêt rendu d'après ces règles, sauf s'il emporte dénaturation de la loi du contrat[806]. Il s'agit donc d'un sujet sur lequel les juges disposent d'une large liberté d'appréciation.

La règle générale de base indique que la volonté des parties doit être privilégiée avant tout dans l'interprétation d'un contrat. L'article 1560 du Code civil chilien, fondé sur l'ancien article 1156 du Code civil français[807], indique à cet égard que : « *Si l'intention des parties est connue, il faut la privilégier par rapport au sens littéral des mots* ».

Il s'agit d'une conséquence logique du principe de l'autonomie de la volonté, selon lequel les parties sont souveraines pour régler leurs relations contractuelles, avec pour seules limites l'ordre public, la loi et les bonnes mœurs. De la même façon, la disposition s'accorde avec le principe de bonne foi objective qui, on l'a vu, s'applique à tout l'*iter contractuel :* avant, durant les pourparlers ; au moment de la conclusion du contrat ; et après, pour ses interprétation et développements ultérieurs.

Les règles spécifiques les plus importantes sont les suivantes :

1. Effet attributif : l'article 1562 du Code civil chilien, sur la base de l'ancien article 1157 du Code civil français[808], dispose que le sens qui permet à la clause de produire des effets doit être privilégié par rapport aux autres sens qui sont susceptibles de lui être donné.

En application de cette règle, la Cour Suprême[809] a décidé que l'administrateur d'une société ne pouvait la représenter si une clause prévoyait que l'utilisation du nom social appartenant à un autre associé, et ceci alors même que la faculté d'administration comprenait son utilisation, conformément à l'article 393 du Code de commerce chilien.

2. Règle de l'intégration : elle est prévue par l'article 1564 du Code civil chilien, inspirée partiellement de l'ancien article 1161 du Code civil français[810].

Il indique, d'une part, que les dispositions d'un contrat doivent être interprétées de façon harmonieuse entre elles (al. 1), et, d'autre part, qu'il importe de tenir compte des dispositions prévues par d'autres contrats conclus par les mêmes parties (al. 2).

---

[806] C.Sup., 28 juillet 1967, R., t. 64, sec 1a., p.255 ; 28 avril 1971, R., t.68, sec 1a., p.110 ; et 28 juin 1972, R., t.69, sec. 1a., p.95, dans: *Repertorio de Legislación y Jurisprudencia Chilenas*, op. Cit., tomo V, p. 392.

[807] Actuel 1188.

[808] Actuel 1191.

[809] C.Sup., 24 août 1937, n°34, p.144, R., t. 34, sec. 1ª, p.515, dans: *Repertorio de Legislación y Jurisprudencia Chilenas, tomo V*, op. cit., p. 432.

[810] Actuel 1189.

Il est intéressant de noter que l'alinéa premier de l'article 1564 du Code civil chilien est quasiment identique à l'article français original qui l'a inspiré, mais que son deuxième alinéa, introduit par le rédacteur du Code civil chilien, le vénézuélien Andrés Bello, est étonnamment très proche de l'alinéa 2 du nouvel article 1189 du Code civil français.

3. La règle des clauses présumées : les clauses d'usage habituel sont présumées dans les contrats. L'article 1563 du Code civil chilien est identique en cela à l'ancien article 1160 du Code civil français.

4. *Contra proferentem* : elle est établie par l'article 1566, alinéa 2 du Code civil chilien, inspiré par l'ancien article 1162 du Code civil français[811]. Celui-ci dispose que si une clause reste ambiguë, par défaut d'explication qui devait être donnée par le rédacteur, elle sera interprétée contre lui.

En conformité avec ce qui précède, la jurisprudence a décidé qu'un contrat de vente ambigu, rédigé par l'avocat de l'acheteur, devait être interprété contre l'acheteur[812].

A noter que le nouvel article 1190 du Code civil français reprend la même idée, en prévoyant que : « *Dans le doute, le contrat de gré à gré s'interprète contre le créancier et en faveur du débiteur, et le contrat d'adhésion contre celui qui l'a proposé* ».

5. Règle de l'ultime alternative : elle consacre la maxime *in dubio pro debitoris* selon laquelle la partie présumée la plus faible doit, dans le doute, être protégée.

En outre, le Code civil chilien apporte quelques règles supplétives, d'aide à l'interprétation.

6. Interprétation restrictive : d'après cette règle, les termes d'un contrat, même s'ils sont généraux, doivent seulement s'appliquer au sujet contracté, en non pas à d'autres.

Cette règle est contenue à l'article 1561 du Code civil chilien, qui est équivalent à l'ancien article 1158 du Code civil français[813].

La jurisprudence a conclu, sur ce point, que la faculté d'agréer certaines cautions, ne s'appliquait pas à d'autres[814].

7. Règle expansive : elle est prévue à l'article 1565 du Code civil chilien, qui déclare que si un contrat a considéré un exemple, il n'est pas limité à celui-ci.

207. Clauses exonératoires de responsabilité - En vertu du principe de l'autonomie de la volonté, les parties peuvent librement stipuler des clauses exonératoires de responsabilité, mais toujours dans les limites de la loi, de l'ordre public et des bonnes mœurs. Ainsi, elles pourront modifier les

---

[811] Actuel 1190.

[812] C.Ap. de La Serena, 24 août 1903, R., t. 3, sec. 1ª, p.217, dans: *Repertorio de Legislación y Jurisprudencia Chilenas, tomo V*, op. cit., p. 438.

[813] Abrogé par ladite ordonnance.

[814] Sans date, R., t. 18, sec. 1ª, p.267, dans: *Repertorio de Legislación y Jurisprudencia Chilenas*, tomo V, op. cit., p. 428.

normes propres à la responsabilité dans le contrat de vente, dont la règle générale est la faute légère. Les seules limitations seront :

1. Celle contenue à l'article 1465, dernière partie, du Code civil chilien selon lequel : « *la rémission du dol futur n'est pas valable* »[815].

2. Prohibition d'exclure les éléments essentiels de la vente.

Le Professeur Meza exprime sur ce point que « *l'obligation de garantir la conformité est de la nature du contrat de vente, elle lui appartient sans nécessité d'aucune stipulation, mais peut être modifiée, et même supprimée, sans que le contrat dégénère ni soit non plus anéanti* »[816].

Ainsi, les parties peuvent augmenter, réduire ou supprimer leur degré de responsabilité ; par exemple, en stipulant que le vendeur ne sera pas responsable des vices rédhibitoires[817].

Sinon, il serait impossible d'établir une renonciation au paiement du prix ou à l'obligation de transférer la propriété dans une vente, car elle serait requalifiée en donation, ou bien inexistante dans le second cas[818].

208. Jurisprudence - La jurisprudence a précisé sur ce sujet que les clauses qui libèrent le débiteur de sa responsabilité sont pleinement valides, et trouvent leur source dans le principe de l'autonomie de la volonté ; mais aussi dans les articles 1547 *in fine* et 1558, al. 3 du Code civil chilien, avec la seule limite qu'elles ne peuvent supprimer la responsabilité des cocontractants qui agissent frauduleusement ou commettent une faute grave[819].

---

[815] Sous peine de nullité.

[816] MEZA B. Ramón, op. cit., p. 125.

[817] Voir dans ce sens : ALESSANDRI R. Arturo et SOMARRIVA U. Manuel, op. cit., p. 409.

[818] Voir dans ce sens : CLARO S. Luis, Explicaciones de Derecho Civil Chileno y Comparado". Editorial Jurídica de Chile, Bogotá, Colombie,1988, Vol. X., I, De las Obligaciones, p. 548.

[819] C.Ap. Punta Arenas, 26 janvier 1990, R., t.87, sec. 2ª., p.23, "Repertorio de Legislación y Jurisprudencia Chilenas", op. cit., tome V, p. 249.

CONCLUSION DU CHAPITRE

1. La vente de marchandises est encadrée au Chili par le Code civil (Livre IV « Des obligations en général et des contrats », titre XXIII « De la vente », articles 1793 à 1896) et le Code de commerce (Livre II « Des contrats et obligations commerciaux en général », titre II « De la vente », articles 130 à 160).

Sa source primordiale a été le code Napoléon, articles 1582 à 1685, du Livre III « Des différentes manières dont on acquiert la propriété », titre VI « De la vente ».

On a pu néanmoins relever quelques différences par rapport à son modèle français. Ainsi, pour **transférer la propriété des marchandises au Chili,** il est nécessaire, **en plus d'un titre** - le contrat de vente de marchandises -, de mettre en œuvre **un moyen de transfert**. Il s'agit souvent d'un dispositif réel, avec délivrance à l'acheteur, mais parfois il s'agit d'un mode symbolique, avec la tradition par connaissement, facture, lettre de voiture ou transport aérien, par la fixation de la marque de l'acheteur et par d'autres moyens autorisés par les usages du commerce, vérifiés par lui ou son agent.

Une autre différence intéressante est que contrairement à la France[820], la **vente de biens d'autrui est valable au Chili**[821], donc nous pouvons trouver des cas où des marchandises ont été vendues sans le consentement de leur propriétaire. Si elles sont livrées, le tiers peut acquérir leur propriété par prescription acquisitive. En revanche, si elles ne le sont pas, l'acheteur pourra agir en exécution en nature ou résolution, avec demande d'allocation de dommages-intérêts. Le propriétaire, de son côté, peut agir en revendication pendant le délai de prescription acquisitive.

Enfin, même si sa source primordiale est le code Napoléon, l'encadrement de la **clause pénale** par le Code civil chilien se distingue des règles prévues par le droit français, mais aussi anglais. Ainsi, elle peut avoir un caractère punitif et se cumuler, sur accord des parties[822], à l'allocation de dommages-intérêts.

---

[820] Art. 1599 code civil.

[821] Art. 1815 c.c.ch.

[822] Art. 1543 c.c.ch., première partie.

2. Le transfert des risques, cependant, s'opère également en droit français et chilien. La maxime *res perit creditoris* est retenue par le Code de commerce[823] et le Code civil[824] chiliens, en conformité avec le Code civil. Ainsi, la maxime *periculum emptoris* est la règle qui s'applique à défaut de stipulations contraires d'après l'autonomie des parties, en cas de mise en demeure, dol ou faute du créancier, dans les ventes dites « spéciales »[825] ou s'agissant d'un cas fortuit ou de force majeure.

Il convient de noter, au sujet du cas fortuit et de la force majeure, que le rédacteur du Code civil chilien a fait une petite contribution en précisant les différences entre l'un et l'autre[826] ; même si la jurisprudence peut encore les assimiler étant donné qu'ils ont le même résultat, l'exonération de responsabilité du créancier est toujours la même.

3. D'autre part, nous avons vu que la clause de réserve de propriété, à la différence du droit anglais[827] et du droit français[828], n'est pas très utilisée au Chili. La raison en est que, d'après la doctrine « classique »[829], le rédacteur du Code civil chilien aurait commis une erreur, voire une contradiction, au sujet des règles générales de la tradition[830] et celles spéciales de la vente[831]. Les premières permettraient la clause, et les secondes la rejetteraient ; donc, les dernières seraient applicables par spécialité et la clause resterait inutile.

Même si la doctrine « moderne »[832] considère qu'il n'y a pas de réelle contradiction entre ces normes, les juristes évitent de prendre le risque d'une difficulté d'interprétation sur ce point et ne l'utilisent pas dans la rédaction des contrats de vente de marchandises.

4. Par ailleurs, l'étendue du principe de bonne foi est similaire en droit chilien et en droit français. Ainsi, son acception objective oblige à l'appliquer à tout l'*iter contractuel*, à la différence du droit anglais dans lequel il n'existe pas de principe général d'honnêteté, laissant la phase précontractuelle dépourvue de protection.

De plus, nous avons constaté que la jurisprudence chilienne allait dans le même sens que la jurisprudence française. L'arrêt le plus connu sur ce sujet, *Forestal Bío con Madesal y otra* de la Cour d'appel de Concepción rendu en 1996 (Civ. n° 374-93) est presque similaire à l'arrêt *Manoukian* de la chambre commerciale de la Cour de cassation du 26 novembre 2003. Tous deux condamnent la **rupture fautive des pourparlers**.

---

[823] Art. 142 c.com.ch.
[824] Arts. 1550 et 1820 c.c.ch.
[825] À la dégustation, mesure ou poids
[826] Art. 45 c.c.ch.
[827] Clause *Romalpa, all monies paid clause* ou *title retention clause.*
[828] Arts. 2329 N°4 et 2367 code civil, 624-9 et 624-15 c.com.
[829] V. supra.
[830] Art. 680 c.c.ch.
[831] Art. 1874 c.c.ch.
[832] Voir supra.

Il convient de noter à ce sujet que la protection accordée par l'article 1546, première partie[833], du Code civil chilien est limitée et susceptible d'interprétations diverses. Ainsi, il serait intéressant de penser à une modification similaire à celle qui a été introduite dans la législation française avec l'actuel article 1104 du Code civil selon lequel « *les contrats doivent être négociés, formés et exécutés de bonne foi* » (al. 1er).

Comme nous allons le démontrer par la suite, la CVIM s'éloigne de la *Common Law* sur ce sujet et consacre aussi l'application générale du principe de bonne foi dans son article 7 nº 1, au-delà de l'interprétation des contrats de vente internationale de marchandises. Il s'agit donc de la notion de bonne foi du droit civil qui est retenue qui, à la différence de celle adoptée par la *Common Law*, comprend aussi la protection des pourparlers.

5. Le droit privé chilien ne reconnaît pas la théorie de l'imprévision dans des règles expresses.

Les arrêts rendus par la justice ordinaire l'ont rejetée presque toujours. Cependant, ce n'est pas le cas de la justice arbitrale qui, en accueillant une doctrine minoritaire, l'a acceptée en plusieurs occasions en considération du principe de bonne foi.

Afin d`éviter des décisions contradictoires entre ces deux types de juridictions, une clarification légale serait la bienvenue, comme l'ont déjà fait le Code civil italien[834] et le Code civil français[835].

6. Le droit privé chilien n'a pas privilégié la préservation des contrats comme le font le droit anglais, avec la *fundamental breach* et la *breach of condition*, et le droit français, avec le nouvel article 1228 du Code civil.

La doctrine « classique » permet que toute infraction, même sans importance, soit sanctionnée par la résolution ou l'exécution en nature, avec allocation de dommages-intérêts, dans les deux cas.

En dépit de cette règle, on note cependant qu'une nouvelle doctrine commence à émerger selon laquelle seules les infractions contractuelles d'une certaine gravité justifieraient la résolution. Le fondement de cette approche se trouverait dans les principes de bonne foi et d'autonomie de la volonté appliqués à l'interprétation des contrats, qui se traduisent dans la nécessité qu'ils produisent des effets et, si cela est possible, que les parties agissent avec loyauté. *De minimis non curat lex.*

7. En ce qui concerne les autres remèdes/sanctions à l'inexécution, nous avons remarqué que l'*actio aestimatoria* ou *quanti minoris* est une création du droit civil[836], reconnue aussi par la *Common Law* [837] - tardivement - mais avec une portée plus limitée. Cette action, presque inconnue dans la *Common Law*, comme nous l'avons vu, a été reprise par la CVIM et

[833] Équivalent à l'ancien art. 1134 code civil, al. final.
[834] Art. 1337 code civil italien.
[835] Art. 1104 code civil.
[836] Nouveau art. 1223 code civil.
[837] Règle 48 (c) s.g.a., supprimé par la loi anglaise sur les consommateurs, 2015.

consacrée dans ses articles 44 et 50. Il s'agit donc d'un apport du système de droit civil, en accord avec la priorité accordée à la poursuite du contrat par la Convention de Vienne de 1980.

D'autre part, on a pu relever que bien que la résolution ou l'exécution en nature soit un droit de l'acheteur en droit privé chilien[838] et français[839], il semblerait plus logique de les invoquer en conformité avec la règle *de minimis*, c'est-à-dire exceptionnellement, et agir seulement en dommages-intérêts, en règle générale.

S'agissant de la clause pénale, il est intéressant de remarquer qu'à la différence du droit anglais, où elle est interdite[840], le droit civil l'autorise expressément et encadre ses effets. De même, il importe de relever que le juge chilien dispose de pouvoirs limités par rapport au juge français, car il n'a pas la possibilité d'augmenter l'indemnisation[841], sinon seulement de réduire son montant, lorsqu'elle est « énorme »[842].

8. Nous avons remarqué aussi que l'exécution en nature est la règle générale en droit civil[843], à la différence du droit anglais, ou c'est l'allocation de dommages-intérêts qui prime.

La Convention de Vienne de 1980 a aussi retenu cette règle générale du système de droit civil dans ses articles 28 et 46 n° 1, en donnant au débiteur la possibilité de corriger sa prestation d'après ses articles 47, 48 et 63 n° 1, comme nous allons l'analyser ci-après.

La doctrine de *Common Law* elle-même, comme nous le verrons aussi, reconnaît explicitement qu'il s'agit d'un dispositif du droit civil. Cette assertion est un argument à l'appui de notre hypothèse selon laquelle l'influence du droit civil dans la CVIM serait plus importante que celle de la *Common Law*.

L'exécution en nature est un remède d'équité en droit anglais, peu utilisé.

Quant aux intérêts, ils sont dus dès la mise en demeure ou échéance du délai en droit civil[844] et à compter de la *cause of action* en droit anglais[845].

9. En ce qui concerne les règles d'interprétation des contrats, de grandes similitudes existent entre le droit privé chilien et français, ce qui est cohérent si l'on considère que les dispositions du Code Napoléon ont été traduites et complétées par le rédacteur vénézuélien du Code civil chilien, avec quelques petites précisions. Par exemple, l'article 1564 al. 2 de ce dernier a considéré, par anticipation, l'interprétation systématique d'une façon très similaire à l'al. 2 du nouvel article 1189 du Code civil français.

---

[838] Arts. 1489 et 1873 c.c.ch. Voir citation n° 41.
[839] Ancien arts. 1183 et 1184 code civil, actuels 1304, 1304-7, 1218, 1224, 1227 et 1228.
[840] *Dunlop Pneumatic Tyre Co. Ltd. vs. New Garage Motor,* (1915) A.C. 79
[841] Nouveau article 1231-5 code civil.
[842] Voir, si elle double le montant de l'obligation principale, art. 1544 c.c.ch.
[843] Arts. 1569 c.c.ch. et 1235 al 1er. ancien, 1302, al 1er., nouveau code civil.
[844] Art. 1557 c.c.ch. et 1146 ancien, 1231, nouveau code civil.
[845] Règle 35 A (1) Senior Courts Act 1981.

Ces règles de droit civil ont également été reprises par la CVIM, comme nous le constaterons. D'une part, la règle d'interprétation subjective retenue par l'article 8 n° 1 de la CVIM est en parfaite harmonie avec le nouvel article 1188, al. 1er du Code civil français (ancien article 1156) et 1560 du Code civil chilien.

D'autre part, le standard du « bon père de famille » qui inspire la règle d'interprétation objective retenue par l'article 8 n° 2 de la CVIM, ainsi que la règle qui prévoit le recours aux négociations préliminaires établie au n° 3 du même article, sont des notions du droit civil et non de la *Common Law* (incompatibilité avec la *parol evidence rule* de la *Common Law*)

10. S'agissant de la formation du consentement, nous avons vu que le droit civil français retient la théorie de la réception, à l'article 1121 du Code civil. La Convention de Vienne de 1980 fait de même aux articles 18 n° 2 et 22, s'éloignant ainsi de la *postal rule* de la *Common Law*.

11. Cependant, les droits et obligations des parties sont très proches dans les deux systèmes de droit, civil et *Common Law*. Ainsi, par exemple, la règle *caveat emptor* est reconnue par le droit civil[846], celle que le droit anglais reconnaît depuis 1893 et jusqu'à la loi de 1979 (s.g.a.)[847]. De son côté, la CVIM retient aussi la maxime romaine dans ses articles 38 et 39.

De même, la livraison en temps opportun des marchandises est souvent essentielle en droit anglais[848] et en droit civil[849].

Les obligations de sécurité et conseil sont plus limitées au Chili en comparaison de la France. On peut espérer qu'à l'avenir elles seront plus largement appliquées.

D'autre part, il se trouve aussi des différences non négligeables entre la *Common Law* et le droit civil au sujet de la qualité nécessaire des marchandises vendues et devant être livrées. Le standard exigé à défaut de stipulation expresse est le « moyen » dans le droit français[850] et chilien[851] mais seulement le « basique » dans le système de *Common Law*.

[846] Art. 146 c.com.ch.
[847] Après a adopté la *merchantable quality rule*. Voir supra.
[848] Bowes vs. Shand, 1877, 2 Ap. Cas. 455
[849] Cass.com., 12 novembre 2008, n°07-19676 et Art. 144 al. 2 c.com.ch.
[850] Art. 1641 code civil.
[851] Art. 145 c.com.ch.

PARTIE 2

L'HARMONISATION DE LA VENTE INTERNATIONALE DE MARCHANDISES PAR LA PRIMAUTÉ DU DROIT CIVIL

Jusqu'ici, nous avons en premier lieu analysé les fondamentaux du droit des contrats dans la *Common Law*, plus spécifiquement le régime juridique de la vente en Angleterre. De même, nous avons étudié les bases du régime juridique de la vente dans le droit civil, en s'intéressant aux cas de la France et du Chili. Cette double étude nous a permis de constater que la *Common Law* et le droit civil présentent des différences importantes sur plusieurs sujets de grande importance. Ainsi, dans le droit civil, le principe général de bonne foi occupe une place centrale, même au moment des pourparlers ; à la différence de la *Common Law* dans lequel la portée du principe est très limitée et ne protège pas les négociations. Nous allons voir dans cette deuxième partie que sur ce point, la Convention de Vienne de 1980 retient la conception du droit civil et protège tout l'*iter contractuel* ; d'après son article 7 n° 1 et par application des P.U., conformément à ses articles 7 n° 2 et 9 n° 2.

Par ailleurs, en ce qui concerne la formation du consentement, nous avons constaté que la *Common Law* consacre la théorie de la *postal rule*, ou le système dit de l'« émission ». A présent, il s'agira de démontrer que la CVIM s'éloigne de la *Common Law* aussi par rapport à ce sujet, en consacrant, comme le droit civil français, la **théorie de la réception**, dans ses articles 18 n° 2 et 22.

En outre, on a pu relever que l'hermétisme de la *parol evidence rule* diffère des critères subjectif et objectif d'interprétation consacrés par le droit civil. Dans cette deuxième partie, nous allons démontrer que les règles interprétatives de la *Common Law* sont incompatibles avec ces critères, également retenus par la CVIM dans son article 8 n° 1 et 2 ; ils sont aussi différents de la règle prévue au n° 3 du même article de la Convention.

En ce qui concerne les sanctions de l'inexécution des obligations des parties, on a vu, d'une part, que les remèdes par excellence de la *Common Law* sont les dommages-intérêts alors qu'il s'agit de l'exécution en nature en droit civil. D'autre part, nous avons établi que la portée de la réduction de prix, création du droit civil romain (*actio aestimatoria/quanti minoris*), est très limitée dans la *Common Law*. On s'intéressera dans les développements qui suivront à la Convention de Vienne de 1980 qui, sur cette question aussi, a suivi le droit civil en consacrant l'exécution en nature comme sanction générale à l'inexécution des obligations des parties, dans ses articles 28 et 46 ; fait qui est même reconnu par la doctrine de *Common Law*.

Nous allons démontrer dans le premier chapitre, que les principes généraux du droit civil et d'Unidroit ont été retenus comme instruments d'harmonisation par la CVIM. De plus, les principes d'Unidroit sont intimement liés à la Convention de Vienne de 1980, en permettant de combler ses lacunes, d'après ses articles 7, n° 2 et 9, n° 2.

Le deuxième chapitre aborde l'harmonisation par adoption de règles matérielles/uniformes : la Convention de Vienne de 1980. A ce stade, nous arriverons à comprendre comment et pourquoi la convention de Vienne de 1980 a privilégié le système de droit civil et sa codification la plupart du temps, sans toutefois écarter la *Common Law*. Nous verrons comment la Convention de Vienne de 1980, afin d'harmoniser les différences apparemment irréconciliables entre la *Common Law* et le droit civil, a eu recours à une technique classique pour l'élaboration d'instruments uniformes, consistant à adopter la solution d'un système de droit comme règles principales (le droit civil) en y associant celles d'un autre système (la *Common Law*) à titre d'exceptions. Cette dernière configuration concerne l'atténuation des dommages (*mitigation*) de la *Common Law*, déjà analysée, et la résolution unilatérale anticipatoire (*anticipatory breach*) que nous examinerons ci-après.

CHAPITRE 1

L'HARMONISATION PAR INSPIRATION DES PRINCIPES GÉNÉRAUX DU SYSTEME DU DROIT CIVIL ET D'UNIDROIT

Les principes généraux du droit revêtent une importance capitale, non seulement pour les droits nationaux, mais aussi pour le droit international.

Plusieurs principes généraux inspirent le droit du commerce international, parmi lesquels on peut citer : l'obligation de réparer les dommages causés, la restitution en cas d'enrichissement injustifié, le respect des droits acquis, la prescription, la bonne foi, le *pacta sunt*, l'estoppel, la poursuite du contrat, etc.[852]. Les principes de bonne foi et d'autonomie de la volonté, omniprésents dans les conventions internationales de droit privé, retiendront particulièrement notre attention.

D'autres principes ont aussi une grande importance en la matière, à l'instar des principes du droit européen des contrats, connus comme principes « Lando », mais surtout les principes issus de l'Institut international pour l'unification du droit privé, les principes « d'Unidroit », qui ont trait au commerce international en général, et à la vente de marchandises en particulier.

Ainsi, il s'agira dans un premier temps d'analyser les principes de l'autonomie de la volonté et de la bonne foi (section 1), avant, dans un second temps, d'étudier les principes d'Unidroit en faisant quelques références à d'autres principes (Lando, etc.) quand ils sont pertinents (section 2).

---

[852] V. *Les Sources et les Normes dans le Droit de l'OMC*, sous la direction de Vincent Tomkiewicz, avec la collaboration de Thierry García et David Pavot, colloque de Nice des 24 et 25 juin 2010, Editions A. Pedone, Paris, France, 2012, p. 108-109.

SECTION 1. LES SOLUTIONS APPORTÉES PAR LES PRINCIPES GÉNÉRAUX DU SYSTEME DE DROIT CIVIL

Les principes généraux du droit civil (des obligations) ont eu une portée énorme pour les droits nationaux et pour le droit du commerce international. De la même façon que les usages et les contrats, ils font aussi partie de la *lex mercatoria*[853] et sont appliqués dans les sentences de la CCI. Comme le notent les Professeurs Jacquet, Delebecque et Corneloup : « *Commentant Dworkin, le philosophe P. Ricoeur n'écrit-il pas que « ce sont plus volontiers des principes que des règles qui concourent à la solution des affaires difficiles. La jurisprudence arbitrale a d'ailleurs dégagé des principes de nature à résoudre bien des « cas difficiles » : si pacta sunt servanda ainsi que le principe de la bonne foi prennent la première place, d'autres principes plus précis s'en déduisent ou s'y rattachent. Ainsi le principe de la responsabilité internationale a été affirmé. Il en est de même du principe non adimplenti contractus, de la compensation entre deux dettes connexes ; la réparation doit se limiter au dommage prévisible. Le créancier d'une obligation inexécutée ou incorrectement exécutée doit toujours s'efforcer de minimiser son dommage* »[854].

Le rapport au Président de la République relatif à l'ordonnance n° 2016-131 du 10 février 2016 portant réforme du droit des contrats français indique quant à lui parmi ces objectifs : « *1° Affirmer les principes généraux du droit des contrats tels que la bonne foi et la liberté contractuelle* ».

En effet, cette ordonnance a consacré, dans un chapitre intitulé « Dispositions liminaires », les principes de liberté contractuelle, de force obligatoire du contrat et de bonne foi ; codifiés aux nouveaux articles 1102, 1103 et 1104 du Code civil.

Le rapport ajoute : « *Ce choix de mettre en exergue trois principes fondamentaux exprime l'un des objectifs essentiels poursuivis par l'ordonnance : il s'agit de trouver un équilibre entre justice contractuelle et autonomie de la volonté* ».

Certains principes sont aussi expressément consacrés dans la CVIM. C'est le cas du principe de bonne foi, à l'article 7 n° 1. D'autres ont été retenus implicitement[855], comme celui de la poursuite du contrat[856], qui est sous-jacent dans les articles 34, 37, 48, 49, 51, 64, 71 et 72 de la CVIM[857].

---

[853] Cf. JACQUET J-M, DELEBECQUE Ph. et CORNELOUP S., *Droit du commerce international*, 3e éd., Dalloz, Paris, France, 2014, p. 62.

[854] Ibidem, p. 33.

[855] L'article 7 n°2 CVIM dispose : *« les questions concernant les matières régies par la présente convention et qui ne sont pas expressément tranchées par elle seront réglées par les principes généraux dont elle s'inspire ou, à défaut de ces principes, conformément à la loi applicable en vertu des règles du droit international privé ».*

[856] Le principe *favor contractus,* exige le maintien du contrat dans la mesure du possible. Cf. EBERHARD Steven, *Les sanctions de l'inexécution du contrat et les Principes UNIDROIT*, Cedidac, Suisse, 2005, p. 70.

Dans cette section, nous démontrerons que la bonne foi, l'un des principes à la base du droit civil, a été retenu par la CVIM en tant que principe général dans son article 7, n° 1, sans le limiter à l'interprétation comme l'a prétendu erronément certains auteurs de *Common Law*. Elle s'étend même aux pourparlers, comme en droit français ou chilien.

Nous constaterons que ce principe général de bonne foi issu du droit civil a reçu une consécration positive dans plusieurs instruments du droit commercial international, par exemple : le GATT (article XXIII :1 (b)), le GATS (article 26.1) et l'article 2 A de la loi type de la CNUDCI sur l'arbitrage commercial international. On comprend dès lors pourquoi la CVIM lui accorde une importance majeure.

Par ailleurs, nous allons voir comment la bonne foi-loyauté oblige, en tant que règle générale, à remplir les obligations contractées de la façon stipulée au contrat, voire en nature. De plus, la possibilité de demander la réduction du prix, création du droit civil reprise à l'article 50 de la CVIM, est en accord aussi avec cet esprit de collaboration inhérent à la bonne foi.

Dans la perspective de permettre d'accomplir le but contractuel, nous démontrerons que la résolution par infraction aux obligations des parties ne doit pas être extrêmement rigide et opérer pour n'importe quelle infraction contractuelle. En revanche, seules les inexécutions d'une certaine importance, voir essentielles, doivent donner lieu à une action en résolution du contrat de vente de marchandises, comme le prévoient les P.U. et la CVIM.

Nous démontrerons d'autre part que bien que l'atténuation du préjudice soit plutôt une obligation de la *Common Law*, la bonne foi-loyauté l'exige aussi. Partant, l'article 77 CVIM, même s'il est inspiré par la *Common Law*, est en accord aussi avec le système de droit civil aussi.

Finalement, on verra l'utilité pratique des principes de bonne foi et d'autonomie de la volonté dans le commerce international et comment le premier de ces principes a une relation directe avec d'autres principes omniprésents dans la Convention de Vienne de 1980, telle la poursuite du contrat.

On commencera par l'étude du principe d'autonomie.

---

[856] Compilation du droit en vigueur à un moment donné. Comme celui de la bonne foi, c'est une œuvre des juristes français. La meilleure preuve, nous la trouvons dans la règle « attributive » consacrée par le Code civil de 1804, article 1157.

[857] Dans ce sens: DI MATTEO L., DHOOGE L., GREENE S. et al., *International Sales Law*, Cambridge University press, États-Unis d'Amérique, 2005, p. 23-24.

§ 1. L'autonomie de la volonté dans la vente internationale de marchandises

A. Les antécédents historiques

209. Origines - Le principe d'autonomie de la volonté, conséquence de la maxime romaine *pacta sunt servanda*, est le principe par excellence du droit privé. Ainsi, et à la différence du principe de bonne foi[858], il est reconnu par les deux principaux systèmes de droit[859], avec la même force, ce qui est cohérent dès lors que le libéralisme a fortement marqué les deux rives de la Manche.

Au Royaume-Uni, Adam Smith et d'autres philosophes ont eu une grande importance dans cette conception de l'économie et du droit : Locke, Hume, Burke, principalement.

En France, on peut citer Montesquieu et Rousseau, parmi d'autres, dont certaines idées ont été consacrées dans le Code Napoléon de 1804, œuvre monumentale qui a servi de base à la « mondialisation »[860] de ce principe.

Le Code civil de 1804 a établi le principe d'autonomie dans son article 1134, (actuels articles 1103 et 1193), en empruntant une formule de Domat[861]. Par conséquent, on peut considérer que sa systématisation est une contribution française au monde[862], même si ces origines remontent l'époque romaine (*pacta sunt*).

B. Les manifestations

210. Manifestations du principe - De l'autonomie de la volonté émanent d'autres principes : la liberté contractuelle, la force obligatoire et l'effet relatif des contrats[863].

La liberté contractuelle se traduit par la possibilité de contracter ou de s'abstenir de le faire, de choisir son cocontractant et de déterminer librement aussi le contenu du contrat.

---

[858] Comme nous l'avons vu, sa portée est très limitée dans la *common law*. V.supra.

[859] Certains auteurs de *common law* estiment que le principe est une conséquence de la bonne foi. Cela est une erreur à notre avis, car la bonne foi dans le droit civil est omniprésente, même avant la conclusion du contrat, comme nous l'avons vu. Cf. *Good Faith and International Economic Law*, edité par MITCHELL Andrew D., SORNARAJAH M. and VOON Tania, Oxford University Press, Londres, Angleterre, 2015, p. 19.

[860] Le Code civil français de 1804 a inspiré d'autres codes civils sur tous les continents. Parmi eux, le Code civil chilien, qui à son tour a été le modèle d'autres codes hispano-américains (Equateur, Colombie, Panama, etc.).

[861] *« Les conventions étant formées, tout ce qui a été convenu tient lieu de loi à ceux qui les ont faites et elles ne peuvent être révoquées que de leur consentement commun ».* Cf. TERRÉ, SIMLER et LEQUETTE, op. cit., p. 485, en citation à DOMAT, *Les lois civiles dans leur ordre naturel*, Livre I, titre I, sec. II, VIII.

[862] Le c.c.ch. le consacre dans son article 1545, déjà vu, qui stipule : *« Art. 1545. Tout contrat valablement conclu est loi pour le cocontractant, et ne peut pas être invalidé sinon par consentement mutuel ou pour causes légales ».*

[863] V. TERRÉ, SIMLER et LEQUETTE, op. cit., p. 33.

La force obligatoire, pour sa part, signifie que les contrats conclus valablement sont des lois pour les parties contractantes[864]. Ainsi, les parties ne peuvent pas s'en libérer, sauf par consentement mutuel ou pour des causes légales (nullité, résolution, caducité).

D'autre part, comme limitation aux effets des contrats, les parties doivent respecter l'ordre public, national et international, et les lois de police des Etats auxquelles elles appartiennent[865].

L'effet relatif est l'application de la maxime du droit romain *res inter alios acta*, selon laquelle les contrats affectent seulement les parties, en règle générale[866].

C. Les sources positives

211. Sources positives - Le principe de l'autonomie de la volonté a été reconnu expressément par l'article 26 de la Convention de Vienne sur le droit des traités de 1969, qui établit :

« *Article 26 Pacta sunt servanda*

Tout traité en vigueur lie les parties et doit être exécuté par elles de bonne foi ».

D'après l'article 6 de la CVIM[867], le principe d'autonomie de la volonté peut se manifester de la manière suivante :

a. Les parties peuvent déroger à l'application de la Convention.

b. Elles peuvent prévoir une dérogation partielle.

c. Les parties peuvent modifier les effets de la CVIM par consentement mutuel.

Conformément à ce qui précède, la convention de Vienne de 1980 confirme que l'autonomie de la volonté est la source principale du droit pour les ventes internationales de marchandises.

D'autre part, d'après l'article 29 de la CVIM, les parties peuvent modifier ou résilier leurs contrats de vente de marchandises par leurs accords mutuels, de façon amiable, ce qui est également une application du principe et de la collaboration, cette dernière étant une conséquence du principe de bonne foi.

D. L'utilité pratique

212. Utilité pratique du principe dans la vente internationale - En pratique, l'utilisation du principe d'autonomie de la volonté signifie

---

[864] Certains auteurs estiment que sans ce principe le droit international « ne serait plus qu'une blague ». V. MITCHELL Andrew D., SORNARAJAH M. and VOON Tania, op. cit., p. 18.

[865] Les lois de police des Etats des parties, de par leur caractère impératif, sont une frontière à leur autonomie qu'elles doivent respecter. V. arts 3 et 7, Convention de Rome de 1980 sur la loi applicable aux obligations contractuelles.

[866] Les tiers relatifs sont parfois concernés (cessionnaires, héritiers).

[867] Article 6 CVIM : *« Les parties peuvent exclure l'application de la présente Convention ou, sous réserve des dispositions de l'article 12, déroger à l'une quelconque de ses dispositions ou en modifier les effets ».*

l'exclusion totale ou partielle, par la volonté des parties, de la CVIM et l'élection d'une loi qui est liée à l`économie du contrat[868]. Donc, le principe d'autonomie donne certitude à la convention de Vienne de 1980[869]. Cette exclusion doit être expresse, en règle générale[870] et exceptionnellement tacite, dans le cas où les parties ont choisi la loi d'un Etat non contractant à la CVIM[871]. Ce procédé qui consiste à écarter la CVIM est dénommé *opting out*[872].

Un arrêt intéressant à citer à ce propos est l'arrêt *Nuova Fucinati SpA vs. Fondmetall International AB*[873] rendu par un tribunal italien en 1993. Dans cette affaire, les parties, une société italienne et une société suédoise, avaient décidé que la loi italienne régirait le contrat. À l´époque, l'Italie avait incorporé la CVIM à son droit interne, mais pas la Suède.

Le tribunal civil de la ville de Monza, Italie, saisi d'un litige entre les parties, a écarté l'application de la CVIM et décidé que la loi applicable était la loi interne italienne. Sa décision a été fortement critiquée[874] car ladite convention formait partie intégrante de la législation italienne. Ainsi, même en cas d'exclusion expresse des parties, l'ordre public italien comprenait la CVIM et reprenait son application, de façon indirecte[875]-[876]. Son article 1er,

---

[868] V. JACQUET J-M, DELEBECQUE Ph. et CORNELOUP S., op. cit., p. 214-215.
[869] Ibidem.
[870] CLOUT, cas n°433 (federal) northern district of California, 27 juillet 2001, disponible sur: http://www.cisg.law.pace.edu/cisg/wais/db/cases2/010727u1.html, conslté le 20 février 2017.
[871] Cf. *UNCITRAL Digest of Case Law on the United Nations Convention on The International Sale of Goods*, U.N., New York, 2008, p.22 point 7.
[872] V. AUDIT Bernard, *Vente* ; disponible sur: http://www.dalloz.fr/documentation/Document?id=ENCY/INTR/RUB000248/PLAN043/2011-09&ctxt=0_YSR0MT1hdXRvbm9taWUgZGUgbGEgdm9sb250w6kgdmVudGXCp3gkc2Y9cGFnZS1yZWNoZXJjaGU=&ctxtl=0_cyRwYWdlTnVtPTHCp3MkdHJpZGF0ZT1GYWxzZcKncyRzh3J0PcKncyRzbE5iUGFnPTIwwqdzJGlzYWJvPVRydWXCp3MkcGFnaW5nPVRydWXCp3Mkb25nbGV0PcKncyRmcmVlc2NvcGU9RmFsc2U=&nrf=0_UmVjaGVyY2hlfExpc3Rl, consulté le 1er. mars 2017
[873] R.G. n° 4267/88, 29 mars 1993, tribunal civil de Monza, Italie, disponible sur: http://cisgw3.law.pace.edu/cases/930114i3.html, contrôlé le 20 février 2017.
[874] V. CARR Indira, *International Trade Law*, Routledege-Cavendish, Londres-New-York, 4e. édition, 2010, p. 69., en citation a FERRARI, *Uniform Law of International Sales : issues of applicability and private international law*, 1995, 15 journal of law and commerce 159, p. 173.
[875] La jurisprudence française s'attache plutôt à la théorie de la « localisation », selon laquelle le choix des parties en faveur d'une loi déterminé n'est pas qu'un des éléments à considérer dans la détermination de la loi applicable. Cf. JACQUET J-M, DELEBECQUE Ph. et CORNELOUP S., op. cit., p. 212-213.
[876] Dans le sens contraire, la cour fédérale de justice allemande, 25 juin 1997: la société de vêtements Bennetton poursuit en justice un revendeur allemand pour défaut du règlement des prix des vêtements livrés. Le défendeur invoque la nullité du contrat de franchise car il serait contraire à la loi allemande, mais la cour décida que *« l'accord des parties en faveur de l'application du droit national allemand ne peut être analysé en soi comme comportant une exclusion de la CVIM car, de par le renvoi conventionnel au droit allemand, la CVIM, partie intégrante de ce droit, est également couverte par l'accord »*. Cf. WITZ Claude, *Une clause*

n° 1, a) établit qu'elle s'applique aux parties ayant leurs établissements dans des Etats différents lorsque ceux-ci sont des Etats contractants[877]. D'autres arrêts retiennent aussi la thèse du tribunal de Monza[878].

D'autre part, si les parties se limitent à exclure la CVIM mais n'indiquent pas la loi applicable, cette dernière devra être déterminée selon les règles du droit international privé.

Si ce sont des parties européennes, la Convention de Rome de 1980 s'applique aux contrats conclus jusqu'au 17 décembre 2008, et le règlement européen (CE) n°593/2008, dit Rome I, aux contrats postérieurs. D'après l'article 4, n°1, lettre a), de cette dernière, la loi applicable est celle du domicile du vendeur.

Dans d'autres cas, les règles de la Convention de la Haye de 15 juin 1955 sur la loi applicable aux ventes à caractère international d'objets mobiliers corporels [879] dispose que la loi applicable sera :

1. La loi du pays ou le vendeur a sa *résidence habituelle* au moment où il reçoit la commande.

2. Á défaut, la loi du pays de l'*établissement* qui a reçu la commande.

3. Ou la loi du pays de l'acheteur si la commande a été reçue dans ce pays.

Les parties peuvent aussi se soumettre à des règles de droit neutres, même non étatiques, à l'instar des Incoterms de la CCI ou de règles générales d'organismes professionnels[880]. La jurisprudence a reconnu cette pratique comme parfaitement valide[881]. De plus, elle a établi que le juge arbitre peut appliquer « *l'ensemble des principes et usages du commerce dénommé lex mercatoria, dispositions de caractère international ayant vocation, à défaut*

---

de droit applicable figurant dans un contrat de vente internationale de marchandises n'exclut pas l'application de la Convention de Vienne sur la vente internationale de marchandises, D. 1998. 308, disponible sur:
http://www.dalloz.fr/documentation/Document?id=RECUEIL/OBS/1998/0507&ctxt=0_YSR0MT1hdXRvbm9taWUgZGUgbGEgdm9sb250w6kgdmVudGXCp3gkc2Y9cGFnZS1yZWNoZXJjaGU=&ctxtl=0_cyRwYWdlTnVtPTTCp3MkdHJpZGF0ZT1GYWxzZcKncyRzb3J0PcKncyRzbE5iUGFnPTIwwqdzJGlzYWJvPUZhbHNlwqdzJHBhZ2luZz1UcnVlwqdzJG9uZ2xldD3Cp3MkZnJlZXNjb3BlPUZhbHNlwqd4JHNmPXBhZ2UtcmVjaGVyY2hl&nrf=0_UmVjaGVyY2hlfExpc3RlRGVSZXN1bHRhdFVycw==, consulté le 1er mars 2017.

[877] Cf. FAWCETT J., HARRIS J. et BRIDGE M., *International Sales of Goods in the Conflict of Laws*, Oxford university press, Royaume Uni, 2005, p. 680.

[878] CLOUT, cas n°429 (Oberlandesgericht Franckfurt, Allemagne, 30 août 2000), disponible sur: http://cisgw3.law.pace.edu/cisg/text/000830g1german.html,
contrôlé le 20 février 2017.

[879] La convention du 22 décembre 1986 n'est pas encore en vigueur.

[880] AUDIT B., ibid.

[881] C. Ap. de Montpelier, 3 décembre 2002, JDI 2004.888, note S. Poillot-Peruzzetto. Dans ce cas, la cour a reconnu une clause relative aux règles et usages de la Fédération du commerce de semences comme seules applicables. Cf. : JACQUET J-M, DELEBECQUE Ph. et CORNELOUP S., op. cit., p. 219-220.

de compétence législative déterminée, à s'appliquer pour la solution d'un tel litige »[882].

D'autre part, les parties peuvent aussi attribuer compétence à une juridiction étrangère. Ces clauses sont licites, selon la jurisprudence française depuis l'arrêt *Sorelec*[883] de la Cour de cassation. Elles sont soumises à deux conditions :

1. Le litige doit être de caractère international
2. La clause ne doit pas faire échec à « la compétence territoriale impérative d'une juridiction française »[884].

Au Chili, la situation est similaire. Ces clauses sont licites, dans le respect de l'article 1462 du Code civil chilien, qui dispose : « *Il y a un objet illicite en tout ce qui est contre le droit public chilien. Ainsi, la promesse de se soumettre à une juridiction non reconnue par les lois chiliennes, est nulle par vice de l'objet* ».

L'article 245 du Code de procédure civile chilien, pour sa part, n'exige que les arrêts des tribunaux étrangers :

1. Ne soient pas contraires aux lois de la République.
2. Ne s'opposent pas à la juridiction nationale.
3. Que le défendeur ait été notifié de l'action.
4. Qu'ils soient irrévocables.

Ainsi, il est interdit de soumettre le contrat à une juridiction « non reconnue » par le Chili[885] et que ces clauses d'élection de for soient valides s'agissant de contrats internationaux, dans la sphère internationale[886]-[887].

Par ailleurs, l'article 318 du Code de droit international privé (Code Bustamante)[888] indique que les parties détermineront de façon expresse ou tacite le juge compétent pour résoudre leurs conflits commerciaux ou civils, à condition que l'une d'entre elles, au moins, soit nationale de l'Etat contractant auquel il appartient, ou qu'elle y ait son domicile.

Les normes de la CVIM sont supplétives[889]. Par conséquent, et d'après le principe d'autonomie, les parties sont libres de régler la formation, les effets et l'extinction des contrats de vente internationale de marchandises[890].

---

[882] Affaire *Valenciana*, Civ. 1ère., 22 octobre 1991, Bull. 1991 I N° 275 p. 182.

[883] Civ. 17 décembre 1985, Rev. crit. DIP 1986.537, note Hélène Gaudemet-Tallon.

[884] V. JACQUET J-M, DELEBECQUE Ph. et CORNELOUP S., op. cit., p. 758.

[885] *Mauricio Hochschild S.A.C.I. con Ferrostaal A.G.*, C.Sup., 22 janvier 2008, n°3247-2006.

[886] *State Street Bank and Trust Company con Inversiones Errázuriz Ltda. y otros,* C. Sup., 14 mai 2007, n°2349-2005.

[887] Cf. VÁSQUEZ, María Fernanda, *Sobre la contratación internacional y la posibilidad de someterse a tribunales extranjeros*, El Mercurio Legal ; disponible sur: http://www.elmercurio.com/Legal/Noticias/Analisis-Juridico/2016/05/13/Sobre-la-contratacion-internacional-y-la-posibilidad-de-someterse-a-tribunales-extranjeros.aspx, consulté le 19 mars 2017.

[888] Code américain, donc, ratifié par le Chili et non par la France ni le Royaume-Uni.

[889] À l'exception du cas de l'article 12 *in fine* CVIM, qui est d'ordre public.

[890] V. dans ce sens: OVIEDO A. J., *La costumbre en la compraventa internacional de mercaderías*, revista jurídica del Perú, année LIII n° 47, juin 2003, p. 235.

Conformément à ce qui précède, elles peuvent modifier les règles du transfert de propriété et des risques et établir une sûreté conventionnelle, voire, une clause de réserve de propriété, stipuler que le vendeur assumera les risques de force majeure, ou différer le transfert de propriété et les risques associés au moment de la délivrance ou à un autre moment.

De même, les parties peuvent modifier l'étendue de leurs obligations et renoncer à l'obligation de garantie des vices cachés et à l'éviction des tiers, au profit du vendeur[891] ; établir des conditions additionnelles de preuve ou relatives à la formation du consentement ; stipuler que le vendeur répondra même de la faute légère, parmi d'autres possibilités ; ou, terminer le contrat par leur consentement mutuel, conformément à l'article 29 n° 1 de la CVIM[892] (de cette façon, le principe limite les possibles injustices qu'une partie pourrait commettre au préjudice de l'autre, en privilégiant le stabilité du lien contractuel[893]).

La dernière hypothèse est un autre triomphe dans la CVIM du droit civil par rapport à la *Common Law*. La CVIM exige, on l'a vu, une *considération*, pour la validité des contrats, mais la CCI a jugé que cela n'était pas nécessaire pour les modifications des ventes internationales de marchandises[894].

213. Les frontières du principe - Il existe plusieurs limites à l'autonomie de la volonté. D'une part, les parties ne peuvent pas déroger à l'exigence d'une modification par écrit, si le droit interne de l'une des deux l'exige. Cela, en conformité avec l'article 12 de la CVIM. D'autre part, les provisions des articles 89 - 101 de la CVIM sont considérées comme appartenant à l'ordre public international, et donc ne sont pas susceptibles de dérogation par la volonté des parties[895]-[896].

Il convient de noter qu'il existe un contrepoids au principe d'autonomie de la volonté[897]. Les contrats ont un frein naturel qui empêche les iniquités auxquelles une application extrême du principe pourrait ener. C'est la bonne

---

[891] V. supra, dans le chapitre antérieur les limitations existantes à cet égard.

[892] Art. 29 n° 1 CVIM : *« Un contrat peut être modifié ou résilié par accord amiable entre les parties ».*

[893] Cf. PANIZZON M., *Good faith in the jurisprudence of the WTO, the Protection of Legitimate Expectations, Good Faith Interpretation and Fair Dispute Settlement*, Hart Publishing, Oxford and Portland, Oregon, États-unis d'Amérique, 2006, p. 70.

[894] CCI, affaire n°7331 (1994) disponible sur : http://cisgw3.law.pace.edu/cases/947331i1.html, consulté le 19 février 2017.

[895] Cf. *UNCITRAL Digest of Case Law on the United Nations Convention on The International Sale of Goods*, op. cit., p. 22, point 4.

[896] De même, si les deux parties sont européennes, elles ne peuvent pas écarter les dispositions impératives de la Convention de Rome, ni le règlement de Rome I. V. dans ce sens : JACQUET J-M, DELEBECQUE Ph. et CORNELOUP S., op. cit., p. 221.

[897] Pour certains juristes de *common law* la situation est tout l'inverse : ils estiment que le *pacta sunt* est une conséquence de la bonne foi. V. Dans ce sens : MITCHELL Andrew D., SORNARAJAH M. and VOON Tania, op. cit., p. 18-19. Ils admettent, néanmoins, une controverse dans la *common law*, selon laquelle il s'agirait de deux principes indépendants, comme le reconnaît le droit civil.

foi. Ce principe est intimement lié à celui de l'autonomie de la volonté, dès que l'autonomie contractuelle[898] impose la nécessité de négocier et d'exécuter les contrats de bonne foi, dans la tradition coutumière de l'OMC.[899].

§ 2. La bonne foi dans la vente internationale de marchandises

A. Les antécédents historiques

214. Origines - Différent du principe précédent, sa portée est plus limitée dans la *Common Law*, comme nous l'avons vu auparavant.

Certains auteurs de *Common Law* reconnaissent néanmoins les origines françaises du principe[900].

Ses origines dans le droit anglais sont plus tardives que dans le droit civil, elles remontent au XVIIIe siècle. À cette époque, a été rendu le célèbre arrêt *Carter vs. Boehm*[901]. Dans celui-ci, M. Carter, gouverneur de Fort Marlborough, à Sumatra, Indonésie, avait contracté une assurance au cas où le fort tomberait sous l'attaque d'un autre pays, prévoyant une attaque française.

Le fort était capable de résister à une attaque d'indigènes, mais non d'une puissance européenne comme la France, or c'est bien ce qu'il advint lorsque les Français donnèrent l'assaut, le fort tomba entre leurs mains. A la suite de cet événement, M. Carter demanda le paiement à son assureur, M. Boehm, qui lui refusa, car des témoins avaient établi que l'assuré connaissait les limites protectrices du fort et la probabilité d´être attaqué par une puissance européenne, à laquelle il ne résisterait pas.

A cette occasion, Lord Mansfield établit le devoir de bonne foi absolue dans les contrats d'assurance[902]. Ainsi étaient ses propres mots :

« *Premièrement, l'assurance est un contrat basé sur la spéculation.*

Les faits qui dépendent de l'aléa, sont surtout de la connaissance de l'assuré seulement : l'assureur fait confiance à ses représentations, et procède, confiant, que l'assuré n'a pas oublié des circonstances à sa seule connaissance, afin de faire croire à l'assureur que ces circonstances n'existent pas, et lui faire estimer erronément le risque, comme s'ils n'existaient pas. L'omission de ces circonstances est une fraude, et donc l'assurance est nulle »[903].

La portée dudit arrêt se limite donc aux contrats d'assurance.

---

[898] De la volonté.
[899] V. PANIZZON M., "op. cit., p. 61-62.
[900] V. HARISSON Reziya, *Good Faith in Sales*, Sweet&Maxwell, Londres, Angleterre, 1997, p. 685.
[901] 3 Burr. 1905; 97 E.R. 1162
[902] *Utmost good faith* ou *uberrimae fidei.*
[903] V. HARISSON Reziya, op. cit., p. 87.

Or, au-delà du contrat d'assurance et des termes implicites concernant la qualité et l'aptitude des marchandises pour leur vente (elles doivent être d'une qualité « satisfaisante » ce qui est une *condition* essentielle, comme nous l'avons vu dans la première partie, chapitre1), la *Common Law*, à la différence du droit civil, n`établit pas un principe général de bonne foi.

Il importe en effet de noter que la législation anglaise et les avocats outre-Manche ne sont pas familiarisés avec le principe, qui est donc loin d'être considéré comme « général ». Ainsi, par exemple, le ministère de l'Industrie et du Commerce anglais, à propos de la transposition au Royaume-Uni de la directive européenne concernant les clauses abusives dans les contrats conclus avec les consommateurs, a déclaré dans le premier document relatif à sa consultation, deuxième paragraphe, que son effet principal est « l'introduction pour la première fois de la notion de bonne foi dans le droit des contrats au Royaume-Uni »[904].

Certains juristes de *Common Law* estiment, de plus, que la CVIM ne sanctionne pas un principe général de bonne foi[905], mais seulement qu'elle le stipule à propos de l'interprétation des contrats de vente, dans son article 7 n°1 qui prévoit : « *Pour l'interprétation de la présente convention il sera tenu compte de son caractère international et de la nécessité de promouvoir l'uniformité de son application ainsi que d'assurer le respect de la bonne foi dans le commerce international* »[906]-[907].

Néanmoins, d'autres juristes de *Common Law* reconnaissent que la portée du principe mentionné dans la CVIM va plus loin que la simple interprétation. En ce sens (en traduction libre) : « *La loi australienne ne s'est pas encore engagée dans la proposition selon laquelle chaque contrat impose aux parties un devoir de bonne foi et de loyauté*[908] *dans l`exécution et l'application des contrats. Cela peut être mis en contraste avec la CVIM, où la bonne foi a été établie comme un principe non seulement pour l'interprétation de la convention mais aussi comme un principe devant être appliqué dans les négociations entre les parties. Certes, l'approche ou méthodologie adoptée par les cours domestiques semble en faire une acceptation internationale. On pourrait affirmer que la bonne foi est en train de devenir une coutume internationale. Alors, non seulement par analogie il est possible de transplanter le procès de socialisation, mais aussi à travers*

---

[904] Ibidem, p. 3.

[905] V. BRIDGE M., *The International Sale of Goods, Law and Practice*, op. cit., p. 534.

[906] V. GOODE R., KRONKE H. et MCKENDRICK E., *Transnational Commercial Law, texts, cases and materials*, 2e éd., Oxford University Press, Royaume Uni, 2015, p. 233 et s., en citant FARNSWORTH E. Allan, *Duties of Good Faith an Fair Dealing under the UNIDROIT principles*, Relevant International Conventions and National Laws (1995) 3 Tul J Int'l & Comp L47, 56.

[907] D'autres auteurs reconnaissent que la bonne foi est un principe général dans la CVIM. V. dans ce sens : ibidem, p. 237, en citant KASTELY Amy H., *Unification and community : A Rhetorical Analysis of the United Nations Sales Convention* (1987-8) 8 Northwestern J Int'l L & Bus 574, 596-7.

[908] *Fair dealing.*

l'article 9, la bonne foi doit être appliquée à la CVIM. Comme l'article 9 est lié à l'article 8, les parties doivent négocier de bonne foi. L'intention des parties lie les articles 7, 8 et 9 et la bonne foi règle le comportement entre les parties »[909].

Il est clair, à notre avis, que si le principe de bonne foi est un principe général du droit du commerce international, c'est grâce aux juristes français, qui ont su systématiser à la perfection et codifier ces notions développées par le droit canon.

D'ailleurs, si on s'intéresse à l'histoire de la CVIM (actes des Nations Unies[910]), il est reconnu que la France a proposé l'incorporation du principe de bonne foi et a été retenu dans le texte approuvé, alors que la Norvège a conseillé sa suppression. La première position a triomphé et le texte reste ainsi en accord avec la tradition française, de promotion et de protection dudit principe.

B. Les manifestations

215. Comme il est normal dans un rapport qui doit être cordial, les deux parties doivent s'aider, voire collaborer à la consécration de leur but commun, qui est la satisfaction des obligations mutuelles. Il en résulte plusieurs conséquences, issues de la bonne foi, pour les parties à un contrat de vente internationale de marchandises :

1. Le devoir de loyauté dicté par la bonne foi interdit au vendeur de vendre plus de marchandises que le nombre qu'il est effectivement capable de fournir[911], d'offrir à l'acheteur des marchandises qui ne sont pas adaptées aux marchés de destination, ou inutiles à ceux-ci.
2. De même, le vendeur doit suggérer les moyens de transport les plus économiques [912] et les voies les plus courtes. Bref, il doit rendre l'exécution la plus simple possible.
3. Si le vendeur est autorisé à fixer unilatéralement les prix, cette fixation ne peut pas être abusive, comme on l'a déjà vu[913].
4. Le vendeur ne peut pas tromper et faire de fausses représentations sur les marchandises à vendre, ce qui constituerait un dol. De même qu'il ne peut omettre ni se taire sur certaines circonstances dont il a connaissance, et dont la manifestation conduirait l'acheteur à décliner l'achat, ou bien à en réduire le prix, silence qui serait qualifié de réticence dolosive[914].

---

[909] V. ZELLER Bruno, *Damages Under the Convention on Contracts for the International Sale of Goods*, Oceana publications, New York, Etats Unis, 2005, p. 26.
[910] P. 87 CISG official records ; disponible sur : https://www.uncitral.org/pdf/english/texts/sales/cisg/a-conf-97-19-ocred-e.pdf, consulté le 02 mars 2017.
[911] V. TERRÉ F., SIMLER Ph., LEQUETTE Y., op. cit., p. 488.
[912] Civ., 28 nov. 1905, DP 1909.1.193, S. 1909.1.269.
[913] Cass., ass. plén, 1er. Décembre 1995, D.1996.13, note L. Aynès, concl. Jeol.
[914] V. supra.

5. D'autre part, il doit satisfaire ses devoirs de renseignement, conseil et sécurité, déjà étudiés dans le chapitre précédent, qui sont des manifestations du principe de bonne foi.

6. Côté acheteur, il doit recevoir les marchandises à l'époque convenue, sans délais superflus[915], éviter de formuler des réclamations inutiles, payer le prix convenu, ne pas reporter les paiements afin de se procurer du crédit d'une façon indirecte, parmi d'autres hypothèses de déloyauté possibles.

216. Maxime *nemo auditur* - D'après la maxime du droit romain *nemo auditur proriam turpitudinems allegans*, nul ne peut se prévaloir de son dol ou faute lourde, qui sont équivalents.

Si la faute concerne les deux parties, conformément à la maxime associée *in pari causa turpitudinis cessat repetitio*, aucune des deux ne peut agir contre l'autre[916].

Ces maximes de droit romain, recueillies par le droit civil, sont aussi présentes dans la *Common Law*, mais avec quelques petites nuances.

Ainsi, la doctrine de *Common Law* dite de *clean hands* prévoit que si l'une des parties a agi de mauvaise foi contre l'autre, elle ne peut pas être écoutée par le tribunal. C'est une conséquence de la maxime du droit romain *ex dolo malo non oritur actio, nullus commodum capere potest de iniuria sua propria* et *ex iniuria non oritur*[917].

On voit donc que les deux principaux systèmes de droit, même s'ils le font de façon différente, consacrent des exceptions ou défenses qui trouvent leur fondement dans la bonne foi.

217. Délai de grâce et possibilité de réparation - D'après l'article 47 de la CVIM, l'acheteur peut accorder au vendeur un délai de grâce pour accomplir ses obligations, et, dans ce cas, il s'oblige à respecter ce délai ; ce qui est en accord avec les exigences de collaboration des parties et le respect de la parole donnée, émanations de la bonne foi.

Ce délai de grâce est une conséquence, aussi, de la bonne foi et de sa manifestation dans le devoir de collaboration, car il aide à atteindre l'objet du contrat. Selon les mots de la Professeure Carr : « *Non toutes les violations seront fondamentales et permettront à l'une des parties d'éviter le contrat, et même si elles l'étaient, cela ne signifierait pas nécessairement la résolution des contrats. Dès que la philosophie subjacente dans la convention de Vienne c'est de permettre l'exécution en nature, elle a introduit un remède inusuel dans la Common Law – celui de fixer un délai additionnel de temps pour l'exécution. Cette possibilité est disponible pour les deux parties, vendeur et acheteur...* »[918].

---

[915] L'article 60 CVIM oblige l'acheteur à coopérer, il doit *« accomplir tout acte qu'on peut raisonnablement attendre de lui pour permettre au vendeur d'effectuer la livraison »*.

[916] V. TERRÉ, SIMLER et LEQUETTE, op. cit., p. 472.

[917] V. MITCHELL Andrew D., SORNARAJAH M. and VOON Tania, op. cit., p. 29-30.

[918] V. CARR I., op. cit., p. 85.

Dans le même esprit, l'article 48 de la CVIM autorise le vendeur à réparer les défauts de conformité des marchandises, à condition, selon un critère d'évidente justice commutative, que cela n'entraîne pas de préjudices pour l'acheteur (retard ou inconvénients déraisonnables, et remboursement des frais déjà payés par celui-ci).

218. Préservation des marchandises - Côté acheteur, s'il refuse les marchandises, il doit les préserver et peut les retenir jusqu'au remboursement des dépenses de conservation, conformément à l'article 86 de la² CVIM.

Cette règle est une manifestation évidente de l'existence d'un devoir de collaboration réciproque, sanctionné positivement, car même le retard dans l'exécution de la part de l'acheteur, qui aurait pu faire opérer la maxime *non adimplenti contractus*, oblige le vendeur à attendre et à aider sa contrepartie.

S'agissant du vendeur, si les marchandises sont encore en sa possession ou sous son contrôle, lui aussi doit conserver les marchandises si l'acheteur ne prend pas la livraison où ne paie pas leur prix. Il a le même droit de rétention déjà mentionné, d'après l'article 85 de la CVIM.

Dans ce domaine, la Convention de Vienne de 1980 va même plus loin que la loi anglaise de 1979. Cette dernière se limite, dans sa règle 36, à disposer que l'acheteur ne doit pas retourner les marchandises au vendeur[919].

219. Résolution - Dans la perspective de contribuer à remplir le but contractuel, lié à la bonne foi-loyauté, la résolution par infraction aux obligations des parties ne doit pas être extrêmement rigide et opérer pour n'importe quelle infraction contractuelle. En revanche, seules les inexécutions d'une certaine importance, voire essentielles, doivent donner lieu à une action en résolution du contrat de vente de marchandises.

Le critère précédent est établi par l'article 64 de la CVIM, qui stipule le droit du vendeur d'agir en résolution si l'infraction de l'une des obligations de l'acheteur est essentielle, ou, si ce dernier ne paie pas le prix ou ne prend pas livraison dans le délai supplémentaire qui lui est conféré, ou déclare qu'il ne le fera pas.

Mutatis mutandis, l'acheteur, conformément à l'article 49 de la CVIM, peut agir en résolution si l'infraction de l'une des obligations du vendeur est essentielle, ou, si celui ne délivre pas dans le délai supplémentaire qui lui est conféré, ou déclare qu'il ne le fera pas.

De plus, l'article 82 de la CVIM empêche l'acheteur d'agir en résolution ou d'exiger la livraison des marchandises de remplacement, s'il ne peut pas les restituer dans un état identique à celui de sa réception, ce qui est aussi en cohérence avec l'honnêteté caractéristique de la bonne foi.

220. Réduction du prix - D'autre part, la possibilité de demander la réduction du prix, prévue par l'article 50 de la CVIM, est en accord avec cet esprit de collaboration inhérent à la bonne foi, car il prévoit que cette

---

[919] V. dans ce sens : BRIDGE M., *The International Sale of Goods, Law and Practice*, op. cit., p. 585-586.

réduction n'est pas possible si le vendeur répare son manquement à livrer une marchandise conforme, si un délai de grâce lui a été donné, ou si l'acheteur a refusé une réparation ou livraison ultérieure. Ceci est conforme à la bonne foi et l'honnêteté, puisque dans le cas contraire l'acheteur s'enrichirait sans motif (injustement).

221. Exécution en nature - La bonne foi-loyauté oblige, comme règle générale, de remplir les obligations contractées de la façon stipulée au contrat, voire en nature.

Traditionnellement, l'exécution par équivalent en droit civil est résiduelle[920], et n'a lieu que lorsque l'exécution en nature est devenue impossible.

Dans la *Common Law*, la situation est inversée, d'après la maxime *remedies precede rights*[921]. Dès lors, comme nous l'avons vu précédemment, l'exécution en nature dans ce système de droit s'applique essentiellement dans les cas pour lesquels les dommages-intérêts ne satisferaient pas le créancier de l'obligation[922], considérant l'équité ; ou, d'après la règle 52(1) de la loi anglaise sur la vente de marchandises de 1979, s'agissant des espèces ou des biens déterminés.

La CVIM, dans ses articles 28 et 46, a privilégié l'exécution en nature, institution de bonne foi. En effet, comme le relève la Professeure Carr :

« *Il faut noter que dans la convention de Vienne l'exécution en nature n'est pas subordonnée à l'exclusion des dommages-intérêts. Dans le contexte de la vente de marchandises, il est rare de l'obtenir car il est possible de s'approvisionner en marchandises d'un autre marchand. Les cours anglaises sont réticentes à ordonner l'exécution en nature même dans les cas où l'acquisition auprès d'une autre source peut attendre plus de neuf mois comme dans le cas de la Société des industries Métallurgiques S.A. vs. Bronx Engineering Co. Ltd. Cette réticence peut poser des problèmes à l'acheteur. La convention de Vienne suit la tradition du droit civil par rapport à l'exécution en nature et cela n'est pas mal des les problèmes que la chasse des marchandises dans le marché ouvert peut poser* »[923].

222. Bonne foi et atténuation du préjudice – On l'a vu, il n'existe pas d'obligation de réduire le dommage causé dans le droit français[924]-[925].

Dans la *Common Law*, en revanche, il est obligatoire de le faire[926]. Cette règle a par ailleurs été consacrée à l'article 77 de la CVIM, qui oblige de

---

[920] Comme nous l'avons vu, cela a changé en France, avec la réforme du droit des obligations. Ainsi, aujourd'hui il faut qu'elle soit possible et raisonnable, conformément à l'article 1221, nouveau, code civil.

[921] « La procédure d'abord ». En droit Civil la maxime opposée est « pas d'intérêt, pas d'action ».

[922] *Land Rover Group Ltd. vs. UPF (UK) Ltd.*, (2002) EWHC 3183. V. citation n°380.

[923] V. CARR I., op. cit., p. 86-87.

[924] Civ. 2ème., 19 juin 2003, Bulletin 2003 II N° 203 p. 171.

[925] V. supra TERRÉ F., SIMLER P., LEQUETTE Y., p. 960-963.

prendre des mesures raisonnables pour réduire le dommage et sanctionne son omission avec une réduction proportionnelle des dommages-intérêts à allouer au créancier (débiteur de cette obligation).

Cette obligation de réduire les dommages, même si elle a son origine dans la *Common Law*[927], est aussi une manifestation de la collaboration inhérente à la bonne foi. En l'espèce, aider la partie lésée à réduire ses pertes, est une action qui est en accord avec la morale, ou, à tout le moins, avec l'éthique.

Nous pouvons constater ainsi que même si la *Common Law* ne consacre pas un principe général de bonne foi comme le fait le droit civil, indirectement elle en fait application, à travers notamment le devoir de collaboration des parties au contrat de vente de marchandises ; devoir qui est caractéristique de la bonne foi du droit civil et qui finalement a été retenu par la CVIM à l'article 77 précité.

223. Bonne foi et attentes légitimes - Les deux notions sont intrinsèquement liées. Si les parties contractent entre elles c'est par ce qu'elles se font confiance et cherchent à atteindre un but commun avec le contrat de vente de marchandises. En ce sens, les attentes légitimes impliquent que le contrat soit exécuté comme prévu.

Certaines décisions arbitrales de l'OMC ont été favorables à la reconnaissance de l'existence d'un lien entre bonne foi et attentes légitimes[928]. D'autres, toutefois, s'y refusent.[929]

---

[926] *British Westinghouse Electric and Mfg Co. Ltd. vs. Underground Electric Rys Co. Of London Ltd.*, (1912) AC 673

[927] *Hadley rule*, v. supra.

[928] Affaire DS 24, États-Unis – restrictions à l'importation de vêtements de dessous en coton et en fibres synthétiques ou artificielles : dans ce cas, le Costa Rica a demandé l'ouverture des consultations avec les Etats-Unis le 22 décembre 1995, concernant les restrictions appliquées par ce dernier à ses importations de textile. Dans un arrêt rendu aux parties le 8 novembre de 1996, un groupe spécial formé selon la procédure de résolution des différends, a déclaré que les limitations n'étaient pas conformes avec l'accord sur les textiles et les vêtements (traduction libre) : « *basés dans les mots, le contexte et l'objectif général de (l'accord), les membres exportateurs peuvent, légitimement attendre que les sauvegardes transitoires…soient appliquées modérément à fin de servir le fin de protéger les producteurs domestiques des produits égaux et/ou directement compétitifs* » (MITCHELL Andrew D., SORNARAJAH M. and VOON Tania, op. cit., p. 50). La demanderesse a formé un appel sur certains points et l'organe d'appel a fait droit au demandeur et ratifié ses prétentions le 10 février 1997, ce qui a été adopté le 25 février 1997. V. dans : https://www.wto.org/french/tratop_f/dispu_f/cases_f/ds24_f.htm, contrôlé le 09 mars 2017.

[929] Affaire DS 50, Inde-protection conférée par un brevet pour les produits pharmaceutiques et les produits chimiques pour l'agriculture : dans ce cas, les Etats-Unis ont demandé l'ouverture des consultations avec l'Inde, dès qu'ils estimaient que la défenderesse ne conférait pas protection aux brevets des produits pharmaceutiques et chimiques pour l'agriculture, en violant ainsi les articles 27, 65 et 70 de l'accord sur les aspects des droits de propriété intellectuelle qui touchent au commerce. Dans l'arrêt rendu le 5 septembre 1997 le groupe spécial établit que l'Inde avait violé les articles 63 : 1, 63 : 2, 70 : 8 et 70 : 9 de l'accord. L'Inde a formé un appel et l'organe d'appel le 19 décembre 1997 a confirmé l'arrêt, à l'exception de l'article 63 : 1, car il a considéré que cela n'entrait pas dans le cadre du mandat

Il est intéressant de relever au regard de notre objet d'étude le cas *Australia-subsidy GATT 47 panel report* (1950), car il concernait le Chili et l'un de ses principaux produits d'exportation à cette époque, le nitrate de soude.

Les faits étaient les suivants :

Pendant la Deuxième Guerre mondiale, l'Australie avait accordé des subventions à l'importation de nitrate de soude, qui ont duré jusqu'en 1947. A ce moment, le Chili a présenté une réclamation et un groupe spécial a été formé.

Celui-ci a conclu qu'en dépit de l'attente légitime du demandeur, liée au fait que le nitrate de soude et le sulfate d'ammonium (concurrence) seraient traités de la même façon pendant les pénuries de post-guerre et qu'un changement de traitement pour le nitrate de soude dans ce contexte était imprévisible (ce qui a pénalisé les prix du produit chilien par rapport au fertilisant concurrentiel), l'Australie avait agi dans l'esprit du GATT[930] (et donc, de bonne foi).

224. Bonne foi et intégrité du consentement - Les vices du consentement ne sont pas une cause habituelle d'annulation des ventes internationales de marchandises, car les tribunaux arbitraux sont plutôt réticents à les admettre si les parties sont des professionnels qui connaissent très bien leur métier, en règle générale, et restent donc difficiles à tromper[931].

Malgré cela, les hypothèses de réticence dolosive, sont théoriquement possibles, si le vendeur manque à son obligation d'information, élément de collaboration et de bonne foi-loyauté.

225. Estoppel - Cette institution est une conséquence de la bonne foi et applique aussi la maxime romaine reconnue par la *lex mercatoria* : *non licet venire contra factum proprium or allegans contraria non audiendus est*. Elle consiste en l'impossibilité, pour l'une des parties, de se prévaloir d'un acte pour lequel l'autre lui a fait confiance et par la suite celle-ci a subi un préjudice.

Elle oblige les parties à agir avec cohérence.

---

du groupe spécial. Le paragraphe 45 de l'arrêt d'appel stipule : *« 45. Le Groupe spécial applique mal l'article 31 de la Convention de Vienne. Il interprète mal le concept des attentes légitimes dans le contexte des règles coutumières d'interprétation du droit international public. Les attentes légitimes des parties à un traité ressortent de l'énoncé du traité lui-même. Le devoir de celui qui interprète un traité est d'examiner les termes du traité pour déterminer les intentions des parties. Cela devrait se faire conformément aux principes d'interprétation des traités énoncés à l'article 31 de la Convention de Vienne. Mais ces principes d'interprétation ne signifient pas qu'il soit nécessaire ni justifiable d'imputer à un traité des termes qu'il ne contient pas ou d'inclure dans un traité des concepts qui n'y étaient pas prévus »*.

930 Les subventions sont essentiellement transitoires conformément à l'article XVI du GATT.

931 V. JACQUET J-M, DELEBECQUE Ph. et CORNELOUP S., op. cit., p. 267.

Le dictionnaire Dalloz la définit comme suit :

« *(Procédure générale).*

Notion sanctionnant, en Common Law, les contradictions de comportement d'un plaideur au cours des phases successives du procès. Cette application du principe de loyauté procédurale est également reçue en procédure civile française (Com., 20 septembre 2011, n°10-22.888 ; Civ.1re., 24 septembre 2014, n°13-14-534), étant précisé que la seule circonstance qu'une partie se contredise au détriment d'autrui n'emporte pas nécessairement fin de non-recevoir, notamment quand sont en cause des actions de nature distincte n'opposant pas les mêmes parties (Ass.plén., 27 février 2009).

La théorie de l'estoppel a été consacrée par le législateur en matière d'arbitrage, mais selon le Conseil d'État, elle n'est pas applicable à la procédure contentieuse fiscale (avis, 1er avril 2010) »[932].

Dans les procès de l'OMC, l'organe d'appel a toujours rejeté son application. Cela peut être la conséquence de l'opposition de certains de ces membres de reconnaître le caractère général du principe, mais, c'est aussi en contradiction avec l'article 3.10 déjà vu, qui oblige à résoudre les divergences de bonne foi[933].

De même, elle n'a pas de place dans la CVIM d'après le Professeur Bridge, car la restitution serait possible même en cas de revente, transformation ou consommation des marchandises[934].

226. Négociations et phase précontractuelle - Le principe de bonne foi, d'après la conception du droit civil, s'étend à tout l'*iter contractuel* : avant la conclusion du contrat, par opposition au dol et à la réticence dolosive (alors le vendeur doit remplir correctement ses obligations d'information, conseil et sécurité), au moment de la conclusion du contrat, et même après celle-ci.

Il est intéressant de noter que même parmi les auteurs de la *Common Law*, qui estiment en principe que la bonne foi ne constitue pas un principe général dans la CVIM et que sa portée s'attache à l'interprétation des contrats de vente de marchandises, certains admettent qu'elle s'étend aussi aux négociations préliminaires[935].

La rupture fautive des négociations est sanctionnée par le règlement Rome II avec la notion de *culpa in contrahendo*. La loi applicable sera celle correspondant au contrat prévu. Sinon, il faudra appliquer les critères de rattachement propres des obligations délictuelles (lieu du dommage, etc.)[936].

---

[932] *Lexique des termes juridiques 2015-2016*, Dalloz, Paris, 2015, p. 449.

[933] Cf. MITCHELL Andrew D., SORNARAJAH M. and VOON Tania, op. cit., p. 21.

[934] V. BRIDGE M., *The International Sale of Goods, Law and Practice*, 2e édition, Oxford University Press, Royaume Uni, 2007, p. 584.

[935] V. DEEB GABRIEL Henry, *Contracts for the Sale of Goods, A Comparison of U.S. and International Law*, seconde édition, Oxford University Press, New York, Etats Unis, 2009, p. 22-23.

[936] V. JACQUET J-M, DELEBECQUE Ph. et CORNELOUP S., op. cit. p. 695.

227. Phase post contractuelle - Comme nous l'avons dit, le principe intéresse tout l'*iter contractuel*, même après que le contrat ait produit tous ses effets entre les parties.

En conformité avec le principe de bonne foi-loyauté, la CVIM oblige le vendeur, dans ses articles 41 et 42, à garantir l´éviction à l'acheteur, voire le transfert de propriété libre des prétentions ou droits des tiers, spécialement celles liées à la propriété industrielle. Il est logique que nul ne veuille acheter des marchandises gagées, par exemple.

Tous les trois droits comparés dans notre objet d'étude vont dans le même sens[937].

D'autre part, habituellement il est nécessaire de liquider certaines opérations entre les parties après le contrat (commandes en cours, régler des stocks). Ainsi, certaines obligations s'étendent parfois sur plusieurs années ; par exemple celles de non-concurrence ou de confidentialité. Dans ce cas les parties doivent agir avec loyauté entre elles. Souvent on prévoit ces situations dans des clauses spéciales[938].

De même, si l'une des parties demande à l'autre des documents ou des informations plusieurs années après la conclusion du contrat, il y a une obligation de loyauté de les donner (s'ils sont encore disponibles), même après les délais de prescription extinctive, ce qui est une conséquence du devoir de collaboration que la bonne foi exige.

228. Bonne foi et équité - On confond souvent équité et bonne foi, car les deux notions cherchent à privilégier l'esprit du contrat. Elles le font de façon différente, néanmoins.

Si la bonne foi a un rapport endogène avec le contrat, celui de l'équité est exogène[939]. Ainsi, par équité, il a été admis que l'abus dans la fixation du prix dans un contrat cadre devait être sanctionné avec des dommages-intérêts, ou la résolution du contrat le cas échéant, dans le nouvel article 1164 du Code civil français, qui a consacré la jurisprudence de l'Assemblée plénière de la Cour de cassation du 1er décembre 1995.

L`équité peut s'appliquer *contra legem*. De plus les parties peuvent expressément autoriser l'arbitre à statuer *ex aequo et bono*[940]. La bonne foi, cependant, est intimement liée au principe *pacta sunt*[941] dans tout l'*iter contractuel*, elle empêche donc d'aller contre la loi.

229. Relation avec l'excessive onérosité - Nous avons vu que le *hardship* n'est pas acceptée par la *Common Law*[942]. Comme son nom le suggère en anglais (difficultés), les parties doivent chercher des moyens ou

---

[937] Règle 12 (4) de la loi anglaise sur la vente de marchandises de 1979, articles 1625 et s. cod.civ, et 1839 c.c.ch.

[938] V. JACQUET J-M, DELEBECQUE Ph. et CORNELOUP S., p. 306.

[939] V. dans ce sens: TERRÉ, SIMLER et LEQUETTE, op. cit., p. 494-495.

[940] Cf. MITCHELL Andrew D., SORNARAJAH M. and VOON Tania, op. cit., p. 27 et 154.

[941] Ibid, p. 19 et s.

[942] *Tsakiroglou & Co. Ltd vs. Noblee Thorl GmbH*, 1962, AC 93

solutions alternatives aux bouleversements contractuels, les surmonter et satisfaire à leurs obligations contractuelles.

Dans le droit civil, comme nous l'avons aussi relevé, le droit chilien l'a refusé, au niveau des tribunaux ordinaires[943] ; néanmoins, elle est souvent reconnue par les tribunaux arbitraux[944].

La situation en France est particulière. Nous savons qu'il existait une dichotomie entre la jurisprudence du Conseil d'État, qui la reconnaissait, depuis l'arrêt *Compagnie générale d'éclairage de Bordeaux*[945], et celle de la Cour de cassation, qui la rejetait conformément à son célèbre arrêt *canal de Craponne*[946].

Cette situation a depuis évolué, car le nouvel article 1195 du Code civil, issu de la réforme de droit des obligations de 2016, consacre désormais l'imprévision, en trois étapes. Ainsi, les parties peuvent maintenant renégocier, convenir de la résolution du contrat, ou demander au juge sa révision ou sa résolution.

Cette évolution législative est intéressante. La doctrine réclamait une modification en ce sens, sur la base du principe de bonne foi en expliquant qu'une exécution trop stricte des stipulations contractuelles méconnaissait la bonne foi lorsqu'un bouleversement des circonstances rendait la prestation de l'une des parties dérisoires et celle de l'autre trop lourde[947].

Dans la sphère internationale, les oscillations du prix de certaines marchandises sont courantes (pétrole brut, par exemple) et la stipulation de clauses préventives à cet égard est donc généralisée.

La CVIM traite cette difficulté dans son article 79, mais sur la base d'une force majeure « élargie », comme nous le verrons plus avant.

230. L'introduction du principe dans la *Common Law* - Le principe de bonne foi est historiquement limité dans la loi anglaise, depuis le célèbre arrêt *Carter vs. Bohem*[948]. A quelques petites exceptions, qui sont en réalité plutôt des solutions d'équité[949], la *case Law* (jurisprudence du système de *Common Law*) a toujours refusé le principe.

Dans l'arrêt fameux de la House of Lords *Walford vs. Miles*[950], Lord Ackner a indiqué qu'elle s'opposait au caractère contradictoire d'une négociation ou chaque partie a des intérêts qui s'opposent. Il considéra, ainsi en des termes forts, que : « *...la notion d'amener des négociations de bonne*

---

[943] *Galtier Auguste con Fisco,* C.Sup., Cass., 10.JAN.925.

[944] *Inversiones Mónaco Ltda. con ENAP,* juge arbitre M. Carlos Urenda Zegers, 13.NOV.986 ; *Sociedad Constructora La Aguada Ltda. con EMOS S.A.,* juge arbitre M. Claudio Illanes Ríos, ratifié par la Cour Suprême le 10.OCT.994.

[945] CE, 30 mars 1916.

[946] Civ., 6 mars 1876, DP 1876.1.193, note Giboulot.

[947] Cf. TERRÉ F., SIMLER Ph., LEQUETTE Y., op. cit., p. 520-523.

[948] 1766, 3 Burr. 1905.

[949] *Vowles vs. Island Finances Ltd.,* 1940, 4 DLR 357. Dans cette affaire, le sous-acquéreur de bonne foi d'une voiture qui avait été vendue avant sous condition, par la même société vendeuse, a été présumé détenir un juste titre.

[950] [1992] 2 AC 128.

foi est répugnante face aux positions contradictoires des parties soumises dans les négociations. Chaque partie a le droit de poursuivre ses intérêts, à la seule exception du dol. Conformément à cet intérêt, elle peut menacer de se retirer ou simplement le faire dans l'espoir que l'autre cherchera de meilleures conditions. M. Naughton, bien sûr, accepte que l'accord ne contienne pas un devoir de finaliser les négociations. Mais cela, laisse encore ouverte la question principale : comment un vendeur peut-lui faire savoir qu'il a le droit de se retirer de négociations ultérieures ? Un devoir de négocier de bonne foi est impraticable dès qu'il n'est pas consistant avec la position d'une partie négociatrice. Ceci demeure dans l'incertitude ».

Cette argumentation est cependant discutable à deux points de vue : d'un point de vue logique et d'un point de vue scientifique.

a. D'après une perspective logique, si ledit arrêt a sanctionné le dol, il a dû privilégier la bonne foi et la protéger, car dol est synonyme de « mauvaise foi ».

Si d'une part nous rejetons le dol, implicitement et *a contrario* notre argumentation privilégie la bonne foi. Il y a un syllogisme inhérent à l'argumentation retenue :

1) Le dol est toujours inacceptable (prémisse majeure).

2) La mauvaise foi est synonyme de dol (prémisse mineure).

3) La mauvaise foi est toujours inacceptable (conclusion).

b. Par ailleurs, d'après les études scientifiques réalisées depuis les années 1980, attachées notamment à la théorie de la négociation de la Harvard Law School, la négociation peut et doit être raisonnée et non conflictuelle ou contradictoire.

Selon la célèbre école de négociation de Harvard une négociation doit ainsi se baser sur quatre piliers[951] :

1) Il faut séparer les problèmes des personnes.

2) On doit se concentrer sur les intérêts et non pas sur les positions des parties.

3) Il faut explorer toutes les alternatives possibles de solution (*brainstorming*).

4) Il est nécessaire de proposer des solutions fondées sur des critères objectifs.

Presque toute la doctrine moderne confirme ces éléments. Les négociations conflictuelles devraient être l'exception, et non la règle, et se limiter aux cas graves (contreparties conflictuelles)[952]-[953].

---

[951] V. FISHER Roger, URY William, & PATTON Bruce, *Getting to Yes, Negotiating Agreement Without Giving in*, Houghton Mifflin Company, Boston/New York, second edition, 1991.

[952] COHEN Herb, *Negotiate This! By Caring, but not T-h-a-t Much*, Business Plus, New York/Boston, 2003, p. 86.

[953] KENNEDY Gavin, *Everything is Negotiable. How to get the Best Deal Every Time*, RH Books, U.K., 2008, p. 89.

D'autre part, une évolution à cet égard s'est produite en droit positif de la *Common Law*. En effet, le droit commercial américain a consacré expressément la bonne foi[954] ce qui démontre une tendance mondiale et progressive de promotion et protection de la bonne foi « à la française ».

231. La bonne foi et l'abandon progressif de la règle *caveat emptor* - D'après cette maxime romaine, l'acheteur devait faire un examen exhaustif des marchandises qu'il achetait, sous peine de ne pas pouvoir agir en réclamation des défauts de conformité.

Comme nous l'avons vu précédemment, cette règle était présente dans la *Common Law* jusqu'à l'édiction de la loi sur la vente de marchandises de 1893, même si le célèbre arrêt *Heilbutt vs. Hickson* avait déjà consacré la suffisance d'un examen « normal », voire non approfondi ou « destructif » des marchandises[955] . Néanmoins, l'article 14 (2C) de la loi sur la vente des marchandises anglaise de 1979 a exclue la possibilité de réclamation si cet examen révèle les défauts des marchandises[956].

L'article 35 de la CVIM est plus étendu à cet égard, et plus en conformité avec le principe de bonne foi, puisqu'il ne pose pas une règle expresse comme celle de la *Common Law*, ce qui permet des réclamations plus amples pour défaut de conformité[957].

232. Bonne foi et assurance des marchandises - Le contrat d'assurance est considéré comme un contrat *uberrima fidei.* Partant, l'assuré doit donner à l'assureur toutes les informations nécessaires afin d'assurer les marchandises. Le cas échéant, d'après la *Common Law*, les sanctions en cas d'inexécution de cette obligation au profit de l'assureur ou réassureur seront, selon les cas : l'estoppel[958], la nullité par réticence dolosive[959], ou la résolution du contrat[960].

Les contrats d'assurances associés aux ventes internationales de marchandises sont souvent rédigés en anglais, car la langue anglaise est devenue la langue courante du monde des affaires[961].

A défaut de stipulation contractuelle, la loi applicable est celle de la résidence de l'assureur (règlement Rome I, art. 7), sauf en cas de liens plus étroits avec un autre pays[962].

233. Jurisprudence OMC - Chili (taxes sur les boissons alcooliques), affaire DS87 - Il s'agit d'une affaire tout à fait intéressante pour cette étude,

---

[954] L'article 1-304 du Code commercial uniforme des Etats-Unis d'Amérique dispose que tous les contrats qu'il contient doivent être exécutés de bonne foi.

[955] (1872) LR CP 438.

[956] V. BRIDGE Michael, *The International Sale of Goods, Law and Practice*, op. cit., p. 563.

[957] A l'exception de l'article 35 n°3 CVIM (si l'acheteur connaissait le défaut ou devait le connaître au moment de la conclusion du contrat).

[958] V. COX Raymond, MERRETT Louise, SMITH Marcus, *Private International Law of Reinsurance and Insurance*, Informa Law, Londres, Angleterre, 2006, p. 92.

[959] *Misrepresentation, non-disclosure.*

[960] V. COX Raymond, MERRETT Louise, SMITH Marcus, op. cit., p. 93-94.

[961] V. JACQUET J-M, DELEBECQUE Ph. et CORNELOUP S., p. 275.

[962] Ibid, p. 630.

car elle porte sur la vente de marchandises européennes au Chili, le *pacta sunt* et la bonne foi.

Le Chili est un pays émergent. Son économie est principalement basée sur les exportations de minéraux (cuivre, fer), vins et liqueurs (produits surtout à partir de vignobles importés depuis la France au XIXe siècle) fruits, poissons et bois. Les principaux marchés de destination de ces produits sont la Chine, les Etats-Unis d'Amérique, le Japon, le Brésil, la Corée du Sud et l'Union Européenne.

Dans cette affaire, l'Union européenne avait demandé l'ouverture de consultations avec le Chili le 4 juin et le 15 décembre 1997, au motif que celui-ci aurait imposé des taux plus bas à la liqueur nationale « Pisco » par rapport aux liqueurs importées d'Europe, ce qui serait contraire à l'article 3 : 2 du GATT de 1994.

Une deuxième plainte européenne (DS110) visait une modification de la loi interne relative à la taxation des boissons alcooliques au Chili et a été ajoutée à l'originale (DS87).

Dans la décision rendue le 15 juin de 1999, un groupe spécial formé selon la procédure de résolution des différends dans le cadre de l'OMC, a déclaré que le système de taxation chilien était incompatible avec l'article 3 : 2 du GATT de 1994.

La défenderesse a cependant formé un appel fondé sur les arguments suivants :

1. La taxation n'était pas arbitraire comme le pensait le groupe spécial, car son fondement était hybride : la teneur en alcool (taxe spécifique) et les prix des produits (taxe *ad valorem*), et non pas leur origine ou dénomination.
2. Le groupe spécial n'aurait pas considéré que plusieurs alcools de production nationale étaient plus fortement taxés que les produits européens, pour lesdites raisons.

L'organe d'appel de l'OMC a néanmoins fait droit au demandeur et ratifié ses prétentions le 12 septembre 2000.

Le Chili a alors sollicité de l'organe de résolution des différends un délai raisonnable afin d'harmoniser sa législation fiscale interne avec sa position, ce qui s'est finalement produit le 21 mars 2003[963].

C. Les sources positives

234. Sources positives - La bonne foi est consacrée dans de nombreux traités internationaux. Ainsi, l'article 38 (1) (c) du statut de la Cour internationale de justice dispose qu'une des sources du droit à utiliser pour ses jugements sont « *les principes généraux de droit reconnus par les nations civilisées* », parmi lesquels figure la bonne foi.

---

[963] Disponible sur : https://www.wto.org/french/tratop_f/dispu_f/cases_f/ds87_f.htm, consulté le 20 mars 2017.

L'article 7 de la CVIM et les articles 18, 26 et 31 de la Convention de Vienne sur le droit des traités de 1969 font du même.

En outre, les principes d'Unidroit, dans un article 1.7, prévoient :

« *Article 1.7*

(Bonne foi)

a. Les parties sont tenues de se conformer aux exigences de la bonne foi dans le commerce international.

b. *Elles ne peuvent exclure cette obligation ni en limiter la portée* ».

L'article 2 (2) de la Charte des Nations Unies, pour sa part, établit que ses membres doivent remplir leurs obligations de bonne foi.

Les principes du droit européen des contrats, aussi, stipulent dans leurs articles 1-106, 1-201 et 1-202, que les parties doivent agir de bonne foi dans l'exercice de leurs droits et l'exécution de leurs obligations, la promouvoir et collaborer entre eux.

D'autre part, l'article 3.10 du Mémorandum d'accord sur les règles et procédures régissant le règlement des différends de l'OMC, annexe 2, indique : « *Il est entendu que les demandes de conciliation et le recours aux procédures de règlement des différends ne devraient pas être conçus ni considérés comme des actes contentieux, et que si un différend survient, tous les membres engageront ces procédures de bonne foi dans un effort visant à régler ce différend...* ».

Son article 4, relatif aux consultations, ajoute dans un alinéa 3 : « *Si une demande de consultations est formulée en vertu d'un accord visé, le membre auquel la demande est adressée y répondra, sauf accord mutuel, dans les 10 jours suivant la date de sa réception et engagera des consultations de bonne foi au plus tard 30 jours après la date de réception de la demande, en vue d'arriver à une solution mutuellement satisfaisante…* »

Le GATT[964] à l'article XXIII :1 (b) et le GATS[965] dans son article 26.1, font aussi indirectement référence à la bonne foi (par rapport aux plaintes en situation de non-violation et aux attentes légitimes).

L'article 2 A de la loi type de la CNUDCI sur l'arbitrage commercial international - origine internationale et principes généraux - (tel qu'adopté par la Commission lors de sa trente-neuvième session en 2006) établit : « *1) Pour l'interprétation de la présente Loi, il est tenu compte de son origine internationale et de la nécessité de promouvoir l'uniformité de son application et le respect de la bonne foi* ».

Nous pouvons donc affirmer que le principe de bonne foi a reçu une consécration universelle, grâce à sa codification « à la française ».

[964] General agreement on tariffs and trade.
[965] General agreement on trade in services.

D. L'utilité pratique

235. Utilité du principe dans la vente internationale - La bonne foi est dans une certaine mesure l'introduction de la morale dans le droit positif[966], mais elle est plus qu'une notion « idéale » recueillie par les canonistes médiévaux, développée par Portalis, Domat, Pothier et transposée au Code Napoléon, comme le pensent certains juristes de la *Common Law*. D'autres reconnaissent qu'elle a comme conséquence les devoirs de loyauté, coopération et d'information[967].

Elle est à la base du système juridique occidental. De fait, elle a une très grande utilité pratique :

a. Justifie la prise d'une décision dans un litige quand plusieurs sont possibles.

La bonne foi est une notion polyvalente, bien sûr, mais il y en a d'autres aussi dans le droit et elles sont utilisées malgré tout (la justice, par exemple admet plusieurs acceptions : commutative, distributive, sociale, etc.).

b. Sert pour éviter des décisions injustes, c'est à dire, pour maitriser l'application stricte de la loi.

Dans ce sens, les valeurs qui lui sont associées se retrouvent dans des institutions comme l'estoppel, l'abus de droit, les attentes légitimes, le respect des droits acquis, etc.

c. Légitime les arrêts, car elle aide à leur donner de la cohérence interne, par rapport aux valeurs associées à la bonne foi.

Certains arbitres sont parfois critiqués pour avoir un certain « biais » en faveur des grandes sociétés multinationales. Ce risque est réduit considérablement quand ils justifient leurs décisions par des valeurs inhérentes au principe de bonne foi.

Il sera nettement plus difficile de rendre des décisions injustes et *favorables a priori* aux « puissants » économiquement si elles sont rendues en considérant la bonne foi et ses principes corollaires.

d. Aide à réduire les coûts d'exploitation.

Agir de façon honnête dans les relations commerciales est un véritable investissement à court et à long terme. La clientèle se fidélise et les sociétés évitent de payer de lourdes peines.

Le « dieselgate » Volkswagen est un bon exemple à cet égard : un logiciel qui triche lors du contrôle des émissions polluantes et qui a été découvert par les autorités américaines, a obligé le fabriquant automobile à intervenir sur les voitures concernées et à indemniser des milliers de propriétaires de véhicules. Cela a démontré l'importance de vendre des marchandises de bonne foi.

---

[966] V. sur ce point : TERRÉ F., SIMLER Ph., LEQUETTE Y., op. cit., p. 486.

[967] V. MITCHELL Andrew D., SORNARAJAH M. and VOON Tania, op. cit., p. 12.

La facture a été lourde pour la société allemande. Uniquement pour les Etats-Unis elle s'élevait à 17,5 milliards de dollars à la fin de 2016[968]. Le scandale a plombé leurs ventes et la capitalisation de la marque. Certains modèles vont disparaître. De plus, plusieurs revendeurs ont porté plainte contre le fabricant pour les grosses pertes subies à cause de cette tromperie[969]. La traditionnelle fiabilité associée au « made in Germany » a aussi été remise en cause.

e. Le principe est essentiel pour le fonctionnement normal du commerce international.

La libre circulation des marchandises dans l'Union européenne et leur circulation dans le monde entier, suppose que les parties se fassent confiance. Sans cela, les transactions se compliquent et se retardent.

f. Elle aide à l'interprétation des contrats en général et ceux de vente en particulier.

Comme nous l'avons vu, d'après la règle *contre proferentem*, les clauses obscures ou douteuses doivent être interprétées contre le rédacteur. De même, celles qui sont ambiguës doivent s'appliquer restrictivement, d'après l'ancien article 1158 du Code civil français et l'article 1561 du Code civil chilien.

Cette règle interprétative, expression de la bonne foi-loyauté connue comme *in dubio mitus* oblige, si les termes contractuels ne sont pas suffisamment clairs, à préférer la signification qui est la moins onéreuse pour le débiteur[970].

236. D'autres principes généraux - En plus de l'autonomie de la volonté et de la bonne foi, un principe primordial consacré dans la CVIM est celui de la *poursuite du contrat*, principe lié aux deux précédents.

D'après ce principe, selon la règle du droit civil *de minimis*, l'acheteur a droit à une réduction du prix des marchandises si celles-ci comportent des défauts mineurs (et non pas à la résolution).

Dans le même esprit, les parties doivent se donner des délais supplémentaires d'exécution, et poursuivre l'exécution du contrat, comme nous le verrons plus loin.

Ce principe sous-tend les articles 34, 37, 48, 49, 51, 64, 71 et 72 de la CVIM et est une conséquence de la bonne foi-loyauté[971].

D'autres principes sont présents dans la CVIM, comme celui du *caractère raisonnable* (articles 8, 16, 18, 25, 33), du *consensualisme* (article 11), de la *réparation intégrale*[972] (article 74) et de l'*économie* (articles 25, 77).

---

[968] Voir : http://www.lemonde.fr/automobile/article/2017/01/11/la-facture-du-dieselgate-s-envole-pour-volkswagen-aux-etats-unis_5060831_1654940.html, consltè le 02 mars 2017.

[969] Dans ce sens : https://www.nytimes.com/2016/04/07/business/owner-of-3-vw-dealerships-sues-carmaker-over-diesel-scandal.html?_r=0, consulté le 02 mars 2017.

[970] V. MITCHELL Andrew D., SORNARAJAH M. and VOON Tania, op. cit., p. 45 et s.

[971] Dans ce sens, V. DIMATTEO L., DHOOGE L., GREENE S. et alt., *International Sales Law a Critical Analysis of CISG Juriprudence*, Cambridge University Press, New York, Etats-Unis d'Amérique, 2005, p. 25.

SECTION 2. LES SOLUTIONS INSPIRÉES PAR LES PRINCIPES D'UNIDROIT

Jusqu'ici nous avons démontré la primauté du droit civil dans la CVIM, qui a repris plusieurs principes généraux du droit civil dans ses propres dispositions. Un autre instrument d'extrême utilité afin d'harmoniser les règles relatives à la vente de marchandises de la *Common Law* et du droit civil sont les Principes d'Unidroit (P.U.) relatifs aux contrats du commerce international.

Même s'ils ne sont pas un instrument de droit civil au sens strict (au regard de la composition hétérogène d'Unidroit), nous allons voir qu'ils privilégient ce système par rapport à la *Common Law*. Outre le texte exprès des Principes, plusieurs arguments corroborent notre hypothèse :

1) La présence dans le comité pilote d'Unidroit du fameux Professeur René David et d'autres célèbres juristes de droit civil aide à comprendre l'importance accordée aux principes du droit civil.

2) La location géographique de l'institut, à Rome, lieu de naissance du droit civil, nous donne un autre argument afin de comprendre cette prépondérance du droit civil dans cet autre instrument d'harmonisation que sont les Principes d'Unidroit.

3) Parmi les sources directes consultées pour l'élaboration des Principes, plusieurs codes d'origine civile ont été utilisés.

4) Les Principes prennent la forme d'une codification structurée, à la façon du droit civil.

5) Les Principes privilégient la bonne foi, à l'égard du droit civil.

6) Le régime d'interprétation des contrats qu'ils prévoient consacre des techniques du droit civil.

7) Enfin, leur reprise de plusieurs principes généraux de droit civil confirme la relation existante entre les Principes d'Unidroit et le droit civil.

Bien que l'Institut Unidroit ait été créé en 1926, les Principes sont postérieurs à la Convention de Vienne de 1980 (leur première version date de 1994). Néanmoins, le lien avec la Convention est étroit : les Principes aident à combler les lacunes de cette dernière, conformément aux articles 7 n° 2 et 9 n° 2 de la CVIM.

§ 1. Les fondamentaux des principes d'Unidroit

A. Les antécédents historiques

237. Origines - L'Institut international pour l'unification du droit privé (Unidroit) a été créé le 20 avril1926 à Rome.

---

[972] L'indemnisation dans la CVIM suit la règle de droit civil selon laquelle tous les dommages doivent être indemnisés.

63 pays sont membres d'Unidroit, dont la France, le Chili, le Royaume-Uni, la Chine, l'Inde, le Brésil et les Etats-Unis d'Amérique, entre autres.

Son but est l'harmonisation et l'unification du droit privé international. Ainsi, son activité fut associée aux travaux de la CNUDCI[973] qui a notamment élaboré la CVIM de 1980[974].

Depuis 1971, l'Institut a travaillé à l'élaboration de principes relatifs aux contrats du commerce international, finalement publiés en 1994 et ultérieurement révisés en 2004, 2010 et 2016[975].

Les sources directes utilisées ont été le Code civil algérien, la loi chinoise de 1975 sur les contrats économiques étrangers, le Code commercial uniforme américain, les Codes civils des Pays-Bas et du Québec, les règles de la CCI de Paris et UNCITRAL, principalement[976].

On peut considérer que les Principes d'Unidroit sont un instrument de droit civil, dès lors qu'ils se manifestent comme une codification structurée[977]. Néanmoins, on y trouve aussi des institutions relevant de la *Common Law*, comme par exemple l'inexécution anticipée prévue à l'article 7.3.3 P.U.

Même si les Principes ne sont pas obligatoires, ils ont une autorité doctrinale et persuasive certaine et sont utilisés habituellement pas les tribunaux arbitraux, quand il existe une référence expresse à ceux-ci dans le contrat, aux principes généraux ou à la *lex mercatoria*[978], conformément à leur préambule qui dispose : « *Ils peuvent s'appliquer lorsque les parties acceptent que leur contrat soit régi par les « Principes généraux du droit », la « lex mercatoria » ou autre formule similaire* ».

Les P.U. sont aussi utilisés afin de combler des lacunes et d'aider à l'interprétation des contrats de vente internationale de marchandises[979], car ils vont plus loin que la CVIM en encadrant certaines situations non prévues par celle-ci (erreur, contrainte, défauts de représentation, etc.)[980]

Il convient de noter qu'ils ont aussi influencé la législation interne de quelques pays, dont la France[981].

---

[973] Commission des Nations Unies pour le droit commercial international.

[974] Cf. JACQUET J-M, DELEBECQUE Ph. et CORNELOUP S., op. cit., p. 97.

[975] Nous avons travaillé avec la version 2010 (en raison de la bibliographie utilisée et la version 2016 était disponible seulement en anglais au début de cette étude).

[976] V. CARR Indira, op. cit., p. 92.

[977] CLAEYS Ignace, ERAUW Johan, FONTAINE Marcel et alt., *Les principes unidroit relatifs aux contrats de commerce international (éd.2010) et l'arbitrage, actes du Colloque du CEPANI du 24 mai 2011*, Bruylant, Bruxelles, Belgique, 2011, p. 22.

[978] La notion de *lex mercatoria* date d'une cinquantaine d'années et comprend les principes généraux du droit dégagés par la pratique internationale. Néanmoins, ils ne sont pas une codification de la *lex mercatoria*, mais plutôt une sorte d'indice par rapport à leur contenu. Cf. EBERHARD S., op. cit., p. 46.

[979] Ibidem, p. 93.

[980] Ibid.

[981] Le rapport au Président de la République de l'ordonnance nº 2016-131 du 10 février 2016, l'indique ainsi.

B. Les notions de base

238. Nature juridique - Les Principes ne sont pas des traités internationaux comme la CVIM mais des règles générales à vocation mondiale[982] qui ont pour finalité d'équilibrer les intérêts divers[983]. En ce sens, on peut dire qu'ils sont un « *restatement* [984] postmoderne »[985] ou une *soft Law*.

239. Portée des P.U. - Leur utilité principale au regard de la CVIM est de pouvoir combler ses lacunes[986]. Cela est possible car, dans son article 7 (2), elle fait référence comme mécanismes d'intégration aux principes généraux et aux règles de droit international privé. Ainsi, il est habituel qu'ils soient utilisés dans l'arbitrage commercial international[987].

Ce constat est très important et utile. En effet, même si les principes d'Unidroit sont postérieurs à la CVIM et leur champ d'application beaucoup plus large, ils peuvent être utilisés dans tous les cas où ils ne la contredisent pas. Les P.U. sont donc complémentaires[988] de la CVIM. Leur rédaction « didactique » avec des commentaires et exemples pour chaque article, rend leur utilisation très pratique[989].

De plus, leur application est plus « conciliante » que celle des règles de droit international privé, qui impliquent d'opter pour la loi d'un pays[990], en dépit des autres Etats et au détriment de l'application de critères uniformes[991].

Par ailleurs, proches de la technique de la codification, ils aident à éviter la nécessité de contrats internationaux « interminables » comme ceux issus

---

[982] D'autres principes, par contre, comme les principes européens de droit des contrats, ont une vocation différente (tous les contrats européens, de consommation inclus, dans Europe). Dans ce sens : EBERHARD Steven, op. cit., p. 45.

[983] V. CARR I., op. cit., p. 92.

[984] Compilation du droit en vigueur à un moment donné. V. EBERHARD S., op. cit., p. 50.

[985] Ils sont un système ouvert à des cas prévus et non prévus qui privilégie la bonne foi et les usages commerciaux. V. Ibid, p. 51.

[986] Voir dans ce sens : RIMKE Joern, *Force majeure and hardship : Application in international trade practice with specific regard to the CISG and the UNIDROIT Principles of International Commercial Contracts*, disponible sur : http://www.cisg.law.pace.edu/cisg/biblio/rimke.html, contrôlé le 7 avril 2017.

[987] Par exemple, à propos des taux d'intérêt et leur forme d'application, dont l'article 78 de la CVIM ne parle pas et qui est traité par l'article 7.4.9. Unidroit. De même, l'article 25 CVIM se limite à donner une définition "générique" de contravention essentielle, ce qui est clarifié avec plusieurs hypothèses dans l'article 7.3.1. Unidroit. V. Dans en ce sens: BRIDGE M., *The International Sale of Goods*, op. cit., p. 535-536.

[988] Ils reprennent plusieurs fois des solutions consacrées aussi par la CVIM. Cf. EBERHARD S., op. cit., p. 64.

[989] Cf. GOODE R., KRONKE H. et MCKENDRICK E., op. cit., p. 243.

[990] L'application d'un droit national exige souvent de demander des avis de droit à une ou plusieurs des parties, ce qui est souvent couteux. V. EBERHARD S., op. cit., p. 48.

[991] Ibid.

de la *Common Law*, en permettant une interprétation téléologique ou systématique[992].

§ 2. Les relations entre les principes d'Unidroit et les principes généraux du système de droit civil

A. L'autonomie de la volonté

240. Les P.U. et l'autonomie de la volonté - Plusieurs articles des P.U. traitent du sujet. Principalement :

1. L'article 1.1 P.U. établit la liberté contractuelle, en statuant que les parties sont libres de conclure un contrat et d'en fixer son contenu.

2. D'autre part, l'article 1.3 P.U. consacre la force obligatoire du contrat ou *pacta sunt servanda*, de façon similaire à l'ancien article 1134 du Code civil français, en disposant : « *Le contrat valablement formé lie ceux qui l'ont conclu. Les parties ne peuvent le modifier ou y mettre fin que selon ses dispositions, d'un commun accord ou encore pour les causes énoncées dans ces principes* ».

Certaines limitations spécifiques à cette règle seront vues à propos de l'article 7.2.2 PU et de l'exécution en nature.

3. De même, l'article 1.4 P.U. traite des limites générales aux principes, en disposant qu'ils doivent respecter les règles impératives nationales et supranationales, conformément au droit international privé.

4. Pour sa part, l'article 1.5 P.U. établit la faculté selon laquelle les parties peuvent disposer des PU, en dérogeant à leurs dispositions ou effets, à moins qu'ils n'en disposent autrement.

5. L'article 3.1.2 P.U. (validité par seul accord) réaffirme le principe du consensualisme, en stipulant : « *Pour conclure, modifier un contrat ou y mettre fin, il suffit de l'accord des parties et d'elles seules* ».

6. L'article 4.1 P.U. établit comme « règle d'or » pour l'interprétation des contrats, l'intention commune des parties.

7. D'après l'article 4.8 P.U., l'intention des parties doit être retenue afin de se prémunir des omissions dans les contrats.

La portée du principe d'autonomie ne s'étend cependant pas à l'imprévision.

241. L'imprévision - Elle est traitée sous la dénomination anglaise de *hardship* aux articles 6.2.1, 6.2.2 et 6.2.3 P.U.

Le principe, établi par l'article 6.2.1, est que les parties doivent remplir leurs obligations, même si celles-ci deviennent plus onéreuses.

Les P.U. l'illustrent avec un exemple très pertinent pour notre objet d'étude, en indiquant que si l'une des parties s'est obligée à transporter des marchandises d'un pays à un autre à un prix fixe, elle ne peut pas demander

---

[992] Ibidem, p. 50.

une augmentation de ces tarifs en invoquant une hausse des coûts des combustibles, non prévue, conséquence d'un crise politique régionale[993].

La force obligatoire du contrat s'impose ainsi par rapport aux difficultés, mais non pas de façon absolue.

En effet, les deux articles suivants autorisent la renégociation du contrat devenu plus onéreux pour l'une des parties dans le cas ou certaines conditions sont remplies.

242. Conditions d'admissibilité :

a. L'altération des prestations (augmentation des coûts d'une partie ou diminution de la valeur d'une contre-prestation) doit être « fondamentale ».

L'augmentation des coûts, comme l'indiquent les commentaires des P.U.[994], sera souvent la conséquence d'une hausse du prix des matières premières nécessaires pour produire les marchandises (pétrole pour l'industrie du plastique ; lithium pour celle de l'électronique ; cuivre et acier pour le secteur automobile ; coton pour l'industrie textile, etc.).

Même si les principes n'indiquent pas ce qu'il faut comprendre par altération fondamentale, néanmoins, par application des critères de justice commutative et en appliquant aussi l'article 7.3.1 P.U. (droit à la résolution en cas d'inexécution essentielle) par analogie, on pourrait considérer que cela serait le cas si le bouleversement des conditions est supérieur à 50%. La doctrine conclut dans le même sens[995].

Les commentaires des P.U. donnent comme exemple le cas de l'ex R.D.A., où après la réunification allemande il n'y avait plus de marché pour la vente de marchandises électroniques importées des anciennes républiques socialistes (ex-U.R.S.S. et autres), le public n'avait plus d'intérêt pour eux car il préférait les produits japonais ou fabriqués dans l'ex R.F.A., plus performants et modernes. Dans ce cas, la prestation du vendeur perdit totalement sa valeur commerciale.

Dans tous les cas, l'appréciation doit être objective et non pas mesurée seulement par le créancier[996].

b. Le bouleversement de l'économie contractuelle doit survenir après la conclusion du contrat.

Sinon, la partie lésée ne serait pas de bonne foi, car elle agirait avec réticence dolosive, voire en parfaite connaissance des événements devant bouleverser dans le futur l'équilibre contractuel ; équilibre qui est nécessaire dans un rapport de collaboration.

c. L'altération n'était pas raisonnablement prévisible.

Sinon, il y aurait faute.

---

[993] Cf. *Principes d'Unidroit Relatifs aux contrats du commerce international 2010*, op. cit., p. 219.

[994] Ibid, p. 221.

[995] V. CLAEYS Ignace, ERAUW Johan, FONTAINE Marcel et alt., op. cit., p. 104.

[996] Ibid, p. 222.

Les commentaires des P.U. l'illustrent avec l'exemple de la vente du pétrole brut à prix fixe, sans avoir fait pris en considération le risque de guerre dans une zone hautement conflictuelle[997]. Dans ce cas, l'imprévision ne pourrait pas être invoquée, car le défaut de prévision n'est pas raisonnable dans de telles circonstances.

En revanche, si les circonstances étaient prévisibles, mais non pas leur effets, l'imprévision est acceptée. D'après les exemples proposés dans les commentaires des P.U., cela serait le cas d'une dévaluation de l'ordre de 80% dans le délai d'un mois, d'une monnaie qui était en voie de lente dépréciation lors de la conclusion du contrat de vente[998].

On doit noter sur ce point que le *hardship* est souvent associé aux contrats à exécution à long terme, mais non pas limité à ceux-ci.

d. Le bouleversement doit échapper au contrôle de la partie lésée.

Si la partie lésée peut, raisonnablement, surmonter les difficultés, elle a encore le contrôle de la situation, et donc, il n'y a pas de *hardship*, mais seulement une situation défavorable à ses intérêts qu'elle doit assumer.

e. Les risques ne doivent pas avoir été assumés par la partie lésée.

Cela implique l'absence d'une clause d'exonération à cet égard et aussi que la partie lésée n'ait pas assumée ce risque d'après la nature du contrat. Les commentaires des P.U. l'associent aux opérations spéculatives[999].

Au regard de notre objet d'étude, ce serait le cas, par exemple, pour l'achat de marchandises qui apportent une nouvelle technologie pas encore éprouvée.

Comme nous l'avons vu précédemment, l'imprévision n'est pas acceptée dans la *Common Law* comme une cause d'exonération de responsabilité, car elle requiert de toujours chercher un moyen alternatif pour accomplir les obligations des parties, et supporter les surcoûts associés à celle-ci[1000].

S'agissant du système de droit civil, nous avons vu qu'au Chili elle est écartée par les tribunaux ordinaires, en règle générale[1001], et admise exceptionnellement par ceux-ci[1002] et de façon plus large par les tribunaux arbitraux[1003] .

En France, elle était écartée en matière civile après l'arrêt *Canal de Craponne*[1004] mais a été admise en matière administrative avec l'arrêt *Compagnie générale d'éclairage de Bordeaux*[1005].

---

[997] Ibidem.

[998] Ibid., p. 223.

[999] Ibid.

[1000] *Tsakiroglou & Co. Ltd vs. Noblee Thorl GmbH,* 1962, AC 93.

[1001] *"Galtier Auguste con Fisco"*, C.Sup., Cass., 10 janvier 1925.

[1002] *« Guillermo Larraín Vial con SERVIU »*, C.Ap. de Santiago, 14 novembre 2006.

[1003] *Inversiones Mónaco Ltda. con ENAP,* juge arbitre M. Carlos Urenda Zegers, 13.NOV.986. ; *Sociedad Constructora La Aguada Ltda. con EMOS S.A.*, juge arbitre M. Claudio Illanes Ríos, ratifié par la Cour Suprême le 10.OCT.994.

[1004] Civ., 6 mars 1876, DP 1876.1.193, note Giboulot.

[1005] CE, 30 mars 1916.

Mais, comme on l'a noté, après la réforme du droit des obligations par l'ordonnance n° 2016-131 du 10 février 2016, le nouvel article 1195 du Code civil a finalement consacré la théorie de l'imprévision, en permettant aux parties de l'écarter (elle n'est pas d'ordre public). Dans le cas contraire, le contrat pourra être renégocié, résolu, adapté ou révisé par le juge.

Cette modification semble inspirée des P.U., car ceux-ci prévoient les mêmes effets.

Le rapport au Président de la République relatif à l'ordonnance du 10 février 2016 confirme cette influence, en disposant : « *Le sous-titre Ier intitulé « Le contrat » se subdivise en quatre chapitres, relatifs aux dispositions liminaires (chapitre Ier), à la formation du contrat (chapitre II), à son interprétation (chapitre III), et à ses effets (chapitre IV). Le plan adopté se veut donc clair, simple, et chronologique, pour garantir une accessibilité et une compréhension plus aisée que dans le code civil actuel, dont les règles relatives au contrat sont dispersées dans cinq chapitres. A l'instar des PDEC et des principes Unidroit, ce plan chronologique, qui reflète l'entière vie juridique du contrat, de sa formation à sa fin, facilite également la compréhension et l'application des règles énoncées* ».

243. Effets - les P.U. établissent dans l'article 6.2.3 qu'en cas de *hardship* la partie lésée peut demander l'ouverture de renégociations (sans retard et sans suspendre non plus l'exécution de ses obligations), et que si celles-ci échouent dans un délai raisonnable, elle peut saisir le tribunal compétent, qui pourra alternativement adapter le contrat afin de rétablir l'équilibre des prestations ou mettre fin au contrat à la date et aux conditions qu'il fixera, s'il constate l'existence de celle-là[1006].

Néanmoins, il importe de noter que les exemples donnés par les commentaires des P.U. excluent expressément la possibilité de demander une renégociation du prix dans le cas où une clause d'indexation du prix a été prévue[1007].

La demande devra être faite le plus tôt possible, dès que le *hardship* est constaté[1008] et être fondée aussi[1009]. De cette façon, elle devra avoir un motif réel, c'est à dire, la demande de renégociation ne doit pas avoir des fins « tactiques » ou dilatoires, mais être faite de bonne foi[1010].

L'issue des renégociations dépendra des circonstances de l'affaire. Si elles échouent, la partie lésée pourra demander au tribunal compétent la résolution (laquelle aura lieu à la date et aux conditions fixées par le tribunal, ou, l'adaptation du contrat afin de restaurer l'équilibre des prestations). De

---

[1006] L'article 6 : 111 : changement de circonstances, des PDEC, va dans le même sens.

[1007] V. dans ce sens : *Principes d'Unidroit Relatifs aux contrats du commerce international 2010*, op. cit., p. 226.

[1008] Cela pourrait prendre du temps dans le cas de changements des conditions progressif.

[1009] Cf. *Principes d'Unidroit Relatifs aux contrats du commerce international 2010*, op. cit., p. 227-228.

[1010] Ibidem.

plus, le tribunal pourrait encore imposer aux parties de reprendre les renégociations.

Les P.U. donnent comme exemple s'agissant des effets, le cas où l'une des parties s'engage à acheter des marchandises (de la bière) pendant trois ans. Après quelque temps, la législation interne du pays de l'acheteur interdit la vente de boissons alcooliques. Ceci amène des renégociations pendant un mois. Après ce terme, il saisit le tribunal.

Dans ce cas, l'acheteur devrait essayer de trouver un marché alternatif pour son vendeur, auquel cas, s'il réussit à vendre les marchandises, même à un moindre prix, le contrat resterait valable, le prix réduit étant supporté par l'acheteur. Dans le cas contraire, le tribunal pourrait mettre fin au contrat et l'acheteur resterait tenu de payer la dernière livraison en cours[1011].

Finalement, il convient d'insister sur le fait que les P.U. sont très utiles pour intégrer l'institution du *hardship* dans les contrats de vente internationale de marchandises, car la CVIM, dans son article 79, prévoit la force majeure, mais pas l'imprévision[1012]. Dans ce cas, si les parties considèrent dans leur contrat de vente les P.U. comme loi supplétive, le juge pourra modifier le contrat dans les cas d'excessive onérosité. Non pas le cas contraire[1013].

244. Les solutions belge et chilienne - Si en France le problème a été définitivement résolu avec le nouvel article 1195 du Code civil issue de la réforme du droit des obligations de 2016, plusieurs pays qui suivent la technique de codification civile française devront aussi réformer leurs codes et l'harmoniser avec le code français.

Certains ont déjà reconnu l'imprévision[1014]. D'autres, sans réforme, ont trouvé des solutions cohérentes et fondées sur cette théorie. A ce sujet, il est intéressant de citer les cas belge et chilien.

245. Le cas belge - Un arrêt est très intéressant à ce sujet dans la jurisprudence belge : *Scafom International BV & Orion Metal BVBA vs. Exma CPI SA*.

Les faits étaient les suivants :

Il s'agissait d'un contrat de vente de tuyaux métalliques dans lequel les parties n'avaient pas prévu la hausse démesurée du prix de l'acier suite à l'explosion de la demande en Chine.

L'acheteur, une société des Pays-Bas, fit un recours pour une exécution en nature contre la société française venderesse, car cette dernière refusait de continuer à livrer aux prix contractuel, devenus dérisoires dans le contexte international.

[1011] V. *Principes d'Unidroit Relatifs aux contrats du commerce international 2010*, op. cit., p. 229.

[1012] Cf. RIMKE Joern, op. cit.

[1013] Ibidem.

[1014] L'article 1198 du code civil argentin, modifié par la loi n°17.711, consacre l'imprévision.

Le tribunal de commerce de Tongres fit droit à la demanderesse dans un arrêt de 25 janvier 2005, en estimant que la CVIM était applicable dans le cas d'espèce et son article 79 ne trouvait pas application qu'en cas de force majeure. De plus, l'imprévision n'était pas reconnue en droit belge[1015].

La Cour d'appel d'Anvers rendit un arrêt infirmatif le 15 février 2007. Elle considéra que l'article 79 de la CVIM, effectivement, ne règle pas l'imprévision, mais que son article 7.2 rend applicables les principes généraux dont elle s'inspirait, donc, obligeait les parties à renégocier de bonne foi, et condamna l'acheteur au paiement de 450.000 euros.

L'acheteur forma un pourvoi en argumentant que l'article 29, al. 1er, de la Convention de Vienne de 1980 reconnaît le principe de la convention-loi, que l'article 55 CVIM qui dispose que le prix à payer est celui déterminé dans le contrat et que l'article 79 CVIM ne prévoit pas l'exonération en cas d'imprévision. Ces prétentions furent rejetées par la Cour de cassation belge. Cette dernière estima qu'un changement de circonstances de nature à accroître déraisonnablement les prestations peut constituer un empêchement au sens de l'article 79 CVIM. De plus, les articles 7.1 et 7.2 imposent de considérer les principes généraux du droit du commerce international établis dans les P.U. (ceux qui incitaient à renégocier en l'espèce).

246. Le cas chilien - Au Chili, certains auteurs ont proposé la même solution. Ainsi, le Professeur Dörr estime qu'il est possible d'accueillir l'imprévision sans nécessité d'une modification du Code civil chilien[1016]. Il suffit d'une correcte interprétation de la loi, en considération de quatre raisons :

a. Cause de l'obligation : si nous permettions que l'économie contractuelle soit bouleversée jusqu'au but, le contrat deviendrait nul pour absence de cause, ce qui serait contraire à l'article 1467 du Code civil chilien.

b. Conformément aux articles 1440, 1441 et 1444 du Code civil chilien Il est essentiel qu'il y ait une équivalence des prestations dans les contrats onéreux commutatifs, d'après leur nature, ce qui serait rompu si on s'attachait trop rigidement au *pacta sunt servanda*, sans considérer l'imprévision.

c. Le principe de bonne foi est synonyme de loyauté et d'honnêteté.

Tout ce qui s'oppose à ce principe directeur du droit privé doit être écarté. Ainsi, la teneur littérale du contrat ne peut pas contredire ledit principe. Donc, le *pacta sunt* doit rester soumis à la bonne foi et non pas l'inverse.

[1015] Disponible sur : http://cisgw3.law.pace.edu/cases/050125b1.html, consulté le 14 avril 2017.

[1016] DÖRR Z. Juan Carlos, "Notas acerca de la teoría de la imprevisión", *Revista Chilena de Derecho*, vol. 12, 1988.

Conformément à l'article 1546 du Code civil chilien, le contrat oblige non seulement à ce qui est expressément stipulé, mais aussi à ce qui suit d'après sa nature, et partant oblige à agir de bonne foi.

Exiger des prestations devenues excessivement onéreuses attenterait au devoir de collaboration inhérente à la bonne foi loyauté et cela doit donc être écarté.

d. Si on n'accepte pas les arguments précédents, il faut par équité (reconnue par plusieurs dispositions légales au Chili : article 170 n° 5 c.p.c.ch., 24 c.c.ch. et 73, al. 2 c.p.r. de 1980) reconnaître la doctrine et le droit comparé qui reconnaissent la théorie de l'imprévision.

Le Professeur Alcalde[1017], de son côté, en commentant l'arrêt *« Guillermo Larraín Vial con SERVIU »*[1018], estime que l'application directe des principes généraux de droit (bonne foi, interdiction de l'enrichissement injuste et abus de droit) aurait permis de recueillir la théorie de l'imprévision dans ladite affaire.

En relation avec l'imprévision, il convient de mentionner l'encadrement de la force majeure par les P.U.

247. La force majeure - Conformément à l'article 7.1.7 P.U., la force majeure exonère de responsabilité contractuelle le débiteur d'une obligation inexécutée à cause de celle-ci.

Cet article reprend le nom (force majeure) et certaines conditions du droit civil, comme le sont les caractères imprévisible et insurmontable de l'évènement[1019], mais aussi d'autres de la *Common Law* (*frustration and impossibility of performance*).

Rappelons que la doctrine anglaise de la *frustration* trouve ses origines dans l'affaire *Taylor vs. Caldwell*[1020]. Dans celle-ci, l'incendie d'un théâtre où des concerts avaient été prévus a été retenu comme constitutif d'une hypothèse de *frustration* du contrat, non imputable aux parties, anéantissant le contrat par impossibilité d'exécution.

La *frustration* peut se produire en droit anglais comme conséquence de la perte de l'objet du contrat et aussi à cause de prohibitions légales[1021]. Elle est plus ample que la doctrine de la force majeure du droit civil, car elle s'étend à d'autres situations que celle de la seule impossibilité d'exécution. Ainsi, par exemple, dans l'affaire *Krell vs. Henry*[1022], un bail conclu afin de voir de près le couronnement du roi Edouard VII, a été résolu suite au changement de date de l'évènement.

[1017] ALCALDE R. Enrique, *Revista Chilena de Derecho, Vol. 34, No. 2 (Mayo - Agosto 2007)*, pp. 361-372.

[1018] C.Ap. de Santiago, 14 novembre 2006, n°6812-2001.

[1019] Article 1218, nouveau, code civil et 45 c.c.ch.

[1020] (1863) 3B & S 826, 122 ER 309

[1021] Voir en ce sens : RIMKE Joern, op. cit.

[1022] (1903) 2 KB 740.

Comme nous l'avons vu, la règle 7 de la loi anglaise de 1979 [1023] dispose à cet égard que dans les promesses de vente d'espèces, si l'objet disparaît après sa conclusion, sans faute des parties, et avant que le risque passe à l'acheteur, il n'y aura pas de contrat de vente.

248. Conditions d'admissibilité :

1. Le débiteur doit notifier au créancier qu'il est empêché d'exécuter, les causes et les conséquences de cet empêchement.

Sinon, il est tenu à des dommages-intérêts envers le créancier.

2. Les faits constitutifs de l'empêchement doivent avoir été imprévisibles.

Il y a un cas intéressant à citer à ce sujet.

Les faits étaient les suivants :

Une société mexicaine s'engageait à vendre des courgettes et des concombres à une société américaine pendant une période d'un an. Le contrat était soumis aux P.U.

L'acheteuse porta plainte contre la vendeuse auprès du centre d'arbitrage du Mexique parce qu'elle n'avait pas été livrée dans les délais convenus.

La défenderesse opposa l'exception de force majeure, car selon elle le phénomène climatique « El Niño »[1024] était la cause de l'inexécution de son obligation de livrer ; selon elle il s'agissait là d'un cas de force majeure ou de *hardship*.

Dans son arrêt du 30 novembre 2006, le tribunal arbitral fit droit à la demande de l'acheteuse, au motif que le phénomène climatique invoqué, bien qu'insurmontables (pluies torrentielles et inondations) était non imputables au débiteur, n'était pas en l'espèce imprévisible. De fait, les phénomènes climatiques type « El Niño » sont récurrents dans le Pacifique, donc, prévisibles. De plus, la défenderesse n'avait pas pris la précaution d'informer l'acheteuse de ces difficultés d'exécution contractuelle.

En ce qui concerne une éventuelle situation de *hardship*, le tribunal conclut que d'après l'article 6.2.3 P.U., elle ouvre droit à renégocier, et non à une exonération de responsabilité[1025].

3. Les faits constitutifs de l'empêchement doivent être insurmontables aussi.

C'est la différence fondamentale avec le *hardship* ou la partie lésée se trouve dans des conditions plus difficiles pour accomplir ses obligations, cependant ces conditions ne sont pas insurmontables, mais seulement plus onéreuses et préjudiciables à ses intérêts.

Les commentaires des P.U. donnent comme exemple le cas où l'acheteur s'est obligé à payer dans une monnaie étrangère (dollars des Etats-Unis

---

[1023] *Sale of Goods Act, 1979.*

[1024] El Niño est un phénomène océanique à grande échelle du Pacifique, affectant le régime des vents, température de la mer et les précipitations. Source : http://www.meteofrance.fr/climat-passe-et-futur/comprendre-le-climat-mondial/el-ninola-nina, consulté le 09 avril 2017.

[1025] Cf. CLAEYS Ignace ; ERAUW Johan, FONTAINE Marcel et alt., op. cit., p. 107-108.

d'Amérique) et que par la suite, en raison d'un contrôle strict des changes, il est impossible de payer dans cette devise. Dans ce cas, les P.U. autorisent le débiteur à mettre fin au contrat[1026].

249. Effets - Si l'imprévision permet la révision du contrat, afin de rééquilibrer les prestations des parties, la force majeure libère de façon définitive ou transitoire les parties de leurs obligations.

Conformément à l'article 7.1.7 P.U., le débiteur est dispensé de payer des dommages-intérêts.

Si l'inexécution est essentielle, la résolution du contrat est possible[1027].

A défaut, le créancier de l'obligation inexécutée peut suspendre ses propres obligations.

La suspension des obligations de la partie lésée sera la conséquence la plus fréquente de la force majeure. Les commentaires des P.U. indiquent que cela sera plus ou moins long, en fonction des circonstances de l'espèce[1028].

Finalement, il existe l'alternative de renégocier.

B. La bonne foi

250. Les principes d'Unidroit et la bonne foi - Les P.U. ne définissent pas la bonne foi. Ils se limitent à établir, à l'article 1.7 n° 1, que les parties doivent agir de bonne foi dans le commerce international, et d'indiquer qu'il s'agit d'une norme impérative, à laquelle les parties ne peuvent déroger, dans son n° 2.

De son côté, l'article 5.1.3 P.U. établit que les parties ont entre elles un devoir de coopération dans l'exécution de leurs obligations. Comme l'indiquent les commentaires des P.U., certaines situations demandent une collaboration plus active à cette fin.

Ils l'illustrent avec un cas contraire à la bonne foi, celui dans lequel une des parties achète toutes les marchandises disponibles dans le marché, laissant l'autre dans l'impossibilité de s'approvisionner pour accomplir son obligation de livraison à la première, établie dans un contrat de vente[1029].

La protection de la bonne foi se retrouve dans plusieurs dispositions des P.U. (dans l'article 4.8 comme mécanisme pour sauver des omissions dans le texte du contrat, article 7.1.6 par rapport aux clauses exonératoires inéquitables, article 7.1.7 en relation avec l'exonération en cas de force majeure, article 7.2.2 par rapport à l'exécution en nature déraisonnable, article 7.4.8 en relation avec l'atténuation du préjudice, article 7.4.13 en relation avec l'indemnité établie au contrat excessif, articles 2.1.15 et 2.1.16

1026 V. *Principes d'Unidroit Relatifs aux contrats du commerce international 2010*, p. 244-245.

1027 Ibidem, p. 245.

1028 Ibid.

1029 V. *Principes d'Unidroit Relatifs aux contrats du commerce international 2010*, Unidroit, Rome, Italie, 2011, p. 155.

par rapport aux négociations, etc.)[1030]. Nous le verrons au cas par cas. Il est intéressant de noter la protection élevée accordée à la sauvegarde du principe, car les P.U. imposent l'obligation élargie de préserver les droits de l'autre partie, même, pendant une condition[1031], et la prohibition contenue dans l'article 5.3.3 P.U. de se prévaloir de sa non-réalisation[1032] ou de sa réalisation[1033], à la partie qui a empêché ou provoqué l'événement, respectivement[1034].

251. L'estoppel - L'article 1.8 P.U. établit la prohibition connue dans le système de droit civil par la maxime *venire contra factum proprium*, dénommée estoppel dans la *Common Law*.

Il peut s'agir de faits ou d'omissions[1035] qui ont suscité chez l'autre partie une attente relative au contrat ou à son exécution.

Les P.U. donnent plusieurs exemples relatifs à la réticence dolosive de l'une des parties qui se tait alors que l'autre continue d'agir dans l'erreur.

La conséquence est que la partie qui a agi de mauvaise foi ne peut pas se prévaloir de l'erreur de sa contrepartie.

Pour notre objet d'étude, il est intéressant de citer le deuxième exemple posé par les P.U. à ce sujet : « *2. B a commis l'erreur de croire qu'il pouvait exécuter son contrat avec A d'une façon particulière. A en est conscient et n'intervient pas alors que B en poursuit l'exécution. B et A se rencontrent régulièrement. L'exécution par B fait l'objet d'un examen entre les parties mais A ne fait aucune référence à l'erreur de B. A ne pourra insister pour dire que l'exécution n'était pas celle requise en vertu du contrat* ».

Nous pouvons penser au cas dans lequel le vendeur livre des marchandises d'une certaine qualité, à plusieurs reprises, et à un moment donné l'acheteur indique au vendeur qu'il ne s'agit pas de la qualité convenue.

Dans ce cas, la réticence, voire le silence permanent de l'acheteur, empêche de réclamer ultérieurement, car son attitude s'oppose au devoir de collaboration et de délicatesse inhérents à la bonne foi.

[1030] Cf. EBERHARD, op. cit., p. 72.
[1031] L'article 5.3.4 PU dispose à cet égard : *« avant la réalisation de la condition une partie ne peut pas, contrairement au devoir d'agir de bonne foi, faire en sorte de porter atteinte aux droits de l'autre partie pour le cas où la condition se réaliserait »*.
[1032] Art. 5.3.3 n°1 PU
[1033] Art. 5.3.3 n°2 PU
[1034] Cf. CLAEYS Ignace ; ERAUW Johan, FONTAINE Marcel et alt., op. cit., p.28.
[1035] Ibidem, p. 23.

§ 3. La formation du consentement à l'égard des principes d'Unidroit

A. La phase précontractuelle

252. Les P.U. et les négociations - L'article 2.1.15, n°1 P.U. consacre la liberté de négocier et de se retirer des négociations. La seule limitation est que les parties doivent agir de bonne foi, ce qui est prévu dans le n° 2 de l'article précité.

Par suite, si l'une des parties cause des préjudices à l'autre, à l'occasion d'une rupture fautive ou dans la conduite des négociations, elle devra l'indemniser.

Le n° 3 du même article établit que celle des parties qui n'a pas l'intention de parvenir à un accord définitif est de mauvaise foi.

La rupture brutale ou fautive des pourparlers est sanctionnée par les P.U., de la même façon que dans le droit civil[1036].

Une hypothèse du n° 3 de l'article précité serait le cas dans lequel, par exemple, l'une des parties entame de longues négociations avec l'autre, sans avoir aucune volonté sérieuse de contracter avec elle, mais seulement pour obtenir des secrets industriels ou commerciaux, ou connaître les marges possibles pour la fixation de prix léonins pour des marchandises.

Les hypothèses possibles sont infinies. Des exemples (non limités) donnés par les commentaires officiels des P.U. (vente d'un restaurant, de matériel militaire, prêts bancaires, etc.), nous pouvons extraire les hypothèses suivantes comme constitutives de négociations de mauvaise foi :

a) Les négociations menées dans le seul but d'éviter la vente à un concurrent.

Dans ce cas, la partie fautive devra indemniser la différence de prix au vendeur qui a obtenu un moindre prix de vente, conséquence de cette *mise en scène*.

b) La poursuite des négociations en sachant qu'il sera impossible d'obtenir certaines autorisations indispensables à l'importation.

Il s'agit d'une action dolosive. La partie fautive devra indemniser à la partie lésée les coûts postérieurs à sa prise de connaissance des difficultés.

c) La négociation avec défaut de pouvoirs de représentation nécessaires pour souscrire un contrat, qui se traduit en un retard dans la souscription d'un contrat avec un tiers.

Dans ce cas, la partie lésée a droit à un « *reliance* »[1037]-[1038] afin d'être indemnisée pour l'occasion manquée.

d) Rupture des contrats préliminaires.

[1036] *Manoukian,* Cass. Com, 26 novembre 2003, D. 2004. 869, note A.-S. Dupré-Allemagne ; *Forestal Bío-Bío con Madesal y otra »,* C. Ap., Concepción, 1996, Civ. N° 374-93.

[1037] Intérêt négatif.

[1038] D'après les commentaires des P.U., le créancier ne recouvre pas généralement l'*« expectation »* (intérêt positif) si le contrat original avait été conclu. Cf. *Principes d'Unidroit Relatifs aux contrats du commerce international 2010*, op. cit., p. 63.

La partie lésée a le droit de demander l'exécution des contrats définitifs.

e) Changement du prix convenu dans les pourparlers.

Si cela a demandé des investissements, la partie lésée a le droit d'être remboursée des dépenses encourues.

Dans tous les cas, les parties lésées pourraient obtenir l'allocation de dommages-intérêts, en règle générale, et d'autres remèdes (exécution du contrat) si elles se sont expressément imposé un devoir de négocier de bonne foi[1039].

B. La phase contractuelle

Le consensualisme est consacré par l'article 3.1.2 P.U. (validité par seul accord).

253. L'offre - Comme en droit civil français[1040], l'offre doit être précise et ferme, selon l'article 2.1.2 P.U.

Elle peut être rétractée (même irrévocable) si elle parvient à son destinataire avant ou au même moment que l'acceptation, d'après l'article 2.1.3., n° 2 P.U., et révoquée, comme dans la *Common Law*[1041], c'est à dire, avant l'expédition de son acceptation, conformément à l'article 2.1.4., n° 1, P.U.

Exceptionnellement, il n'est pas possible de la révoquer quand un délai est associé à l'acceptation ou quand elle est irrévocable.

L'offre est privée d'efficacité dès lors qu'il y a rejet ou contre-offre.

254. L'acceptation - D'après l'article 2.1.6 P.U., l'acceptation peut être expresse ou tacite[1042], et, comme le droit français[1043], il reconnaît la théorie de la *réception*[1044] car son numéro 2 établit : « *L'acceptation d'une offre prend effet au moment où l'indication d'acquiescement parvient à l'auteur de l'offre* » (les articles 1.10, n° 2 et 2.1.3, n° 2 P.U. établissent que les notifications et l'offre prennent effet dès qu'elles parviennent au destinataire).

Le contrat se conclut dès l'acceptation ou quand on constate un comportement qui justifie l'accord des volontés, selon l'article 2.1.1 P.U.

D'après les commentaires officiels, la raison de cette disposition se trouve dans la complexité des contrats internationaux, qui rendent parfois difficile la détermination du moment précis de la formation du

---

[1039] Ibidem.

[1040] Article 1114, nouveau, code civil.

[1041] *Dickinson vs. Dodds*, (1876) 2 Ch D 463.

[1042] Le transport de marchandises est considéré expressément comme une hypothèse d'acceptation tacite. V. dans ce sens : *Principes d'Unidroit Relatifs aux contrats du commerce international 2010*, op. cit., p. 46.

[1043] L'article 1121 code civil consacre la théorie de la réception, comme nous l'avons vu avant.

[1044] La raison serait que souvent c'est le destinataire de l'offre qui choisit le moyen d'expédition, et donc, qualifie leurs risques. Cf. *Principes d'Unidroit Relatifs aux contrats du commerce international 2010*, op. cit., p. 47.

consentement, suite à l'existence d'opérations complexes et successives[1045]. Ils donnent comme exemple de formation du consentement, le cas où les parties commencent à exécuter leurs prestations sans avoir la clarté sur ce moment et indiquent que dans ces cas un tribunal arbitral pourra décider que le consentement est formé, dès qu'il y a une claire intention des parties d'être liées par le contrat.

Comme en droit français[1046], le silence ne vaut pas acceptation, en règle générale, à moins que les usages[1047] ou les pratiques des parties lui donnent cette signification.

L'offre, si elle est verbale[1048], doit être acceptée immédiatement. Si elle est écrite, dans le délai stipulé par l'auteur de l'offre ou, sinon, dans un délai raisonnable[1049]-[1050], selon l'article 2.1.7. P.U.

L'acceptation tardive peut produire des effets, voire former le consentement, si l'offrant informe le destinataire de son intention de l'accepter, selon l'article 2.1.9 P.U.[1051]. Dans ce cas, le consentement est formé le jour où cette acceptation tardive parvient à l'offrant[1052]. De même, l'acceptation qui arrive tardivement à cause de retard dans sa transmission (problèmes avec la poste dans une communication écrite ou avec le serveur s'agissant d'une communication électronique, par exemple) peut former le consentement, à condition que l'expéditeur démontre qu'il l'a envoyée dans les temps et que l'offrant ne s'y oppose pas[1053].

Comme l'offre, l'acceptation peut faire l'objet d'une rétractation si elle parvient au même moment qu'elle, en conformité à l'article 2.1.10 P.U.[1054].

D'après l'article 2.1.11 P.U., toute addition, modification ou limitation posée par rapport à l'offre, et qui l'altèrent substantiellement (prix, lieu et

---

1045 *Principes d'Unidroit Relatifs aux contrats du commerce international 2010*, op. cit., p. 36-37.

1046 Art. 1120, nouveau, code civil.

1047 C'est le cas, du silence circonstancié, voire quand un comportement prend la forme du paiement du prix, transport des marchandises par voie aérienne ou par un autre moyen de transport rapide, ou quand la banque ou le transporteur notifie à l'auteur de l'offre le transfert de fonds ou l'expédition des marchandises. Cf. *Principes d'Unidroit Relatifs aux contrats du commerce international 2010*, op. cit., p. 47.

1048 Les PU assimilent les offres électroniques aux offres verbales, donc, on doit y répondre sans délai. Cf. *Principes d'Unidroit Relatifs aux contrats du commerce international 2010*, op. cit., p. 49.

1049 En considération des moyens de communication utilisés par l'auteur de l'offre.

1050 Conformément à l'article 1.12, en règle générale, les jours fériés sont comptés dans les calculs. Cependant, si un délai expire un jour férié, il est prorogé jusqu'au premier jour ouvrable suivant et les zones horaires à considérer sont ceux de la partie qui fixe le délai (à moins que les circonstances n'indiquent autre chose).

1051 Equivalent au 21 CVIM.

1052 V. *Principes d'Unidroit Relatifs aux contrats du commerce international 2010*, op. cit., p. 51.

1053 Ibid, p. 51-52.

1054 Equivalent au 22 CVIM.

moment d'exécution, règlement des différends, etc.), constituent des contre-propositions.

Autrement, si après la conclusion l'une des parties envoie à l'autre des modifications ou additions, celles-ci sont valides, à condition qu'elles n'altèrent pas l'essence du contrat et que le destinataire n'exprime pas son désaccord, conformément à l'article 2.1.12 P.U.

Les parties peuvent donner aussi le caractère essentiel à un élément accidentel du contrat, selon l'article 2.1.13 P.U. Dans ce cas, l'accord des parties est fondamental pour que le contrat soit conclu[1055].

Cependant, les parties peuvent laisser la détermination d'une clause à un tiers ou à un accord ultérieur, ce qui n'affecte pas la validité du contrat déjà formé, à condition qu'il y ait un autre moyen de déterminer cela[1056].

§ 4. Les effets du contrat à l'égard des principes d'Unidroit

A. Les sanctions de l'inexécution des obligations contractuelles

255. Exécution en nature et réduction du prix - L'exécution en nature est la mise en œuvre la plus directe du principe *pacta sunt servanda*[1057], car au terme de celle-ci le créancier obtient une prestation identique à celle stipulée dans le contrat.

Comme nous l'avons vu précédemment, l'exécution en nature est la règle d'or dans le système de droit civil, contrairement à la *Common Law* ou la *specific performance* reste exceptionnelle, voire un remède limité aux cas où elle est indispensable au créancier[1058], par rapport aux obligations de livrer des espèces ou biens déterminés[1059], ou comme une solution d'équité.

Les rédacteurs des P.U. ont eu recours à une technique classique pour l'élaboration d'instruments uniformes, en utilisant la solution d'un système de droit comme règles principales, en l'espèce le système de droit civil, et en y associant les règles d'un autre, en l'occurrence la *Common Law*, à titre d'exceptions[1060].

[1055] Les PU donnent comme exemple un accord par rapport au paiement des frais des campagnes publicitaires. Si les parties se sont accordées pour dire que cela serait essentiel pour la formation du consentement. Cf. *Principes d'Unidroit Relatifs aux contrats du commerce international 2010*, op. cit., p. 58.

[1056] Art. 2.1.14 PU.

[1057] V. CLAEYS Ignace ; ERAUW Johan, FONTAINE Marcel et alt., p. 131.

[1058] *Land Rover Group Ltd. vs. UPF (UK) Ltd.*, (2002) EWHC 3183 (cour commerciale), comme nous l'avons vu dans le premier chapitre, dans ce cas le demandeur avait besoin d'un châssis particulier pour un de ses modèles. Donc, l'exécution en nature était indispensable.

[1059] Règle 52 (1) s.g.a.

[1060] V. dans ce sens : CLAEYS Ignace ; ERAUW Johan, FONTAINE Marcel et alt., p. 132.

Ainsi, les P.U. établissent l'exécution en nature comme règle générale pour les obligations non pécuniaires[1061] à l'article 7.2.2, soumis à certaines exceptions, notamment celle relative à l'*efficient breach* prise de la *Common Law* (inexécution efficace) et consacrée au c) dudit article selon lequel le débiteur peut s'exonérer de sa prestation dans le cas où il peut obtenir un bénéfice supérieur d'une autre transaction commerciale. Il devra néanmoins rembourser les pertes du créancier.

Dans les transactions de couverture, c'est à dire, celles qui ont pour but de se procurer l'objet du contrat chez un tiers[1062], en conformité avec l'article 7.4.5 P.U., le créancier aura droit à la différence entre le prix du contrat initial et celui du contrat de remplacement et aussi à des dommages-intérêts pour tout préjudice supplémentaire. Sinon, l'opération de remplacement ne serait pas raisonnable pour le créancier et la règle générale d'exécution en nature devrait être soutenue[1063].

Autres exceptions concernant l'impossibilité d'exécuter en nature, en fait ou en droit[1064]-[1065], les obligations *intuitu personae* quand le créancier ne demande pas l'exécution dans un délai raisonnable[1066], prévues aux a), d) et e) de l'article 7.2.2 P.U.

Le droit à l'exécution en nature comprend le droit à réparation et au remplacement, établi dans l'article 7.2.3 P.U. ; à cause d'une livraison de marchandises défectueuses ou de paiements insuffisants ou dans des monnaies autres que celles prévues au contrat[1067].

Or, une difficulté surgit quant à l'exception établie au b) de l'article 7.2.2, qui a lieu quand les frais d'exécution sont trop élevés (« les voies d'exécution exigent des efforts ou des dépenses déraisonnables »).

Dans des conditions normales, la réduction du prix serait la solution à une exécution en nature devenue plus onéreuse. Ainsi, les commentaires des P.U. donnent comme exemple le cas où une voiture nouvelle est vendue avec un léger défaut de peinture[1068] et indiquent que si le coût pour repeindre est supérieur à celui de la diminution de sa valeur, l'acheteur peut seulement demander la réduction du prix d'achat.

[1061] Le paiement peut être fait, selon les articles 6.1.7 et 6.1.8 PU par tout moyen en usage dans le commerce, par exemple, par transfert des fonds (s'agissant des chèques, néanmoins, il est soumis à la condition d'être honoré).

[1062] V. EBERHARD S., op. cit., p. 118-119.

[1063] V. CLAEYS Ignace ; ERAUW Johan, FONTAINE Marcel et alt., p. 134.

[1064] Dans ce cas le créancier pourra agir en dommages-intérêts (sauf si cette impossibilité est la conséquence d'une force majeure), en résolution ou suspendre l'exécution de ces obligations. Cf. EBERHARD S., op. cit. p. 115.

[1065] Si l'impossibilité est due à une nullité, l'article 3.1.3 serait applicable, d'après les commentaires aux PU. Cf. *Principes d'Unidroit Relatifs aux contrats du commerce international 2010*, p. 249.

[1066] Exception établie afin d'éviter la spéculation, selon les PU. Cf. *Principes d'Unidroit Relatifs aux contrats du commerce international 2010*, p. 251.

[1067] Ibidem, p. 252.

[1068] Ibid., p. 253.

Un problème se pose, cette disposition doit être conciliée avec l'article 6.2.1 PU, qui impose l'exécution de la prestation même si l'obligation est devenue trop onéreuse.

Pour certains auteurs, la seule solution possible se trouverait dans une interprétation systématique, ce qui permettrait de rendre cohérentes ces deux normes apparemment antinomiques. De cette manière, le *hardship* devrait être considéré comme la règle générale, et donc, la renégociation serait la solution idéale lorsque l'exécution en nature est devenue trop onéreuse. Seulement de façon exceptionnelle on pourrait échapper à la règle de l'article 6.2.1 P.U., quand l'adaptation est impossible. Dans ce cas, le b) de l'article 7.2.2 P.U. serait applicable, et non avant[1069]. Le principe *favor contractus*, issu de *pacta sunt* et directeur des P.U. impose de procéder ainsi.

Des cas extrêmes pourraient être constitutifs d'une force majeure[1070].

256. Dommages-intérêts - Les *unliquidated damages* sont la règle d'or en cas d'inexécution dans la *Common Law* mais ils constituent une voie d'exécution par équivalence, voire subsidiaire, ainsi qu'une sanction pour exécution tardive dans le système de droit civil, comme nous l'avons vu précédemment.

Dans le même sens que le droit civil, les P.U. établissent dans leur article 7.4.1 que l'inexécution donne lieu à des dommages-intérêts à titre exclusif ou complémentaire, sans besoin de prouver la faute du débiteur. Donc, ils peuvent avoir un caractère compensatoire ou moratoire, comme en droit civil.

Ils ne seront pas exigibles, néanmoins, en cas d'inexécution pour cause de force majeure, de *hardship*, selon l'article 6.2.1 P.U. et en cas de stipulation de clauses exonératoires[1071].

Il faut noter, cependant, qu'en cas de force majeure, si le débiteur de l'obligation inexécutée ne notifie pas le créancier, ou que la notification ne lui parvient pas dans un délai raisonnable, il sera tenu à des dommages-intérêts envers son cocontractant, d'après l'article 7.1.7 n° 3 P.U.

257. Quelques hypothèses d'allocation de dommages-intérêts :

a. Dans un premier temps, il y a lieu à octroi de dommages-intérêts en cas d'infraction à la bonne foi durant la période précontractuelle, conformément à l'article 2.1.15 P.U. (en cas de négociations de mauvaise foi), de violation du devoir de confidentialité (d'après l'article 2.1.16 P.U.) et de vices de consentement (selon l'article 3.2.16 P.U.).

b. Ultérieurement, au cours de la période d'exécution du contrat, et s'agissant des obligations pécuniaires, leur inexécution se traduit par l'obligation d'indemniser des dommages-intérêts, d'après l'article 7.2.1 P.U.

1069 Ibid., p. 134-135.

1070 EBERHARD S., op. cit., p. 117.

1071 V. *Principes d'Unidroit Relatifs aux contrats du commerce international 2010*, p. 275.

Il convient de noter que dans ce cas, l'exécution en nature est équivalente aux dommages-intérêts, en plus de la concession de dommages-intérêts moratoires[1072].

c. De même, toute inexécution « non essentielle » se résout par des dommages-intérêts[1073].

d. Si le débiteur qui n'a pas exécuté ses obligations veut se prévaloir du contrat et préparer son exécution ou faire une offre au créancier et que cette exécution reste encore utile au créancier, ce dernier aura droit à l'indemnisation des dommages intérêts pour compenser le préjudice subi par le retard ou l'exécution encore imparfaite, malgré la tentative de correction[1074].

e. Le droit précédent n'est pas un obstacle à l'octroi de dommages-intérêts moratoires à cause du retard dans l'exécution.

f. L'allocation de dommages-intérêts se produit aussi dans les cas où le créancier ne veut plus l'exécution en nature ; par méfiance, perte d'intérêt ou d'utilité.

258. Etendue de la réparation - La réparation doit être intégrale d'après l'article 7.4.2 P.U. Cela comprend le *damnun emergens* (perte subie) et le *lucrum cessans* (bénéfice manqué).

Comme l'indiquent les commentaires des P.U.[1075], cette règle a été reprise de la CVIM (article 74).

La réparation intégrale concerne :

a. Le tort moral.

Sur ce point, les P.U. sont allés plus loin que la CVIM qui, en réglementant de manière exhaustive les dommages-intérêts, est cependant restée muette sur ce point[1076].

Cette règle est utile dans le commerce international, car cela permet de réparer les atteintes portées contre la réputation des sociétés, par voies économiques ou symboliques (publication du jugement)[1077].

b. L'évaluation du préjudice au jour du jugement.

D'après les commentaires des P.U., le juge doit prendre en considération les variations du préjudice subi entre le moment de l'inexécution et celui de sa décision[1078].

c. Certitude des dommages.

La réparation est limitée aux préjudices prévus et prévisibles[1079], conformément à l'article 7.4.4 P.U., car il doit exister un lien de causalité

[1072] Ibidem, p. 104.

[1073] V. CLAEYS Ignace ; ERAUW Johan, FONTAINE Marcel et al., p. 139.

[1074] V. EBERHARD S., op. cit., p. 107.

[1075] *Principes d'Unidroit Relatifs aux contrats du commerce international 2010*, p. 277.

[1076] V. EBERHARD S., op. cit., p. 189.

[1077] Ibidem.

[1078] V. *Principes d'Unidroit Relatifs aux contrats du commerce international 2010*, p. 278.

[1079] Les commentaires des PU, donnent un exemple à cet égard et indiquent que dans ce cas, si le vendeur délivre en retard, les gains manqués dans cette période devraient être indemnisés,

suffisant entre l'inexécution et le dommage[1080]. À la différence du droit civil, l'existence d'une faute est indifférente pour les P.U.[1081].

Les préjudices actuels et futurs ayant ce caractère seront réparés, d'après l'article 7.4.3 n° 1 P.U.

De même, il doit exister une probabilité raisonnable de survenance pour le gain manqué, selon le n° 2 dudit article. Selon son éventualité, seulement une proportion peut être allouée. Les commentaires l'illustrent avec l'exemple d'un dossier de soumission à un appel d'offres délivré hors délai qui connaît donc un refus[1082].

La prévisibilité a été prise en compte par les P.U. à partir de l'article 74 CVIM et elle est considérée selon les commentaires des P.U.[1083] au regard d'un « homme normalement diligent » (« bon père de famille » du droit civil). Il s'agit d'une règle présente aussi dans la *Common Law*[1084]. En effet, le célèbre arrêt *Hadley vs. Baxendale*[1085] est fondé sur deux piliers : l'éloignement *(remoteness)* et l'atténuation *(mitigation).* Le premier est en relation avec la prévisibilité du dommage, comme nous l'avons vu précédemment.

Le montant de l'indemnisation dépendra de la probabilité d'obtenir gain de cause devant un juge, en considération des conditions (prix, modalités, etc.) et du nombre de concurrents. L'emploi de techniques relevant de l'administration du risque litigieux serait utile à cet égard (techniques d'utilisation des critères objectifs : matrices d'impact et arbres de risque, afin de déterminer l'éventuel pourcentage de succès qui existait, et ainsi extrapoler ce pourcentage comme facteur à appliquer dans le montant du contrat perdu, et, en définitive, déterminer le montant des dommages-intérêts à allouer pour le gain manqué).

Afin d'illustrer l'intérêt de cette discipline, on peut donner l'exemple de l'utilisation d'un arbre de risque :

Considérons quatre concurrents pour un contrat d'un million d'euros.

Deux concurrents sont 50% plus performants que le demandeur dont la performance égale celle du quatrième, selon les expertises pratiquées. Donc, deux concurrents « valent » plus (25%+ 12,5% = 37,5%) et les deux autres, où se trouve le demandeur, « valent » seulement 12,5%. Ainsi : 0.125 x

---

mais non la perte d'un contrat très avantageux avec un tiers, ce qui était imprévisible. Cf. *Principes d'Unidroit Relatifs aux contrats du commerce international 2010*, p. 282.

[1080] Ibid, p. 281.

[1081] Comme nous l'avons vu précédemment, certaines législations de droit civil disposent l'indemnisation des préjudices directs prévus en cas de faute et aussi les non prévus, moyennant dol ou faute lourde (art. 1558 c.c.ch.). Dans le même sens, le nouvel article 1231-3 code civil limite l'étendue de l'indemnisation aux préjudices directs prévus ou prévisibles, sauf faute lourde, auquel cas elle s'étend aux préjudices directs imprévus, art. 1231-4, nouveau code civil.

[1082] V. *Principes d'Unidroit Relatifs aux contrats du commerce international 2010*, p. 280.

[1083] Ibid, p. 282.

[1084] V. EBERHARD S., op. cit., p. 195.

[1085] (1854), EWHC J70.

1.000.000 = 125.000 euros de gain manqué à allouer dans le cas d'espèce au demandeur.

Sinon, ils seront établis en équité.

d. Seulement les préjudices (actuels, futurs, gain manqué, moral et physique) sont concernés.

Conformément au principe d'enrichissement sans cause et à la bonne foi, les dommages-intérêts ont seulement une fonction réparatrice : placer le créancier dans la position où il devrait se trouver si le dommage n'avait pas eu lieu.

En conséquence, les *punitive damages* et les *restitutory damages* de la *Common Law* sont écartés[1086].

e. Augmentation du passif.

Si le créancier a dû conclure un contrat de remplacement à cause de l'inexécution, suite à la résolution il peut recouvrer la différence entre le prix du contrat original et le premier et aussi les dommages-intérêts pour tout préjudice additionnel, d'après l'article 7.4.5 P.U. À défaut du premier, le prix courant du marché, selon l'article 7.4.6 n° 1 P.U.

f. Fait du créancier.

L'article 7.4.7 P.U. prévoit que lorsque le créancier a contribué à la production du dommage, ou s'il a été causé par un événement dont il a assumé le risque, l'allocation de dommages-intérêts sera réduite de façon proportionnelle. Il s'agit d'une application particulière aux dommages de la règle générale d'inexécution établie à l'article 7.1.2 P.U.

Ce qui précède relève de la justice commutative, liée à la bonne foi et à la notion d'enrichissement injuste, retenus par la *Common Law* (*contributory negligence*)[1087] et par le droit civil[1088]-[1089].

Les commentaires des P.U. l'illustrent par des exemples dans lesquels le vendeur a donné une mauvaise adresse de livraison, ou des dommages ont été causés par les préposés du créancier, ou quand une infraction contractuelle a été commise débiteur (approvisionnement chez un tiers dans le contexte d'une clause d'exclusivité) suite à une autre infraction du créancier (exigence de paiement au comptant sans respecter un délai à cet effet)[1090].

1086 V. EBERHARD S., op. cit., p. 191-192.

1087 *Lambert vs. Lewis,* (1982) AC 225 : comme nous l'avons vu précédemment, la common law lui donne un traitement de tout ou rien (elle n'opère pas une compensation des fautes comme le droit civil).

1088 L'article 2330 c.c.ch. permet la réduction des dommages-intérêts dans ce cas.

1089 Le fait du créancier exonère le débiteur lorsqu'il a été la cause exclusive du dommage. Autrement, il doit être fautif pour justifier une exonération partielle. Cf. MALAURIE Philippe, AYNÈS Laurent et STOFFEL-MUNCK Ph., *Droit des Obligations*, 8e éd., LGDJ, Paris, 2016, p. 549 ; Cas.civ. 1re, 31 janvier 1973, Bull.civ. I, n°41.

1090 V. *Principes d'Unidroit Relatifs aux contrats du commerce international 2010*, p. 286.

g. Les diminutions d'actif et les augmentations du passif.

L'indemnisation peut concerner le remplacement par équivalence des prestations perdues ou permettre la réparation des objets endommagés, s'il s'agit de pertes partielles.

S'agissant de la perte de valeur des marchandises, l'indemnisation doit compenser cette perte, en considérant les dévaluations monétaires (selon la pratique arbitrale)[1091].

h. Dépenses nécessaires suite à l'inexécution du débiteur.

Tous les dépenses qui sont une conséquence nécessaire (et raisonnable) de l'inexécution doivent être remboursées. Figurent parmi elles : les honoraires d'avocats, coûts du capital emprunté en vue de la transaction échouée, frais d'interpellation, etc.[1092].

i. Intérêts.

Les P.U. innovent à ce sujet. En effet, la CVIM est muette sur le moment à partir duquel des intérêts sont dus, et n'indique rien non plus quant au taux d'intérêt applicable. Les règles proposées par les P.U. aident à compléter ce régime lacunaire[1093].

D'après l'article 7.4.9 P.U., les intérêts en cas de défaut de paiement de sommes d'argent, et selon l'article 7.4.10 P.U. les intérêts des dommages-intérêts, sont dus dès échéance ou inexécution du débiteur[1094], sans nécessité de mise en demeure.

Le taux d'intérêt, d'après le n° 2 de l'article 7.4.9 P.U. est le taux bancaire de base à court terme moyen pour la monnaie de paiement du contrat du lieu où le paiement doit être effectué. À défaut, le taux bancaire de base dans l'état de la monnaie de paiement. Sinon, le taux fixé par la loi de l'Etat de la monnaie de paiement. Comme dernière alternative les commentaires des P.U. prévoient un « taux bancaire approprié »[1095].

Il importe aussi de remarquer que les P.U. ne contiennent pas de règle au sujet de l'anatocisme. Donc, le tribunal saisi pourrait les allouer au regard des dispositions en vigueur dans le droit national appliqué[1096].

De plus, des dommages-intérêts supplémentaires pourront être alloués pour tout autre préjudice supplémentaire, conformément au n° 3 de l'article 7.4.9 P.U.

Finalement, il convient de préciser sur ce point que normalement les dommages-intérêts sont alloués en une seule fois. Dans le cas contraire, l'article 7.4.11 P.U. prévoit la possibilité de leur indexation.

1091 V. EBERHARD S., op. cit., p. 200.

1092 Ibid, p. 201.

1093 Ibidem, p. 209.

1094 Les commentaires des PU précisent qu'ils sont dus dès le jour de la réalisation du préjudice. Cf. *Principes d'Unidroit Relatifs aux contrats du commerce international 2010*, p. 291.

1095 V. Ibid, p. 290.

1096 A cet égard, Eberhard estime que les enjeux financiers suggèrent une meilleure prise en compte de ceux-ci. V. dans ce sens : op. cit., p. 211.

259. Obligation d'atténuation des dommages - Comme nous l'avons relevé, il s'agit d'une règle issue de la Common Law[1097] mais qui se combine harmonieusement avec le devoir de collaboration lié à la bonne foi du droit civil.

Cette règle a été reprise par les P.U. à partir de l'article 77 CVIM.

Le droit civil français ne retient pas cette obligation[1098]. Comme nous l'avons vu, cela a suscité certaines critiques, dans le sens où la France s'éloignerait des tendances dominantes en droit comparé, et parce que l'intérêt social et l'économie exigent de réduire autant que faire se peut les dommages subis[1099].

Dans le même sens, les commentaires des P.U. indiquent : « *En revanche, il ne serait pas raisonnable, d'un point de vue économique, de laisser accroître un dommage que des mesures raisonnables auraient permis de réduire* »[1100].

Le droit civil chilien n'a pas prévu non plus de norme expresse en ce sens, mais comme nous l'avons vu précédemment au sujet de l'imprévision, elle pourrait être appliquée au nom du principe de bonne foi-loyauté et de son devoir inhérent de collaboration.

Concernant les dépenses nécessaires afin de diminuer le dommage, elles seront payées par le créancier, mais devront être remboursées ultérieurement par le débiteur, à condition d'être « raisonnables », d'après le n° 2 de l'article 7.4.8 P.U.

260. Monnaie de paiement - D'après l'article 7.4.12 P.U., les dommages-intérêts seront réglés dans la monnaie dans laquelle le préjudice a été subi ou dans celle dont l'obligation pécuniaire a été exprimée, celle qui est la plus adéquate.

261. Résolution - Dès lors que les P.U. privilégient la poursuite du contrat, cette manière de terminer la relation contractuelle apparaît comme une sorte d'*ultima ratio* réservée, comme dans la CVIM[1101], aux cas les plus graves[1102]. En conséquence, il convient de refuser la résolution dans toutes les situations qui peuvent ressembler à un comportement opportuniste de la part du créancier.

Le mécanisme retenu est de droit civil. La *Common Law*, comme nous l'avons vu précédemment, n'autorise la résolution que pour des cas exceptionnels. Ainsi, en droit anglais, la *avoidance* n'est autorisée que s'il manque de *considération* dans un contrat ; à propos de l'inexécution d'une *condition* (il faut rappeler que la loi de vente anglaise de 1979 dispose dans son article 14 (2) que les qualités et caractéristiques des marchandises

---

1097 *Hadley vs. Baxendale*, (1854), EWHC J70.
1098 Civ.2ème., 19 juin 2003, Bulletin 2003 II N° 203 p. 171.
1099 Dans ce sens : TERRÉ F., SIMLER P., LEQUETTE Y., p. 960-963.
1100 Principes d'Unidroit Relatifs aux contrats du commerce international 2010, p. 287-288.
1101 Articles 49 et 64 CVIM.
1102 CLAEYS Ignace ; ERAUW Johan, FONTAINE Marcel et alt., p. 137.

doivent être satisfaisantes) et dans des hypothèses de *fundamental breach* ou de *frustrating breach.* D'autre part, en droit américain, on distingue les contrats qui sont soumis au régime de *substantial performance* (similaires aux obligations de moyens de droit civil) et ceux qui obéissent au régime de la *perfect tender rule* (similaires aux obligations de résultat du droit civil).

Pour les premiers, la résolution à lieu quand l'inexécution a une certaine importance (*material breach*), ce qui est similaire à l'inexécution essentielle. À propos des seconds, le UCC des Etats-Unis prévoit dans son article 2-601 le droit de refuser les marchandises et de résoudre la vente, si celles-ci ne correspondent pas à celles convenues[1103].

Il est intéressant de noter que la résolution selon P.U. peut être invoquée même en cas de force majeure, donc le créancier ne pourra pas demander dans ce cas l'exécution en nature ni même des dommages-intérêts. À ce propos, les P.U. donnent comme exemple le cas dans lequel à la suite d'un embargo concernant les exportations originaires du pays du vendeur, celui-ci ne peut pas livrer de vin à l'acheteur[1104]. Alors, ce dernier peut agir en résolution du contrat.

262. Conditions - Les cas qui peuvent donner lieu à résolution doivent être d'importance suffisante. Ils peuvent être regroupés en deux catégories, l'inexécution « essentielle » d'une part et le « retard qualifié » d'autre part.

a. Cas d'inexécution essentielle.

L'article 7.3.1 n° 1 P.U. prévoit la résolution si l'inexécution est essentielle[1105].

Les P.U. se limitent à définir l'inexécution[1106], mais non son caractère essentiel. Le n° 2 du même article donne plusieurs hypothèses, non limitatives, dans ses alinéas a) à e), qui constituent des cas d'inexécution essentielle[1107]. Ceux-ci sont :

a.1. Privation substantielle du créancier de ce qu'il attendait par l'exécution (7.3.1 n°2, a) P.U.)

Est consacrée une exception lorsque « *le débiteur n'ait pas prévu ou n'ait pu raisonnablement prévoir ce résultat* ».

Ce serait le cas, par exemple, lorsque l'acheteur a besoin que les marchandises soient livrées dans un certain délai ou qu'elles possèdent certaines caractéristiques. Si le vendeur ignorait ces conditions, de bonne foi, et ne les remplit pas, la résolution ne serait pas mise en place.

1103 Cf. EBERHARD S., op. cit., p. 155-156.

1104 V. *Principes d'Unidroit Relatifs aux contrats du commerce international 2010*, p. 259.

1105 Les PDEC Font de même, dans leur article 9 : 301 : Droit de résoudre le contrat, n°1.

1106 L'article 7.1.1 PU stipule qu'on entend pour tel *« tout manquement par une partie à l'une quelconque de ses obligations résultant du contrat, y compris l'exécution défectueuse ou tardive ».*

1107 Il faut noter que les hypothèses données sont les mêmes que celles prévus par les PDEC dans son article 8 : 103 : Inexécution essentielle (à l'exception des lettres d) et e) des PU, qui sont additionnelles à ceux-là).

a.2. Quand la stricte exécution de l'obligation est essentielle (7.3.1 n°2, b) P.U.)

Cette situation doit être vérifiée au cas par cas. Cependant, comme les commentaires des P.U. l'indiquent[1108], la livraison dans le délai prévu est normalement essentielle dans les contrats de vente de marchandises.

Il en va ainsi des ventes d'aliments, de matières premières[1109], de vêtements (liés aux saisons dans lesquelles leur vente doit être réalisée) et, ces dernières années, des ventes de produits électroniques ou une concurrence féroce lance toujours sur les marchés des produits plus performants avec une cadence vertigineuse ; parmi d'autres produits.

a.3. Si l'inexécution est intentionnelle (7.3.1 n°2, c)).

Si elle est dolosive, donc, contraire à la bonne foi, le contrat peut être résolu.

a.4. Dans les contrats à exécution successive, si le créancier, suite à une inexécution partielle a des motifs de croire que cette situation ne changera pas dans le futur (7.3.1 n°2, d))

C'est le cas des ventes avec livraisons successives. Si l'acheteur constate des défauts graves dans les marchandises et a des raisons de penser qu'ils ne seront pas résolus dans les futures livraisons, il peut agir en résolution. Ce serait le cas, par exemple, pour la vente des marchandises (voitures, ordinateurs et téléphones portables, etc.) comportant des défauts rendant dangereuse leur utilisation[1110].

En relation avec cette hypothèse on trouve l'*anticipatory breach* de la *Common Law*, repris par l'article 7.3.3 P.U. Celle-ci autorise le créancier à mettre fin au contrat avant l'échéance d'un délai ou l'accomplissement d'une condition, s'il est certain que le débiteur n'accomplira pas ces obligations[1111].

Les P.U. et même la CVIM, comme on le verra,[1112] vont plus loin que le droit français sur ce sujet, plus attaché au *pacta sunt.* Cela, d'une part, car comme nous l'avons vu précédemment, le nouvel article 1226 du Code civil français, autorise la résolution unilatérale lorsque l'inexécution s'est déjà produite, mais non pas de façon « préventive » comme les P.U. et la CVIM. D'autre part, car le nouvel article 1220 du Code civil français, dans cette hypothèse, permet seulement la suspension anticipée du créancier : « *Une partie peut suspendre l'exécution de son obligation dès lors qu'il est manifeste que son cocontractant ne s'exécutera pas à l'échéance et que les conséquences de cette inexécution sont suffisamment graves pour elle* ».

[1108] V. *Principes d'Unidroit Relatifs aux contrats du commerce international 2010*, p. 260.

[1109] V. dans ce sens : EBERHARD S., op. cit., p. 144.

[1110] C'était le cas du téléphone Samsung Galaxy Note 7, qui a dû être retiré du marché pour des défauts de ses batteries, qui explosaient.

[1111] Les PDEC vont dans le même sens et établissent à ce sujet dans son article 9 : 304 : Inexécution par anticipation : *« Lorsque, dès avant la date à laquelle une partie doit exécuter, il est manifeste qu'il y aura inexécution essentielle de sa part, le cocontractant est fondé à résoudre le contrat ».*

[1112] Article 72, al. 1er CVIM.

En revanche, d'après l'article 7.3.4 P.U., si le créancier n'est pas certain d'une future inexécution, mais qu'elle est probable, c'est à dire, qu'il existe un doute sur celle-ci, il peut seulement demander des garanties de bonne exécution, suspendre l'exécution de ces propres obligations dans l'intervalle, et même résoudre le contrat si les garanties ne sont pas fournies dans un délai raisonnable[1113].

a.5. Perte excessive (7.3.1 n°2, e))

Si le débiteur qui n'a pas exécuté ses obligations veut se prévaloir du contrat et prépare son exécution ou l'offre au créancier et cette exécution reste encore utile au créancier, ce dernier aura droit seulement à des dommages intérêts.

Les commentaires des P.U. donnent comme exemple le cas où le vendeur devait livrer un produit conçu spécialement pour l'acheteur (et qu'il ne pourrait donc vendre à un tiers) dans un certain délai qu'il ne respecte pas[1114]. Néanmoins, il est en mesure de livrer un mois après. Il peut le faire car l'exécution reste encore utile à l'acheteur et la perte en cas de résolution serait grande.

Ainsi, les commentaires des P.U précisent qu'il est plus probable que l'exécution soit qualifiée comme essentielle si elle avait lieu avant la préparation de l'exécution[1115].

b. Retard qualifié.

Les P.U reprennent le mécanisme de la *nachfrist* de la CVIM[1116] à l'article 7.3.1 n° 3. D'après celui-ci, le créancier peut agir en résolution s'il a donné un délai supplémentaire au débiteur afin qu'il exécute sa prestation, et qu'il ne le fait pas.

Même si objectivement l'infraction peut ne pas être grave, les P.U la qualifient ainsi car il y a une atteinte à la confiance légitime du cocontractant et une perte d'utilité pour le créancier[1117], autant d'éléments qu'il est important de sanctionner.

263. Mode opératoire de la résolution - La résolution intervient par une notification au débiteur, qui doit être faite dans un délai raisonnable dès la connaissance de l'inexécution essentielle ou tardive. Autrement, le créancier perd le droit d'agir en résolution, d'après l'article 7.3.2 n° 2 P.U

Les commentaires indiquent que la notification doit être immédiate quand le créancier peut obtenir un contrat de remplacement facilement. Sinon, le délai sera plus long, s'il doit se renseigner afin de l'obtenir.

[1113] Certains auteurs estiment que l'article 7.3.4 PU comporte un paradoxe difficile à résoudre, car si le créancier attend sans rien faire alors qu'il a des doutes sur la bonne exécution du débiteur, il pourrait subir des dommages, et, s'il agit de façon préventive, il prend le risque de devoir des dommages-intérêts au débiteur. Cf. EBERHARD S., op. cit., p. 146-147.

[1114] V. *Principes d'Unidroit Relatifs aux contrats du commerce international 2010*, p. 261.

[1115] Ibidem.

[1116] Prévu aux articles 47, 49 (1) (b), 63 et 64 (1) (b) CVIM.

[1117] V. EBERHARD S., op. cit., p. 148.

La notification s'opère dès sa réception[1118].

Il convient de noter que les P.U., contrairement aux PDEC[1119], ne prévoient pas la situation dans laquelle le débiteur offre une exécution tardive au créancier ou s'il apprend cette intention d'une autre source, et qu'il ne la souhaite pas. Dans ce cas, les commentaires indiquent que, conformément à la bonne foi, il doit informer le débiteur de son refus, sous peine de dommages-intérêts[1120].

Cette règle est importante, car le débiteur a un droit de correction, selon l'article 7.1.4 P.U. D'après celui-ci, le débiteur peut corriger son inexécution s'il notifie le créancier et exécute sans délai et si ce dernier n'a de son côté aucun intérêt légitime pour le refuser[1121]. Les commentaires aux P.U. indiquent que ce serait le cas si de l'exécution tardive il résultait des dommages personnels ou matériels[1122].

Or, conformément à la bonne foi et au principe de préservation du contrat, les commentaires précisent que l'offre du débiteur doit être raisonnable et qu'il n'y a pas d'intérêt légitime si le créancier refuse car il a tout simplement décidé « *qu'il ne souhaite pas poursuivre les relations contractuelles* »[1123]. S'il le fait sans motif légitime, une éventuelle notification de résolution serait sans effet, de même qu'il perdrait la possibilité d'exercer des recours suite à une inexécution qui aurait pu être corrigée[1124].

La correction peut se traduire par le remplacement ou la réparation des marchandises défectueuses, « *à condition de ne laisser aucune trace de l'inexécution précédente et que cela ne constitue pas une menace pour la valeur ou la qualité de l'ensemble du produit* »[1125].

La contrepartie au droit de correction du débiteur est le délai d'exécution supplémentaire que le créancier peut donner au débiteur, d'après la bonne foi et le principe *favor contractus*. Celui-ci est prévu par l'article 7.1.5 P.U. et a lieu, à l'initiative du créancier, quand l'exécution opportune n'est pas essentielle ou quand elle est toujours utile au créancier. Ainsi, il peut notifier au débiteur qu'il lui accorde un délai additionnel pour accomplir ses obligations et stipuler dans celles-ci une clause résolutoire ordinaire en cas de nouvelle inexécution.

Si le débiteur refuse le délai de grâce, le créancier pourra se prévaloir d'autres remèdes auxquels il a droit.

[1118] Conformément à l'article 1.10, n° 2 PU.
[1119] Article 9 : 303 : Notification de la résolution, n°3, b), PDEC.
[1120] V. *Principes d'Unidroit Relatifs aux contrats du commerce international 2010*, p. 262.
[1121] C'est logique, car sinon toute inexécution essentielle serait écartée par cette voie, ce qui n'est pas raisonnable. Cf. Ibidem, p. 235.
[1122] Ibid., p. 235
[1123] Ibid.
[1124] Ibid, p. 237.
[1125] Ibid, p. 236.

Comme nous l'avons vu, si le débiteur n'accomplit pas ses obligations pendant ce nouveau terme, le créancier peut résoudre le contrat au motif d'un « retard qualifié », même si l'inexécution en elle-même n'est pas essentielle. Cependant, d'après le n° 4 de l'article 7.1.5 P.U., cela ne serait pas applicable, conformément à la règle *favor contractus* et à la maxime de droit civil *de minimis*, quand l'inexécution n'est pas significative par rapport à l'ensemble des obligations du débiteur.

Cette règle n'est pas un obstacle à l'octroi de dommages-intérêts moratoires à cause du retard dans l'exécution. Ainsi, d'après les commentaires aux P.U., on peut conclure que si le vendeur aurait dû livrer un produit spécialement élaboré pour l'acheteur à une certaine date et qu'il est en retard d'une semaine, par exemple, il pourra demander ce délai supplémentaire, mais avec des dommages-intérêts pour les frais supplémentaires de transport consécutifs à cette livraison tardive[1126].

264. Effets de la résolution - Institution de droit civil, elle opère pour l'avenir. Ainsi, l'article 7.3.5 P.U. dispose que sa mise en œuvre libère les parties de leurs obligations respectives. Néanmoins, son n° 2 précise qu'elle n'exclut pas le droit à demander des dommages-intérêts suite à l'inexécution.

Elle n'affecte pas non plus les clauses arbitrales, ni celles destinées à produire des effets en cas de résolution[1127], d'après le n° 3 de l'article 7.3.5 P.U.

Conformément à l'article 7.3.6 P.U., chaque partie se verra restituer en nature ce qu'elle a fourni à l'autre. Ainsi, le vendeur recevra en retour les marchandises, et l'acheteur, le prix s'il a déjà été payé. D'après les commentaires aux P.U., cette disposition s'applique même dans le cas où l'acheteur croyait acquérir des biens ayant certaines caractéristiques qu'ils n'avaient pas[1128].

Des éventuels frais de conservation (raisonnables) doivent, en plus, être remboursés, comme le précise le n° 4 de l'article 7.3.6 P.U.

Cependant, dans les contrats à exécution successive (ventes avec livraisons échelonnées), la restitution aura lieu seulement pour la période postérieure à la résolution, comme l'indique l'article 7.3.7 n° 1 P.U.

Autrement, si la restitution en nature reste impossible, elle prendra la forme de dommages-intérêts (selon les règles d'exécution par équivalence du droit civil), comme l'indique le n° 2 de l'article 7.3.6 P.U. Néanmoins, ils ne seront pas exigibles si l'impossibilité d'exécuter en nature est imputable à l'autre partie, comme l'indique le n° 3 du même article. D'après les commentaires des P.U.[1129], ce serait le cas, par exemple, lorsque les marchandises sont détruites à cause de défauts de fabrication (voiture avec

---

[1126] Ibid, p. 240.

[1127] Celles concernant le devoir de confidentialité, qui subsiste, et les clauses pénales, notamment.

[1128] Cf. *Principes d'Unidroit Relatifs aux contrats du commerce international 2010*, p. 268.

[1129] Ibidem, p. 270.

des mauvais freins, par exemple). Dans ce cas, l'acheteur pourrait mettre fin au contrat et réclamer le prix d'achat, en plus.

265. Nullité - Le chapitre 3 des P.U. relatif à la validité des contrats, a exclu expressément l'incapacité des parties et l'immoralité et/ou illicéité du contrat (objet/cause), comme l'indique l'article 3.1.1 P.U. et ses commentaires officiels.

Les commentaires de l'article suivant, qui consacre le consensualisme, disposent que l'expression indiquant que la seule volonté est suffisante pour la validité des contrats commerciaux, se traduit aussi dans l'absence de nécessité de la *considération* de la *Common Law*, et de cause prévue dans certains pays soumis au droit civil[1130].

Or, les causes de nullité sont l'impossibilité de disposer des biens objet du contrat, l'erreur, le dol, la contrainte, et la lésion. Ces causes peuvent être l'œuvre de l'une des parties, ou d'un tiers, comme l'indique l'article 3.2.8 P.U.

S'agissant de l'erreur, ces conditions d'admissibilité sont : le caractère grave (d'importance, selon la règle *de minimis*) et excusable (autrement, la faute lourde empêche la nullité, selon les commentaires aux P.U. [1131]) aux termes de l'article 3.2.2 P.U., selon lesquels une personne raisonnable aurait commis la même erreur placée dans les mêmes circonstances, et que l'autre partie, d'après la bonne foi en matière commerciale[1132], ne puisse pas excuser son ignorance.

De plus, l'article 3.2.2 P.U. prévoit que l'autre partie doit avoir participé à cette erreur, voire être victime de celle-ci aussi, ou être à son origine.

Concernant l'impossibilité de disposer, les commentaires[1133] de l'article 3.1.3 P.U. précisent que la norme s'éloigne du droit civil (l'objet doit être possible) et donc établissent que s'agissant de l'article 3.1.3 n° 1 P.U., si l'une des parties ne peut pas disposer des biens (à cause d'un embargo, par exemple) ou s'ils ont déjà disparu, cela n'est pas obstacle à la validité du contrat[1134] (la validité définitive restera soumise aux conditions de validité du droit interne). D'autre part, à propos du n° 2 dudit article, s'il y a défaut de titre (le vendeur n'est pas propriétaire des marchandises à vendre ou s'il manque le pouvoir), cette vente est valide en principe (mais soumise à l'acquisition ultérieure du titre ou à la ratification du mandant).

En ce qui concerne le dol, il est à noter que la réticence dolosive est expressément reconnue par l'article 3.2.5 P.U. Celle-ci, comme nous l'avons

---

1130 Ibid., p. 100.

1131 Ibid., p. 107.

1132 Les erreurs sur la valeur ou les motivations ne sont pas pertinentes d'après les PU. V. Ibid., p. 106.

1133 Ibid, p. 101-102.

1134 En France, d'après l'article 1601, al.1er., code civil la vente est nulle, de nullité relative aujourd'hui. Au Chili, conformément aux articles 1814 c.c.ch. et. 138 al. 1er c.com.ch., elle est nulle de nullité absolue (il n y a pas de contrat, selon la loi).

vu précédemment, vient d'être consacrée en droit français suite à la réforme du droit des obligations[1135].

Les simples exagérations publicitaires dans les négociations sont exclues, et donc ne peuvent être considérées comme constitutives du dol, selon les commentaires aux P.U. [1136].

Quant à la contrainte (article 3.2.6 P.U.), en relation avec des menaces illégitimes, de *vice absolu* ou *vice relatif*, les commentaires donnent comme exemples la conclusion de contrats sous la menace de poursuite judicaire (d'un autre contrat), ou sous menaces attentatoires à la réputation de l'une des parties[1137].

Enfin, s'agissant de la lésion, elle est traitée par l'article 3.2.7 P.U. comme un « avantage excessif » obtenu contre la bonne foi (« d'une manière déloyale ») lié à la situation de « faiblesse » de l'un des co-contractants (on profite de sa dépendance, détresse économique, ignorance, etc.).

Il convient de souligner qu'elle concerne des biens meubles, des marchandises, ce qui va plus loin que dans certains pays de droit civil[1138].

Pour que l'avantage soit qualifié d'excessif il est nécessaire qu'il « choque la conscience d'une personne raisonnable »[1139].

De plus, la lésion doit être « injuste ». A cet égard, les commentaires des P.U. signalent qu'il importe de tenir compte du pouvoir de négociation des parties et de la nature et du but du contrat. Ils l'illustrent avec l'exemple d'un vendeur qui vend un produit démodé à un acheteur qui avait besoin de celui-ci et qui ignorait cette situation[1140]. Donc, il pourra annuler le contrat.

En cas de lésion, le tribunal saisi pourra prononcer la nullité du contrat (ou de la clause affectée) ou son adaptation (comme en cas d'imprévision), d'après l'article 3.2.7 n° 2 P.U. « *afin de le rendre conforme aux exigences de la bonne foi en matière commerciale* »[1141].

266. Mode opératoire - La mise en œuvre de la nullité est similaire à celle de la résolution, donc, elle doit être notifiée dans un délai raisonnable, conformément à l'article 3.2.12 PU.

Le droit d'agir en nullité se perd suite à la confirmation, ou par renonciation expresse ou tacite, de l'acte nul, selon les articles 3.2.9 et 3.2.10 P.U.

267. Effets :

1. Conformément au principe *favor contractus*, ils sont limités aux clauses visées par la cause d'annulation (à moins qu'il ne soit pas déraisonnable de maintenir les autres).

[1135] Article 1137, al. 2, nouveau code civil.
[1136] V. *Principes d'Unidroit Relatifs aux contrats du commerce international 2010*, p. 111.
[1137] Ibid, p. 112-113.
[1138] Au Chili, d'après l'article 1889 c.c.ch., elle concerne seulement les biens immeubles.
[1139] V. *Principes d'Unidroit Relatifs aux contrats du commerce international 2010*, p. 114.
[1140] Ibidem.
[1141] Ibid, p. 115.

2. Elle s'opère par effet rétroactif, au contraire de la résolution, et permet comme cette dernière, de demander la restitution de ce qui a été donné, avec la même limitation par rapport à la restitution en nature devenue impossible.

En cas de doute sur l'application de la nullité ou de la résolution, cette dernière est retenue, d'après les commentaires officiels à l'article 3.2.4 P.U., qui privilégient les moyens fondés sur l'inexécution par rapport aux autres remèdes (nullité, dommages-intérêts)[1142].

268. Exception d'inexécution - L'*exceptio non adimplenti contractus* de droit civil[1143] est consacrée par l'article 7.1.3 P.U. Celui-ci autorise l'une des parties à suspendre ses obligations dans deux cas :

a. Pour les prestations simultanées : si l'autre n'a pas offert d'exécuter sa prestation.

Les P.U. l'illustrent en indiquant que le vendeur n'est pas obligé de livrer si l'acheteur, obligé de payer avec une lettre de crédit confirmée ouverte en euros, de son côté, n'a pas fait émettre cette dernière[1144].

b. S'agissant des prestations successives : dans le cas où l'autre partie n'a pas exécuté sa part.

L'exception trouve deux limitations dans les P.U. :

i. La bonne foi. De cette manière, comme l'indiquent les commentaires aux P.U.[1145] elle sera limitée lorsque le débiteur a exécuté une partie importante de ses obligations.

Un critère de proportionnalité raisonnable doit être attendu à cette fin[1146]. Sinon, l'exception attenterait contre la collaboration inhérente à la première et la poursuite du contrat. Ainsi, la variante *rite non adimplenti contractus* (exception d'exécution jusqu'à l'intégrale satisfaction de la prestation ne serait pas admissible d'après les P.U.).

ii. La maxime *nemo auditur propriam turpitudinems allegans* est retenue.

L'article 7.1.2 P.U. dispose qu'une partie ne peut pas se prévaloir de l'inexécution de l'autre si celle-ci est conséquence de sa faute, ou, si elle a en assumé le risque. Ce dernier cas est pris en exemple par les commentaires des P.U. indiquant que cette hypothèse serait remplie si le débiteur de la prestation était assuré contre le risque qui, une fois vérifié a emporté l'inexécution[1147].

Il est à noter à ce sujet que les droits du créancier de suspendre l'exécution de ces obligations, pendant que le débiteur exerce son droit de correction ou constitue des garanties suffisantes de bonne exécution, consacrés par les articles 7.1.4 n° 4) et 7.3.4 P.U., respectivement, sont des

---

1142 Ibid, p. 109.

1143 Comme nous l'avons vu précédemment, elle est acueillie par l'article 1219, nouveau, code civil et 1552 c.c.ch.

1144 V. *Principes d'Unidroit Relatifs aux contrats du commerce international 2010*, p. 233.

1145 Ibidem.

1146 V. CLAEYS Ignace ; ERAUW Johan, FONTAINE Marcel et alt., p. 137.

1147 V. *Principes d'Unidroit Relatifs aux contrats du commerce international 2010*, p. 232.

conséquences spécifiques de l'exception d'inexécution consacrées par les principes d'Unidroit.

269. Clauses pénales - Les P.U. suivent la tradition du droit civil et autorisent la stipulation de clauses pénales[1148].

Leur utilité est très importante, car, d'une part, elles sont dissuasives face à une éventuelle inexécution, et, d'autre part, leur introduction évite de longues discussions sur l'incertitude et le montant des préjudices pour l'octroi de dommages-intérêts[1149].

Le montant est souvent une proportion du prix du contrat de vente, ou une somme fixe. Ce montant, néanmoins, conformément à la bonne foi et d'après l'article 7.4.13 n° 2 P.U., ne peut être exorbitant.

Le juge peut réduire ce montant s'il est exagéré par rapport au préjudice subi et compte tenu des circonstances. Les commentaires des P.U. l'illustrent avec un cas où le paiement avait été stipulé en cinq versements égaux de 50.000 euros chacun, avec une clause résolutoire ordinaire en cas de non-paiement d'un de ces versements, et une pénalité équivalente aux sommes déjà payées (deux versements en l'espèce) et non réglés, en plus du retour de l'objet vendu. Ils conclurent qu'il s'agissait d'une situation où le tribunal devait réduire le montant de l'indemnité, car sinon il entrainerait un enrichissement excessif[1150].

Or, la portée de l'article 7.4.13 P.U. est importante, car la CVIM eu égard à la disparité de traitement de cette question dans les principaux systèmes de droit, avait renoncé à l'encadrer[1151]. Ainsi, cela peut souvent opérer de façon supplétive dans l'arbitrage international[1152].

Les commentaires précisent qu'il convient de distinguer les indemnités établies au contrat de la faculté de dédit, qui permet à l'une des parties de se dégager sous condition de paiement, d'une certaine somme ou en perdant des arrhes déjà versés. Comme ce ne sont pas des indemnités, même si elles sont excessives, les commentaires estiment qu'il n'y aurait pas de problème avec elles[1153].

Il importe aussi de distinguer la clause pénale de la pénalité judiciaire (astreinte judiciaire) établie à l'article 7.2.4 P.U. Ainsi, si le juge estime

---

[1148] Il faut rappeler à ce sujet, comme nous l'avons vu précédemment, que la *common law* autorise seulement les *liquidated damages*, mais pas les *penalty clauses*, depuis la célèbre affaire *Dunlop Pneumatic Tyre Co. Ltd. vs. New Garage Motor*, (1915) A.C. 79.

[1149] Cf. CLAEYS Ignace ; ERAUW Johan, FONTAINE Marcel et alt., p. 142.

[1150] V. *Principes d'Unidroit Relatifs aux contrats du commerce international 2010*, p. 295-296.

[1151] Ibid, p. 161.

[1152] V. BONELL Michael, *The Unidroit Principles in Practice, Caselaw and Bibliography on the Principles of Commercial Contracts*, Transnational Publishers Inc., Ardsley, New York, Etats Unis, 2002, p. 515.

[1153] V. *Principes d'Unidroit Relatifs aux contrats du commerce international 2010*, op. cit., p. 296.

qu'une clause pénale suffit, il peut refuser d'établir une pénalité judiciaire[1154].

Notons par ailleurs que la pénalité judicaire est compatible avec le droit de réclamer des dommages-intérêts, mais n'est pas recommandable pour l'inexécution de l'obligation de livrer, car il est souvent plus facile d'exécuter par les voies ordinaires[1155].

270. Clauses limitatives de responsabilité - Ce type de clauses est habituel dans les contrats internationaux complexes. Elles peuvent revêtir plusieurs formes. Par exemple, autoriser le vendeur à livrer des marchandises d'une qualité moindre, limiter les remèdes à la seule réparation des marchandises, limiter le montant des dommages-intérêts obtenus en cas d'inexécution, etc.[1156]

L'article 7.1.6. P.U. interdit, d'une part, les clauses inéquitables, d'autre part, celles qui permettraient une prestation substantiellement différente à celle que le débiteur devait fournir[1157].

D'après cette règle, le juge peut écarter par équité les clauses qui seraient manifestement injustes. Par exemple, celles qui rendraient responsable le débiteur, même en cas de force majeure[1158].

Les commentaires aux P.U. donnent comme exemple de clause inéquitable le cas où le débiteur serait exempté de responsabilité suite à une éventuelle faute lourde de sa part[1159], ce qui est en accord aussi avec la maxime de droit civil *nemo auditur*, selon laquelle nul ne peut se prévaloir de sa propre faute.

S'agissant de notre objet d'étude, les clauses concernées sont celles qui excluent la responsabilité du vendeur dans tous les cas ou qui l'autorisent à modifier unilatéralement l'objet, de façon à dénaturer sa prestation (par exemple, qui lui permettraient de livrer des marchandises d'une qualité inférieure à un standard minimum, ou à celui stipulé comme essentiel).

Remarquons qu'à la différence des clauses pénales, les P.U. ne permettent pas au juge de les modérer. Donc, si elles sont manifestement injustes, elles devront être écartées.

Finalement, il convient de noter que d'après les articles 3.1.4 et 3.3.1 P.U., les dispositions relatives à la validité des contrats (vices et annulation)

[1154] Ibidem, p. 255.

[1155] Ibid., p. 254.

[1156] V. dans ce sens : EBERHARD S., op. cit., p. 173-174.

[1157] Dans la *common law*, comme nous l'avons vu précédemment, sont interdites celles qui écarteraient une rupture fondamentale - *fundamental breach* -, une éventuelle négligenc ou une *condition.*

[1158] Dans la *common law*, les clauses sur la force majeure sont habituelles. Elles mettent fin au contrat, et libèrent le débiteur de l'obligation des dommages-intérêts suite à l'inexécution pour cette cause. Le créancier, de son côté, peut résoudre le contrat. D'autre part, elles autorisent parfois le créancier à recevoir la différence entre le prix contractuel et celui existant à l'époque. Cf. BRIDGE M., *The International Sale of Goods, Law and Practice*, 2e édition, Oxford University Press, Royaume Uni, 2007, p. 322.

[1159] V. *Principes d'Unidroit Relatifs aux contrats du commerce international 2010*, p. 243.

sont impératives - les parties ne peuvent donc pas y déroger -. En cas de violation, elles recevraient les sanctions prévues par elles-mêmes et en cas de silence, les moyens fondés sur l'inexécution qui seraient raisonnables selon les circonstances.

B. Les règles d'interprétation

271. Règles d'interprétation - Certaines des règles consacrées par les P.U. figurent aussi dans la CVIM. Néanmoins, les premières soulignent des techniques comme la *contra proferentem* et le standard d'une personne raisonnable pour résoudre d'éventuelles différences d'interprétation[1160].

272. Règle de base - Les règles des P.U. en la matière relèvent clairement du droit civil. Ainsi, l'article 4.1 P.U., indique de la même façon que le Code civil français[1161] et le Code civil chilien[1162] que la « règle d'or » pour interpréter un contrat est l'intention commune des parties[1163].

Pour trouver cette intention « commune », l'article 4.3 P.U. indique qu'il est nécessaire de tenir compte des négociations préliminaires, des usages et pratiques des parties, de leur comportement postérieur à la conclusion du contrat, du sens généralement donné aux expressions dans la branche commerciale concernée et de la nature et du but du contrat.

Les commentaires des P.U. donnent plusieurs exemples sur le sujet. Il est intéressant de remarquer pour l'objet de cette thèse le cas relatif à la vente de pétrole à un prix donné, en barils. Les parties n'indiquant pas s'il s'agissait de barils de 36 gallons (britanniques « Impérial ») ou de 42 gallons (standard). Il a été conclu que le volume concerné était ce dernier, car il est le plus usuel dans cette branche commerciale[1164].

À défaut d'intention claire, le n° 2 de l'article 4.1 P.U. stipule qu'il convient de chercher le sens que donnerait au contrat « *une personne raisonnable "de même qualité" placée dans la même situation* »[1165]. Les commentaires des P.U. clarifient ce point en précisant qu'il s'agit d'une personne avec « *la même connaissance linguistique, la même compétence technique ou la même expérience commerciale que les parties* »[1166].

[1160] V. CARR, op. cit., p. 94.

[1161] Art. 1188, al 1er, nouveau code civil.

[1162] Art. 1560 c.c.ch.

[1163] L'article 5 : 101 (1) PDEC ajoute : *« même si cette interprétation s'écarte de sa lettre ».*

[1164] V. *Principes d'Unidroit Relatifs aux contrats du commerce international 2010*, p. 146.

[1165] L'al. 2e. de l'article 1188, nouveau code civil en va de même.

[1166] V. *Principes d'Unidroit Relatifs aux contrats du commerce international 2010*, p. 142-143.

273. Règles particulières :

1. Règle *systématique.*

Comme en droit civil[1167], les P.U. stipulent que les clauses contractuelles ne doivent pas être l'objet d'une interprétation isolée, mais ce qui doit être considéré c'est l'ensemble du contrat.

2. Règle *attributive.*

Comme dans le droit continental aussi[1168], l'article 4.5 P.U. stipule que les clauses d'un contrat s'interprètent dans le sens qui permet de leur donner effet.

3. Règle *contre proferentem.*

En accord également avec le droit civil[1169], l'article 4.6 P.U. dispose qu'en cas d'ambiguïté, les clauses d'un contrat s'interprètent de préférence contre celui qui les a rédigées[1170].

4. Règles « nouvelles ».

Si les P.U. suivent et répètent des règles bien connues du droit civil, ils font cependant quelques apports en consacrant des règles additionnelles à celles-ci. C'est le cas des règles suivantes :

a. Divergences linguistiques

Souvent les contrats de commerce international sont rédigés en plusieurs langues, car les parties habituellement sont de nationalités différentes.

L'article 4.7 P.U. dispose que dans ce cas, la version de base devra être privilégiée. Les commentaires des P.U. l'illustrent avec le cas où le contrat « original » avait été écrit en anglais, et des traductions faites dans d'autres langues, pour les copies. Alors, s'il existe des divergences entre les traductions, la version originale (anglaise) serait privilégiée[1171].

b. Omissions

Les P.U. donnent des règles pour faire face aux omissions relatives à la détermination de la qualité de la prestation (article 5.1.6 P.U.[1172]), la fixation du prix (5.1.7 P.U.)[1173], le moment[1174] et le lieu[1175] de l'exécution (articles

[1167] Art. 1189, al. 1er, nouveau code civil et art. 1564, al. 1er. c.c.ch.

[1168] Art. 1189, al. 2ème., nouveau code civil et art. 1562 c.c.ch.

[1169] Art. 1190, nouveau code civil et 1566 alinéa 2 c.c.ch.

[1170] L'article 5 : 103 PDEC consacre la même règle.

[1171] V. *Principes d'Unidroit Relatifs aux contrats du commerce international 2010*, p. 150.

[1172] Elle devra être « au moins égale à la moyenne ».

[1173] Comme en droit civil chilien (139 c.com.ch.), il établit qu'à défaut de stipulation, le prix sera celui courant dans la branche commerciale considérée ou un prix raisonnable, s'il ne peut pas être déterminé.

[1174] Elle aura lieu à la date précisée ou pendant l'époque indiquée. Sinon, dans un délai raisonnable. Il faut noter que comme en droit civil aussi (articles 1305-3, nouveau code civil et 1497 c.c.ch.), le créancier peut refuser l'exécution avant l'échéance s'il a un motif légitime, d'après l'article 6.1.5 PU.

[1175] S'agissant de l'obligation de livrer, elle a lieu, sauf stipulation expresse, au lieu de l'établissement du débiteur, selon l'article 6.1.6 n°1), b), PU.

6.1.1 et 6.1.6 P.U.), l'ordre des prestations[1176] (article 6.1.4 P.U.) et la monnaie non précisée[1177] (article 6.1.10 P.U.).

D'après l'article 4.8 P.U., ces omissions seront supplées en considération de la bonne foi, de la nature et du but du contrat, de l'intention des parties et de ce qui est raisonnable (l'équité).

C. Les règles de représentation

274. Règles de représentation - Les P.U. encadrent seulement les relations externes, entre représentant ou représenté et les tiers.

Les intermédiaires sans pouvoirs de représentation (agents) et les représentants commerciaux ne sont pas traités non plus, d'après l'article 2.2.1 P.U.

1. Attribution des pouvoirs.

Elle peut être expresse ou tacite et n'est soumise à aucune condition de forme, conformément à l'article 2.2.2 n° 1 P.U. ; ainsi, elle peut prendre forme de contrat de mandat ou d'une résolution du conseil d'administration.

2. Etendue.

Elle s'étend à tous les actes nécessaires pour la bonne exécution de la représentation (sauf mention inverse), selon le n° 2 de l'article 2.2.2 P.U. Les commentaires aux P.U. l'illustrent avec le cas d'un capitaine de navire, qui peut, s'il y a urgence, consigner les marchandises à un autre afin d`être livrées[1178], faculté qui serait implicite dans un tel cas.

Même en cas d'extinction du pouvoir, conformément à l'article 2.2.10 P.U., le représentant (mandataire) reste habilité aux fins d'accomplir les actes nécessaires pour protéger les intérêts du représenté (mandant). Les commentaires aux P.U. donnent comme exemple le cas ou malgré le décès du représenté, le représentant continue d'être habilité pour revendre les marchandises achetées au nom du premier ou de les conserver dans un entrepôt approprié[1179].

3. Opposabilité de la représentation.

L'article 2.2.3 P.U. reprend les règles de la *contemplatio domini* selon lesquelles le représentant qui agit dans les limites de ses pouvoirs, avec la connaissance des tiers de ce fait, engage directement le représenté avec eux[1180]. Le représentant doit agir dans cette situation « pour et au nom du (représenté) ».

[1176] Les PU conseillent l'exécution simultanée, si elle est possible et à défaut d'autre stipulation, d'après l'article 6.1.4 n°1 PU.

[1177] Conformément aux articles 6.1.9 et 6.1.10 PU, le paiement peut être effectué dans la monnaie du lieu de l'exécution si la monnaie du paiement n'a pas été précisée, ou, s'il devient impossible de payer dans la monnaie établie au contrat.

[1178] V. *Principes d'Unidroit Relatifs aux contrats du commerce international 2010*, p. 82.

[1179] Ibid, p. 98.

[1180] *Disclosed agency* de la common law.

Si le représentant agit, cependant, sans pouvoirs suffisants, ou au-delà de ceux-ci, comme le prévoit l'article 2.2.5 P.U., l'acte sera en principe inopposable au représenté et aux tiers[1181] ; sauf si ces derniers ont pu croire, raisonnablement, que le représentant avait agi selon le droit[1182], ou s'il y a lieu une ratification postérieure du représenté. Dans ce dernier cas l'acte sera validé rétroactivement[1183].

Sinon, le représentant sera tenu à des dommages-intérêts envers le tiers, en plus de l'inopposabilité, d'après l'article 2.2.6 P.U.[1184].

Les P.U. innovent à cet égard, car ils permettent aux tiers de s'opposer à la ratification avant que cela se produise (art. 2.2.9 n° 3), ou de donner un délai de caducité au représenté pour la faire (art, 2.2.9 n° 2).

Parfois, néanmoins, comme l'indiquent les commentaires des P.U., le représenté veut rester anonyme ou le tiers a l'intention de contracter avec le représentant directement. Dans ces cas, il est utile que le représentant agisse en son nom. C'est la situation prévue par le n° 2 de l'article 2.2.3 P.U. C'est le cas, par exemple, dans lequel le représenté attend une augmentation du prix de certaines matières premières et veut rester anonyme dans son achat[1185]. Alors, le représentant devra céder ses droits et actions au représenté, ultérieurement, pour le lier avec les tiers.

De même, le représentant sera le seul engagé, s'il n'affiche pas ses pouvoirs de représentation[1186], voire si le tiers ne savait ou n'aurait dû savoir qu'il représentait les intérêts du représenté. Ce serait le cas, par exemple, si un marchand achète des marchandises pour un autre, sans informer le vendeur. Alors, le seul engagé envers le vendeur serait le premier marchand[1187].

Exceptionnellement, si le tiers découvre le vrai propriétaire, il pourrait agir contre lui aussi, comme l'indique l'article 2.2.4 n° 2 P.U., ce qui est une manière de protéger ou de faire respecter sa bonne foi, ou, croyance d'avoir agi avec une personne et non une autre.

1181 Les commentaires des PU donnent l'exemple où le représentant acheta des marchandises en quantité et prix supérieures à ceux autorisés. Dans ce cas, le contrat n'a pas d'effets. Cf. *Principes d'Unidroit Relatifs aux contrats du commerce international 2010*, p. 87.

1182 Il s'agit d'une manifestation de la règle de droit civile selon laquelle *error communis facit jus* émané de la bonne foi. Les commentaires des PU l'illustrent avec le cas ou une personne contracte régulièrement pour une société, avec son accord, mais sans pouvoirs. Cette dernière ne peut pas rejeter une opération défavorable dans ce contexte, car elle serait de mauvaise foi. Cf. Ibid., p. 88.

1183 Art. 2.2.9 n°1 PU. Les articles 2160, al. 2, c.c.ch. et 1998 code civil vont dans le même sens. Cf. Cass. Civ. 1re, 28 avril 1980, Bull.civ.I, n°129 ; RTD civ., 1981.408.obs. G. Cornu.

1184 D'après les commentaires des PU, les intérêts positifs et négatifs sont compris. Ils donnent comme exemple le cas ou le représentant vend du pétrole sans avoir le pouvoir du vendeur. Dans ce cas, l'acheteur pourrait lui demander la différence entre le prix du contrat et celui actuel du marché. Cf. *Principes d'Unidroit Relatifs aux contrats du commerce international 2010*, p. 89.

1185 Ibid, p. 85.

1186 *Undisclosed agency* de la common law.

1187 Cf. *Principes d'Unidroit Relatifs aux contrats du commerce international 2010*, p. 86.

4. Faculté de déléguer.

Comme en droit civil, la faculté de déléguer est un élément de la nature du contrat dans les P.U.[1188]. Ainsi, l'article 2.2.8 P.U. dispose que le représentant a le pouvoir implicite de nommer un mandataire afin d'accomplir certains actes.

Sont exclus, naturellement, les actes *intuitu personae* et chaque fois qu'il est expressément interdit de le faire.

[1188] Articles 2135 c.c.ch. et 1994 code civil. Cf. Cass.civ.1re, 29 mai 1980, Bull.civ.I, n°163.

CONCLUSION DU CHAPITRE

1. Plusieurs principes généraux de droit civil participent à l'harmonisation des règles de la vente internationale de marchandises. Parmi eux, l'autonomie de la volonté, la bonne foi et la poursuite du contrat, principalement.

L'autonomie de la volonté et la bonne foi sont des créations du droit civil, consacrées par le Code Napoléon plusieurs années avant d'avoir été prises en considération par la *Common Law*. Leurs origines plus anciennes se trouvent dans le droit civil romain (*pacta sunt* et *bona fides*).

Le principe de la poursuite du contrat, en revanche, est plus proche du pragmatisme de la *Common Law* (le droit civil, du fait de l'influence du droit canon de ses origines est plus « moraliste », ce qui se traduit dans des institutions comme la cause, aujourd'hui disparue en France, mais non dans d'autres pays de droit civil comme le Chili). Le principe trouve des manifestations intéressantes dans le droit de correction du débiteur et le délai d'exécution supplémentaire, manifestation de la *nachfrist*, qui sont retenus pas la CVIM.

Ces principes généraux ont une grande utilité dans la vente internationale des marchandises. La CVIM les reprend expressément ou implicitement parmi ses dispositions, afin d'harmoniser les règles en matière de vente internationale de marchandises : l'autonomie de la volonté, dans ses articles 6 et 29 ; la bonne foi, dans son article 7 n° 1 ; la poursuite du contrat dans ses articles 34, 37, 48, 49, 51, 64, 71 et 72, principalement.

Comme nous l'avons vu, le principe de bonne foi aide à réduire les coûts des transactions et permet le fonctionnement normal du commerce international. Il s'applique à la phase précontractuelle, pour la préservation des marchandises, au regard de remèdes (réduction du prix, devoir d'atténuation des dommages, réparation de la prestation), s'agissant de l'intégrité du consentement et de l'imprévision.

S'agissant de l'autonomie de la volonté, elle donne certitude aux parties et les autorise notamment à déroger totalement ou partiellement aux normes non impératives, mais aussi à utiliser le droit le plus adapté à l'économie du contrat.

2. Les Principes d'Unidroit sont quant à eux un instrument également largement inspiré par le droit civil qui constituent une sorte de droit général des contrats internationaux.

Ses rédacteurs ont utilisé une technique classique pour l'élaboration d'instruments uniformes en reprenant les solutions d'un système de droit comme règles principales, en l'espèce le droit civil, et en y associant quelque règle d'un autre système de droit, en l'occurrence la *Common Law*, à titre d'exceptions. Nous trouvons cette mécanique s'agissant de l'exécution en nature, de la résolution, des clauses pénales, des règles d'interprétation, des règles de représentation, etc.

De plus, les P.U. reprennent le consensualisme du droit civil, donc, la seule volonté des parties est suffisante pour la validité des contrats commerciaux, ce qui se traduit par l'absence de nécessité de *considération* de la *Common Law* ou de cause du droit civil. Ainsi, nous pouvons affirmer que les P.U. constituent un instrument qui accorde la primauté au droit civil pour harmoniser les règles relatives à la vente internationale de marchandises.

3. Les P.U. sont ainsi d'une utilité considérable pour l'arbitrage commercial international, car ils contiennent des normes qui comblent certaines lacunes de la CVIM. Par exemple, ils ajoutent des considérations s'agissant du tort moral, du calcul des intérêts ou encore de la régulation des clauses pénales ; là où la Convention de 1980 était restée muette.

Le rapport entre les P.U. et la CVIM est un rapport d'intégration. Certaines institutions consacrées dans les P.U. ont été prises de la CVIM. Par exemple, les règles de formation du consentement, l'atténuation des dommages, la réparation intégrale et le délai de grâce permettant l'exécution tardive des obligations des parties (inspirés par la *nachfrist*).

4. D'autres institutions communes à la CVIM et aux P.U. ont été perfectionnées par ces derniers.

C'est le cas de l'imprévision.

La CVIM, dans son article 79, prévoit la force majeure, mais non l'imprévision.

Cependant, les P.U. permettent d'intégrer cette dernière dans les contrats de vente internationale de marchandises.

Ainsi, si les parties considèrent dans le contrat de vente les P.U. comme loi supplétive, le juge pourra modifier le contrat dans les cas d'excessive onérosité, ce qui a une utilité pratique évidente.

5. Les P.U. sont également d'une grande utilité en matière d'interprétation des contrats internationaux.

Ils reprennent pour l'essentiel des règles du droit civil, mais ajoutent des outils additionnels. C'est le cas de la règle « linguistique » de l'article 4.7 P.U., qui privilégie la langue d'un document original par rapport à ses traductions, ou des règles qui permettent d'éviter les omissions des parties (détermination de la qualité de la prestation, fixation du prix, moment et lieu de l'exécution, ordre des prestations et monnaie non précisée, principalement).

6. Il est par ailleurs intéressant de souligner la consécration de l'atténuation des dommages par les P.U. Même si cette règle est issue de la *Common Law*, il est indéniable qu'elle est parfaitement compatible avec le principe général de bonne foi ; un constat qui conduit à comprendre les critiques existantes sur sa non réception (encore) par le droit civil.

7. Enfin, notons que les PU ont une importante influence non seulement dans la sphère de la législation internationale, mais aussi dans les législations nationales. Ainsi, ils ont été reconnus dans le rapport au Président de la République relatif à l'ordonnance n° 2016-131 du 10 février 2016 portant réforme du droit français des obligations.

En ce sens, il nous semble que l'on retrouve dans le nouvel article 1195 du Code civil l'esprit des P.U., en prévoyant des effets à l'imprévision similaires à ceux consacrés dans ces principes internationaux.

CHAPITRE 2

L'HARMONISATION PAR L'ADOPTION DE RÈGLES MATÉRIELLES UNIFORMES : LA CONVENTION DE VIENNE DE 1980

La CVIM, comme l'indique son préambule, a pour but d'harmoniser différents systèmes sociaux et juridiques. Suivant l'exemple des P.U., les rédacteurs de la CVIM ont eu recours à une technique classique pour l'élaboration d'instruments uniformes : adopter les règles d'un système de droit comme règles principales (le droit civil) en y associant celles d'un autre système (la *Common Law*) à titre d'exceptions.

La CVIM encadre la formation du contrat et les droits et obligations des parties en matière de contrats de vente internationale de marchandises. Nous analyserons en détail ces éléments en s'intéressant tout d'abord à la formation du contrat de vente internationale de marchandises (section 1), avant d'étudier les sanctions à l'inexécution des obligations des parties (section 2).

SECTION 1. LA FORMATION DU CONTRAT DE VENTE INTERNATIONALE DE MARCHANDISES

§ 1. Les fondamentaux de la vente de marchandises dans la Convention de Vienne de 1980

Dans cette section nous démontrerons que la règle contenue à l'article 7 n° 1 de la CVIM va plus loin que la simple interprétation des contrats de vente internationale de marchandises. La bonne foi est retenue dans cette disposition comme un principe général à la façon du système de droit civil, et donc, contrairement à la *Common Law*, sa portée est vaste en s'étendant aux pourparlers.

Par ailleurs, s'agissant de la formation du consentement, nous relèverons que la Convention de Vienne de 1980 retient la théorie de la réception, à la façon du droit civil moderne, mais avec quelques nuances car l'indétermination initiale du prix de vente n'affecte pas la validité du contrat de vente internationale de marchandises.

De même, nous démontrerons que les droits et obligations des parties dans la CVIM sont similaires au droit civil, avec quelques nuances aussi, concernant le mélange des vices cachés et défauts de conformité retenu pas la Convention et le caractère portable du paiement du prix (après la réforme du droit français des obligations suite à l'ordonnance n° 2016-131 du 10 février 2016, le paiement du prix est devenu portable s'agissant d'obligations de somme d'argent). De plus, au sujet du transfert des risques, nous constaterons qu'il est dissocié du seul échange de volontés aux articles 67 à 69 CVIM et lié à la livraison des marchandises.

D'autre part, en l'absence de consécration positive par le droit civil de l'imprévision à l'époque de rédaction de la CVIM, nous relèverons que l'article 79 CVIM consacre une force majeure « élargie » et non pas l'*hardship* de la *Common Law*.

Enfin, nous démontrerons que les règles d'interprétation retenues par la CVIM font de la bonne foi un principe directeur. Sont consacrés les critères subjectif et objectif d'interprétation du droit civil, à l'article 8 n° 1 et 2, respectivement, en s'inspirant de la notion civile de « bon père de famille ».

Ces éléments démontrent la primauté du droit civil dans la CVIM ; un postulat encore corroboré par la règle « syncrétique » l'article 8 n°3 qui oblige à considérer les négociations préliminaires dans le processus interprétatif, règle qui est incompatible avec la *parol evidence rule* de la *Common Law*.

Nous commencerons par l'analyse des notions de base de la Convention.

A. Les notions de base

275. La Convention des Nations Unies sur les contrats de vente (CVIM) a été signée à Vienne le 11 avril 1980 par 79 Etats[1189] [1190], parmi lesquels la France[1191] et le Chili[1192], mais pas le Royaume-Uni[1193]. Elle est le résultat de travaux débutés en 1968 au sein de la CNUDCI, qui avait produit son premier brouillon en 1976. La CVIM est entrée en vigueur le 1er janvier 1988, après l'accomplissement de la condition prévue dans son article 99 (le

[1189] V. ALFREDO Pierre, *L'essentiel du droit du commerce international*, Ellipses, Paris, 2014, p. 52.

[1190] A ce jour, elle est en vigueur dans 85 pays.
Source : http://www.uncitral.org/uncitral/en/uncitral_texts/sale_goods/1980CISG_status.html, consulté le 8 mai 2017.

[1191] Le texte est entré en vigueur en France le 1er janvier 1988. V. JACQUET Jean-Michel, DELEBECQUE Philippe, CORNELOUP Sabine, *Droit du commerce international*, 3e édition, Dalloz, Paris, France, 2014, p. 363.

[1192] La CVIM est devenue loi interne le 03 octobre 1990 au Chili, date de sa publication au journal officiel de la république.

[1193] Selon certains auteurs il s'agirait d'un simple retard, conséquence d'autres priorités législatives. Dans ce sens : GOODE R., KRONKE H. et MCKENDRICK E., op. cit., p. 218.

premier jour du mois suivant l'expiration d'un délai de douze mois après la date du dépôt du dixième instrument de ratification).

Elle traite des droits et obligations des parties à un contrat et du transfert des risques, mais non des conditions du transfert de propriété, toujours régies par la loi nationale applicable conformément à la maxime *lex locus regit actum*. La CVIM n'aborde pas non plus la validité du contrat[1194] (vices du consentement, capacité), la prescription[1195]-[1196], ni les dommages personnels causés par les marchandises[1197].

Son but est d'harmoniser les différents systèmes juridiques et sociaux afin de contribuer à l'élimination des obstacles au commerce international et de favoriser son développement[1198].

Son champ d'application est la vente de marchandises[1199], mais uniquement de biens corporels[1200] (à l'exclusion des biens incorporels, ainsi que des bateaux et des avions), entre parties ayant leur établissement[1201] dans des Etats différents[1202]-[1203].

Elle peut être écartée par les parties, de façon expresse ou implicite, totalement ou partiellement, de même qu'ils peuvent en modifier ses effets[1204]. Il importe de noter sur ce point que la désignation par les parties d'une loi nationale ne suffit pas à écarter la Convention s'il s'agit d'un Etat signataire[1205].

1194 Art. 4 CVIM.

1195 Elle est traitée par la convention sur la prescription en matière de vente internationale de marchandises, New York, 1974. Elle n'est pas en vigueur en France, ni au Chili, ni au Royaume-Uni. Source : http://www.uncitral.org/uncitral/fr/uncitral_texts/sale_goods/1974Convention_status.html, consulté le 23 juin 2017.

1196 Il faut distinguer la prescription de l'échéance de l'art. 39 CVIM.

1197 Art. 5 CVIM.

1198 Préambule, CVIM.

1199 Sont exclues les ventes des avions, bateaux, électricité, celles pour un usage personnel, aux enchères, les ventes dont la fourniture de services est une part prépondérante des obligations du vendeur (franchise, concession). V. Art. 2 CVIM. Cf. ALFREDO P., op. cit., p. 52.

1200 La jurisprudence internationale a considéré que sont des marchandises les biens meubles et tangibles, neufs ou d'occasion, vivants ou inanimés et les logiciels, parmi d'autres choses. Cf. *Uncitral Digest of Case Law on The United Nations Convention on the International Sale of Goods*, United Nations publication, New York, Etats Unis, 2008, p. 5 (CLOUT cas n°380, tribunale di Pavia, Italie, 29 décembre 1999. Disponible sur : http://www.unilex.info/case.cfm?id=734, consulté le 25 juin 2017 ; CLOUT cas n°281, cour d'appel de Koblenz, Allemagne, 17 septembre 1993. Disponible sur : http://www.unilex.info/case.cfm?id=64, consulté le 25 juin 2017.

1201 Si l'une des parties a plusieurs établissements, celui à prendre en considération sera l'établissement qui a la relation la plus étroite avec le contrat, d'après l'article 10 CVIM.

1202 Leur nationalité est indifférente et aussi le caractère civil ou commercial de la vente, d'après l'article 1 n°3 CVIM.

1203 Art. 1 CVIM.

1204 Art. 6 CVIM.

1205 *Nuova Fucinati SpA vs. Fondmetall International*, a contrario. Cette décision du tribunal de Monza, Italie, a été fortement critiquée comme nous l'avons vu dans le chapitre précédent.

B. La protection de la bonne foi dans la phase précontractuelle

276. La rupture fautive des négociations - La CVIM ne traite pas de la rupture fautive des pourparlers. Elle reste muette sur ce point comme sur d'autres sujets[1206]. Ainsi, son article 74 considère uniquement des dommages causés par la rupture de contrats déjà formés[1207].

Parfois, la négociation des contrats internationaux entraîne de longues discussions qui comprennent l'échange de documents, accords provisoires (lettres d'intention[1208], protocoles, pactes de préférence, promesses unilatérales ou synallagmatiques) et la rupture fautive ou brutale n'est évidemment pas une hypothèse d'école. Comme nous l'avons vu précédemment, les solutions du droit civil[1209] et de la *Common Law*[1210] sont différentes à ce sujet.

Il reste à savoir quelle solution donner à ce dilemme.

Si les parties ont prévu que le contrat sera régi par les principes généraux du droit ou la *lex mercatoria*, les P.U. peuvent être utilisés afin de résoudre le problème[1211], conformément à son préambule. Autrement, il conviendra de tenir compte de clauses spéciales prévues à ces fins (lorsqu'il y en a)[1212] ou des normes du droit matériel applicable[1213].

D'après ce qui précède, si une législation de droit civil reste à appliquer, la rupture fautive des pourparlers sera sanctionnée et soumise aux conditions déjà vues qui ont été posées par la doctrine, la loi et la jurisprudence ; à savoir causer un dommage et être fautif, voire de mauvaise foi (absence d'un

---

AB. Cf. CARR Indira, op. cit., p. 69., en citation à FERRARI, *Uniform Law of International Sales : issues of applicability and private international law*, 1995, 15 journal of law and commerce 159, p. 173.

1206 Par exemple, paradoxalement, la CVIM ne définit pas les mots « vente » ni « marchandises ».

1207 V. Dans ce sens: BRIDGE Michael, *The International Sale of Goods*, op. cit., p. 552.

1208 *Letter of intent*.

1209 Le nouvel article 1104 code civil prévoit que les contrats doivent être négociés de bonne foi (exécutés et formés aussi) disposition qui est d'ordre public. V. *Manoukian*, Cass. Com, 26 novembre 2003, D. 2004. 869, note A.-S. Dupré-Allemagne ; *Forestal Bío-Bío con Madesal y otra*, C. Ap., Concepción, 1996, Civ. N° 374-93.

1210 Les pourparlers sont déréglementés en droit anglais et peuvent se produire entre plusieurs concurrents, à moins qu'il soit expressément interdit en établissant des limitations en ce sens et un devoir de diligence.

1211 Comme nous l'avons vu précédemment, l'article 2.1.15 n°2 PU règle cette situation et sanctionne la rupture fautive des pourparlers.

1212 Certains auteurs considèrent qu'il est utile de prévoir des clauses qui rendent les instruments préparatoires caducs ou qui les maintiennent totalement ou partiellement dans le champ contractuel. Cf. COLLART DUTILLEUL F. et DELEBECQUE Ph., op. cit., p. 123.

1213 D'après la loi française, il le serait la loi du lieu du délit. Conformément au règlement Rome II (art. 12 et consid. 30), il faut appliquer la notion de *culpa in contrahendo*, donc, en principe, la loi qui aurait être applicable dans le cas que le contrat avait été conclu. Autrement, selon les critères de rattachement des obligations extra contractuelles, le lieu de survenance du dommage, de résidence habituelle commune ou clause d'exception. Cf. JACQUET, DELEBECQUE et CORNELOUP, op, cit., p. 695.

motif légitime) ou brutal. Dans ces cas, en l'absence de contrat, la responsabilité délictuelle civile de la partie fautive sera engagée.

Une autre solution est de considérer que, par application du **principe général de bonne** foi établi par l'article 7 n°1 CVIM, nous devons conclure qu'il existe une **protection tacite des pourparlers** par la CVIM ; étant entendu qu'un principe général, par définition, s'étend à tout l'*iter contractuel.*

Il est vrai que certains juristes de *Common Law* estiment que la CVIM ne sanctionne pas un principe général de bonne foi[1214]. D'autres considèrent que l'article 7 n° 1, deuxième partie, de la CVIM est le résultat d'un compromis entre la tradition de droit civil, protectrice de la bonne foi dans tout *l'iter contractuel*, et celle de la *Common Law*, réticente à reconnaître un principe général de bonne foi[1215]. Quant à la jurisprudence internationale, elle a reconnu que la bonne foi était un principe général de la CVIM[1216], comme elle l'est dans le système de droit civil. Partant, la discussion théorique paraît désormais inutile et la *praxis* bascule du côté du système de droit civil : les pourparlers sont protégés, en pratique, par la CVIM bien qu'elle ne comprenne pas de dispositions explicites en ce sens.

C. La formation du consentement

277. L'offre – Le consensualisme.

Le contrat de vente internationale de marchandises n'est soumis à aucune condition de forme pour sa validité, ni pour sa preuve[1217], selon l'article 11 CVIM. Ainsi, il peut se conclure oralement.

Cependant, certains pays ont exigé, conformément aux articles 12 et 96 CVIM, un document écrit comme condition d'existence du contrat et pour ces modifications ultérieures. C'est le cas de la Chine, du Chili, de la Russie et de l'Argentine, entre autres[1218], qui ont une tradition écriture des ventes.

[1214] V. dans ce sens : CARR INDIRA, op. cit., p. 72, en citation à HONNOLD, *Uniform Law for International Sales under the 1980 United Nations Convention*, 1999, Kluwer.

[1215] Cf. GOODE R., KRONKE H. et MCKENDRICK E., op. cit., p. 233.

[1216] V. CLOUT, cas n°445, Cour Suprême Fédérale, Allemagne, 31 octobre 2001. Disponible sur : http://www.unilex.info/case.cfm?id=736, contrôlé le 08 juin 2017 ; CLOUT, cas n°465, Corte d'appello di Milano, Italie, 11 décembre 1998. Disponible sur : http://www.unilex.info/case.cfm?id=359, consulté le 08 juin 2017 ; ICC International Court of Arbitration, arrêt n°8128/1995. Disponible sur http://www.unilex.info/case.cfm?id=207, contrôlé le 08 juin 2017 ; *Renard Constructions vs. Minister for Public Works*, Court of Appeal, New South Wales, Australie, 12 mars 1992. Disponible sur : http://www.unilex.info/case.cfm?pid=1&do=case&id=57&step=FullText, consulté le 08 juin 2017.

[1217] Il peut même être prouvé par témoins.

[1218] V. Dans ce sens: JACQUET, DELEBECQUE et CORNELOUP, op, cit., p. 375 ; CARR, op. cit, p. 72.

278. Conditions de validité de l'offre selon la CVIM :

a. Elle doit s'adresser à personnes déterminées.

Conformément à l'article 14 n° 2 CVIM, une offre adressée à des personnes indéterminées n'est qu'une invitation à négocier (sauf indication contraire).

Cette règle s'éloigne du droit français qui considère qu'une offre contraignante peut être dirigée envers des personnes déterminées ou indéterminées[1219].

b. Être ferme.

L'offre, selon l'article 14 n° 1 CVIM, doit « *indiquer la volonté d'être lié en cas d'acceptation* »[1220].

c. Précise.

Elle doit designer avec clarté les marchandises[1221] et le prix (déterminés ou déterminable[1222]).

La CVIM autorise, néanmoins, à déterminer le prix ultérieurement dans son article 55 [1223]. D'après cette disposition, lorsque les parties n'ont pas déterminé le prix de façon expresse ou même tacite, l'acheteur est redevable du prix courant dans la branche commerciale considérée « *pour les mêmes marchandises vendues dans des circonstances comparables* »[1224].

279. Révocabilité de l'offre - Comme en droit civil, l'offre n'est pas révocable si elle a été formulée comme étant « irrévocable » ou assortie d'un délai. Autrement, elle peut être révoquée avant l'expédition de l'acceptation par son destinataire, selon l'article 16 CVIM.

[1219] V. art. 1114, nouveau code civil. Au Chili, par contre, comme nous l'avons vu précédemment, l'offre au public en général n'est pas obligatoire, comme règle générale, d'après l'article 105, al. 1er, c.com.ch. En droit anglais, comme déjà vu aussi, l'offre doit être ferme et formulée à une personne déterminée, comme règle générale, à moins qu'elle contienne un prix associé en cas d'insatisfaction du client, d'après l'arrêt *Carlic vs. Carbolic Smoke Ball Co.*, (1892) EWCA Civ 1.

[1220] C'est la même règle qu'en droit civil. V. Article 1114 code civil et 101 c.com.ch.

[1221] En ce sens, l'expédition d'une quantité inférieure de marchandises (2700 paires de chaussures et non les 3400 demandés) a été retenue comme une contre-offre acceptée par l'offrant quand il a eu pris livraison. Cf. CLOUT cas n°291, cour d'appel de Frankfurt a.M., Allemagne, 23 mai 1995. Disponible sur : http://www.unilex.info/case.cfm?id=188, consulté le 25 juin 2017.

[1222] Art. 14 n°1 CVIM.

[1223] Il s'agit plutôt d'une règle de la *common law*. V. Dans ce sens: COLLART DUTILLEUL F. et DELEBECQUE Ph., op. cit., p. 158-159.

[1224] Dans le système de droit civil nous trouvons une norme similaire dans l'article 139 c.com.ch. (en France, par contre, le prix doit être déterminé *ab initio*, selon l'article 1583, nouveau code civil, sous peine de nullité. Cf. COLLART DUTILLEUL F. et DELEBECQUE Ph., ibid). Dans la loi anglaise, comme nous l'avons vu précédemment, l'indétermination initiale du prix n'affecte pas la validité du contrat de vente. En ce cas, un prix raisonnable devra être payé, selon les circonstances particulières de chaque cas, d'après les règles 8 (2) et (3) s.g.a.

En droit anglais, en revanche, on l'a vu, une offre peut toujours être révoquée avant son acceptation par le destinataire, même dans le cas où un délai a été fixé (à moins que ce dernier ait offert une *consideration*)[1225].

280. L'acceptation - Comme en droit civil, le silence ne vaut pas acceptation est la règle générale[1226]. L'exception est le silence circonstancié, d'après l'article 18 CVIM[1227].

L'acceptation peut être formulée de façon expresse ou tacite[1228], comme en droit continental[1229], immédiatement lorsqu'elle est simplement verbale, ou bien dans le délai prévu par l'offre. Néanmoins, la Convention donne effet aux acceptations tardives dans le cas d'un retard excusable et non contesté par l'offrant, ou si celui-ci manifeste son accord pour cette acceptation hors délai[1230].

La CVIM retient le système dit de la réception[1231] aux articles 18, n° 2 et 22, donc le contrat se forme quand l'acceptation parvient[1232] à l'auteur de l'offre, comme en droit français[1233]-[1234].

De plus, la CVIM précise dans son article 19 la possibilité pour les parties d'introduire des modifications non essentielles[1235] dans l'acceptation,

---

[1225] Cf. CARR., op. cit., p. 74.

[1226] En droit anglais la situation est similaire comme nous l'avons vu précédemment, Affaire *Felthouse vs. Bindley,* à propos de l'offre d'achat d'un cheval, exprimant que l'acceptation serait présumée sous réserve de négative, (1863) 1 New Rep. 401.

[1227] V. article 1120, nouveau code civil.

[1228] C'est le cas dans l'expédition des marchandises ou paiement du prix, selon le numéro 3 de l'article 18 CVIM.

[1229] V. Art. 103 c.com.ch.

[1230] V. Art. 21 CVIM.

[1231] Pour des communications ultérieures à la formation du consentement, l'article 27 CVIM retient le système de l'émission (retenu par le droit civil chilien ; art. 101 c.com.ch.). Cette règle s'applique pour la notification des défauts de conformité et réclamations des tiers (art. 39 CVIM) ; notification des demandes d'exécution en nature (art. 46 CVIM) ; réduction du prix (art. 50) ; dommages-intérêts (art. 45, n°1, lettre b)) ou intérêts moratoires (art. 78 CVIM) ; notification de résolution (arts. 49, 64, 72 et 73 CVIM) ; notification des délais de grâce (arts. 47, 63 CVIM), parmi d'autres. Cf. *Uncitral Digest of Case Law on The United Nations Convention on the International Sale of Goods*, op. cit., p. 30.

[1232] En ce sens, l'art. 24 CVIM clarifie le fait qu'une offre ou une acceptation est immédiate, si elle est verbale, ou lorsqu'elle est transmise par toute autre moyen au destinataire lui même, à son établissement, adresse postale ou résidence habituelle. La jurisprudence internationale a précisé en ce sens qu'un changement de résidence est indifférent. Cf. Arrondissementsrechtbank, Amsterdam, Hollande, 5 octobre 1994. Disponible sur : http://www.unilex.info/case.cfm?id=124, consulté le 2 juin 2017.

[1233] V. Articles 1121 et 1118 al. 2, code civil. A partir de ce moment, l'acceptation ne peut plus être rétractée.

[1234] En droit anglais, comme nous l'avons vu précédemment, le consentement se forme dès que l'acceptation est communiquée a l'offrant par voie postale (*postal rule*), d'après l'arrêt *Household Fire Insurance Co. vs. Grant,* (1879) LR 4 Ex D 216. Au Chili, comme déjà vu aussi, les articles 99 et 101 c.com.ch. retiennent la théorie de l'*émission ou la déclaration.*

[1235] La jurisprudence internationale a décidé sur ce point que ne sont pas des modifications essentielles les stipulations portant sur le changement de prix suite aux variations du marché et l'établissement d'un délai pour le rejet. Cf. CLOUT, cas n°155, C. Cass. 4 janvier 1995.

qui feront partie intégrante du contrat[1236]. Elle donne comme exemple de modifications essentielles celles qui portent sur : le prix, le paiement, la qualité ou quantité des marchandises, le lieu ou moment de livraison[1237], l'étendue de la responsabilité des parties et le règlement des différends. Cette hypothèse se produit quand les parties, c'est souvent le cas, n'entament pas de négociations formelles, sinon des échanges de courriels électroniques ou de fax[1238].

Ainsi, s'agissant de la formation du consentement, nous trouvons dans la CVIM plus d'éléments venant du droit civil que de la *Common Law*. C'est le cas de la fermeté et de la précision de l'offre, ou encore des règles sur la révocabilité et la rétractation. Ce constat nous permet de considérer que sur cette question, la CVIM retient effectivement le premier système comme règle générale et le second comme exception.

§ 2. Le contenu du contrat de vente

A. Les droits et obligations des parties

Les obligations du vendeur sont réduites à trois dans la CVIM. Il n'est pas prévu d'obligation de sécurité comme dans les deux systèmes de droit analysés[1239].

281. Obligation de délivrance - Elle comprend la livraison des marchandises et aussi des documents s'y rapportant[1240], selon l'article 30 CVIM.

Disponible sur : http://www.unilex.info/case.cfm?id=106, consulté le 25 juin 2017 ; CLOUT, cas n°50, Landgericht Baden-Baden, Allemagne, 14 août 1991. Disponible sur : http://www.unilex.info/case.cfm?id=13, consulté le 25 juin 2017.

[1236] Le droit français retient pour la modification des conditions générales de vente la théorie du *consensus* (en écartant les clauses contradictoires et comblant les lacunes avec la recherche de la volonté des parties et la loi nationale applicable) et l'anglais celle du *last shot* – dernière mot- (en retenant les conditions générales de l'acceptant si l'offrant ne réagi pas). Cf. JACQUET Jean-Michel, DELEBECQUE Philippe, CORNELOUP Sabine, op. cit., p. 377.

[1237] Dans ce sens, les commentaires des actes des N.U. sur la CVIM indiquent qu'une acceptation exprimant « livraison immédiate » emporterait une modification essentielle. Cf. *CISG official records*, Nations Unies, New York, 1991, p. 24.

[1238] V. dans ce sens : ibidem.

[1239] V. JACQUET Jean-Michel, DELEBECQUE Philippe, *Droit du commerce International*, cours Dalloz, série droit privé, Paris, 1997, p. 139.

[1240] Ces documents peuvent être : certificats sanitaires (fumigation, de santé), documents fiscaux, douaniers, administratifs (de sécurité pour les marchandises dangereuses, par exemple) certificats d'origine, de garantie, manuels d'utilisation, certificats de non-réexportation, autorisations d'exportation, *bill of lading* (connaissement), *air waybill* (lettre de transport aérien) ou *waybill* (lettre de voiture), factures commerciales, listes de colisage, documents de transport, d'assurance, etc.

Moment

La livraison doit intervenir dans les délais ou sous les conditions convenus[1241], ou, à défaut, dans un délai raisonnable, d'après l'article 33 CVIM.

Comme nous l'avons déjà relevé, la livraison en temps opportun est essentielle s'agissant des matières premières, produits saisonniers (fruits, légumes, vêtements), quand la finalité contractuelle l'exige et quand les parties l'ont voulu ainsi. Autrement, une livraison tardive est tolérable.

Néanmoins, au regard de l'économie actuelle, le temps est un facteur de plus en plus essentiel et le plus souvent les clients comptent sur une livraison en temps opportun[1242]. Cela s'explique par la concurrence entre les différents acteurs économiques et par la rapide obsolescence technologique de certaines marchandises (téléphones portables, ordinateurs, téléviseurs, etc.). Cette situation force les industriels à introduire régulièrement sur les marchés des produits nouveaux, plus performants et différenciés, à une cadence vertigineuse. C'est pourquoi la livraison en temps opportun est essentielle si les parties l'ont stipulée, ou bien lorsqu'il s'agit de produits saisonniers, de produits de base, ou bien encore lorsque les usages du commerce ou les pratiques des parties le prévoient ainsi.

Lieu

La livraison doit se réaliser au lieu convenu par les parties[1243]. Si le contrat implique un transport, la livraison se produit « *par remise des marchandises au premier transporteur pour transmission à l'acheteur* »[1244]-[1245]. Dans d'autres cas, par leur mise à disposition de l'acheteur au lieu de l'établissement du vendeur[1246], conformément à l'article 31 CVIM.

[1241] Souvent il s'agit de l'ouverture d'une lettre de crédit, mais il peut s'agir aussi de l'ouverture d'une ligne de crédit.

[1242] V. Dans ce sens : JACQUET, DELEBECQUE et CORNELOUP, op, cit., p. 379.

[1243] À cette fin là, elles font référence souvent aux Incoterms (international commercial termes : termes de commerce international) de la CCI qui prévoient le lieu de livraison des marchandises, modalités de transport, transfert des risques, dépenses, documents et assurance. Sa version 2010 considère quatre catégories: groupe E : EXW (ex-works, voir, à l'usine) ; groupe F : FAS (free alongside ship –franco le longue du navire-), FOB (free on board -franco à bord-), FCA (free carrier –franco transporteur-) ; groupe C : CIF (cost, insurance and freight – cout, assurance et fret-), CFR (cost and freight –cout et fret-), CPT (carriage paid to –port payé jusqu'à), CIP (carriage and insurance paid –port payé, assurance comprise jusqu'à-) ; groupe D : DAT (delivered at terminal –rendu au terminal-), DAP (delivered at place –rendu au lieu de destination-), DDP (delivered duty paid –rendu droits acquittés-). Cf. *Contrat Modèle ICC de Vente Internationale*, ICC publication No. 738 EF, CCI, Paris, France, 2013, p. 47 à 54.

[1244] V. JACQUET, DELEBECQUE et CORNELOUP, op, cit., p. 379.

[1245] D'après l'article 32 n°1 CVIM, le vendeur doit donner à l'acheteur avis de l'expédition.

[1246] Il s'agit d'une règle qui est en harmonie avec les deux systèmes de droit, de même le paiement est quérable et se réalise donc, sauf stipulation contraire, au domicile du débiteur comme règle générale (articles 1342-6, nouveau, code civil et 1588, al. 2ème., c.c.ch.). Dans le droit anglais, comme nous l'avons vu aussi, et à défaut de règle spéciale, c'est le domicile du vendeur pour les biens de genre ou l'endroit où ils se trouvent, s'il s'agit d'espèces (règle 29 s.g.a.).

La CVIM n'indique rien sur les frais.

On doit souligner que le vendeur peut faire du paiement du prix une condition pour la remise des marchandises ou des documents représentatifs de ces marchandises, selon l'article 58 CVIM, n° 1 et 2.

282. Obligation de conformité - La CVIM confond dans une même obligation la délivrance conforme et la garantie des vices cachés[1247], qui sont pourtant différenciées par le droit civil, comme nous l'avons vu. Ainsi, l'obligation de conformité comprend dans la CVIM la conformité proprement dite (les marchandises sont bien celles qui étaient convenues à la commande) et la garantie des vices cachés.

La garantie d'éviction est traitée par l'article 41 CVIM.

283. Conformité proprement dite- Elle est prévue par l'article 35, n° 1 CVIM, qui stipule que le vendeur doit livrer des marchandises dont la qualité, quantité, l'emballage et le conditionnement correspondent à ce qui était prévu au contrat ou aux échantillons s'il y en avait. On dit alors que la marchandise doit être « SLM » : saine, loyale et marchande[1248].

À défaut de stipulation contractuelle, les marchandises devront être aptes pour l'usage habituel[1249], au regard des marchandises du même type (et prix) ou selon l'usage prévu et précisé de manière expresse ou tacite au vendeur[1250]. L'emballage devra être adapté au type de marchandises vendues ou du moins raisonnable et suffisant pour les protéger jusqu'à leur destination.

Il convient de noter que le vendeur n'est pas responsable des défauts de conformité ou des vices cachés que l'acheteur connaissait ou devait connaître lors de la conclusion du contrat[1251], selon l'article 35 n° 3 CVIM, si l'acheteur n'a pas examiné les marchandises dans un bref délai, selon les circonstances[1252]. De plus, les défauts doivent avoir existé au moment du transfert des risques à l'acheteur[1253] (livraison).

[1247] V. MALAURIE Ph., AYNÈS L. et GAUTIER P.Y., op. cit., p. 194 ; COLLART DUTILLEUL F. et DELEBECQUE Ph., op. cit., p. 296.

[1248] V. JACQUET, DELEBECQUE et CORNELOUP, op, cit., p. 380-381.

[1249] En droit anglais, comme nous l'avons vu précédemment, la règle 14 (2) s.g.a. établit qu'il y a une condition implicite dans la vente des marchandises selon laquelle elles doivent être d'une qualité et aptitude satisfaisantes. Le standard est la qualité « basique », contrairement au droit civil ou il est une qualité « moyenne » (art. 145 c.com.ch. et ancien article 1246 code civil). Le nouvel article 1166, code civil dispose, néanmoins, que si la qualité n'est pas déterminée ou déterminable, il faut tenir compte de la nature, des usages et du montant de la contrepartie.

[1250] Art. 35 n° 2, lettres a) et b), CVIM.

[1251] La présomption de connaissance pour les professionnels du droit français (Cass.civ., 1re., 18 décembre 1962, Bull.civ.I, n°554) n'existe pas dans la CVIM, mais naturellement il sera appliqué en pratique contrairement aux profanes. Cf. JACQUET Jean-Michel, DELEBECQUE Philippe, op. cit, p. 141.

[1252] Art. 38 n°1 CVIM.

[1253] Art. 36 n°1 CVIM.

284. Garantie d'éviction - D'après les articles 41 et 42 CVIM, le vendeur doit, comme en droit civil[1254] et en droit anglais[1255], garantir une possession paisible à l'acheteur et livrer les marchandises libres de tout droit ou prétention des tiers, spécialement pour ce qui concerne la propriété intellectuelle ou industrielle.

La même exception de connaissance de la part de l'acheteur par rapport aux vices cachés s'applique à cet égard[1256].

Soulignons que, comme en droit civil, l'obligation peut être écartée par exercice de l'autonomie de la volonté, à travers la mention de stipulations en ce sens[1257]-[1258].

285. Obligation de transférer la propriété - L'article 30 de la CVIM prévoit cette obligation mais sans préciser les conditions de ce transfert ; elles doivent être recherchées au regard des règles de droit international privé[1259]-[1260].

Selon les Professeurs Collart Dutilleul et Delebecque : « *Plutôt qu'au transfert de propriété dont elle ne traite pas, la Convention de Vienne du 11 avril 1980 lie les transferts de risques à la délivrance des marchandises...* »[1261].

Ce qui est traité par la Convention est donc le transfert des risques.

286. Transfert des risques - À la différence du droit français qui suit la maxime du droit romain *res perit domino*[1262], le transfert des risques est dissocié du seul échange de volontés par les articles 67 à 69 CVIM et lié à la livraison des marchandises, (même si la propriété a été transmise antérieurement)[1263].

Ce choix s'explique par le fait que l'acheteur acquiert la maîtrise physique, le contrôle des marchandises[1264], au moment de leur livraison. Il

---

[1254] Art. 1625 cod.civ. et Art. 1839 c.c.ch.

[1255] La règle 12 (5) s.g.a. consacre cette obligation, et la 12 (5A) s.g.a. précise qu'il s'agit d'une *warranty*.

[1256] Art. 42 n°2, lettre a) CVIM.

[1257] V. dans ce sens : JACQUET Jean-Michel, DELEBECQUE Philippe, op. cit, p. 141.

[1258] Il faut rappeler qu'en droit français il n'est pas possible de renoncer à l'obligation d'éviction s'agissant des faits juridiques ou simples, propres, d'après l'article 1628 code civil. Il a été retenu à cet égard qu'il s'agit d'une norme d'ordre public, donc, pour laquelle l'infraction est sanctionnée par la nullité absolue.

[1259] Cf. *Uncitral Digest of Case Law on The United Nations Convention on the International Sale of Goods*, op. cit., p. 92.

[1260] La convention sur la loi applicable au transfert de propriété (La Haye, 15 avril 1958) a été ratifiée uniquement par l'Italie. Cf. JACQUET Jean-Michel, DELEBECQUE Philippe, CORNELOUP Sabine, op. cit., p. 365

[1261] COLLART DUTILLEUL F. et DELEBECQUE Ph., op. cit., p. 197.

[1262] Avec le transfert de propriété opéré par la vente, les risques de perte ou détérioration passent normalement à l'acheteur à ce moment (articles 1196, al. 1, nouveau et 1583 code civil, 132-7 c.com.). En droit chilien c'est par la tradition qui suit la vente (celle-ci opère comme « titre ») comme nous l'avons vu précédemment.

[1263] Art. 67 et s. CVIM.

[1264] V. MALAURIE Ph., AYNÈS L. et GAUTIER P.Y., op. cit., p. 181-182.

est fréquent de le stipuler expressément, quand des clauses de réserve de propriété sont établies[1265].

Le transfert des risques à l'acheteur dès la livraison a comme exception le cas de perte ou détérioration des marchandises suite à un fait du vendeur[1266].

De plus, les marchandises doivent être individualisées pour que le transfert des risques s'opère[1267].

Les hypothèses possibles sont les suivantes :

a. Le transfert des risques se produit dès la délivrance au premier transporteur, conformément à l'article 67 CVIM.

b. Si les marchandises sont vendues en cours de transport, en revanche, le transfert s'opère dès la conclusion du contrat, selon l'article 68 CVIM.

c. A défaut de transport, les risques sont transférés dès que les marchandises sont mises à la disposition de l'acheteur, conformément à l'article 69 CVIM.

d. Les règles précédentes doivent être combinées avec les Incoterms de la CCI[1268], qui sont d'utilisation courante dans la vente internationale de marchandises. De cette manière nous avons, en ordre séquentiel (de l'obligation moindre à l'obligation majeure du vendeur) :

d.1. Vente Ex-works : les risques pèsent sur l'acheteur dès leur mise à disposition à l'établissement du vendeur.

d.2. Vente FCA : les risques sont transférés à l'acheteur dès sa remise au transporteur.

d.3. Vente FAS : les risques sont à la charge de l'acheteur dès sa remise le long du navire.

d.4. Vente FOB : les risques pèsent sur l'acheteur à l'instant où les marchandises passent le bastingage du navire[1269]-[1270]-[1271].

d.5. S'agissant des Incoterms du groupe « C » : CIF, CFR, CPT et CIP, les risques sont transférés à l'acheteur dès son embarquement à bord du navire au port (ou aéroport) d'origine[1272].

1265 V. Dans sens: TERRÉ, SIMLER et LEQUETTE, op. cit., p. 726.

1266 Art. 66 CVIM. Dans ce cas, l'acheteur ne sera pas tenu à l'obligation de payer le prix. Cf. COLLART DUTILLEUL F. et DELEBECQUE Ph., op. cit., p. 197.

1267 Arts. 67 n°2 et 69 n°3 CVIM.

1268 Cf. *ICC publication No. 738 EF*, op. cit., p. 47 à 54.

1269 Dans certains ports (Anvers, par exemple) le vendeur est seulement obligé de livrer les marchandises dans le périmètre du navire, donc, lieu de transfert de risques. V. Dans ce sens : DELEBECQUE Philippe, *Droit maritime*, 13e. édition, Dalloz, Paris, 2014, p. 863.

1270 L'acquéreur prend livraison de la marchandise avant le départ et donc, court les risques du transport. Cf. JACQUET Jean-Michel, DELEBECQUE Philippe, op. cit., p. 150-151.

1271 V. Cass.Com., 9 juillet 1996, Bull.civ., IV, n°216.

1272 Sans préjudice du transfert de la propriété ultérieurement dans la vente CIF –caf- (l'acheteur paie généralement contre les documents de transport, ce qui inclut le connaissement. Dans ce cas la propriété passera à l'acheteur, et non pas au moment du chargement antérieur des biens). V. dans ce sens: BRIDGE Michael, *The Sale of Goods*, op. cit., page 341.

d.6. Vente DAT : les risques pèsent sur l'acheteur dès leur remise dans un endroit spécifique, dans le terminal, au port, ou au lieu de destination convenu.

d.7. Vente DAP : les risques sont à la charge de l'acheteur dès que les marchandises sont prêtes pour le déchargement au lieu de destination convenu.

d.8. Vente DDP : les risques sont transférés à l'acheteur dès que les marchandises sont mises à la disposition de l'acheteur, dédouanés à l'importation sur le moyen de transport arrivant et prêtes pour le déchargement au lieu de destination convenu.

Finalement, il importe de souligner que l'article 70 CVIM stipule que les règles de transfert des risques ne s'opposent pas aux sanctions prévues à l'égard de l'acheteur en cas de contravention essentielle aux obligations du vendeur.

287. Force majeure et imprévision dans la CVIM - L'article 79 CVIM est compris dans la section IV intitulée « exonération » et qui comprend seulement deux articles.

Dans sa partie essentielle (le n° 1), il prévoit qu' : « *Une partie n'est pas responsable de l'inexécution de l'une quelconque de ses obligations si elle prouve que cette inexécution est due à un empêchement indépendant de sa volonté et que l'on ne pouvait raisonnablement attendre d'elle qu'elle le prenne en considération au moment de la conclusion du contrat, qu'elle le prévienne ou le surmonte ou qu'elle en prévienne ou surmonte les conséquences* ».

288. Doctrine - Cet article a donné lieu à plusieurs critiques car la doctrine considère qu'il n'est pas suffisamment clair. Il a ainsi fait l'objet d'interprétations diverses.

D'une part, certains auteurs estiment qu'il vise la force majeure et aussi la *frustration* de la *Common Law*. Ainsi, selon les Professeurs Collart, Dutilleul et Delebecque : « *La Convention de Vienne ne traite que partiellement de l'exonération du vendeur. En effet, elle définit les circonstances exonératoires que celui-ci peut invoquer pour échapper à sa responsabilité. Elle évoque ainsi des cas correspondant à la force majeure du droit français interne, mais plus largement conçue comme le fait le droit anglais de la frustration...* »[1273].

D'autre part, plusieurs auteurs considèrent que cette apparente inclusion de la *frustration* anglaise dans l'article n'a pas vraiment abouti, car ses effets sont différents. Les Professeurs Goode R., Kronke H. et Mckendrick E. indiquent sur ce point : « *L'article s'intitule "exemption" mais il traite cela qu'en termes de droit civil qu'on peut appeler "force majeure ». Il n'y a pas d'équivalent dans la Common Law. La doctrine de la frustration opère d'une façon très différente dans la Common Law, plutôt parce que l'effet de sa mise en œuvre selon la doctrine est de mettre fin au contrat entre les*

[1273] V. COLLART DUTILLEUL F. et DELEBECQUE Ph., op. cit., p. 298-299.

parties, néanmoins, le contenu de l'article 79 ne reflète pas non plus la doctrine de la force majeure d'aucun système de droit. Sur ce point, la provision est un compromis... »[1274].

La Professeure Carr ajoute : « *Un des inconvénients de cette disposition c'est que la partie qui n'exécute pas ces obligations suite à des empêchements (débiteur) n'est pas tenue à des dommages-intérêts. Cela signifie que d'autres remèdes sont encore disponibles pour l'autre partie (créancier) y compris l'exécution en nature.*

Le créancier peut choisir la résolution dès qu'il y a une inexécution essentielle. Cette option pour la résolution n'est pas disponible pour le débiteur. Cela est différent de la doctrine anglaise de la frustration où le contrat finit en cas de frustration »[1275].

289. Jurisprudence - La jurisprudence internationale, pour sa part, est majoritairement défavorable à considérer que cet article prévoit l'imprévision.

La Cour internationale d'arbitrage de la CCI a notamment décidé en 1989 que l'augmentation des prix sur un marché ouvert n'était pas suffisante pour mettre en œuvre cette disposition[1276].

De même, dans l'affaire *Nuova Fucinati SpA vs. Fondmetall International AB*[1277], un tribunal italien a décidé en 1993 d'exclure la CVIM (comme nous l'avons vu - et critiqué - précédemment), dès lors que son article 79 ne prévoit pas l'*eccesiva onerositá sopravvenuta* (imprévision).

Il convient d'évoquer ici une autre affaire célèbre, l'arrêt *Scafom*[1278] de 2009, également déjà abordé, à l'occasion duquel la Cour de cassation belge admet la théorie de l'imprévision mais sur le fondement des P.U. et non de l'article 79 CVIM.

Enfin, on doit souligner que certaines hypothèses de force majeure ont aussi été rejetées par la jurisprudence[1279].

290. Conditions exigées par l'article 79 CVIM - Quatre conditions sont exigées par cet article pour exonérer le débiteur de l'obligation inexécutée de sa responsabilité.

[1274] GOODE R., KRONKE H. et MCKENDRICK E., op. cit., p. 257-258.

[1275] CARR I., op. cit., p. 91.

[1276]Cf. Cour internationale d'arbitrage de la CCI, n°6281 de 1989, 26 août 1989. Disponible sur : http://cisgw3.law.pace.edu/cases/896281i1.html, consulté le 18 mai 2017.

[1277]Cf. R.G. n° 4267/88, 29 mars 1993, tribunal civil du Monza, Italie. Disponible sur : http://cisgw3.law.pace.edu/cases/930114i3.html, contrôlé le 20 février 2017.

[1278] Disponible sur : http://cisgw3.law.pace.edu/cases/090619b1.html, consultéle 18 mai 2017.

[1279] C'est le cas, pour exemple, de refus d'approvisionnement par le vendeur. Cf. Tribunal commercial international d'arbitrage de la chambre de commerce et d'industrie de la Fédération de Russie, n°155/1994, 16 mars 1995. Disponible sur : http://cisgw3.law.pace.edu/cases/950316r1.html, consulté le 18 mai 2017.

1. L'inexécution doit être indépendante de la volonté du débiteur[1280].

2. L'évènement qui cause l'inexécution ne doit avoir été raisonnablement envisagé au moment de la conclusion du contrat[1281].

3. Il ne doit pas avoir été surmontable ou évitable, non plus[1282].

Ces premières trois conditions réunissent les mêmes caractéristiques que la force majeure en droit civil[1283], en conformité avec la maxime *nemo auditur*, car le débiteur doit s'efforcer de remplir ses obligations.

Comme nous l'avons vu précédemment, la force majeure se caractérise par l'irrésistibilité et l'imprévisibilité de l'événement en quoi elle consiste, selon le nouvel article 1218 du Code civil et l'article 45 du Code civil chilien.

Elle est aussi la conséquence d'un fait extérieur à la volonté du débiteur de la prestation, elle ne lui est donc pas imputable.

4. Le débiteur doit avoir averti l'autre partie de l'existence d'un empêchement qui affecte gravement sa capacité d'exécuter.

Il s'agit là d'une exigence additionnelle, mais assez logique et en concordance avec la bonne foi-loyauté du droit civil.

291. Cas spécial : le fait du tiers chargé d'exécuter le contrat total ou partiellement - D'après l'article 79, n° 2 CVIM, dans cette hypothèse les deux intervenants, la partie qui veut se prévaloir de l'exonération et le tiers, doivent remplir cumulativement les conditions de mise en œuvre.

La jurisprudence a décidé que les tiers auxquels cet article fait référence sont les sous-traitants et les préposés des parties[1284].

Par exemple, l'exonération n'a pas été retenue dans le cas d'un vendeur qui a vendu une cire défectueuse (*vine wax*), expédiée directement par le fabriquant, car le juge, en l'occurrence la Cour Suprême fédérale allemande,

---

[1280] Pour ce motif, un tribunal a reconnu l'exemption de l'article 79 CVIM au profit d'un vendeur de bonne foi, qui a livré des marchandises défectueuses, suite aux défauts de fabrication de la part de son fournisseur. Cf. Tribunal de commerce de Besançon, France, 19 janvier 1998. Disponible sur : http://www.unilex.info/case.cfm?id=416, consulté le 2 juin 2017.

[1281] De cette manière, par exemple, l'exemption de l'article 79 CVIM n'a pas été retenue dans le cas ou l'acheteur a acheté caviar à un vendeur d'un pays affecté par un embargo commercial, situation qui a signifié la confiscation et destruction de la marchandise et l'a obligé à payer son prix, néanmoins. Cf. CLOUT, cas n°163, cour d'arbitrage attachée à la chambre de commerce et d'industrie hongroise, Hongrie, 10 décembre 1996. Disponible sur : http://www.unilex.info/case.cfm?id=424, consulté le 2 juin 2017.

[1282] Pour cette raison, un tribunal n'a pas reconnu l'exemption opposée par un vendeur de tomates affectée par des pluies torrentielles qui ont endommagé partiellement les récoltes dans le pays d'origine, en estimant qu'il pouvait exécuter encore ses obligations. Donc, l'empêchement n'était pas insurmontable dans le cas d'espèce. Cf. cour d'appel de Hambourg, Allemagne, 4 juillet 1997. Disponible sur :
http://www.unilex.info/case.cfm?id=438, consulté le 2 juin 2017.

[1283] V. dans ce sens : JACQUET Jean-Michel, DELEBECQUE Philippe, op. cit, p. 146.

[1284] V. CLOUT, cas n° 166, arbitrage, Schiedsgericht der Handelskammer, Hambourg, Allemagne, 21 mars 1996. Disponible sur : http://www.unilex.info/case.cfm?id=195, consulté le 2 juin 2017.

a considéré que la condition n'était pas remplie dès lors que la situation n'était pas hors du contrôle du vendeur : un examen aurait pu empêcher les dommages causé à l'acheteur[1285].

292. Effets - D'après l'article 79, n° 5 CVIM, la partie lésée a le droit « *d'exercer tous ses droits autres que celui d'obtenir des dommages-intérêts en vertu de la présente convention* ».

Ainsi, le créancier ne pourra pas agir en dommages-intérêts (car l'inexécution n'est pas imputable au débiteur), mais en résolution du contrat (si l'exécution ne lui est plus utile)[1286] ou en réduction du prix.

Encore faut-il préciser que les effets sont transitoires selon l'article 79, n° 5 CVIM ; autrement dit une fois que l'empêchement disparaît, le créancier est en droit de demander l'exécution en nature.

293. Conclusion particulière - L'article 79 est une création « hybride » qui consacre la force majeure du droit civil[1287]-[1288], mais plus largement conçue[1289].

L'imprévision n'a pas été retenue par la CVIM[1290]. Partant, afin d'éviter des problèmes en cas de bouleversements de l'économie contractuelle dus à l'augmentation des prix de produits de base ou de changements des marchés, principalement, il est recommandé de « prévoir l'imprévision » (*hardship*) en stipulant des clauses à cet effet[1291]. De telles clauses peuvent prévoir la

---

1285 V. CLOUT, cas n°271, Cour Suprême Fédérale, Allemagne, 24 mars 1999. Disponible sur :
http://www.unilex.info/case.cfm?pid=1&do=case&id=384&step=Abstract, consulté le 18 mai 2017.

1286 Ibidem.

1287 Il faut rappeler, comme nous l'avons vu précédemment, que la force majeure est retenue par l'article 45 c.c.ch. et que ses conditions sont l'imprévisibilité et le caractère insurmontable. En France, l'article 1218, nouveau, code civil la consacre, avec les mêmes caractères, mais en excluant la notion de cas fortuit.

1288 Les commentaires du Digeste de Jurisprudence Uncitral sur la CVIM considèrent que la disposition a cette nature aussi. Cf. *Uncitral Digest of Case Law on The United Nations Convention on the International Sale of Goods*, op. cit., p. 251.

1289 Cf. COLLART DUTILLEUL F. et DELEBECQUE Ph., op. cit., p.298-299.

1290 Comme nous l'avons vu précédemment dans le chapitre 1, l'imprévision n'est pas acceptée dans la common law (*Tsakiroglou & Co. Ltd vs. Noblee Thorl GmbH,* 1962, AC 93). Dans le système de droit civil, nous avons vu qu'au Chili elle est écartée par les tribunaux ordinaires, par règle générale, et admise exceptionnellement par ceux-ci (*Guillermo Larraín Vial con SERVIU*, C.Ap. de Santiago, 14 novembre 2006) et de façon plus ample par les tribunaux arbitrales (*Inversiones Mónaco Ltda. con ENAP,* juge arbitre M. Carlos Urenda Zegers, 13.NOV.986. ; *Sociedad Constructora La Aguada Ltda. con EMOS S.A.,* juge arbitre M. Claudio Illanes Ríos, ratifié par la Cour Suprême le 10.OCT.994.). En France, elle était écartée en matière civile suite à l'affaire du *Canal de Craponne*, Civ., 6 mars 1876, DP 1876.1.193, note Giboulot. Après la réforme du droit des obligations, ordonnance n°2016-131 du 10 février 2016, le nouvel article 1195 du code civil l'a finalement consacré.

1291 V. CARR Indira, op. cit., p. 92.

suspension des effets, l'exonération de responsabilité ou la renégociation selon les P.U.[1292].

La seule limite tient au respect de la bonne foi[1293].

294. Autres obligations du vendeur - Le vendeur doit en plus organiser le transport des marchandises, s'agissant des ventes CIF et parfois dans les ventes FOB [1294]-[1295], des Incoterms 2010 de la CCI ; étant précisé que les frais sont à la charge de l'acheteur.

Concernant les autres obligations reposant sur le vendeur prévu par le droit commun dans le système de droit civil (information, conseil), elles ne sont pas traitées par la CVIM (sauf une exception à l'article 32, n° 3 qui prévoit que le vendeur qui n'est pas obligé d'assurer les marchandises, doit néanmoins informer l'acheteur à ce fin).

295. Prendre livraison des marchandises - Contrepartie de l'obligation de livraison du vendeur, l'acheteur doit, selon l'article 60 CVIM, retirer les marchandises et accomplir tous les actes nécessaires pour permettre au vendeur d'effectuer la livraison.

Il s'agit là d'une obligation qui résulte de la bonne foi : l'acheteur doit coopérer avec le vendeur pour accomplir le but contractuel de la façon la plus expéditive possible.

De fait, si l'obligation de livraison se réalise à l'établissement du vendeur, l'acheteur devra retirer lui-même les marchandises ou par l'entremise d'un tiers[1296].

Comme exemples d'actions qui facilitent la livraison, on peut citer le cas où l'acheteur doit spécifier ultérieurement certaines caractéristiques des marchandises à livrer [1297] ou le cas où il est permis au vendeur d'entrer dans les locaux de l'acheteur, si cela est nécessaire[1298].

Cependant, l'acheteur peut refuser les marchandises dans les cas suivants[1299]: inexécution essentielle de la part du vendeur, conformément à l'article 49 n° 1, a, CVIM ; s'il ne livre pas dans le délai de grâce convenu selon l'article 47 CVIM ; ou si le vendeur livre avant le délai convenu ou

---

[1292] En ce sens : JACQUET Jean-Michel, DELEBECQUE Philippe, *Droit du Commerce International*, op. cit., p. 129.

[1293] Si la loi matérielle est la loi française, le dol et la faute lourde seront écartés en conséquence. V. dans ce sens : Ibidem.

[1294] Dans les ventes FOB (franco à bord), c'est le cas quand le vendeur agit comme mandataire de l'acheteur. V. dans ce sens : JACQUET Jean-Michel, DELEBECQUE Philippe, *Droit du Commerce International*, op. cit., p. 149.

[1295] Dans la vente CIF (caf), de plus, le vendeur doit souscrire l'assurance.

[1296] V. *Uncitral Digest of Case Law on The United Nations Convention on the International Sale of Goods*, op. cit., p. 188.

[1297] V. Dans ce sens : JACQUET Jean-Michel, DELEBECQUE Philippe, *Droit du Commerce International*, op. cit., p 143.

[1298] Cf. *Uncitral Digest of Case Law on The United Nations Convention on the International Sale of Goods*, op. cit., p. 188.

[1299] Ibidem.

livre une quantité supérieure à celle convenue, d'après l'article 52, n° 1 et 2 CVIM[1300].

296. Examen des marchandises :

a) Délai.

L'acheteur doit examiner les marchandises, ou les faire examiner par un tiers[1301] dans les meilleurs délais possibles selon les circonstances, d'après l'article 38 CVIM (dès son arrivée à destination et dans les cas de déroutement ou réexpédition, l'examen peut être différé jusqu'à leur arrivée à nouvelle destination).

Si l'acheteur ne dénonce pas les éventuels défauts de conformité dans le délai maximum de deux ans après la remise des marchandises (sauf garanties diverses), prévu par l'article 39, n° 2 CVIM, il sera déchu du droit de le faire. Cela, à moins que le vendeur ait connu les défauts de conformité ou les vices cachés et ne les ait pas dénoncés à l'acheteur[1302]-[1303].

b) Nature de l'examen.

La CVIM ne l'indique pas. Ainsi, elle sera déterminée par le contrat ou les pratiques passées existantes entre les parties. A défaut, par les coutumes du lieu où elle se réalise[1304]. Les actes de la CVIM (proposition canadienne)[1305] et les commentaires du recueil de jurisprudence UNCITRAL sur la CVIM suggèrent sur ce point un examen « raisonnable » [1306] au regard de la méthode et des coûts[1307], en adéquation avec le type de marchandises, emballages et économies d'un acheteur classique[1308] ; comme cela est le cas dans les deux systèmes de droit analysés[1309].

Il est à noter que l'acheteur peut s'opposer au paiement s'il n'a pas eu la possibilité d'examiner les marchandises (à moins que les modalités de

---

1300 Dans tous ces cas, l'acheteur doit prendre les mesures nécessaires afin d'assurer la conservation des marchandises (et même en prendre possession si nécessaire). Il a le droit d'être remboursé des dépenses encourues, selon l'article 86 CVIM.

1301 Ce tiers peut même être un sous acquéreur des marchandises. Cf. CARR Indira, op. cit., p. 78.

1302 La réticence dolosive du droit civil (article 1137, al. 2, nouveau code civil) est retenue par l'article 40 CVIM.

1303 Même si la présomption de « connaissance » des vendeurs professionnels n'est pas retenue par la CVIM, il serait difficile de l'ignorer dans la pratique. V. dans ce sens : JACQUET Jean-Michel, DELEBECQUE Philippe, *Droit du Commerce International*, op. cit., p. 141.

1304 V. dans ce sens : CARR Indira, op. cit., p. 78.

1305 V. *CISG official records*, op. cit., p. 106 ; disponible sur: https://www.uncitral.org/pdf/english/texts/sales/cisg/a-conf-97-19-ocred-e.pdf, consulté le 17 mai 2017.

1306 Cf. *Uncitral Digest of Case Law on The United Nations Convention on the International Sale of Goods*, op. cit., p. 115.

1307 V. CLOUT, cas n°423, Cour Suprême, Autriche, 27 août 1999. Disponible sur : http://www.unilex.info/case.cfm?id=480, consulté le 2 juin 2017.

1308 V. CLOUT, cas n°230, cour d'appel de Karlsruhe, Allemagne, 25 juin 1997. Disponible sur : http://www.unilex.info/case.cfm?id=296, contrôlé le 2 juin 2017.

1309 Art. 146 C.Com.Ch. ; *Heilbutt vs. Hickson,* (1872) LR CP 438.

livraison ou de paiement le rende impossible), d'après l'article 58, n° 3 CVIM.

297. Payer le prix - Différences avec le droit civil (à l'époque de rédaction de la CVIM).

La CVIM s'éloigne du droit civil sur ce sujet à deux égards[1310] :

a. L'indétermination initiale du prix n'est pas un motif de nullité pour la CVIM[1311]. Son article 55 prévoit que dans ce cas les parties sont réputées (sauf stipulation contraire) s'être tacitement référées « *au prix habituellement pratiqué au moment de la conclusion du contrat, dans la branche commerciale considérée, pour les mêmes marchandises vendues dans des circonstances comparables* ».

b. Le prix n'est pas « quérable »[1312]-[1313] mais « portable »[1314], selon l'article 57 CVIM qui dispose que le paiement doit être fait à l'établissement du vendeur ou à défaut, au lieu de la remise des marchandises ou de leurs documents représentatifs. De plus, l'acheteur doit supporter les augmentations de frais qui peuvent survenir en raison du changement d'établissement du vendeur.

298. Moyens de paiement - Le paiement peut s'effectuer en espèces (rarement), par lettre de change, lettre de crédit, chèque, virement international, cession de créance, garantie de bonne exécution, subrogation ou compensation.

299. Époque du paiement - Il doit se faire au moment convenu, ou bien autrement, dès que le vendeur ou le transporteur met à disposition de l'acheteur les marchandises et/ou leurs documents représentatifs, selon l'article 58, n° 1 et 2 CVIM.

Pour que le paiement se produise, aucune formalité n'est requise, conformément à l'article 59 CVIM.

1310 V. JACQUET, DELEBECQUE et CORNELOUP, op, cit., p. 386-387.

1311 Dans la loi anglaise, comme nous l'avons vu précédemment, l'indétermination initiale du prix n'affecte pas la validité du contrat de vente. En ce cas, un prix raisonnable devra être payé, selon les circonstances particulières de chaque cas, d'après les règles 8 (2) et (3) s.g.a. Nous trouvons une norme similaire dans l'article 139 c.com.ch. (en France, par contre, le prix doit être déterminé ab-initio, selon l'article 1583, nouveau code civil, sous peine de nullité. Cf. COLLART DUTILLEUL F. et DELEBECQUE Ph., op. cit., p. 124.).

1312 Conformément à l'article 1342-6, nouveau code civil, à défaut d'une autre désignation (légale, contractuelle ou judiciaire), le paiement doit être fait au domicile du débiteur, en règle générale. L'article 1588, al. 2, c.c.ch. en va de même. Néanmoins, il faut noter que l'article 1343-4, nouveau code civil stipule une règle spéciale : « À défaut d'une autre obligation par la loi, le contrat ou le juge, le *lieu du paiement de l'obligation de somme d'argent est le domicile du créancier* » (donc, le paiement du prix est devenu portable).

1313 Le créancier doit « quérir » son dû auprès du débiteur en droit civil, en règle générale. V. dans ce sens : TERRÉ, SIMLER et LEQUETTE, op. cit., p. 1395.

1314 Le paiement est « portable » quand le débiteur doit le « porter » chez le créancier. Cf. Ibidem.

300. Règle spéciale - La CVIM introduit une précision dans son article 56 qui stipule que si le prix est fixé d'après le poids des marchandises, il convient de tenir compte de leur poids net (sauf stipulation spéciale).

301. Obligations accessoires au paiement du prix - L'article 54 CVIM dispose que l'acheteur doit prendre les mesures et accomplir les formalités contractuelles, légales ou règlementaires nécessaires pour permettre le paiement du prix.

Les commentaires contenus dans le recueil d'UNCITRAL sur la CVIM indiquent qu'il en va ainsi s'agissant de : l'ouverture de lettres de crédit, de la constitution de garanties de paiement bancaires, de l'acceptation de lettres de change et de l'obtention d'autorisations administratives afin de faire des virements internationaux[1315].

Pour le reste, les commentaires font une distinction typique du droit civil et estiment que s'agissant des mesures de nature commerciale, l'obligation de l'acheteur est de résultat. En revanche, les obligations de type administratif (et qui restent hors de son contrôle) sont seulement des obligations de moyen (une autorisation pour un virement international, par exemple)[1316].

Le coût des opérations est à la charge de l'acheteur[1317].

302. Monnaie du paiement - En application du principe de l'autonomie de la volonté, les parties peuvent déterminer la monnaie qu'elles utiliseront dans le cadre de leurs relations contractuelles. Dans le cas contraire, et en conformité avec le caractère portable du paiement du prix retenu par la CVIM, plusieurs décisions retiennent que la monnaie à utiliser est celle du lieu de l'établissement du vendeur[1318].

303. Clauses limitatives et exonératoires de responsabilité - Ce type de clauses est habituel dans les contrats internationaux complexes. Elles peuvent revêtir plusieurs formes. Par exemple, autoriser le vendeur à livrer des marchandises d'une qualité moindre, limiter les remèdes à la seule réparation des marchandises, limiter le montant des dommages-intérêts obtenus en cas d'inexécution, etc.[1319]

La CVIM ne les mentionne pas. On peut combler cette lacune avec les P.U., comme le prévoient les articles 7 n° 2 et 9 n° 2 CVIM.

[1315] Cf. *Uncitral Digest of Case Law on The United Nations Convention on the International Sale of Goods*, op. cit., p. 176.

[1316] Ibidem.

[1317] Dans ce sens : *Landgericht Duisburg, Allemagne, 17 avril 1996* (en relation aux coûts du paiement du prix par chèque). Disponible sur : http://www.unilex.info/case.cfm?id=193, consulté le 25 juin 2017.

[1318] V. dans ce sens : CLOUT cas n°255, tribunal cantonal du Valais, Suisse, 30 juin 1998. Disponible sur : http://www.unilex.info/case.cfm?id=369, consulté le 2 juin 2017.

[1319] V. dans ce sens : EBERHARD S., op. cit., p. 173-174.

Rappelons que l'article 7.1.6 P.U. interdit, d'une part, les clauses inéquitables et, d'autre part, celles qui permettraient une prestation substantiellement différente de celle que le débiteur devrait fournir[1320].

D'après cette règle, le juge peut écarter par équité les clauses qui seraient manifestement injustes. Par exemple, celles qui rendraient responsable le débiteur de l'obligation inexécutée, même en cas de force majeure[1321].

Certains auteurs préfèrent, néanmoins, le renvoi à la loi du contrat. Ainsi, si la loi applicable est la loi française, ces clauses sont valides avec les limitations vues précédemment : elles sont admises entre professionnels de même spécialité[1322] dans la limite du dol/faute lourde[1323]-[1324].

Les clauses dites de force majeure sont admises aussi, dans la limite de la bonne foi[1325]. Celles-ci définissent les évènements que les parties

---

[1320] Dans la common law, comme nous l'avons vu précédemment, sont interdites celles qui écarteraient une rupture fondamentale *–fundamental breach-*, une éventuelle négligence ou une *condition.*

[1321] Dans la *common law*, les clauses sur la force majeure sont habituelles. Elles mettent fin au contrat, et libèrent le débiteur de l'obligation de verser des dommages-intérêts suite à l'inexécution pour cette cause. Le créancier, de con côté, peut résoudre le contrat. D'autre part, elles autorisent parfois le créancier à recevoir la différence entre le prix contractuel et celui existant à l'époque. Cf. BRIDGE M., *The International Sale of Goods, Law and Practice*, Michael Bridge, 2e éd., Oxford University Press, Royaume Uni, 2007, p. 322.

[1322] Dans ce sens : BÉNABENT A., *Droit des contrats spéciaux civils et commerciaux,* op. cit., p. 180; MALAURIE Ph., AYNÈS L. et GAUTIER P.Y, op. cit., p. 273-274 : entre professionnels "de même spécialité", car ils auraient les mêmes possibilités d'apprécier les risques de cet aléa. Le vice doit être "indécelable", en plus. Cf: Com., 8 octobre 1973, J.C.P. 75.II.17927, note GHESTIN ; Com., 3 décembre 1985, Bull. IV n°287; Civ., 1re., 20 février 1996, Bull. I, n°86 ; Com., 19 mars 2013, pourvoi n°11-26566.

[1323] V. dans ce sens : COLLART D., F. et DELEBECQUE Ph., op. cit., p. 298-299.

[1324] D'après l'article 1627 code civil, il est possible de renoncer à l'obligation de garantie des vices cachés et à l'éviction des tiers, au profit du vendeur, si ce dernier est de bonne-foi (possibilité qui ne s'étend pas au prix payé, sauf dans le cas d'un acheteur qui a acheté « à ses risques et périls », selon l'article 1629 code civil).

D'autre part, il est possible de stipuler entre professionnels des clauses de renonciation aux réclamations avec possibilité de délivrances tardives (Cass.com., 15 juin 1981, Bull.civ.IV, n°270). Si elles ne se traduisent pas par une renonciation au dol/faute lourde futur, elles sont toujours valides (*Chronopost*, Com., 22 octobre 1996, D.1997.121, note A. Sériaux, Somm. 175, obs. Ph. Delebecque, Chr.Larroumet, p.145).

Il est aussi possible de renoncer entre professionnels à certaines parties de l'obligation de délivrance elle même - contenance ou conformité des marchandises- (COLLART DUTILLEUL F. et DELEBECQUE Ph., op. cit., p. 232-233 ; Cass., 1re., civ., 20 décembre 1988, Bull.civ., I, n°373, D., 1989, IR 24, JCP, 1989.II.21354, obs. Virassamy ; Cass.1re., civ., 24 novembre 1993, D.1994, somm.236, obs. G. Paisant, JCP, éd. E., 1994.II.593, obs. L. Leveneur).

En ce qui concerne les clauses limitatives à l'obligation de sécurité, entre professionnels, elles sont aussi valables. L'ancien article 1386-15, al.2, cod.civ., abrogé par l'ordonnance n°2016-131 du 10 février de 2016 les tolérait. Conformément à la maxime de l'autonomie individuelle qui indique que : « *tout ce qui n'est pas interdit est permis* », nous pensons que la situation n'a pas changé.

[1325] Les clauses visant écarter la bonne foi sont interdites. Cela est parfaitement logique dès lors que la bonne foi est un des principes de base dans la CVIM. Son article 6 a des limites,

considèreront comme des cas de force majeure, même s'il ne s'agit pas de situations imprévisibles ou irrésistibles[1326].

Il faut noter sur ce point qu'une clause type a été rédigée à cette fin par la CCI[1327].

Ces clauses obligent les parties à faire le nécessaire pour trouver un nouvel accord[1328].

Enfin, relevons que ces clauses doivent faire l'objet d'une interprétation restrictive, en raison de leur caractère exceptionnel et conformément au principe de bonne foi.

B. Les règles d'interprétation

304. Difficultés au regard de l'interprétation des contrats de vente internationale des marchandises.

a. Même si les traités internationaux comme la CVIM essaient d'harmoniser et d'éviter les problèmes d'interprétation, des interprétations différentes sont toujours possibles et se produisent effectivement devant les juridictions diverses du fait de la richesse de la langue. D'autres fois l'ambiguïté est recherchée et même cultivée[1329].

b. Les juridictions sont la plupart du temps réticentes à reconnaître les décisions prises par d'autres[1330].

Chaque juridiction a tendance à interpréter la CVIM avec une « optique » locale[1331], ce qui est en contradiction avec le mandat de réaliser une interprétation « autonome », comme le stipule l'article 7 n° 1 CVIM considérant « *la nécessité de promouvoir l'uniformité de son application* ».

---

donc, les parties ne peuvent pas supprimer ces dispositions essentielles dont le caractère est impératif, comme c'est le cas de l'article 7 CVIM. V dans ce sens : BRIDGE M., *The International Sale of Goods, Law and Practice*, op. cit., p. 535.

[1326] V. JACQUET Jean-Michel, DELEBECQUE Philippe, CORNELOUP Sabine, op. cit., p. 129.

[1327] Elle stipule (doc. mars 1985, option a)): *« Au cas ou des événements non prévus par les parties modifient fondamentalement l'équilibre du présent contrat, entraînant ainsi une charge excessive pour l'une des parties dans l'exécution de ses obligations contractuelles, cette partie pourra procéder de la façon suivante :*
La partie demandera la révision dans un délai raisonnable à compter du moment où elle aura eu connaissance de l'événement et de ces incidences sur l'économie du contrat. La demande indiquera les motifs sur lesquels elle se fonde.
Les parties se consulteront alors en vue de réviser le contrat sur une base équitable, afin d'éviter tout préjudice excessif pour l'une ou l'autre des parties.
La demande de révision ne suspend pas par elle-même l'exécution du contrat.
a) À défaut d'un accord entre des parties sur la révision du contrat dans un délai de 90 jours après la demande, le contrat demeure en vigueur conformément à ses termes initiaux ». Cf. Ibid, p. 289.

[1328] V. Dans ce sens: JACQUET Jean-Michel, DELEBECQUE Philippe, CORNELOUP Sabine, op. cit., p. 290.

[1329] Ibid, p. 285.

[1330] Cf. CARR, op. cit., p. 71.

[1331] Ibidem.

305. L'interprétation autonome comme solution - Du fait de son caractère international, la CVIM cherche à éviter le recours aux lois nationales pour son interprétation et celle des contrats de vente de marchandises. A cette fin, elle utilise deux outils : la bonne foi et les principes généraux de droit.

306. Le rôle de la bonne foi dans l'interprétation - L'article 7 n° 1, deuxième partie, CVIM stipule que pour son interprétation de la CVIM, il convient d'assurer « *le respect de la bonne foi dans le commerce international* ».

L'utilisation de la bonne foi comme critère interprétatif est une solution de droit civil. Rappelons qu'il n'existe pas de principe général de bonne foi dans la *Common Law*[1332], en conséquence les avocats et tribunaux d'outre-Manche sont réticents à l'utiliser[1333].

Certains juristes de *Common Law* estiment que la CVIM ne sanctionne pas un principe général de bonne foi[1334], mais qu'elle ne fait que la stipuler dans son article 7.1 pour les seules nécessités de son interprétation.

Or, même si certains auteurs de la *Common Law* estiment que l'article 7 n° 1, deuxième partie, CVIM est le résultat d'un compromis entre la tradition de droit civil, protectrice de la bonne foi dans tout *l'iter contractuel* et celle de la *Common Law*, réticente à reconnaître un principe général de bonne foi[1335], la jurisprudence internationale a reconnu que la bonne foi est un principe général de la CVIM[1336] comme il l'est dans le système de droit civil.

D'autres juristes de *Common Law* reconnaissent cependant que la portée du principe dans la CVIM dépasse la simple question de l'interprétation (et donc qu'il s'agit d'un principe général). Ainsi, comme le note le Professeur Zeller : « *La loi australienne ne s'est pas encore engagée sur la proposition selon laquelle chaque contrat impose aux parties un devoir de bonne foi et de loyauté*[1337] *dans l`exécution et l'application des contrats. Cela peut être contrasté avec la CVIM, ou la bonne foi a été établie comme un principe non*

[1332] *May and Butcher Ltd. vs. The King,* 1934) 2 KB 17.

[1333] À l'exception des cas ou la loi impose un devoir exprès de bonne foi, évidemment, comme il est le cas du contrat d'assurance ou les dispositions de l'*Unfair Contract Terms Act, 1977*, par exemple.

[1334] V. dans ce sens : CARR INDIRA, op. cit., p. 72, en citation à HONNOLD, *Uniform Law for International Sales under the 1980 United Nations Convention*, 1999, Kluwer.

[1335] Cf. GOODE R., KRONKE H. et MCKENDRICK E., op. cit., p. 233.

[1336] V. CLOUT, cas n°445, Cour Suprême Fédérale, Allemagne, 31 octobre 2001. Disponible sur : http://www.unilex.info/case.cfm?id=736, consulté le 08 juin 2017 ; CLOUT, cas n°465, Corte d'appello di Milano, Italie, 11 décembre 1998. Disponible sur http://www.unilex.info/case.cfm?id=359, contrôlé le 08 juin 2017 ; ICC International Court of Arbitration, arrêt n°8128/1995. Disponible sur : http://www.unilex.info/case.cfm?id=207, contrôlé le 08 juin 2017 ; *Renard Constructions vs. Minister for Public Works*, Court of Appeal, New South Wales, Australie, 12 mars 1992. Disponible sur : http://www.unilex.info/case.cfm?pid=1&do=case&id=57&step=FullText, consulté le 08 juin 2017.

[1337] *Fair dealing.*

seulement pour l'interprétation de la convention mais aussi comme un principe devant être appliqué dans les négociations entre les parties. Certes, l'approximation ou méthodologie adoptée par les cours domestiques semble retenir une acceptation internationale. On pourrait affirmer que la bonne foi est en train de devenir une coutume internationale. Alors, non seulement par analogie il est possible de transplanter le procès de socialisation, mais aussi à travers l'article 9, la bonne foi doit être appliquée à la CVIM. Comme l'article 9 est lié à l'article 8, les parties doivent négocier de bonne foi. L'intention des parties lie les articles 7, 8 et 9 et la bonne foi règle le comportement entre les parties »[1338].

Le Professeur Bridge ajoute dans le même sens : « *Dès qu'un principe général de bonne foi a été rejeté par les délégués à la conférence, cela signifie que le standard lui-même a été rejeté comme principe général ou seulement la mention expresse de ce standard a été rejetée ? La dernière approche est plus proche de la réalité. Un point additionnel est que, si les principes d'Unidroit doivent aider à combler les lacunes de la CVIM, ils contiennent un principe général de bonne foi et fair dealing dans leur article 1.7* »[1339].

La bonne foi prévue par l'article 7 n° 1, deuxième partie, CVIM doit se manifester de deux manières [1340] :

a. Dans une communication honnête entre les parties[1341].

b. Dans la façon d'agir de chaque partie, qui doit tenir compte des intérêts légitimes de l'autre.

Il s'agit donc d'un devoir positif, une acception retenue par certaines décisions internationales et par la doctrine.

307. Jurisprudence – Un arrêt rendu par le tribunal régional supérieur (*oberlandesgericht*)[1342] de Munich le 8 février 1995 (n° 7 U 1720/94)[1343] est particulièrement intéressant sur cette question.

En l'espèce, un acheteur a voulu agir en résolution d'un contrat de vente de 11 automobiles BMW sur la base de défaut de livraison des voitures (les voitures spécialement préparées étaient prêtes pour leur livraison à deux moments différents, mais l'acheteur a demandé au vendeur de les reporter avec le fournisseur, suite aux fluctuations de la lire par rapport au mark allemand, à l`époque).

Cependant, l'acheteur ayant attendu deux ans et demi pour saisir la justice, sa passivité a été sanctionnée, c'est elle qui a été retenue comme contraire à la bonne foi[1344].

1338 ZELLER Bruno, *Damages Under the Convention on Contracts for the Intenational Sale of Goods*, Oceana publications, New York, Etats Unis, 2005, p. 26.

1339 BRIDGE M., *The International Sale of Goods, Law and Practice*, op. cit., p. 534-535.

1340 V. Dans ce sens : GOODE R., KRONKE H. et MCKENDRICK E., op. cit., p. 237.

1341 V. CLOUT, cas n° 445, Cour Suprême Fédérale, Allemagne, 31 octobre 2001. Disponible sur : http://www.unilex.info/case.cfm?id=736, consulté le 10 juin 2017.

1342 Cour d'appel.

1343 Disponible sur : http://cisgw3.law.pace.edu/cases/950208g1.html, consulté le 8 juin 2017.

308. Doctrine - L'intérêt légitime de l'autre partie au contrat est retenu, selon la doctrine, pour les éléments suivants prévus par la CVIM [1345]:

a. Communications : le destinataire d'une communication transmise avec des erreurs (acceptation, notification d'un défaut, etc.) doit, soit informer l'émetteur de son erreur, soit la traiter comme une communication validement faite, d'après les articles 21 n° 2 et 27 CVIM.

b. Assurance des marchandises : le vendeur doit prendre en considération les intérêts de l'acheteur quand il contracte une assurance pour les marchandises et leur transport, conformément à l'article 32 CVIM.

c. Spécification des marchandises : si le vendeur, à défaut du fait de l'acheteur, procède à la spécification de la mesure, forme ou d'autres caractéristiques des marchandises, il doit faire connaître cette spécification à l'acheteur et lui donner un délai raisonnable pour faire une spécification différente, s'il le veut, selon l'article 65 CVIM.

d. Faculté de correction du vendeur : si le vendeur veut corriger des défauts qui affectent les marchandises ou leurs documents représentatifs, il doit tenir compte des difficultés et des dépenses additionnelles qui peuvent survenir, conformément aux articles 34, 37 et 48 CVIM.

e. Examen des marchandises : l'acheteur doit prendre en considération l'intérêt du vendeur et donc examiner les marchandises et notifier les éventuels défauts qui peuvent les affecter, le plus tôt possible, selon les articles 38, 39, 40 et 44 CVIM.

f. Réparation des marchandises : l'acheteur peut exiger du vendeur qu'il « répare le défaut de conformité », mais sans que cela ne soit déraisonnable, d'après l'article 46 n° 3 CVIM ; autrement dit, il ne doit pas imposer au vendeur des dépenses inutiles, disproportionnées ou superflues.

g. Formation du consentement : comme nous l'avons vu précédemment, la CVIM consacre la théorie de la réception[1346], conformément au droit civil[1347] et à la différence de la *Common Law*[1348].

Cependant, considérant la consécration de cette théorie, la bonne foi oblige à donner une opportunité raisonnable à l'auteur de l'offre d'en prendre connaissance, car il n'est pas raisonnable de penser qu'elle sera immédiatement lue et analysée quand l'acceptation lui parvient, qu'il s'agisse d'une transmission par courriel électronique ou par d'autres voies. Il conviendra de tenir compte notamment des décalages horaires, des jours fériés, des cas de forces majeures ou d'autres situations qui peuvent retarder sa prise de connaissance effective.

[1344] La résolution doit être demandée par l'acheteur dans un délai raisonnable, d'après l'article 49 n°2, b) CVIM.

[1345] Cf. GOODE R., KRONKE H. et MCKENDRICK E., op. cit., p. 237-238, en citant KASTELY Amy H., *Unification and Community : A Rhetorical Analysis of the United Nations Sales Convention* (1987-8) 8 Northwestern J Int'l L&Bux 574, 596-7.

[1346] Art. 22 CVIM.

[1347] Article 1121, nouveau code civil.

[1348] *Postal rule, Household Fire Insurance Co. vs. Grant*, (1879) LR 4 Ex D 216.

309. Principes généraux retenus par la CVIM - L'article 7 n° 2 CVIM dispose que les lacunes de la Convention doivent être palliées par les principes généraux dont elle s'inspire, ou à défaut, conformément à la loi applicable selon les règles de droit international privé.

Plusieurs principes inspirent la CVIM :

1. La bonne foi et l'autonomie de la volonté, déjà commentées.

2. La réparation intégrale.

Comme en droit civil[1349], tous les dommages doivent être indemnisés[1350]: dommage émergent, *lucrum cessans* et même le dommage moral.

3. Consensualisme.

On l'a vu, le contrat de vente internationale de marchandises n'est soumis à aucune condition de forme pour sa validité, ni pour en rapporter la preuve, selon l'article 11 CVIM. Ainsi, il peut se conclure oralement et son existence peut être prouvée par témoins.

D'après le principe du consensualisme, les parties peuvent aussi modifier ou compléter un contrat de vente internationale de marchandises de façon orale[1351] et prouver cette modification par témoins.

Exceptionnellement, un document écrit sera nécessaire s'agissant de certains pays qui, conformément aux articles 12 et 96 CVIM, l'ont imposé comme condition d'existence du contrat de vente internationale de marchandises et pour ses modifications ultérieures (il en va ainsi par exemple de la Chine, du Chili, de la Russie et de l'Argentine, qui ont une tradition de l'écriture des ventes).

4. Atténuation (*mitigation*) des dommages.

Comme nous l'avons relevé précédemment, il est un des deux piliers de la *Hadley rule* anglaise[1352].

Cette règle de *Common Law*, selon laquelle l'allocation des dommages intérêts sera réduite dans la mesure ou la partie lésée n'a pas essayé de réduire les dommages causés par l'autre, a été retenue par la CVIM dans son article 77 et reconnue par la jurisprudence internationale comme un principe général de la CVIM[1353].

[1349] Cass.com., 20 janvier 1998, Bull.civ., IV, n°35 ; art. 1556 c.c.ch.

[1350] V. CLOUT, cas n°424, Cour Suprême, Autriche, 9 mars 2000. Disponible sur : http://www.unilex.info/case.cfm?id=474, consulté le 10 juin 2017 ; CLOUT cas n°93, Arbitration – Internationales Schiedsgericht der Bundeskammer der gewerblichen Wirtschaft – Vienne, 15 juin 1994. Disponible sur : http://www.unilex.info/case.cfm?id=56, consulté le 26 juin 2017.

[1351] V. CLOUT, cas n°176, Cour Suprême, Autriche, 6 février 1996. Disponible sur : http://www.unilex.info/case.cfm?id=202, consulté le 10 juin 2017.

[1352] *Hadley vs. Baxendale*, 1854, EWHC J70.

[1353] V. ICC Court of Arbitration, arrêt n°8817. Disponible sur : http://www.unilex.info/case.cfm?pid=1&do=case&id=398&step=FullText, consulté le 10 juin 2017.

5. *Favor contractus.*

Les parties doivent préférer la poursuite du contrat de vente internationale de marchandises à sa résolution et donc prendre les mesures qui favorisent sa survie.

En conformité avec cette règle, la résolution a été retenue comme une *ultima ratio* par la jurisprudence internationale[1354].

6. Caractère portable du paiement du prix.

L'article 57 CVIM dispose que le paiement du prix doit être fait à l'établissement du vendeur, ou à défaut, au lieu de la remise des marchandises ou de leurs documents représentatifs.

La jurisprudence internationale a eu l'occasion de décider qu'il s'agissait là d'un principe général, donc applicable au paiement du prix, mais aussi à l'indemnisation des préjudices[1355].

De plus, d'autres principes jouent en relation avec la CVIM. C'est le cas des principes d'Unidroit notamment, traités au chapitre précédent.

L'utilité pratique des principes d'Unidroit est grande pour l'interprétation de la Convention de Vienne de 1980 sur la vente internationale de marchandises. Même s'ils sont de création postérieure à celle-ci[1356] et que, de ce fait, leur légitimité comme source inspiratrice de la CVIM est discutable[1357]-[1358], leur utilité pratique est considérable et ils sont souvent appliqués par les tribunaux pour combler les lacunes de la CVIM sur certains sujets.

Comme nous l'avons précédemment analysé, les principes d'Unidroit ont par exemple été utilisés avec succès par la Cour de cassation belge dans la célèbre affaire *Scafom International BV & Orion Metal BVBA vs. Exma CPI SA*[1359] afin d'appliquer la théorie de l'imprévision, non explicitement reconnue par la CVIM.

De même, l'article 7.4.9 des principes d'Unidroit a été utilisé pour déterminer le taux d'intérêt applicable aux intérêts moratoires, dès lors que l'article 78 CVIM reste muet sur ce point[1360]-[1361].

[1354] V. CLOUT, cas n°428, Cour Suprême, Autriche, 7 septembre 2000. Disponible sur : http://www.cisg.at/8_2200v.htm, consulté le 10 juin 2017.

[1355] V. CLOUT, cas n°49, cour d'appel de Düsseldorf, Allemagne, 2 juillet 1993. Disponible sur : http://www.unilex.info/case.cfm?id=26, consulté le 10 juin 2017.

[1356] La première version date de 2004.

[1357] V. dans ce sens : GOODE R., KRONKE H. et MCKENDRICK E., op. cit., p. 242-243.

[1358] Néanmoins, les P.U. peuvent être considérés comme formant partie de *la lex mercatoria*. Son préambule indique qu': *« Ils peuvent s'appliquer lorsque les parties acceptent que leur contrat soit régi par les « principes généraux du droit », la « lex mercatoria » ou autre formule similaire ».*

[1359] C.07.0289, 19 juin 2009. Disponible sur : http://www.unilex.info/case.cfm?id=1457, consulté le 10 juin 2017.

[1360] V. ICC Court of Arbitration, arrêt n°8128. Disponible sur : http://unilex.info/case.cfm?pid=1&do=case&id=207&step=FullText, consulté le 10 juin 2017.

[1361] L'article 78 CVIM n'indique pas à partir de quand les intérêts moratoires commencent à être dus, quelle est le taux applicable et s'il s'agit d'intérêts simples ou composés. De même,

Bien évidemment, quand les principes généraux ne peuvent pas être appliqués, les règles de droit international privé sont utilisées pour résoudre le conflit[1362].

310. L'interprétation « subjective » - L'article 8 n° 1 CVIM suit la règle générale de l'interprétation « subjective » du droit civil[1363], qui consiste à rechercher l'intention des parties contractantes. La disposition précise à cet égard : « *Aux fins de la présente Convention, les indications et les autres comportements d'une partie doivent être interprétés selon l'intention de celle-ci lorsque l'autre partie connaissait ou ne pouvait ignorer cette intention* ».

Selon les commentaires du recueil de jurisprudence UNCITRAL sur la CVIM cette intention subjective des parties doit se manifester d'une manière positive, c'est-à-dire qu'elle doit s'extérioriser d'une manière ou d'une autre. Ainsi, si elle reste inconnue de l'autre partie, elle n'a aucune pertinence et ne peut être invoquée[1364].

311. L'interprétation « objective » - A défaut de pouvoir déterminer l'intention des parties, le système dit de l'interprétation « objective » s'impose, comme en droit civil[1365]. Il s'agit alors de déterminer le sens qu'une personne « raisonnable » donnerait à une disposition dans la même situation. Ainsi, l'article 8 n° 2 CVIM stipule : « *Si le paragraphe précédent n'est pas applicable, les indications et autres comportements d'une partie doivent être interprétés selon le sens qu'une personne raisonnable de même qualité que l'autre partie, placée dans la même situation, leur aurait donné* ».

Cette disposition va dans le même sens que l'article 4.1, n° 2 P.U., précédemment analysé.

Conformément aux commentaires du recueil de jurisprudence UNCITRAL sur la CVIM, on peut conclure, selon le système « objectif » d'interprétation :

a. L'intention d'être lié par un contrat de vente internationale de marchandises et la quantité définitive des marchandises voulues par l'acheteur, d'après la demande faite par celui-ci au vendeur d'émettre une facture correspondante aux marchandises déjà livrées[1366].

---

il ne dit rien sur les clauses pénales. Cf. BRIDGE M., *The International Sale of Goods, Law and Practice*, op. cit., p. 536-537.

1362 Ainsi, certains tribunaux ont eu recours à la loi interne afin de déterminer le taux d'intérêt applicable aux intérêts moratoires, et non pas aux principes d'Unidroit. Le problème de ce recours à la loi interne, c'est le manque d'homogénéité qu'il risque de produire dans les solutions. Cf. GOODE R., KRONKE H. et MCKENDRICK E., op. cit., p. 243.

1363 Article 1188, al. 1er, nouveau code civil.

1364 V. CLOUT, cas n°5, Landgericht Hambourg, Allemagne, 26 septembre 1990. Disponible sur : http://www.unilex.info/case.cfm?id=7, consulté le 13 juin 2017.

1365 Article 1188, al. 2ème. nouveau code civil.

1366 V. CLOUT, cas n°215, Bezirksgericht St. Gallen, Suisse, 3 juillet 1997. Disponible sur : http://www.unilex.info/case.cfm?id=306, consulté le 13 juin 2017.

b. Qu'une offre de vente de marchandises est suffisamment précise, aux termes de l'article 14, n° 1 CVIM (désignation précise des marchandises et fixation expresse ou implicite de la quantité de ceux-ci et leur prix, ou transmission des indications permettant de les déterminer) si une personne raisonnable du même type du destinataire est capable de déduire les éléments nécessaires, dans les mêmes circonstances[1367].

c. Qu'un acheteur expert doit connaître la qualité des marchandises qu'il achète et donc ne peut pas les refuser ultérieurement sous prétexte d'une violation contractuelle à cet égard[1368].

d. L'intention présumée de renoncer aux délais de prescription extinctive, si le vendeur entame des longues négociations avec l'acheteur afin d'engager une action judiciaire suite à des défauts de conformité[1369].

e. L'intention de modifier la règle sur les risques contenue dans l'article 31 (a) CVIM, si le vendeur s'oblige à livrer les marchandises « franco domicile », souscrit une assurance et les transporte avec ses propres moyens. Dans ce cas, la stipulation va plus loin que les seuls coûts, et comprend les risques aussi, d'après la jurisprudence internationale[1370].

f. La volonté d'accepter le prix demandé par le vendeur si l'acheteur a pris livraison des marchandises sans faire de réclamation à cet égard[1371].

g. La prévisibilité des pertes, aux termes de l'article 74 CVIM[1372].

312. Règle « syncrétique » - Finalement, une règle syncrétique, similaire à celle contenue dans les P.U.[1373], est établie à l'article 8, n° 3 CVIM, selon laquelle afin de déterminer l'intention des parties, ou ce qu'aurait compris une personne raisonnable, il faut tenir compte des négociations qui ont pu avoir lieu entre elles, des habitudes établies entre elles, des usages et de leur comportement ultérieur.

Cette règle antérieure est conforme avec la protection de la bonne foi dans toute l'*iter contractuel* qui, à la différence de la *Common Law*[1374]-[1375],

[1367] V. CLOUT, cas n°106, Cour Suprême, Autriche, 10 novembre 1994. Disponible sur : http://www.unilex.info/case.cfm?id=110, consulté le 13 juin 2017.

[1368] V. Bundesgericht Suisse, 22 décembre 2000, publié sur : http://www.cisg.law.pace.edu/cisg/wais/db/cases2/001222s1.html, contrôlé le 13 juin 2017.

[1369] V. CLOUT, cas n°270, Cour Suprême Fédérale, Allemagne, 25 novembre 1998. Disponible sur : http://www.unilex.info/case.cfm?id=356, consulté le 13 juin 2017.

[1370] V. CLOUT, cas n°317, cour d'appel de Karlsruhe, Allemagne, 20 novembre 1992. Disponible sur : http://www.unilex.info/case.cfm?id=63 consulté le 13 juin 2017.

[1371] V. CLOUT, cas n°151, cour d'appel de Grenoble, France, 26 février 1995. Disponible sur : http://www.unilex.info/case.cfm?id=127, consulté le 13 juin 2017.

[1372] V. CLOUT, cas n°541, Cour Suprême, Autriche, 14 janvier 2002. Disponible sur http://www.unilex.info/case.cfm?id=858, consulté le 13 juin 2017.

[1373] L'article 4.3 PU dispose aussi qu'il faut tenir compte des négociations préliminaires, des usages et pratiques des parties, de leur comportement postérieur à la conclusion du contrat, du sens généralement donné aux expressions dans la branche commerciale concernée et de la nature et des finalités du contrat.

[1374] *May and Butcher Ltd. vs. The King*, (1934) 2 KB 17.

[1375] Dans le droit anglais, les négociations ne sont pas importantes afin d'interpréter le contrat, d'après la *parole evidence rule*. Cf. ZELLER B., op. cit, p. 98.

caractérise le système de droit civil[1376]. Cette règle est proche du caractère systématique d'interprétation du droit civil[1377].

Selon la jurisprudence internationale, cette règle de la CVIM est différente de la *parole evidence rule* de la *Common Law*[1378].

313. Le recours aux usages commerciaux - Les usages des commerçants constituent une des sources de la *lex mercatoria*, de même que les Incoterms, les P.U., les sentences arbitrales, les contrats et les principes généraux[1379].

En droit civil les usages font partie du contrat. Ainsi, le nouvel article 1194 du Code civil français dispose : « *Les contrats obligent non seulement à ce qui y est exprimé, mais encore à toutes les suites que leur donnent l`équité, l'usage ou la loi* ».

De plus, les usages aident à l'interprétation de la bonne foi du contrat, principe général inspirant la CVIM, comme nous l'avons relevé. Dans ce sens, l'article 1546 du Code civil chilien dispose : « *Les contrats doivent être exécutés de bonne foi, et obligent donc non seulement à ce qui est expressément indiqué par eux, mais aussi à toutes les choses qui émanent précisément de la nature de l'obligation, ou qui leur appartiennent d'après la loi ou la coutume* ».

L'article 9 de la CVIM retient la logique du droit civil sur les usages[1380], et les différences entre les usages et pratiques soutenues par les parties (dans son n° 1), de ceux existants dans le commerce international (dans son n° 2). Tous deux sont obligatoires aux parties d'un contrat de vente international de marchandises, et donc ces usages doivent être considérés dans l'interprétation de bonne foi d'un contrat de vente internationale de marchandises.

Au sujet de la durée nécessaire d'une pratique pour être constitutive d'un usage obligatoire entre les parties, la jurisprudence a retenu qu'il doit s'agir d'une relation de longue durée et présente dans de multiples contrats. Par suite, l'existence de deux livraisons ne suffit pas à l'établir[1381]-[1382].

1376 *Manoukian,* Cass. Com, 26 novembre 2003, D. 2004. 869, note A.-S. Dupré-Allemagne ; *Forestal Bío-Bío con Madesal y otra,* C. Ap., Concepción, 1996, Civ. N° 374-93 ; art. 1104, nouveau code civil.

1377 Art. 1189, al. 2ème., nouveau code civil ; art. 1564 c.c.ch.

1378 Cf. CLOUT, cas n°23, Federal District Court, Southern District of New York, Etats-Unis d'Amérique, 14 avril 1992. Disponible sur : http://www.unilex.info/case.cfm?id=9 ; CLOUT, cas n°413, Federal District Court, Southern District of New York, Etats-Unis d'Amérique, 6 avril 1998. Disponible sur : http://www.unilex.info/case.cfm?id=336, consulté le 13 juin 2017.

1379 La *lex mercatoria* se compose plutôt des règles spontanées. Dans ce sens, la CVIM échappe a son contenu. Cf. JACQUET Jean-Michel, DELEBECQUE Philippe, CORNELOUP Sabine, *Droit du commerce international*, op. cit., p. 62-63.

1380 Dans la common law, l'article 1-205 UCC considère aussi les usages aux fins d'interprétation.

1381 V. CLOUT, cas n°360, Amtsgericht Duisburg, Allemagne, 13 avril 2000. Disponible sur : http://www.unilex.info/case.cfm?id=715, consulté le 13 juin 2017.

En relation avec l'article 9, n° 1 CVIM, on peut citer les cas suivants qui ont été retenus comme constitutifs d'usages établis entre les parties :

a. Le cas où le vendeur a reçu de façon répétée des paiements en retard de la part de l'acheteur, sans réclamer ni agir en résolution.

Dans ce cas, la doctrine a considéré qu'une pratique ou un usage avait été établi en ce sens entre les parties. Donc, une renonciation tacite à une action en résolution pourra être invoquée comme exception par l'acheteur si le vendeur décidait plus tard de ne plus tolérer ces paiements différés[1383].

b. Le cas où le vendeur a été requis de livrer des pièces de rechange, car il s'agissait d'une habitude soutenue entre les parties[1384].

c. Le cas où le vendeur a terminé de livrer des marchandises, de façon abrupte, à un acheteur habituel.

Dans ce cas, la jurisprudence a retenu qu'une opération d'affacturage échouée, suite à l'état de difficulté de l'acheteur, n'était pas un motif suffisant pour clore la relation commerciale de façon brutale, car il fallait tenir compte de l'intérêt légitime de l'acheteur[1385].

S'agissant de l'article 9, n° 2 CVIM la jurisprudence et la doctrine ont établi les critères suivants au regard des usages commerciaux internationaux :

a. Les Incoterms de la CCI ont été considérés comme incorporés tacitement, selon les usages internationaux, dans les ventes de pétrole en vrac. Pour la vente de produits de base secs, en revanche, ils ont été rejetés[1386].

Du même, les ventes « Cif » et « Fob » faites sans référence aux Incoterms de la CCI de Paris, ont été retenues comme s'agissant des ventes Cif et Fob réalisées en considération de ceux-ci[1387].

b. Les usages et les pratiques internationaux relatifs à la branche en question sont compris de façon automatique dans un contrat de vente

---

[1382] En droit chilien, conformément à l'article 5 c.com.ch., deux décisions précédentes d'acceptation à une coutume, ou trois actes notariés antérieurs au procès ou ils doivent servir de preuve, suffisent pour l'établir. En droit français, la preuve est libre entre commerçants, d'après l'article L.110-3 cod.com.

[1383] V. dans ce sens : BRIDGE M., *The International Sale of Goods*, op. cit., p. 545-546, en citation à HONNOLD, *Uniform Law for International Sales under the 1980 United Nations Convention*, 1999, Kluwer, p. 126.

[1384] V. ICC Court of Arbitration, arrêt n°8611/HV/JK, publié sur : http://www.unilex.info/case.cfm?pid=1&do=case&id=229&step=FullText, consulté le 13 juin 2017.

[1385] V. CLOUT, cas n°202, cour d'appel de Grenoble, France, 13 septembre 1995. Disponible sur : http://www.unilex.info/case.cfm?id=151, contrôlé le 13 juin 2017.

[1386] Cf. BRIDGE M., *The International Sale of Goods*, op. cit., p. 546-547.

[1387] V. CLOUT, cas n°447, U.S. Federal District Court, Southern District of New York, 26 mars 2002. Disponible sur : http://www.unilex.info/case.cfm?id=730, contrôlé le 14 juin 2017.

internationale de marchandises, sauf si les parties les ont expressément exclus[1388].

c. Pour être obligatoire, un usage doit être connu par les parties. Même s'il est seulement local, il restera obligatoire pour la partie étrangère dans ce cas (à propos de la vente des produits de base)[1389].

d. Afin que le silence soit considéré comme acceptation à une lettre de confirmation, l'existence d'un usage en ce sens doit être prouvé dans les Etats respectifs de toutes les parties concernées[1390].

e. Dans la vente de minéraux, la possibilité d'ajuster le prix de vente a été retenue comme un usage international[1391].

f. Une lettre de change donnée par l'acheteur peut modifier le délai de paiement établi au contrat, jusqu'à sa date d'échéance, d'après les usages internationaux[1392].

g. Des usages peuvent autoriser la présence de l'acheteur au moment de l'examen des marchandises[1393].

h. Les intérêts moratoires peuvent être établis en considération du taux préférentiel (*Prime Rate*), selon les usages internationaux[1394].

i. Les P.U. ont été retenus comme ayant la nature juridique d'usages internationaux, applicables d'après l'article 9, n° 2 CVIM[1395].

Il convient de noter que tous ces usages et pratiques, qui sont particuliers entre les parties, ou internationaux, s'appliquent de façon préférentielle aux dispositions de la CVIM[1396].

[1388] V. CLOUT, cas n°579, U.S. Federal District Court, Southern District of New York, 10 mai 2002. Disponible sur : http://www.unilex.info/case.cfm?id=739, contrôlé le 14 juin 2017 ; corte di apello di Genova, Italie, 24 mars 1995. Disponible sur : http://www.unilex.info/case.cfm?id=198, contrôlé le 14 juin 2017.

[1389] V. CLOUT, cas n°175, cour d'appel de Graz, Autrichie, 9 novembre 1995. Disponible sur : http://www.unilex.info/case.cfm?id=370, contrôlé le 13 juin 2017.

[1390] V. CLOUT, cas n°276, cour d'appel de Frankfurt Am Main, Allemagne, 5 juillet 1995. Disponible sur : http://www.unilex.info/case.cfm?id=169, contrôlé le 14 juin 2017.

[1391] ICC Court of Arbitration, arrêt n°8324, publié sur : http://www.unilex.info/case.cfm?pid=1&do=case&id=240&step=FullText., contrôlé le 14 juin 2017.

[1392] CLOUT, cas n°5, Landgericht Hambourg, Allemagne, 26 septembre 1990. Disponible sur : http://www.unilex.info/case.cfm?id=7, Contrôlé le 14 juin 2017.

[1393] Helsinki Court of Appeal, Finlande, 29 janvier 1998. Disponible sur : http://www.unilex.info/case.cfm?id=490. Contrôlé le 14 juin 2017.

[1394] Juzgado Nacional de Primera Instancia en lo Comercial n°10, Argentine, 23 octobre 1991. Disponible sur : http://www.unilex.info/case.cfm?id=184. Contrôlé le 14 juin 2017.

[1395] Tribunal commerciale international d'arbitrage de la chambre de commerce et d'industrie de la Fédération de Russie, cas n°229/1996, 5 juin 1997. Disponible sur : http://www.unilex.info/case.cfm?id=731, contrôlé le 14 juin 2017 ; ICC Court of Arbitration, arrêt n°9333, publié sur : http://www.unilex.info/case.cfm?pid=1&do=case&id=400&step=Abstract, contrôlé le 14 juin 2017.

[1396] Cf. GOODE R., KRONKE H. et MCKENDRICK E., op. cit., p. 244-245 ; CLOUT, cas n°425, Cour Suprême, Autriche, 21 mars 2000. Disponible sur : www.cisg.at/10_34499g.htm, contrôlé le 13 juin 2017.

Finalement, relevons que conformément aux règles générales de la preuve en matière civile, la partie qui invoque l'existence de l'usage en question doit le prouver[1397]-[1398].

314. Le cas *Frigaliment* - La célèbre affaire *Frigaliment Importing vs. BNS International*[1399], même s'il lui est antérieur, illustre le mode opératoire du système interprétatif de la CVIM. Dans ce cas, le juge, en l'espèce la Cour du district sud de New-York, a utilisé la même méthode.

EN l'espèce, une société suisse avait souscrit deux contrats de vente internationale de marchandises pour l'achat de poulets à une société américaine.

Le premier contrat de vente spécifiait « poulets frais américains surgelés grade A, inspectés par le gouvernement, 21/2 à 3 livres chacun, tous les poulets emballés de façon individuelle dans des cartons de fibre sécurisés appropriés pour l'exportation ». Le second contrat était identique, à l'exception de la quantité.

Quand le premier embarquement est arrivé, l'acheteur a protesté, car les poulets n'étaient pas des poulets jeunes, convenables à la friture, mais des poulets pour la cuisson en ragoût. Nonobstant la réclamation de l'acheteur, la deuxième livraison fut identique à la première.

L'acheteur a agi en résolution pour manquement à l'obligation de conformité, car selon lui la venderesse devait livrer des poulets jeunes, aptes à être grillés et frits.

La venderesse, de son côté, avait indiqué que « poulet » signifie n'importe quel type de volaille du genre qui satisfait les spécifications contractuelles sur le poids et la qualité, y compris ce qu'on appelle « poulets pour la cuisson en ragoût ».

Le tribunal[1400] a utilisé la méthode suivante : il a cherché sans résultat la signification du mot « poulet » dans le contrat ; puis, il a considéré les relations entre les parties ; ensuite, l'éventuelle existence d'autres contrats ou négociations entre les parties ; finalement, le tribunal a consulté les usages internationaux et la coutume sur ce sujet.

En définitive, la méthode utilisée n'ayant pas permis de trouver une signification claire du terme « poulet », le tribunal a débouté la demanderesse au motif qu'elle avait failli à rapporter la preuve que le mot « poulet » devait être appliqué d'après le contrat dans un sens particulier et limité et non pas dans un sens large[1401].

[1397] CLOUT, cas n°360, Amtsgericht Duisburg, Allemagne, 13 avril 2000. Disponible sur : http://www.unilex.info/case.cfm?id=715, contrôlé le 13 juin 2017.

[1398] La règle générale *d'onus probandi est* contenue aux articles 1353, nouveau code civil, et 1698 c.c.ch.

[1399] 190 F.Supp. 116 (S.D.N.Y. 1960).

[1400] U.S. District Court for the Southern District of New York.

[1401] Cf. DIMATTEO Larry A., *International Contracting : Law and Practice*, 3e édition, Kluwer Law International, Londres, Angleterre, 2013, p. 254-256.

315. Représentation et CVIM - La CVIM, à la différence des P.U., ne traite pas de la représentation.

Une Convention sur la représentation en matière de vente internationale des marchandises a été signée à Genève le 17 février 1983. Néanmoins, ce traité n'est pas en vigueur en France, au Chili, ni au Royaume-Uni[1402]. Donc, à notre avis, la solution est de recourir aux P.U.[1403] sur cette question, conformément aux articles 7, n° 2 et 9, n° 2 CVIM qui permettent que ces derniers comblent ses lacunes

SECTION 2. LES SANCTIONS DE L'INEXÉCUTION DES OBLIGATIONS DES PARTIES

Diverses sanctions à l'inexécution contractuelle des parties sont prévues aux articles 45 à 52, 62 à 65 et 74 à 77 CVIM : dommages-intérêts, exécution en nature, résolution et réduction du prix.

Notons que conformément aux articles 45, n° 3 et 61, n° 3 CVIM, dès que les parties ont agi en utilisant l'un de ces dispositifs, aucun délai de grâce ne peut être accordé aux parties par le tribunal.

Dans cette section nous démontrerons que les sanctions à l'inexécution des obligations des parties consacrées par la Convention de Vienne de 1980 sont en harmonie avec le principe général de bonne foi du droit civil. Ainsi, nous verrons que la CVIM, à la différence de la *Common Law*, privilégie l'exécution en nature.

D'autre part, nous relèverons que le principe général de bonne foi est considéré à l'article 7, n° 1 CVIM avec la même amplitude que dans le droit civil et se traduit par la finalité de poursuite du contrat par la voie de mesures tendant à éviter la résolution, celle-ci étant entendu *ultima ratio* parmi les remèdes consacrés par la Convention de Vienne de 1980.

De plus, nous verrons que la réduction du prix, création du droit civil d'origine romaine et presque inconnue de la *Common Law*, a été retenue par la CVIM dans ce même esprit de poursuite du contrat, inhérent à la bonne foi centrale dans le droit civil.

Nous commencerons par l'analyse des sanctions à l'inexécution des obligations des parties visant la poursuite du contrat.

§ 1. Les remèdes en cas de poursuite du contrat

A. L'exécution en nature

316. Comme nous l'avons vu, l'exécution en nature est la sanction par excellence des violations contractuelles des parties en droit civil, tandis que

---

[1402] Cf. : http://www.unidroit.org/fr/etat-agency, contrôlé le 20 juin 2017.

[1403] Section 2 des PU, articles 2.2.1 à 2.2.10 PU.

l'exécution par équivalent, c'est-à-dire, par le versement de dommages-intérêts, est celle de la *Common Law*[1404]. La CVIM a clairement privilégié le droit civil sur ce point aux articles 28 et 46, n°1 qui stipulent :

« *Article 28.*

Si conformément aux dispositions de la présente Convention, une partie a le droit d'exiger de l'autre l'exécution d'une obligation, un tribunal n'est tenu d'ordonner l'exécution en nature que s'il le ferait en vertu de son propre droit pour des contrats de vente semblables non régis par la présente Convention ».

« *Article 46.*

1) L'acheteur peut exiger du vendeur l'exécution de ses obligations, à moins qu'il ne se soit prévalu d'un moyen incompatible avec cette exigence ».

Selon les mots de la Professeure Carr (traduction libre) :

« ... *La convention de Vienne suit la tradition du droit Civil par rapport à l'exécution en nature et cela n'est pas mal étant donné les problèmes que la chasse des marchandises dans le marché ouvert peut produire* »[1405].

L'exécution en nature comme sanction de base dans la CVIM relève du principe de bonne foi et de la finalité de poursuite du contrat[1406]. Dans cet esprit, les n° 2 et 3 de l'article 46 autorisent au vendeur la livraison de marchandises de remplacement et la réparation de celles-ci[1407]. Tous deux constituent des moyens d'exécution en nature et ont une origine dans le droit civil aussi. Ainsi, le nouvel article 1222 du Code civil autorise le créancier, après mise en demeure du débiteur, de faire exécuter lui-même la prestation et de demander l'avancement ou le remboursement des sommes nécessaires à cette fin[1408].

Il importe de noter, néanmoins, que l'article 82 CVIM empêche l'acheteur d'exiger la livraison des marchandises de remplacement s'il ne peut pas restituer celles qu'il a reçues dans un état identique à celui de leur

---

1404 D'après la maxime du common law « *remedies precede rights*, l'exécution en nature dans ce système est une institution applicable aux cas ou les dommages-intérêts ne satisferaient pas le créancier de l'obligation, d'équité, ou, d'après la règle 52(1) de la loi de vente anglaise de 1979, à utiliser s'agissant des espèces ou des biens déterminés.

1405 CARR I., op. cit., p. 86-87.

1406 Les commentaires du Digeste de Jurisprudence Uncitral sur la CVIM indiquent que le fait que l'exécution en nature soit le premier remède traité aux articles 45-52 CVIM est le reflet que la convention de Vienne de 1980 veut sauver le lien contractuel jusqu'à la limite, lâchant la résolution comme dernière possibilité, limitée aux cas graves le méritant. Cf. Uncitral Digest of Case Law on The United Nations Convention on the International Sale of Goods, op. cit., p. 153.

1407 Ce droit doit être invoqué au moment de dénoncer le défaut de conformité des marchandises, ou dans un délai raisonnable après celui-ci, selon les articles 39 et 46 n°2 CVIM.

1408 La faculté de remplacement est une technique bien connue en droit français. Cf. JACQUET Jean-Michel, DELEBECQUE Philippe, CORNELOUP Sabine, *Droit du commerce international*, op. cit., p. 297.

réception (à moins qu'elles aient été vendues, consumées, transformées, qu'elles aient péri, soient détruites suite à son examen, ou bien que cette impossibilité ne soit pas fautive), ce qui demande de l'honnêteté, donc de la bonne foi.

317. Conditions de l'exécution en nature :

1. Correspondance avec la loi interne.

Comme l'indiquent les commentaires du recueil de jurisprudence UNCITRAL sur la CVIM[1409], il s'agit d'un compromis entre deux systèmes de droit qui n'accordent pas la même importance à l'exécution en nature[1410].

Afin que l'exécution en nature soit prononcée par un tribunal, il est donc nécessaire que cette sanction à l'infraction des obligations contractuelles des parties soit possible selon la loi nationale. Autrement, seuls des dommages-intérêts pourront être alloués[1411].

Même si l'article 28 CVIM stipule qu'un tribunal « *n'est tenu d'ordonner l'exécution en nature que s'il le ferait en vertu de son propre droit pour des contrats de vente semblables* », il s'agit plutôt d'une recommandation que d'une exigence impérative, et il est très peu probable qu'il le ferait si l'exécution en nature n'était pas une sanction habituelle dans ce système, car il trouverait des problèmes pratiques (non correspondance avec le droit procédural, notamment).

2. Caractère raisonnable de la mesure.

L'exécution en nature doit être raisonnable. Même si la CVIM ne l'indique pas de façon expresse (comme le font les P.U.[1412]) cela est conforme à la bonne foi qui doit inspirer toute interprétation, et les principes généraux, selon l'article 7, n° 1 et 2 CVIM[1413].

3. L'exécution en nature doit être possible.

Elle ne sera pas possible si l'objet est une espèce ou corps certain qui a disparu (par exemple, des marchandises uniques qui ont été détruites).

De même, l'exécution en nature ne sera pas possible non plus, comme le stipule le n°1 de l'article 46 CVIM, si le créancier avait invoqué avant une sanction incompatible avec celle-là. Par exemple, si l'acheteur avait agi en résolution, ou si le vendeur avait réduit le prix des marchandises[1414]. Au contraire, si l'exécution en nature échoue, ou si la partie défaillante ne

---

[1409] V. *Uncitral Digest of Case Law on The United Nations Convention on the International Sale of Goods*, op. cit., p. 87.

[1410] Il faut noter que la section 2-716(1) du code commercial uniforme des États-Unis d'Amérique autorise la *specific performance* –exécution en nature- s'agissant des biens uniques ou quand elle est appropriée.

[1411] V. *Uncitral Digest of Case Law on The United Nations Convention on the International Sale of Goods*, op. cit., p. 87.

[1412] L'article 7.2.2 b) PU stipule que l'exécution en nature est exclue si ces coûts sont déraisonnables.

[1413] Par réference à ces principes généraux les PU ont été appliqués des fois, comme nous l'avons vu dans le chapitre précédent.

[1414] V. *Uncitral Digest of Case Law on The United Nations Convention on the International Sale of Goods*, op. cit., p. 87.

solutionne pas sa prestation dans le délai de grâce accordé conformément aux articles 47 et 63 CVIM, la partie lésée pourra agir ultérieurement en résolution ou en réduction du prix.

4. Violation essentielle.

Afin que la demande d'exécution en nature soit admise, la partie défaillante doit avoir violé substantiellement ses obligations.

S'agissant du vendeur, par exemple, il ne doit pas avoir livré en quantité suffisante, avec défauts d'emballage, des marchandises défectueuses ou différentes de celles convenues. Côté acheteur, il ne doit pas avoir payé la totalité du prix et ne pas avoir offert ou avoir garanti le paiement du solde du prix.

318. Types d'exécution en nature.

Elle peut être :

a. « Directe », si le créancier demande au débiteur l'exécution directe de la prestation.

b. « Indirecte », dans le cas de la faculté de remplacement[1415] prévue à l'article 75 CVIM.

319. Délai - En règle générale (hypothèse de l'article 46, n° 1 CVIM), l'action afin d'obtenir l'exécution en nature n'est soumise à aucun délai exprès[1416].

S'agissant de la demande de marchandises de remplacement ou de la réparation des celles-ci, l'exécution en nature doit être invoquée dans un délai « raisonnable », comme l'indiquent les n° 2 et 3 de l'article 46 CVIM.

Finalement, il est à souligner que l'exécution en nature n'empêche pas l'octroi de dommages-intérêts.

B. La réduction du prix

320. Origines - L'action pour agir en réduction du prix est une création du droit civil. Comme nous l'avons vu précédemment, il s'agit d'une invention du droit romain au sein duquel elle était connue comme *actio quanti minoris* ou *aestimatoria.*

Le droit civil français a consacré cette action dans le nouvel article 1223, al.1er, et l'article 1644 du Code civil.

En droit civil, chilien et français, la réduction du prix est préférée à l'action *redhibitoire* ou résolutoire spécifique du contrat de vente[1417]. Ainsi,

---

[1415] Dans le droit civil elle est prévue aux articles 1222, nouveau code civil et 1553 n°2 c.c.ch.

[1416] Elle sera donc soumise aux délais prévus par la convention sur la prescription en matière de vente internationale des marchandises, si c'est le cas (ni la France, ni le Chili, ni le Royaume-Uni ont ratifié cette convention, mais les Etas-Unis d'Amérique l'ont fait). Son article 8 stipule un délai général de prescription de quatre ans et l'article 23 prévoit un délai maximal de dix ans en cas de suspension. Autrement, le délai serait réglé par la loi interne (en France, conformément à la article 2224 code civil, ce délai est de cinq ans en règle générale. Au Chili, de même, d'après l'article 2515, al. 1er c.c.ch. En Angleterre la règle générale est de six ans pour les violations contractuelles, d'après la règle 5 de la *limitation act, 1980*).

[1417] Art. 1644 code civil.

la *réfaction* peut être ordonnée par le juge lorsque les marchandises ont des défauts modérés mais restent adaptés à l'usage prévu ; en revanche, elle n'est pas possible s'agissant des défauts de conformité relatifs à la nature, l'origine de la chose ou sa marque. Dans la CVIM, en revanche, la *réfaction* est possible dans tous les cas de défauts[1418].

Au Chili, elle est l'action à utiliser nécessairement si les vices de conformité ne sont pas suffisamment graves[1419].

321. Bases légales - Les articles 44 et 50 CVIM consacrent l'action pour agir en réduction du prix.

Cette action est instituée au profit de l'acheteur, pour les hypothèses de défaut de conformité ou des vices cachés[1420], même si le prix a été déjà payé.

Ainsi, en cas de défaut de conformité, l'acheteur a le droit alternatif de demander des dommages-intérêts (sauf pour le gain manqué) ou d'agir en réduction de prix (s'il a une excuse raisonnable pour ne pas avoir fait la dénonciation en temps opportun, selon l'article 44 CVIM).

L'article 50 de la CVIM, pour sa part, conformément à l'esprit de collaboration inhérent à la bonne foi, prévoit que cette réduction n'est pas possible si le vendeur répare son manquement à l'obligation de livraison de marchandises conformes, si un délai de grâce lui a été donné, mais également lorsque l'acheteur a refusé la possibilité de réparation ou de livraison ultérieure. Cela est en accord avec la bonne foi-honnêteté, car sinon l'acheteur s'enrichirait sans juste motif.

322. Conditions d'exercice déterminées par la doctrine et la jurisprudence internationale :

1. L'inexécution du vendeur peut être fondamentale ou pas[1421].
2. Elle s'applique même dans le cas d'exemption prévu par l'article 79 CVIM[1422].
3. Il est nécessaire de notifier le vendeur des défauts de marchandises, avant son exercice[1423].
4. L'acheteur doit manifester expressément son intention de réduire le prix[1424].

[1418] V. Dans ce sens : MALAURIE Ph., AYNÈS L. et GAUTIER P.Y., op. cit., p. 222.

[1419] C.Ap. Valparaíso, 31 octobre 1914. G. 1914, 2° sem., N°484, p. 1330, dans : *Repertorio de Legislación y Jurisprudencia Chilenas*, tomo VII, op. cit., p. 344.

[1420] Comme nous l'avons vu précédemment, la CVIM confond dans une même obligation celle de délivrance conforme et l'obligation de garantie des vices cachés. V. dans ce sens : MALAURIE Ph., AYNÈS L. et GAUTIER P.Y., op. cit., p. 40 ; COLLART DUTILLEUL F. et DELEBECQUE Ph., op. cit., p. 296.

[1421] *CISG official records*, op. cit., p. 42, disponible sur : https://www.uncitral.org/pdf/english/texts/sales/cisg/a-conf-97-19-ocred-e.pdf, contrôlé le 20 juin 2017.

[1422] Ibidem.

[1423] V. CLOUT, cas n°56, Canton di Ticino Pretore di Locarno Campagna, Suisse, 27 avril 1992. Disponible sur : http://www.unilex.info/case.cfm?id=41, contrôlé le 20 juin 2017.

[1424] V. CLOUT, cas n°83, cour d'appel de München, Allemagne, 2 mars 1994. Disponible sur : http://www.unilex.info/case.cfm?id=51, contrôlé le 20 juin 2017.

323. Système de calcul - L'article 50 CVIM établi aussi un système de calcul, ce que n'a pas fait le droit civil : l'acheteur peut réduire le prix « *proportionnellement à la différence entre la valeur que les marchandises effectivement livrées avaient au moment de la livraison et la valeur que des marchandises conformes auraient eu à ce moment* ».

324. Cas « spéciaux » qui autorisent l'action en réduction du prix :

1. Selon l'article 79, n° 5 CVIM, la partie lésée a le droit « *d'exercer tous ses droits autres que celui d'obtenir des dommages-intérêts en vertu de la présente convention* ».

Ainsi, le créancier ne pourra pas agir en dommages-intérêts (car l'inexécution n'est pas imputable au débiteur), mais en résolution (si l'exécution ne lui est plus utile) ou en réduction du prix.

2. Si l'exécution en nature échoue, ou si la partie défaillante ne solutionne pas sa prestation dans le délai de grâce donné conformément aux articles 47 et 63 CVIM, la partie lésée pourra agir ultérieurement en résolution ou en réduction du prix.

Il convient de noter, enfin, que la réduction de prix n'empêche pas l'octroi de dommages-intérêts, d'après les articles 45 n° 2 et 61 n° 2 CVIM.

C. Les dommages-intérêts

325. Conditions d'octroi - Toutes les violations contractuelles qui causent des préjudices à l'autre partie peuvent donner lieu à l'octroi de dommages-intérêts, indépendamment des moyens que la partie lésée peut utiliser pour faire sanctionner l'inexécution[1425]. Les articles 45, n° 2 et 61 n° 2 CVIM l'indiquent expressément.

Même si le plus souvent les dommages-intérêts sont alloués en conséquence de l'inexécution de l'obligation de conformité, ou de payer le prix, ils sont alloués aussi suite au remboursement fait aux sous-acquéreurs des marchandises non conformes[1426], au stockage de marchandises non conformes[1427], à la préservation des marchandises (d'après les articles 85 à 88 CVIM)[1428], afin d'indemniser la partie lésée des dépenses encourues dans la préparation d'un contrat de vente internationale des marchandises[1429], parmi plusieurs cas possibles.

[1425] Cf. JACQUET Jean-Michel, DELEBECQUE Philippe, op. cit, p. 145.

[1426] V. CLOUT, cas n°168, cour d'appel de Köln, Allemagne, 21 mai 1996. Disponible sur : http://www.unilex.info/case.cfm?id=227, contrôlé le 14 juin 2017).

[1427] V. CLOUT, cas n°138, Federal Court of Appeals for the Second Circuit, Etats-Unis d'Amérique, 6 décembre 1995. Disponible sur : http://www.unilex.info/case.cfm?id=157, contrôlé le 16 juin 2017.

[1428] V. CLOUT, cas n°304, arbitrage ICC, cas n°7531, 1994. Disponible sur : http://www.unilex.info/case.cfm?id=139, contrôlé le 16 juin 2017.

[1429] V. CLOUT, cas n°541, Cour Suprême, Autriche, 14 janvier 2002. Disponible sur : http://www.unilex.info/case.cfm?id=858, contrôlé le 14 juin 2017 ; CLOUT, cas n°235, Cour Suprême Fédérale, Allemagne, 25 juin 1997. Disponible sur : http://www.unilex.info/case.cfm?id=257, contrôlé le 14 juin 2017.

La seule exception est l'inexécution suite à l'article 79 CVIM, car son n° 5 a exclu expressément le droit aux dommages intérêts en cas de force majeure.

Quant à l'exécution tardive, elle ouvre droit à agir en dommages-intérêts pour le retard[1430], comme en droit civil[1431].

326. Lieu du paiement - Conformément au principe adopté par la CVIM[1432] selon lequel le paiement du prix est « portable », de même le paiement des dommages-intérêts doit s'effectuer au domicile du demandeur[1433].

327. Étendue de la réparation - Comme en droit civil[1434], la réparation est intégrale[1435]. Donc, tout préjudice doit être réparé, à l'exception de la perte de chance[1436]-[1437] : le *damnun emergens* (perte subie) et le *lucrum cessans* (bénéfice manqué)[1438]-[1439]. Le dommage moral aussi[1440].

1430 Art. 78 CVIM.

1431 Art. 1231-1, nouveau code civil ; 1559 n°2 c.c.ch.

1432 Art. 57 CVIM.

1433 V. CLOUT, cas n°205, cour d'appel de Grenoble, France, 23 octobre 1996, Disponible sur : http://www.unilex.info/case.cfm?id=222, contrôlé le 14 juin 2017 ; CLOUT, cas n°49, cour d'appel de Düsseldorf, Allemagne, 2 juillet 1993. Disponible sur: http://www.unilex.info/case.cfm?id=26, contrôlé le 14 juin 2017.

1434 La perte des gains (*lucrum cessans*) est consacrée par le nouvel article 1231-2 code civil et 1556 c.c.ch.

1435 Les articles 1231-3 code civil et 1558 c.c.ch. considèrent la réparation des préjudices directs prévus et prévisibles si l'inexécution est une conséquence d'un dol ou d'une faute lourde.

1436 Le préjudice éventuel est exclu, car le dommage doit être certain et une conséquence directe de l'infraction, selon le nouvel article 1231-4 code civil, pour être indemnisé. Cependant, la jurisprudence française autorise l'indemnisation de la « perte d'une chance », dès qu'elle a une valeur en elle-même, donc, certitude (Civ. 2e, 1er. Avril 1965, Bull.civ. II, n°336, p.230 ; 8 novembre 1971, D. 1972.667, note C.Lapoyade-Deschamps).

1437 V. dans ce sens : DJAKHONGIR Saidow, *The Law of Damages in International Sales, The CISG and Other International Instruments*, Hart Publishing, Oxford and Portland, Oregon, Etats-Unis, 2008, p. 255.

1438 V. Helsingin hoviokeus, Finlande, 26 octobre 2000.
Disponible sur : http://www.unilex.info/case.cfm?id=726, contrôlé le 14 juin 2017 ; CLOUT, cas n°214, Handelsgericht des Kantons Zurich, Suisse, 5 février 1997. Disponible sur : http://www.unilex.info/case.cfm?id=305, contrôlé le 2 juin 2017 ; CLOUT, cas n°168, cour d'appel de Köln, Allemagne, 21 mai 1996. Disponible sur : http://www.unilex.info/case.cfm?id=227, contrôlé le 14 juin 2017.

1439 Le gain manqué peut se produire, par exemple, suite à la réception de marchandises non conformes ou à la non délivrance en temps opportun de produits saisonniers. Dans ce cas, l'acheteur devrait vendre à un prix inférieur au prix prévu, et donc, perdrait un gain. V. dans sens : DJAKHONGIR Saidow, op. cit., p. 158-159.

1440 Les dommages causés à la réputation d'une société suite à la violation contractuelle du débiteur pose le problème de la valorisation du préjudice. À cet égard, plusieurs méthodes sont utilisées : déduire de la valeur de marché de la marque avant l'inexécution la valeur actuelle, valoriser la perte conformément à la différence de la valeur de marché de la marque avant l'inexécution et le prix d'un *royalty* après l'inexécution, etc., ibid, p. 257 à 262.

À la différence du droit civil néanmoins, la réparation n'est pas augmentée en cas de dol ou de faute lourde[1441], le critère pris par l'article 74 CVIM est autre : « *le montant de dommage que la partie en défaut pouvait ou aurait dû prévoir au moment de la conclusion du contrat* ».

D'après le principe de prévisibilité, toutes les conséquences normales « pour une personne raisonnable »[1442] doivent être réparées par le débiteur de l'obligation inexécutée, cause du préjudice. De cette manière, parmi plusieurs hypothèses possibles, il a été décidé que :

a. Le vendeur des marchandises à un détaillant devait prévoir que ce dernier revendrait les marchandises achetées[1443].

b. L'acheteur qui n'a pas payé le prix des marchandises fongibles, comme stipulé au contrat, devait prévoir que le vendeur perdrait sa marge du bénéfice habituel[1444].

c. Une marge de bénéfice de 10% est prévisible[1445]. *A contrario*, une marge de bénéfice inhabituelle (« énorme »), n'est pas prévisible[1446].

d. L'acheteur qui n'a pas obtenu l'émission d'une lettre de crédit devait prévoir que le vendeur aurait affrété un vaisseau pour transporter les marchandises[1447].

Le principe de prévisibilité des dommages est commun à la *Common Law* et au droit civil.

Dans le premier cas, il a son origine dans le célèbre arrêt *Hadley vs. Baxendale*[1448] vu précédemment. Cette décision a pour base deux piliers : l'éloignement *(remoteness)* et l'atténuation *(mitigation)*. Le premier est similaire à la réparation des préjudices directs prévus par le droit civil et le deuxième constitue un véritable apport du droit anglais, reconnu par la CVIM dans son article 77.

Il convient noter, néanmoins, que le principe est plus ancien en droit civil, puisqu'il remonte au Code Napoléon[1449].

[1441] Comme nous l'avons vu précédemment, l'article 1558 c.c.ch. traite de l'indemnisation des préjudices directs prévus en cas de faute, et des préjudices imprévus en cas de dol. Pour sa part, l'article 1231-3, nouveau code civil, stipule: *"Le débiteur n'est tenu que des dommages et intérêts qui ont été prévus ou qui pouvaient être prévus lors de la conclusion du contrat, sauf lorsque l'inexécution est due à une faute lourde ou dolosive"*.

[1442] Art. 8 n°2 CVIM.

[1443] V. CLOUT, cas n°168, cour d'appel de Köln, Allemagne, 21 mai 1996. Disponible sur : http://www.unilex.info/case.cfm?id=227, contrôlé le 14 juin 2017.

[1444] V. CLOUT, cas n°427, Cour Suprême, Autriche, 28 avril 2000. Disponible sur : http://www.unilex.info/case.cfm?id=481, contrôlé le 14 juin 2017.

[1445] V. CLOUT cas n°217, Handelsgericht des Kantons Aargau, Suisse, 26 septembre 1997. Disponible sur : http://www.unilex.info/case.cfm?id=404, contrôlé le 2 juin 2017.

[1446] V. dans ce sens : ZELLER Bruno, op. cit., p. 96.

[1447] V. Cour suprême de Queensland, Australie, 17 novembre 2000. Disponible sur : http://www.austlii.edu.au/au/cases/qld/QSC/2000/421.html, contrôlé le 31 mai 2017.

[1448] (1854), EWHC J70.

[1449] Art. 1150.

La quotité des dommages-intérêts accordés est limitée dans la CVIM par le principe de « prévisibilité », solution reprise depuis par les P.U. à l'article 7.4.4. De même, elle est plafonnée à un niveau « raisonnable », conformément à plusieurs décisions[1450].

328. Méthodes de calcul - Les méthodes de calcul de dommages-intérêts utilisés par la CVIM sont les suivantes :

a. Défaut de conformité.

Il a été décidé que l'octroi des dommages-intérêts dans ce cas était équivalent à la différence entre le prix contractuel des marchandises achetées et le prix de celles reçues non conformes[1451].

b. Méthode concrète[1452].

Il s'agit de l'exercice de la faculté de remplacement, après la résolution du contrat[1453], ou d'une vente compensatoire de la part du vendeur, dans un délai[1454] et d'une manière raisonnable[1455].

Dans ce cas, la partie lésée a droit à la différence entre le prix des marchandises prévu au contrat et celui des marchandises de remplacement ou comprises dans la vente compensatoire, en plus de dommages-intérêts supplémentaires qui peuvent être dus, selon l'article 75 CVIM[1456].

[1450] V. CLOUT, cas n°541, Cour Suprême, Autriche, 14 janvier 2002. Disponible sur : http://www.unilex.info/case.cfm?id=858, contrôlé le 13 juin 2017 ; CLOUT, cas n°235, Cour Suprême Fédérale, Allemagne, 25 juin 1997. Disponible sur : http://www.unilex.info/case.cfm?id=257, contrôlé le 14 juin 2017 ; Tribunal commerciale international d'arbitrage de la chambre de commerce et d'industrie de la Fédération de Russie, cas n°375/93, 9 septembre 1994. Disponible sur : http://www.unilex.info/case.cfm?id=249, contrôlé le 16 juin 2017.

[1451] V. CLOUT, cas n°596, cour d'appel de Zweibrücken, Allemagne, 2 février 2004. Disponible sur : http://www.uncitral.org/clout/clout/data/deu/clout_case_596_leg-1383.html, contrôlé le 14 juin 2017

[1452] Cf. DJAKHONGIR Saidow, op. cit., p. 172 et s.

[1453] Ce méthode est applicable aussi pour les cas de résolution préventive unilatérale (*anticipatory breach*) de l'article 72 n°1 CVIM. Dans cette hypothèse, la montant des dommages-intérêts doit être déterminée à l'époque de la résolution préventive et non pas à celle de l'exécution prévue. Cf. DJAKHONGIR Saidow, op. cit., p. 230 à 232.

[1454] Un délai de deux mois a été retenu comme raisonnable s'agissant des produits saisonniers et de ferraille. Cf. CLOUT, cas n°130, cour d'appel de Düsseldorf, Allemagne, 14 janvier 1994. Disponible sur : http://www.unilex.info/case.cfm?id=84, contrôlé le 2 juin 2017 ; Cour suprême de Queensland, Australie, 17 novembre 2000. Disponible sur : http://www.austlii.edu.au/au/cases/qld/QSC/2000/421.html, contrôlé le 31 mai 2017.

[1455] Il a été retenu sur ce sujet que les marchandises de remplacement doivent être du même type et qualité des originaires. Cf. ICC International Court of Arbitration, arrêt n°8128/1995. Disponible sur : http://www.unilex.info/case.cfm?id=207, contrôlé le 08 juin 2017.

[1456] Les commentaires du Digeste de Jurisprudence Uncitral sur la CVIM indiquent que si le prix des marchandises de remplacement est inférieur à celui des marchandises au contrat, l'article 76 CVIM peut être appliqué. Cf. *Uncitral Digest of Case Law on The United Nations Convention on the International Sale of Goods*, op. cit., p. 233 ; CLOUT, cas n°130, cour d'appel de Düsseldorf, Allemagne, 14 janvier 1994. Disponible sur : http://www.unilex.info/case.cfm?id=84, contrôlé le 2 juin 2017 ; CLOUT, cas n°227, cour d'appel de Hamm, Allemagne, 22 septembre 1992. Disponible sur http://www.unilex.info/case.cfm?id=52, contrôlé le 16 juin 2017.

c. Méthode abstraite[1457].

Elle est en relation avec les marchandises ayant un prix courant.

D'après l'article 76 CVIM, si le contrat est résolu sans donner lieu à une vente de remplacement ou compensatoire, la partie lésée a droit à la différence entre le prix des marchandises prévu au contrat et le prix courant[1458] au moment de la résolution ou de la prise de possession si la résolution a été demandée après cette dernière, en plus de dommages-intérêts supplémentaires qui peuvent être alloués.

d. Autonomie de la volonté.

D'après l'article 6 CVIM, les parties peuvent modifier la formule de calcul des dommages intérêts et stipuler d'autres méthodes.

Il est à noter que le montant des dommages-intérêts peut être réduit lorsque le créancier est négligent et omet de réduire son préjudice, proportionnellement à la perte qui aurait pu être évitée, conformément à l'article 77 CVIM[1459].

Concernant la réparation du dommage moral, comme nous l'avons vu précédemment, la CVIM est resté muette. Néanmoins, l'indemnisation du préjudice moral a été accordée par les juges dans plusieurs affaires[1460].

Les P.U. applicables par la voie de l'article 7, n° 2 ou 9, n° 2 CVIM, aident l'interprète à combler cette lacune[1461].

329. Atténuation du préjudice - Il s'agit d'une obligation originaire de la *Common Law* mais en parfaite harmonie avec la bonne foi du droit civil.

Comme nous l'avons vu précédemment, il n'y a pas d'obligation de réduire les dommages causés dans le droit civil[1462]-[1463], contrairement à ce que prévoit la *Common Law*[1464][1465]. On la trouve aussi dans les P.U.[1466] et les PDEC[1467].

[1457] Cf. DJAKHONGIR Saidow, op. cit., p. 188 et s.

[1458] Conformément au n°2 de l'article 76 CVIM, prix courant est celui du lieu ou la livraison aurait dû être effectuée, ou, à défaut, celui pratiqué en un autre lieu qui semblerait raisonnable d'utiliser comme référence.

[1459] Il a été retenu à ce propos que le vendeur qui a revendu des marchandises (faculté de remplacement) à un prix non seulement inférieur à celui stipulé au contrat, mais aussi au prix modifié suggéré par l'acheteur original, a failli à son obligation de réduire les dommages et partant lui ont été alloués des dommages-intérêts équivalents à la différence entre le prix d'achat et le prix modifié suggéré. Cf. CLOUT, cas n°395, Tribunal Supremo, Espagne, 28 janvier 2000. Disponible sur : http://www.unilex.info/case.cfm?id=431, contrôlé le 16 juin 2017.

[1460] CLOUT, cas n°313, cour d'appel de Grenoble, France, 21 octobre 1999. Disponible sur : http://www.unilex.info/case.cfm?id=415, contrôlé le 14 juin 2017 ; Helsingin hoviokeus, Finlande, 26 octobre 2000. Disponible sur : http://www.unilex.info/case.cfm?id=726, contrôlé le 14 juin 2017.

[1461] L'article 7.4.2 n°2 PU règle l'indemnisation du tort moral.

[1462] Civ.2ème., 19 juin 2003, Bulletin 2003 II N° 203 p. 171.

[1463] V. supra TERRÉ F., SIMLER P., LEQUETTE Y., p. 960-963.

[1464] *British Westinghouse Electric and Mfg Co. Ltd. vs. Underground Electric Rys Co. Of London Ltd.*, (1912) AC 673.

La CVIM a retenu cette règle de *l'atténuation des dommages* de la *Common Law* dans son article 77. D'après ce dernier, le créancier doit prendre des mesures raisonnables, selon les circonstances, pour limiter les pertes, y compris le gain manqué.

Du même, les articles 85 à 88 CVIM obligent les parties à prendre des mesures spécifiques afin d'éviter des pertes. Ainsi, le vendeur doit garder les marchandises si l'acheteur ne prend livraison où ne paie pas leur prix, d'après l'article 85 CVIM.

D'autre part, si l'acheteur refuse les marchandises, il doit les préserver et peut les retenir jusqu'au remboursement des dépenses de conservation, conformément à l'article 86 CVIM.

Les deux cas précédents sont une manifestation évidente de l'existence d'un devoir de collaboration réciproque, sanctionné positivement, car même le retard qui aurait pu faire opérer la maxime *non adimplenti contractus*, oblige les parties à attendre et à aider son cocontractant.

Il convient de relever que même si l'origine de cette obligation d'atténuation se trouve dans la *Common Law*[1468], sa reconnaissance dans la CVIM est une manifestation de la collaboration inhérente à la bonne foi[1469]-[1470], car aider la partie lésée à réduire ses pertes, est une action qui est en accord avec la morale, ou, au moins, avec l'éthique commerciale. Donc, elle est en parfaite harmonie avec les principes généraux du droit civil, même si elle n'a pas été consacrée de façon expresse dans la législation[1471]-[1472].

[1465] Dans la loi anglaise, il est condition pour agir en dommages-intérêts que le demandeur aie pris toutes les mesures raisonnables afin d'éviter ou réduire les pertes suite à la violation du contrat. Cf. BRIDGE M., op. cit., p. 595.

[1466] Art. 7.4.8 PU.

[1467] Art. 9 : 505 PDEC.

[1468] *Hadley rule*, v. supra.

[1469] V. Dans ce sens : ZELLER B., op. cit., p. 112.

[1470] La bonne foi et le *fair dealing* demandent jusqu'à un certain point de l'altruisme. Ainsi, il ne serait pas juste de désigner la partie défaillante comme étant responsable de toutes les pertes, si la partie lésée peut, raisonnablement, éviter ou réduire certains dommages postérieurs à une violation contractuelle. Cf. DJAKHONGIR Saidow, op. cit., p. 126.

[1471] Les refus de la Cour de cassation à ce sujet ont suscité des critiques, parce que ce faisant la France s'éloignerait des tendances dominantes dans le droit comparé, et, dès que l'intérêt social exige de réduire les dommages subis, aussi. Dans ce sens : TERRÉ F., SIMLER P., LEQUETTE Y., op.cit., p. 960-963.

[1472] Nous trouvons quelques dispositions au Chili à propos du contrat d'assurance qui obligent à minimiser les dommages, par exemple, l'article 556 n°4 c.com.ch. Néanmoins, suite à son caractère d'exception, il n'existe pas de règle générale en ce sens. Cf. HERMOSILLA E. Paola A. et REYES E., Ramón I., *El Deber de Mitigar el Daño en Responsabilidad Contractual Chilena*, p. 89, disponible sur : http://repositorio.uchile.cl/handle/2250/114927, (contrôlé le 17 juin 2017) en citant DOMÍNGUEZ R., *Notas sobre el deber de minimizar el daño*, revista chilena de derecho privado, n°5, 2005, P. 84.

330. Mesures raisonnables afin d'atténuer les dommages - D'après la doctrine, constituent des mesures raisonnables permettant de réduire les dommages : la faculté de remplacement et même la résolution du contrat[1473].

La jurisprudence internationale, pour sa part, a reconnu comme mesures raisonnables permettant d'atténuer les dommages les solutions suivantes :

a. S'approvisionner avec un tiers fournisseur suite à l'impossibilité du vendeur de livrer les marchandises en temps opportun[1474].

b. La vente rapide des marchandises périssables[1475], des produits saisonniers[1476] ou s'agissant de marchés volatiles[1477].

c. Le paiement des dépenses de conservation des marchandises non livrées suite à une violation contractuelle de la part de l'acheteur[1478].

d. La revente des marchandises à une tierce partie suite à une violation contractuelle de la part de l'acheteur[1479].

A contrario, la jurisprudence a considéré que le créancier n'était pas parvenu à réduire les dommages dans les cas suivants :

a. Le cas où l'acheteur d'une cire (*vine* wax) a continué à l'utiliser après avoir découvert qu'elle était défectueuse[1480].

b. Le cas où le vendeur a revendu des marchandises (faculté de remplacement) à un prix non seulement inférieur à celui stipulé au contrat, mais aussi au prix modifié suggéré par l'acheteur original[1481].

c. La cas ou l'acheteur n'a pas fait un examen approprié des marchandises, ni notifié au vendeur le défaut de conformité[1482].

D'après la Cour Suprême autrichienne, par exemple, le caractère raisonnable des mesures doit être évalué au regard d'une personne

---

[1473] V. dans ce sens : ZELLER B., op. cit., p. 111, en citant STOLL H., *Kommentar zum Einheitlichen UN-Kaufrecht*, 2000, p. 699.

[1474] *Nova Tool & Mold Inc. vs. London Industries Inc.*, cour d'appel d'Ontario, Canada, 16 décembre 1998. Disponible sur : http://www.unilex.info/case.cfm?id=414, contrôlé le 17 juin 2017.

[1475] V. CLOUT, cas n°104, ICC International Court of Arbitration, arrêt n°7197/1992. Disponible sur : http://cisgw3.law.pace.edu/cases/927197i1.html, contrôlé le 17 juin 2017.

[1476] V. CLOUT, cas n°130, cour d'appel de Düsseldorf, Allemagne, 14 janvier 1994. Disponible sur : http://www.unilex.info/case.cfm?id=84, contrôlé le 2 juin 2017.

[1477] V. CLOUT, cas n°277, cour d'appel de Hambourg, Allemagne, 28 février 1997. Disponible sur : http://www.unilex.info/case.cfm?id=291, contrôlé le 2 juin 2017.

[1478] V. CLOUT, cas n°301, ICC International Court of Arbitration, arrêt n°7585/1992. Disponible sur : http://www.unilex.info/case.cfm?id=134, contrôlé le 17 juin 2017.

[1479] V. CLOUT, cas n°130, cour d'appel de Düsseldorf, Allemagne, 14 janvier 1994. Disponible sur : http://www.unilex.info/case.cfm?id=84, contrôlé le 2 juin 2017.

[1480] V. CLOUT, cas n°271, Cour Suprême Fédérale, Allemagne, 24 mars 1999. Disponible sur : http://www.unilex.info/case.cfm?pid=1&do=case&id=384&step=Abstract, contrôlé le 18 mai 2017.

[1481] V. CLOUT, cas n°395, Tribunal Supremo, Espagne, 28 janvier 2000. Disponible sur : http://www.unilex.info/case.cfm?id=431, contrôlé le 16 juin 2017.

[1482] V. CLOUT, cas n°474, Tribunal commercial international d'arbitrage de la chambre de commerce et d'industrie de la Fédération de Russie, arrêt n°54/1999, 24 janvier 2000. Disponible sur : http://cisgw3.law.pace.edu/cases/000124r1.html, contrôlé le 18 juin 2017.

« raisonnable » (le concept du « bon père de famille » du droit civil) se trouvant dans la même situation que la demanderesse[1483].

Les mesures doivent avoir pour but de réduire les coûts du débiteur des dommages-intérêts au maximum, avec un effort raisonnable, voire prudent[1484].

331. Sanction à la violation de l'obligation de minimiser les dommages dans la CVIM.

L'article 77, seconde partie, CVIM sanctionne le non-respect de l'obligation d'atténuation des dommages par une réduction proportionnelle des dommages-intérêts alloués au créancier (lui-même débiteur de cette obligation). Ainsi, par exemple, le vendeur qui a revendu des marchandises (faculté de remplacement) à un prix non seulement inférieur à celui stipulé au contrat, mais aussi au prix modifié suggéré par l'acheteur original, a failli à son obligation de réduire les dommages et, raison pour laquelle lui ont été alloués des dommages-intérêts équivalents à la différence entre le prix d'achat et le prix modifié suggéré[1485].

332. Notification au débiteur - Il n'est pas nécessaire de notifier à l'autre partie que le créancier a pris des mesures afin de réduire les dommages. Néanmoins, il est arrivé qu'un acheteur soit débouté de sa demande de dommages-intérêts (remboursement des coûts de traduction), car il n'avait pas notifié au vendeur qu'il ferait traduire un document, chose que le vendeur aurait pu lui fournir directement[1486].

333. Charge de la preuve - Il a été retenu par la jurisprudence internationale que la charge de la preuve sur ce sujet repose sur le débiteur des dommages-intérêts. C'est donc lui qui doit prouver que le créancier a été négligent à réduire les dommages subis et leur montant[1487].

334. Intérêts moratoires - Un des principes qui gouvernent la CVIM est la réparation intégrale et l'article 78 CVIM reconnaît le droit d'octroyer des dommages-intérêts moratoires, comme en droit civil[1488]-[1489].

[1483] V. CLOUT, cas n°176, Cour Suprême, Autriche, 6 février 1996. Disponible sur : http://www.unilex.info/case.cfm?id=202, contrôlé le 10 juin 2017.

[1484] V. Dans ce sens: ZELLER B., op. cit., p. 114.

[1485] V. CLOUT, cas n°395, Tribunal Supremo, Espagne, 28 janvier 2000. Disponible sur : http://www.unilex.info/case.cfm?id=431, contrôlé le 16 juin 2017.

[1486] V. CLOUT, cas n°343, Landgericht Darmstadt, Allemagne, 9 mai 2000. Disponible sur : http://www.unilex.info/case.cfm?id=501, contrôlé le 19 juin 2017.

[1487] CLOUT, cas n°318, cour d'appel de Celle, Allemagne, 2 septembre 1998. Disponible sur : http://www.unilex.info/case.cfm?id=498, contrôlé le 19 juin 2017; CLOUT, cas n°176, Cour Suprême, Autriche, 6 février 1996. Disponible sur : http://www.unilex.info/case.cfm?id=202, contrôlé le 10 juin 2017.

[1488] Art. 1231-1 nouveau code civil ; 1559 n°2 c.c.ch.

[1489] En droit anglais, comme nous l'avons vu précédemment, la règle 35 A (1) Senior Courts Act 1981 permet à la Haute Cour de condamner au paiement d'intérêts simples en plus de l'allocation des dommages-intérêts (discrétionnairement) à partir de la date de la *cause of action* et jusqu'à celle du jugement.

D'après cet article, la mise en demeure du débiteur s'opère de plein droit, donc, il n'est pas nécessaire de le mettre en demeure[1490]-[1491].

Comme en droit civil aussi, il n'est pas nécessaire de prouver des dommages non plus[1492].

Malgré ladite consécration des intérêts moratoires, l'article 78 CVIM, comme nous l'avons dit précédemment, ne règle pas le taux d'intérêt à appliquer[1493]. Suite à cette omission[1494], plusieurs solutions ont été pratiquées afin de pouvoir le déterminer. Parmi elles :

a. Certaines décisions ont appliqué le taux prévu à l'article 7.4.9, n° 2 P.U.[1495] (conformément aux articles 7, n° 2 et 9, n° 2 CVIM, qui permettent l'utilisation des principes généraux et les usages internationaux)[1496].

b. Quelques tribunaux ont appliqué directement le taux LIBOR[1497], suite aux usages aussi (article 9 CVIM)[1498].

c. Certains décisions ont appliqué la *lex fori*[1499].

1490 CLOUT cas n°217, Handelsgericht des Kantons Aargau, Suisse, 26 septembre 1997. Disponible sur : http://www.unilex.info/case.cfm?id=404, contrôlé le 2 juin 2017 ; CLOUT, cas n°301, ICC International Court of Arbitration, arrêt n°7585/1992. Disponible sur : http://www.unilex.info/case.cfm?id=134, contrôlé le 17 juin 2017.

1491 D'après l'article 1231-7, nouveau code civil, ces intérêts courent à compter du jugement, ou du jugement de première instance pour les arrêts confirmatifs et s'agissant des arrêt infirmatifs, dès la décision d'appel (à moins que le tribunal n'en décide autrement).

1492 Article 1559 n°2 c.c.ch.

1493 Cette omission fut la conséquence de l'impossibilité d'arriver à un accord sur ce point entre pays ayant des systèmes religieux avec des visions très différentes sur la légitimité des intérêts (la Shari'a les interdit) et aussi parce qu'à cette époque les taux entre les pays occidentaux et ceux de l'Europe de l'est étaient très éloignés. V. dans ce sens : GOODE R., KRONKE H. et MCKENDRICK E., op. cit., p. 253.

1494 La plupart des auteurs estiment qu'il s'agit d'une lacune interne (*praeter legem*), c'est à dire, d'un sujet traité mais non résolu par la CVIM. D'autres estiment qu'il s'agit d'une lacune externe (*intra legem*), i.e, un sujet hors l'application de la CVIM. D'après l'article 7 n°2 CVIM, la solution des lacunes internes se trouve dans l'utilisation des principes généraux de droit et en l'absence desdits principes, dans l'application de la loi correspondante selon les règles de droit international privé, comme *ultima ratio*. Par contre, si on considère qu'il s'agit d'une lacune externe, d'après quelques auteurs on pourrait appliquer directement la loi correspondante selon les règles de droit internationale privé et sans considérer lesdits principes. V. dans ce sens : FERRARI Franco, *Contracts for the International Sale of Goods, Applicability and Applications of the 1980 United Nations Sale Convention*, Martinus Nijhoff Publishers, The Netherlands, 2012, p. 258–263.

1495 D'après le n°2 de l'article 7.4.9 PU ce taux est le taux bancaire de base à court terme moyen pour la monnaie de paiement du contrat au lieu ou le paiement doit être effectué. À défaut de cela, le taux bancaire de base dans l'état de la monnaie de paiement. Sinon, le taux fixé par la loi de l'état de la monnaie de paiement. Comme dernière alternative les commentaires des PU prévoient un taux bancaire approprié.

1496 ICC Cour d'arbitrage, Zurich, Suisse, arrêt n°8769. Disponible sur : http://Unilex.info/case.cfm?pid=1&do=case&id=397&step=FullText . Contrôlé le 19 juin 2017.

1497 London inter-bank offered rate.

1498 ICC Cour d'arbitrage, Milan, Italie, arrêt n° 8908. Disponible sur : http://Unilex.info/case.cfm?pid=1&do=case&id=401&step=FullText . Contrôlé le 19 juin 2017.

d. D'autres, celui applicable d'après les règles du droit international privé du *forum*[1500].

Nous considérons que la solution la plus correcte est la première, car les P.U. sont à notre avis des usages internationaux/principes ayant une légitimité extérieure apte à combler les lacunes de la CVIM, et plus adaptés à la logique commerciale internationale que les autres solutions utilisées.

335. Clauses pénales - Elles ne sont pas prévues par la CVIM.

Suite à la disparité de traitement entre les principaux systèmes de droit, la CVIM a renoncé à régler cette matière[1501].

Ainsi, l'article 7.4.13 P.U. précédemment analysé, est utilisé souvent de façon supplétive sur ce sujet dans l'arbitrage international[1502].

Autrement, il faudrait appliquer la loi de l'obligation afin de déterminer leur validité[1503].

§ 2. Les remèdes en cas d'anéantissement du contrat

A. La résolution comme ultima ratio

336. Résolution et *favor contractus* - D'après le principe favor contractus, lié à la bonne foi-loyauté, la résolution pour infraction aux obligations des parties ne peut pas être la conséquence de n'importe quelle infraction contractuelle. Ainsi, à la façon des P.U.[1504], la CVIM prévoit aux articles 49 et 64 CVIM une action en résolution du contrat de vente de marchandises au profit des parties, suite à l'inexécution de leurs obligations essentielles respectives, comme *ultima ratio.*

Le mécanisme retenu est de droit civil[1505] ; la *Common Law*, on le sait, n'autorise la résolution que pour des cas exceptionnels[1506].

1499 CLOUT, cas n°85, Federal District Court, Northern District of New York, États–Unis d'Amérique, 9 septembre 1994. Disponible sur : http://www.unilex.info/case.cfm?id=59, contrôlé le 19 juin 2017.

1500 CLOUT, cas n°380, tribunale di Pavia, Italie, 29 décembre 1999. Disponible sur : http://www.unilex.info/case.cfm?id=734, contrôlé le 19 juin 2017.

1501 V. *Principes d'Unidroit Relatifs aux contrats du commerce international 2010*, op. cit., p. 161.

1502 BONELL Michael, op, cit., p. 515.

1503 Cf. V. JACQUET Jean-Michel et DELEBECQUE Philippe, op. cit., p. 129.

1504 Art. 7.3.1 PU.

1505 V. Dans ce sens : GOODE R., KRONKE H. et MCKENDRICK E., op. cit., p. 248.

1506 La résolution (*avoidance*) n'est autorisée que s'il manque la *consideration* dans un contrat ; à propos de l'inexécution d'une *condition* (la loi sur la vente anglaise de 1979 dispose dans son article 14 (2) que la qualité et aptitude des marchandises doivent être satisfaisantes et que cela à ledit caractère) et dans des hypothèses de *fundamental breach* ou de *frustrating breach.* En droit américain, on distingue entre les contrats qui sont soumis au régime de *substantial performance* (similaires aux obligations de moyennes de droit civil) et ceux qui le sont à celui de la *perfect tender rule* (similaires aux obligations de résultat du droit continental). Dans les premières, la résolution à lieu quand l'inexécution a une certaine importance (*material breach*), ce qui est similaire à l'inexécution essentielle. À propos du

337. Mesures préventives qui ont pour but d'éviter la résolution - Avant toute mise en œuvre des sanctions à l'inexécution des obligations des parties, la CVIM privilégie la possibilité de réparation de la prestation de la partie fautive. Ainsi :

a. Côté acheteur, il peut donner au vendeur un délai de grâce pour accomplir ses obligations, d'après l'article 47 CVIM, qu'il s'oblige à respecter, et qui est en accord avec la bonne foi-loyauté.

De même, l'article 48 de la CVIM autorise le vendeur à réparer les défauts de conformité des marchandises, à condition, que cela ne cause pas de préjudices à l'acheteur (retard ou inconvénients déraisonnables et remboursement des frais déjà payés par celui-ci)[1507].

Ce délai de grâce est la conséquence aussi de la bonne foi-loyauté, car elle permet d'atteindre l'objet du contrat.

b. Côté vendeur, *mutatis mutandis*, il peut accorder aussi à l'acheteur un délai de grâce pour accomplir ses obligations, d'après l'article 63 n° 1 CVIM, qu'il s'oblige à respecter aussi.

Pendant la concession des délais de grâce, les parties ne peuvent pas se prévaloir des moyens de rétorsion liés à l'inexécution, à l'exception de l'indemnisation des dommages-intérêts pour retard dans l'exécution.

Comme l'indique la Professeure Carr, les délais de grâce sont une institution étrangère à la *Common Law*[1508] qui trouvent leur explication uniquement par rapport à la bonne foi-loyauté et au principe *favor* contractus.

338. Notion de contravention essentielle - L'article 25 CVIM, définit ce que l'on doit comprendre par contravention « essentielle » : « *Une contravention au contrat commise par l'une des parties est essentielle lorsqu'elle cause à l'autre partie un préjudice tel qu'elle la prive substantiellement de ce que celle-ci était en droit d'attendre du contrat, à moins que la partie en défaut n'ait pas prévu un tel résultat et qu'une personne raisonnable de même qualité placée dans la même situation ne l'aurait pas prévu non plus* ».

B. Les conditions

339. Conditions de la résolution sur la CVIM - Les conditions pour qualifier une inexécution d'essentielle qui permet aux parties d'agir en résolution sont :

---

second cas, le UCC des Etats-Unis d'Amérique prévoit dans son article 2-601 le droit de refuser les marchandises, et à la résolution de la vente, si ceux-ci ne correspondent pas à celles convenues.

[1507] A cette fin, le vendeur doit notifier l'acheteur et ce dernier, en retour, doit faire savoir s'il accepte l'exécution tardive. Si l'acheteur ne répond pas dans un délai raisonnable, il est présumé avoir accepté, selon les numéros 2 et 3 de l'article 48 CVIM.

[1508] CARR I., op. cit., p. 85.

a. L'inexécution des obligations de l'une des parties doit priver substantiellement l'autre de ce qu'elle attendait dans l'exécution du contrat.

b. Une personne raisonnable de même qualité placée dans la même situation aurait prévu le résultat indiqué dans la lettre antérieure (à l'époque de conclusion du contrat[1509]).

L'article 25 CVIM, à la différence des P.U., ne donne pas d'exemples de contraventions essentielles[1510]. Néanmoins, les commentaires du recueil de jurisprudence UNCITRAL sur la CVIM considèrent des cas qui sont très proches des hypothèses prévues par l'article 7.3.1, n° 2, a) à e) P.U.

340. Jurisprudence - Du côté du vendeur, il pourra agir en résolution si l'infraction d'une des obligations de l'acheteur est essentielle (article 64, n° 1, a de la CVIM), ou si ce dernier ne paie pas le prix ou ne prend pas livraison dans le délai supplémentaire qui lui est conféré, ou déclare qu'il ne le fera pas (article 64, n° 1, b de la CVIM).

La jurisprudence internationale a retenu que constituaient des hypothèses de contraventions essentielles de l'acheteur :

a. Le refus d'ouvrir une lettre de crédit au vendeur[1511].

b. La violation de la part de l'acheteur d'une prohibition de réexportation[1512].

c. Le refus définitif de payer le prix[1513].

d. Le refus définitif de prendre livraison des marchandises[1514]

Du côté de l'acheteur, il pourra agir en résolution si l'infraction d'une des obligations du vendeur est essentielle (article 49, n° 1, a de la CVIM), ou si celui ne délivre pas dans le délai supplémentaire qui lui est conféré conformément à l'article 47, ou s'il déclare qu'il ne le fera pas (article 49, n° 1, b de la CVIM).

La jurisprudence internationale a retenu que constituaient des hypothèses de contraventions essentielles du vendeur :

a. L'infraction à une clause d'exclusivité[1515].

b. Le refus définitif, injustifié et grave du vendeur d'accomplir ces obligations[1516].

[1509] V. CLOUT, cas n°275, cour d'appel de Düsseldorf, Allemagne, 24 avril 1997. Disponible sur : http://www.unilex.info/case.cfm?id=292, contrôlé le 2 juin 2017.

[1510] Art. 7.3.1 n°2 PU.

[1511] Cour suprême de Queensland, Australie, 17 novembre 2000. Disponible sur : http://www.austlii.edu.au/au/cases/qld/QSC/2000/421.html, contrôlé le 31 mai 2017.

[1512] V. CLOUT, cas n°154, cour d'appel de Grenoble, France, 22 février 1995. Disponible sur : http://www.unilex.info/case.cfm?id=83, contrôlé le 2 juin 2017.

[1513] Cour d'arbitrage de la CCI, arrêt n°9887, ICC International Court of Arbitration Bulletin, 2000, 118.

[1514] V. CLOUT, cas n°217, Handelsgericht des Kantons Aargau, Suisse, 26 septembre 1997. Disponible sur : http://www.unilex.info/case.cfm?id=404, contrôlé le 2 juin 2017.

[1515] V. CLOUT, cas n°2, cour d'appel de Frankfurt a.M., Allemagne, 17 septembre 1991. Disponible sur : http://www.unilex.info/case.cfm?id=8, contrôlé le 2 juin 2017.

[1516] V. CLOUT, cas n°136, cour d'appel de Celle Allemagne, 24 mai 1995. Disponible sur : http://www.unilex.info/case.cfm?id=122, contrôlé le 2 juin 2017.

c. L'inexécution définitive de la première livraison dans les ventes échelonnées[1517].

d. La délivrance tardive s'agissant des produits saisonniers[1518], des matières premières ou quand les parties ont stipulé dans le contrat de vente de marchandises que la livraison en temps opportun est essentielle[1519].

e. Quand la délivrance est outrancièrement tardive (les commentaires donnent comme exemple le cas où la livraison était prévue dans une semaine et elle n'a pas eu lieu que seulement de façon partielle – un tiers des marchandises – deux mois plus tard)[1520].

f. La délivrance non conforme des marchandises, par rapport à leur qualité, dans le cas où les marchandises ne peuvent pas être utilisées ou revendues à un tiers avec des efforts raisonnables[1521].

g. La délivrance des marchandises avec des défauts graves qui ne peuvent pas être réparées, même si elles étaient encore utilisables[1522].

h. La délivrance des marchandises avec de défauts graves, à utiliser dans la production d'autres marchandises[1523].

i. La délivrance des documents relatifs aux marchandises avec des défauts (ou même faux), si ces défauts empêchent l'acheteur de revendre les marchandises[1524].

De plus, l'article 82 CVIM empêche l'acheteur d'agir en résolution s'il ne peut pas restituer les marchandises dans un état identique à celui de leur réception, ce qui est en cohérence avec la bonne foi-loyauté.

C. La mise en œuvre de la résolution

341. Mode opératoire de la résolution - La résolution s'opère par notification unilatérale de la partie lésée à la partie fautive, en conformité

[1517] V. CLOUT, cas n°214, Handelsgericht des Kantons Zurich, Suisse, 5 février 1997. Disponible sur : http://www.unilex.info/case.cfm?id=305, contrôlé le 2 juin 2017.

[1518] Cour d'appel de Milan, Italie, 20 mars 1998. Disponible sur : http://www.unilex.info/case.cfm?id=275, contrôlé le 2 juin 2017 ; CCI, Cour d'arbitrage, France, arrêt n°8786, *ICC International Court of Arbitration Bulletin 2000, 70.*

[1519] V. CLOUT, cas n°277, cour d'appel de Hambourg, Allemagne, 28 février 1997. Disponible sur : http://www.unilex.info/case.cfm?id=291, contrôlé le 2 juin 2017.

[1520] V. CLOUT, cas n°90, Pretura circondariale di Parma, Italie, 24 novembre 1989. Disponible sur : http://www.unilex.info/case.cfm?id=62, contrôlé le 2 juin 2017.

[1521] V. CLOUT, cas n°150, Cour de Cassation, France, 23 janvier 1996. Disponible sur : http://www.unilex.info/case.cfm?id=186, contrôlé le 2 juin 2017.

[1522] V. CLOUT, cas n°107, cour d'appel d'Innsbruck, Autriche, 1 juillet 1994. Disponible sur : http://www.unilex.info/case.cfm?id=132, contrôlé le 2 juin 2017.

[1523] V. CLOUT, cas n°315, Cour de Cassation, France, 26 mai 1999. Disponible sur : http://www.unilex.info/case.cfm?id=417, contrôlé le 2 juin 2017.

[1524] V. CLOUT, cas n°171, Cour Suprême Fédérale, Allemagne, 3 avril 1996. Disponible sur : http://www.unilex.info/case.cfm?id=182, contrôlé le 2 juin 2017.

avec l'article 26 CVIM, de la même façon que cela est possible aussi en droit français depuis la réforme du droit des obligations de 2016[1525].

S'agissant de l'acheteur, d'après l'article 49, n° 2 CVIM, il peut notifier la résolution au vendeur à tout moment s'il n'a pas livré les marchandises.

Si le vendeur a déjà livré les marchandises, l'acheteur doit notifier la résolution au vendeur dans un délai « raisonnable »[1526]. Dans le cas contraire, il sera déchu de son droit. De cette manière, le délai court :

i. En cas de livraison tardive, à partir du moment où l'acheteur a eu connaissance de la livraison.

ii. S'agissant de l'infraction aux autres obligations du vendeur, à partir du moment où l'acheteur a eu connaissance de l'infraction contractuelle.

iii. Si un délai de grâce avait été donné au vendeur, après son expiration ou dès qu'il avait déclaré qu'il n'exécuterait pas ses obligations dans ledit délai de grâce.

iv. Après l'expiration du délai supplémentaire d'exécution demandé par le vendeur conformément à l'article 48 CVIM.

Quant au vendeur, l'article 64, n° 2 CVIM[1527] stipule que si l'acheteur n'a pas payé le prix, le premier peut agir en résolution à tout moment.

Si l'acheteur a déjà payé le prix, il doit notifier l'acheteur :

i. En cas d'exécution tardive, avant d'avoir su qu'il y avait eu exécution.

ii. Dans d'autres cas, dans un délai raisonnable. Ce délai court :

ii.a. Dès le moment ou le vendeur a eu connaissance ou aurait dû avoir connaissance de la contravention.

ii.b. Si un délai de grâce avait été donné à l'acheteur, après son expiration ou dès qu'il avait déclaré qu'il n'exécuterait pas ses obligations dans ledit délai de grâce.

342. Possibilité de résolution « préventive » - L'article 72, n° 1 CVIM, à la différence du droit civil[1528]-[1529] et en harmonie avec la *Common Law*[1530],

---

1525 Comme nous l'avons vu précédemment, l'article 1226, nouveau code civil autorise le créancier à agir en résolution unilatérale « à ses risques et périls » soumis à certaines conditions (l'infraction doit être suffisamment grave et suivre une notification à l'autre partie. Si le débiteur n'accomplit pas ses obligations, le créancier peut lui notifier la résolution du contrat de vente, mais le débiteur peut contester la résolution, et donc saisir le juge). Cet article est la consécration légale de la jurisprudence *Tocqueville*, Civ. 1re, 13 octobre 1998, Bull.civ. I, n°300, D.1999. 197, note C. Jamin, Somm. 115, obs. Ph. Delebecque., JCP 1999.II.101333, note Rzepecki, Défrenois 1999.374, obs. D. Mazeaud, RTD civ. 1999. 374, obs. J. Mestre.

1526 La notification doit être pratiquée le plus tôt possible. Ainsi, celle faite cinq semaines après la violation contractuelle a été retenue comme opportune (CLOUT, cas n°165, cour d'appel d'Oldenburg, Allemagne, 1 février 1995. Disponible sur : http://www.unilex.info/case.cfm?id=244, contrôlé le 2 juin 2017) et celle pratiquée huit semaines après l'inexécution comme tardive (CLOUT, cas n°481, cour d'appel de Paris, France, 14 juin 2001. Disponible sur : http://www.unilex.info/case.cfm?id=761, contrôlé le 2 juin 2017).

1527 Les commentaires du Digeste de Jurisprudence Uncitral sur la CVIM indiquent qu'il n'y avait pas de jurisprudence disponible par rapport à l'article 64 n°2 à la date de sa publication.

les P.U.[1531] et les PDEC[1532], permet la résolution anticipée s'il est manifeste que l'autre partie n'accomplira pas ces obligations.

La jurisprudence internationale a retenu qu'une inexécution future est manifeste dans les cas suivants :

a. Si l'acheteur n'a pas payé des livraisons antérieures[1533].

b. Si l'acheteur a manqué à son obligation d'ouvrir une lettre de crédit[1534].

c. Si le vendeur n'a pas réduit le prix des marchandises et a manqué à son obligation de livrer de produits saisonniers en temps opportun[1535].

d. Si le vendeur a délibérément cessé la livraison des marchandises[1536].

Le n° 2 de l'article 72 exige que le créancier notifie l'autre partie, s'il a du temps, afin que le débiteur puisse donner des « assurances suffisantes de bonne exécution ». Il faut noter que, d'après le n° 3 du même article, cette notification n'est pas nécessaire si ce dernier a manifesté qu'il n'exécutera pas ces obligations.

343. Résolution et force majeure - Comme c'est le cas pour les P.U., la force majeure n'empêche pas la résolution du contrat.

Comme nous l'avons vu précédemment le n° 5 de l'article 79 CVIM, autorise la partie lésée à « *exercer tous ses droits autres que celui d'obtenir des dommages-intérêts en vertu de la présente convention* ».

344. Effets de la résolution :

1. La résolution libère les parties de leurs obligations, à l'exception des dommages-intérêts dus, d'après l'article 81 n° 1 CVIM.

Nonobstant ce qui précède, les clauses arbitrales et pénales survivent à la résolution, comme en droit civil[1537].

2. Comme en droit civil, la résolution s'opère rétroactivement en règle générale[1538]. Chaque partie doit donc restituer à l'autre ce qu'elle a reçu, de façon simultanée. Conformément à l'article 84, n° 1 CVIM, le vendeur devra restituer le prix avec des intérêts à compter de la date du paiement.

[1528] L'article 1226, nouveau code civil, autorise la résolution unilatérale lorsque l'inexécution s'est déjà produite, mais non pas de façon « préventive » comme dans la CVIM ou la common law.

[1529] Cf. *Gazette de la Chambre Arbitrale Maritime de Paris (CAMP) n°19*, 2009.

[1530] *Hong Kong Fir Shipping Ltd. vs. Kawasaki Kisen Kaisha* (1962), 2 QB 26.

[1531] Art. 7.3.3 PU.

[1532] Art. 9 : 304 PDEC

[1533] V. CLOUT, cas n°130, cour d'appel de Düsseldorf, Allemagne, 14 janvier 1994. Disponible sur : http://www.unilex.info/case.cfm?id=84, contrôlé le 2 juin 2017.

[1534] Cour suprême de Queensland, Australie, 17 novembre 2000. Disponible sur : http://www.austlii.edu.au/au/cases/qld/QSC/2000/421.html, contrôlé le 31 mai 2017.

[1535] CCI arrêt n°8786, janvier de 1997.

[1536] Arrêt arbitrale n°273/95, Zürich Handelskammer, Suisse, 31 mai 1996. Disponible sur : http://www.unilex.info/case.cfm?id=396, contrôlé le 2 juin 2017.

[1537] Cf. JACQUET Jean-Michel, DELEBECQUE Philippe, CORNELOUP Sabine, *Droit du commerce international*, op. cit., p. 390.

[1538] Art. 1304-7, nouveau code civil ; arts. 1486 à 1491, 1875 et 1876 c.c.ch.

L'acheteur, pour sa part, devra restituer les marchandises et ses fruits, selon le n° 2 du même article. Plus généralement, il devra rembourser le vendeur de tout profit qu'il a tiré de ceux-ci.

345. Exception d'inexécution - La CVIM établit comme causes d'exonération la force majeure à l'article 79 et l'exception d'inexécution dans son article 80.

Cette exception d'inexécution, comme nous l'avons vu précédemment, est une institution de droit civil[1539], d'origine romaine[1540].

En accord avec le principe de bonne foi et la maxime *nemo auditur*, l'article 80 CVIM stipule que l'exception d'inexécution ne peut pas être invoquée suite à un acte ou omission de la partie que l'oppose. Ainsi, on peut citer le cas où le vendeur a invoqué l'exception en arguant qu'il n'était pas responsable des éventuels défauts de conformité, car l'acheteur n'avait pas retourné les marchandises supposées être défectueuses, mais le tribunal l'a débouté en considérant que le vendeur était responsable des faits du transporteur[1541].

Le plus souvent, cependant, la jurisprudence a retenu l'exception de l'article 80 CVIM s'agissant des violations contractuelles suite à des actes ou omissions de l'autre partie. Comme exemple d'inexécutions on trouve les conséquences :

a. d'un refus de l'acheteur de prendre livraison[1542].

b. d'un refus de payer le prix[1543].

c. d'un refus injustifié de l'acheteur à l'offre de réparation du vendeur[1544].

d. d'une défaillance du vendeur d'indiquer le port de livraison des marchandises (ce qui a empêché l'acheteur d'obtenir une lettre de crédit)[1545].

[1539] Arts . 1219 et 1220 code civil ; 1552 c.c.ch.
L'article 1219, nouveau code civil exige pour son admissibilité que l'inexécution des obligations de l'une des parties soit « suffisamment grave », voire qu'elle fasse disparaître l'intérêt de sa contrepartie.
Avec la réforme au droit français des obligations, la suspension anticipée a été introduite, dans sa réglementation. A cet égard, l'article 1220, nouveau code civil autorise le créancier, après notification du débiteur, à suspendre l'exécution de ses obligations quand il est manifeste, ou certain, que le cocontractant n'exécutera pas ses obligations et que les conséquences seront « graves » pour lui.

[1540] *Exceptio non adimpleti contractus.*

[1541] Elle a été rejetée néanmoins, pour d'autres considérations (faute du transporteur dont le vendeur était responsable). Amtsgericht München, Allemagne, 23 juin 1995. Disponible sur : http://www.unilex.info/case.cfm?id=147, contrôlé le 19 juin 2017.

[1542] V. CLOUT, cas n°133, cour d'appel de München, Allemagne, 8 février 1995. Disponible sur : http://www.unilex.info/case.cfm?id=118, contrôlé le 23 juin 2017.

[1543] Cour d'appel de Düsseldorf, Allemagne, 18 novembre 1993. Disponible sur : http://cisgw3.law.pace.edu/cases/931118g1.html, contrôlé le 23 juin 2017.

[1544] V. CLOUT, cas n°282, cour d'appel de Koblenz, Allemagne, 31 janvier 1997. Disponible sur : http://www.unilex.info/case.cfm?id=223, contrôlé le 23 juin 2017.

[1545] V. CLOUT, cas n°176, Cour Suprême, Autriche, 6 février 1996. Disponible sur : http://www.unilex.info/case.cfm?id=202, contrôlé le 23 juin 2017.

e. de la renonciation du vendeur aux futures livraisons (conséquence de laquelle l'acheteur n'a pas payé d'autres antérieures)[1546].

346. Effets - Les effets de l'exception d'inexécution sont l'impossibilité d'agir en dommages-intérêts (comme dans l'article 79 CVIM aussi) et en résolution.

[1546] Commission arbitrale de la chambre de commerce de Zurich, arrêt n°ZHK 273/95, 31 mai 1996. Disponible sur : http://www.unilex.info/case.cfm?id=396, contrôlé le 23 juin 2017.

CONCLUSION DU CHAPITRE

1. La CVIM a dû concilier plusieurs systèmes de droit : la *Common Law*, le droit civil, la *shari'a*, et d'autres.

Cet objectif n'était pas facile. Donc, elle a eu recours à une technique classique pour l'élaboration d'instruments uniformes, en utilisant la solution d'un système de droit comme règles principales, en l'espèce le droit civil, et en y associant celles d'un autre, ici la *Common Law* dont elle emprunte des règles à titre accessoire.

Cependant, la CVIM est restée muette sur certains sujets, notamment, sur les clauses pénales et la réglementation des intérêts moratoires. Cette omission n'a pas été hasardeuse, mais intentionnelle ; consécutive à des différences irréconciliables. Heureusement, dans la plupart des cas, les lacunes sont comblées sans trop de difficultés, en utilisant les principes d'Unidroit - une pratique encouragée par les articles 7, n° 2 et 9, n° 2 CVIM - ou la loi du contrat, selon les règles du droit international privé.

2. Les droits et obligations des parties dans la CVIM sont similaires à celles de droit civil. Néanmoins, il y a quelques nuances.

Ainsi, une différence entre la CVIM et le droit civil est l'obligation de garantie du vendeur, qui mélange vices cachés et conformité proprement dite.

Une autre distinction est la faculté des parties de réparer leurs prestations (arts. 47, 48 et 63, n° 1 CVIM).

De plus, le droit de « stoppage » en transit de la vente anglaise a été retenu par la CVIM dans son article 71, n° 2.

3. On a pu démontrer que la CVIM reprenait les principes de base du droit civil comme principes généraux inspirant ces dispositions.

C'est le cas, en particulier, de l'autonomie de la volonté à l'article 6 CVIM et de la bonne foi à l'article 7, n°1 CVIM.

Cette différence avec la *Common Law* est primordiale, car, comme nous l'avons relevé, il n'existe pas d'obligation générale de bonne foi dans ce système de droit. Des conséquences importantes en résultent :

a. Les parties ne peuvent pas renoncer à l'obligation d'agir de bonne foi, c'est à dire, d`être loyales entre elles.

b. L'obligation de bonne foi s'étend à tout l'*iter contractuel*, en partant des pourparlers et même après l'exécution du contrat (devoir de confidentialité et de collaboration).

c. L'interprétation de la CVIM et des contrats de vente internationale de marchandises doit se faire de bonne foi.

4. Néanmoins, certains principes de la *Common Law* sont repris de manière subsidiaire par la CVIM : l'atténuation des dommages et la poursuite du contrat.

Le *favor contractus*, même s'il est privilégié par la *Common Law*, est parfaitement compatible avec le droit civil.

On l'a vu, la bonne foi exige des parties qu'elles collaborent entre elles afin de parvenir au but contractuel, ce qui se traduit notamment par le primat donné à la poursuite du contrat chaque fois que cela est possible.

L'atténuation des dommages, en revanche, à l'exception des contrats d'assurance, reste encore éloignée du droit civil dans lequel elle n'est pas largement appliquée.

5. Par ailleurs, même si le *favor contractus* est un principe de base de la CVIM, celle-ci consacre une large gamme de sanctions à l'inexécution du contrat dont l'origine est le droit civil.

La réduction du prix, *actio quanti minoris* du droit romain permet à l'acheteur de payer moins si les marchandises comportent des défauts de conformité mineurs, en plus de recevoir des dommages-intérêts.

La résolution s'opère comme *ultima ratio* lorsque les remèdes permettant de préserver le contrat sont inefficaces.

Les dommages intérêts, conformément au principe de réparation intégrale, dédommagent le créancier du *dommage émergent*, *lucrum cessans* et du dommage moral.

Même si la CVIM est restée muette au sujet de l'indemnisation du dommage moral, la jurisprudence existante l'a consacrée, par application supplétive des P.U.

Les intérêts moratoires sont aussi prévus par la CVIM, à l'image du droit civil, mais sans définir le taux, ni le moment à partir duquel ils sont dus. Cette lacune a également été comblée grâce aux P.U. ou la loi du contrat, selon les règles de droit international privé.

Les clauses pénales ne sont pas non plus traitées dans la CVIM, lacune comblée de la même façon que la situation précédente.

6. Toutefois, les règles de la CVIM relatives au transfert des risques s'éloignent du droit civil.

La Convention prévoit en effet que le transfert des risques ne s'opère pas dès l'accomplissement du contrat, comme en droit français. Il est lié à la délivrance des marchandises (articles 67 à 69 CVIM).

Les Incoterms de la CCI, en outre, modifient les règles sur le transfert des risques dans la pratique du commerce international.

7. L'exemption de responsabilité suite à la force majeure est aussi présente dans la CVIM.

Son article 79 CVIM consacre, néanmoins, une règle « hybride » qui considère la force majeure du droit civil, mais selon une conception plus large que celle retenue classiquement.

Ses effets sont transitoires et autorisent à agir en dommages-intérêts, le cas échéant.

Une clause spéciale a été rédigée par la CCI à cette fin.

Les parties peuvent en outre introduire d'autres clauses limitatives ou modificatives de responsabilité, mais à la condition de respecter le principe de bonne foi.

8. Les règles d'interprétation retenues par la CVIM sont similaires à celles prévues dans le droit civil.

L'article 8, n°1 CVIM reprend ainsi la règle générale d'interprétation « subjective » du droit civil qui consiste à déterminer l'intention des parties contractantes.

À défaut de la règle antérieure, et en harmonie avec le droit civil aussi, l'interprétation « objective » s'impose, voire, l'utilisation d'un standard similaire à celui d'un bon père de famille.

Les usages commerciaux internationaux (y compris les principes d'Unidroit parmi eux) ont une importance privilégiée aussi afin de déterminer les obligations et droits des parties (art. 9 CVIM)

CONCLUSION GÉNÉRALE

1. La *Common Law* et le droit civil sont caractérisés par des différences substantielles importantes.

En premier lieu, la *Common Law* fonctionne de façon inductive : du particulier vers le général, en appliquant la solution consacrée par la jurisprudence à un sujet donné.

En revanche, le droit civil opère de façon déductive : les hypothèses abstraites prévues par la loi sont appliquées à une situation concrète.

2. D'autres disparités existent relatives aux différents principes qui inspirent ces deux systèmes, comme nous l'avons vu dans cette étude ; disparités qui ont dû être harmonisées dans ce texte à vocation internationale qu'est la CVIM de 1980. A cette fin, ses négociateurs/rédacteurs ont eu recours à une technique classique pour l'élaboration d'instruments uniformes : reprendre les dispositifs d'un système de droit comme règles principales - la plupart du temps le droit civil - en y associant ceux d'un autre - en l'espèce la *Common Law* - à titre d'exception.

2.1. La bonne foi est l'une des pierres angulaires du droit civil, principe transversal, qui s'impose en toute situation.

Dans le droit civil, comme nous l'avons constaté, le champ d'application de ce principe est très large, régissant tout l'*iter contractuel*, depuis les pourparlers[1547] jusqu'après l'exécution du contrat. Sa violation est donc sanctionnée dans tous les pays de tradition civiliste.

La situation est bien différente dans la *Common Law*[1548]. Ainsi, les parties ne sont pas soumises à une obligation de bonne foi, car il n'existe pas de principe général dans ce sens, comme en droit civil. Exceptionnellement, les parties seront obligées de la respecter s'agissant des contrats d'assurance, si sont prévues des stipulations contractuelles expresses dans ce sens, pour les contrats de « bonne foi maximale » (*contracts of utmost good* faith) ou par rapport aux consommateurs[1549].

1547 *Manoukian,* Cass. Com, 26 novembre 2003, D. 2004. 869, note A.-S. Dupré-Allemagne ; *Forestal Bío-Bío con Madesal y otra »,* C. Ap., Concepción, 1996, Civ. N° 374-93.

1548 *May and Butcher Ltd. vs. The King,* (1934) 2 KB 17.

1549 *Unfair Contract Terms Act, 1977.*

La CVIM a clairement privilégié le système de droit civil et l'application du principe de bonne foi, ce qui a une importance capitale pour démontrer l'affirmation sur laquelle se fonde la présente thèse. Ainsi, son article 7n n° 1 stipule que l'interprétation de la convention (et des contrats de vente internationale de marchandises, par conséquent) doit se faire de façon à assurer le respect de la bonne foi dans le commerce international.

Certains auteurs de la *Common Law* ont admis l'importance fondamentale de cette norme, qui s'est traduit en pratique par la primauté du droit civil s'agissant de l'aspect le plus sensible des contrats de vente internationale de marchandises : leur interprétation, car elle est la façon dont le droit prend vie.

Ces dernières années nous avons vu aussi, malheureusement, les lourdes conséquences que l'infraction à la bonne foi pose à la commercialisation de certaines marchandises (par exemple, le « dieselgate » de Volkswagen).

2.2. L'autonomie de la volonté, d'autre part, est un principe omniprésent dans les deux systèmes de droit analysés dans cette étude (même si l'on peut affirmer qu'elle est une création du droit civil, qui a été consacrée par le Code Napoléon).

La CVIM fait référence au principe d'autonomie de la volonté aux articles 6 et 29. En vertu de ce principe, les normes de la CVIM sont supplétives[1550]. Par conséquent, les parties sont libres de régler la formation, les effets et l'extinction des contrats de vente internationale de marchandises, dans le respect de la bonne foi.

D'après le principe d'autonomie de la volonté, les parties peuvent modifier les règles du transfert des risques et établir une sureté conventionnelle, voire une clause de réserve de propriété, stipuler que le vendeur supporte le risque des cas de force majeure, ou différer le transfert de propriété et les risques associés au moment de la délivrance ou à une autre époque.

De même, les parties peuvent modifier l'étendue de leurs obligations et renoncer à l'obligation de garantie des vices cachés et à l'éviction des tiers, au profit du vendeur ; établir des conditions additionnelles de preuve ou relatives à la formation du consentement ; stipuler que le vendeur répondra même de la faute légère, parmi d'autres possibilités ; ou, terminer le contrat par consentement mutuel, conformément à l'article 29, n °1 CVIM. Sur ce dernier point, il convient de souligner que la jurisprudence internationale a décidé, en privilégiant le système de droit civil, qu'une *considération* n'était pas nécessaire pour résilier un contrat de vente internationale de marchandises[1551]. La limite aux stipulations limitatives de responsabilité se trouvera dans le dol/faute lourde, en vertu du principe général de bonne foi qui inspire la CVIM.

[1550] À l'exception du cas de l'article 12 in fine CVIM, qui est d'ordre public.

[1551] CCI, affaire n°7331 (1994) disponible sur : http://cisgw3.law.pace.edu/cases/947331i1.html, contrôlé le 19 février 2017.

2.3. L'atténuation des dommages (*mitigation*), en revanche, est un principe originaire de la *Common Law*[1552], qui a été retenu par la CVIM dans son article 77.

Cependant, même si ce principe n'est pas expressément mentionné dans les codes civils analysés, la doctrine considère qu'il est une suite logique de la bonne foi-loyauté. Ainsi, la violation de l'obligation d'atténuer les dommages sera sanctionnée par une réduction des dommages-intérêts proportionnelle à la perte qui aurait dû être évitée, ce qui est en accord avec le principe de loyauté.

De plus, la faculté de remplacement, caractéristique de ce principe, est reconnue aussi dans le droit civil[1553]-[1554].

2.4. La poursuite du contrat, retenu par la CVIM aux articles 34, 37, 48, 49, 51, 64, 71 et 72, est aussi un principe de base de la *Common Law*. Cependant, sa considération est similaire à celle de l'atténuation des dommages, dès lors que la conservation des marchandises, les délais de grâce donnés aux parties afin qu'ils puisent exécuter leurs prestations (étrangers à la *Common Law*[1555]) et la limitation des pertes (toutes liées à l'atténuation des dommages dans la CVIM) sont aussi des manifestations du devoir de collaboration réciproque, qui est inhérent à la bonne foi-loyauté. Donc, rien ne s'oppose à ce principe dans le droit civil, mais plutôt le contraire.

Par conséquent, on pourrait considérer que l'atténuation des dommages et le *favor contractus* sont des manifestations encore insuffisamment reconnues par le droit civil d'un principe général civiliste de bonne foi, qui traverse toute la CVIM. Ce constat est désormais reconnu par une partie importante de la doctrine de *Common Law*[1556]-[1557].

2.5. La réparation intégrale est aussi un principe commun aux deux systèmes de droit analysés dans cette étude.

Ceux-ci reconnaissent en effet la réparation de la perte subie et du gain manqué. Cependant, la CVIM ne l'étend pas moyennant dol où faute lourde, comme le fait le droit civil. Le *standard* de réparation utilisé d'après les articles 74 et 8, n° 2 CVIM (le montant du dommage qu'une personne « raisonnable » aurait dû prévoir au moment de la conclusion du contrat) est proche de celui du *bon père de famille*. Le critère retenu par la CVIM est

---

[1552] *British Westinghouse Electric and Mfg Co. Ltd. vs. Underground Electric Rys Co. Of London Ltd.*, (1912) AC 673.

[1553] Cette faculté est habituelle s'agissant des ventes de céréales. V. BÉNAVENT A., op. cit. p. 136.

[1554] Art. 1222, nouveau code civil.

[1555] CARR I., op. cit., p. 85.

[1556] Cf. ZELLER Bruno, op. cit., p. 26.

[1557] Le professeur BRIDGE, comme nous l'avons vu précédemment, suggère que seulement manque une mention expresse dans ce sens, mais la relation de la CVIM avec les PU éclaire le point dans le sens que le principe de bonne foi est d'application générale dans la convention de Vienne de 1980. Cf. BRIDGE M., *The International Sale of Goods, Law and Practice*, op. cit., p. 534-535.

donc un critère classique du droit civil, objectif, et non celui de la *reliance / expectation* de la *Common Law*, qui se limite à placer la victime dans la position qu'il occupait antérieurement à la violation contractuelle / ou celle attendue subjectivement d'elle.

Ainsi, l'expression de personne « raisonnable », liée à la notion de bon père de famille du Code civil français, est reprise dans plusieurs dispositions de la CVIM. Par exemple, à propos de l'examen et de la conformité des marchandises : les défauts mineurs, à la différence de la *Common Law*, ne sont pas importants - *de minimis non curat lex* - (arts. 35, 38, 39). De plus, la résolution doit être la conséquence de violations contractuelles « importantes » et non de n'importe quelle inexécution (arts. 25, 49, 64) et l'interprétation doit se faire en considération de critères raisonnables (art. 8 n° 2 et 3), etc.

La CVIM est cependant restée muette sur le dommage moral, les clauses pénales et la détermination de l'intérêt moratoire. Ces lacunes sont souvent comblées, en utilisant les principes d'Unidroit (article 7.4.2, n° 2 P.U.) conformément aux articles 7, n° 2 et 9, n° 2 CVIM qui permettent le recours aux principes généraux et aux usages commerciaux internationaux, deux caractères qui sont attribués par la doctrine aux P.U.

L'autre possibilité pour réparer ces lacunes, conformément à l'article 7, n° 2 *in fine* CVIM est d'utiliser la loi applicable selon les règles de droit international privé. Nous préférons la première solution, dès lors qu'elle reste plus proche de l'interprétation autonome qui doit inspirer celle de la Convention de Vienne de 1980 et des contrats de vente de marchandises réglementés par elle.

3. S'agissant de la formation du consentement, la CVIM s'inspire à nouveau du droit civil, en particulier le droit français.

Dans la perspective plus « utilitariste » de la *Common Law*, une offre peut être retirée s'il n'y a pas de *considération* de l'autre partie ; rejet (*rejection*) ; caducité du délai ; offre conditionnelle dont la condition a échoué ; ou après la mort ou en cas de démence de l'offrant. En droit civil et dans la CVIM, l'offre doit être ferme et précise (art. 14, n° 1).

D'autre part, la *Common Law* retient la *postal rule*[1558], c'est-à-dire la théorie de l'émission[1559] tandis que le Code civil préfère la théorie dite de la « réception ».

La CVIM reprend le même postulat que le droit français dans ses articles 18, n° 2 et 22. Ainsi, le contrat se forme quand l'acceptation parvient à l'auteur de l'offre.

En outre, la Convention de Vienne de 1980 autorise les parties à procéder à des modifications au moment de l'acceptation (article 19). Cette possibilité diffère du système du *last shot* de la *Common Law*, car sa portée est limitée à des modifications « non essentielles » selon la CVIM.

[1558] *Household Fire Insurance Co. vs. Grant*, (1879) LR 4 Ex D 216.

[1559] Le c.com.ch. retient le système de la déclaration (émission) aux articles 97, 99 et 101.

4. En ce qui concerne les droits et obligations des parties, nous pouvons conclure que la CVIM retient les mêmes règles que le droit civil, en règle générale ; à quelques exceptions près.

Ainsi, l'obligation de conformité du vendeur (art. 35 CVIM) mélange garantie des vices cachés et conformité proprement dite, comme le faisait l'ancienne jurisprudence française[1560].

De plus l'indétermination initiale du prix, n'est pas un motif de nullité (art. 55 CVIM). Dans ce cas les parties sont réputées (sauf stipulation contraire) s'être tacitement référées au prix courant au moment de la conclusion du contrat, dans la même branche commerciale et pour le même type de marchandises.

D'autre part, la livraison en temps opportun est essentielle dans la CVIM s'agissant des produits saisonniers, de base ou si les parties l'ont stipulé ainsi.

A défaut de stipulation, la qualité attendue des marchandises doit être, comme en droit civil[1561], courante (art. 35, n° 2, a VIM) (moyenne). Leur examen n'est pas traité par la CVIM, mais les commentaires du recueil de jurisprudence UNCITRAL sur la CVIM considèrent qu'il doit être aussi un examen courant (non destructif)[1562].

5. La CVIM ne règlemente pas le transfert de propriété des marchandises mais le transfert des risques.

Elle s'éloigne des règles du droit civil sur ce point qui disposent que le transfert des risques s'opère dès l'échange des volontés. Les articles 67 à 69 CVIM le lient à la délivrance des marchandises, comme règle générale. Cependant, dans la pratique, les usages commerciaux internationaux (Incoterms de la CCI) les remplacent la plupart du temps.

6. En ce qui concerne les sanctions de l'inexécution du contrat, la CVIM consacre une « gamme » de remèdes/sanctions qui est sans conteste d'inspiration civiliste : exécution en nature, action en réduction du prix, résolution et dommages-intérêts.

Dans la *Common Law*, conformément à la maxime *remedies precede rights*, les dommages-intérêts sont le *remedy* (sanction d'inexécution) par excellence. En droit civil, en revanche, les options du créancier sont plus nombreuses et la plupart du temps, laissées à son libre choix.

Reprenant la logique du droit civil, la CVIM établit comme première sanction à l'inexécution l'exécution en nature (articles 28 et 46, n° 1), *specific performance* qui est limitée dans la *Common Law* aux cas des biens

[1560] V.CA.Amiens, 18 juillet 1974, Gaz.Pal., 1975.1.64, note Plancqueel ; Planiol et Ripert, t.X, par Hamel, n°126.

[1561] Art. 145 c.com.ch. et ancien article 1246 cod.civ.

[1562] Cf. Uncitral Digest of Case Law on The United Nations Convention on the International Sale of Goods, p. 115.

uniques[1563], quand elle est appropriée[1564] ou d'après l'*equity*. Il s'agit donc d'un remède exceptionnel dans la *Common Law*.

Dans la CVIM, l'exécution en nature sera prononcée dès qu'elle est raisonnable, possible et conséquence d'une violation essentielle du contrat de vente des marchandises. De plus, le tribunal n'est tenu de la prononcer que s'il le ferait en vertu de son propre droit pour des contrats de vente semblables non régi par la CVIM.

Il importe de rappeler, une fois de plus, l'utilité pratique que cette sanction de droit civil présente[1565], dès lors qu'elle évite la « nécessité d'une chasse furtive des marchandises de remplacement » comme c'est le cas sous l'empire de la *Common Law*.

La réduction du prix est aussi une création du droit civil ayant ses origines dans l'*actio quanti minoris* ou *aestimatoria*, qui a été retenue au profit de l'acheteur par les articles 44 et 50 CVIM pour les hypothèses de défaut de conformité ou de vices cachés. Cette action est presque inconnue dans la *Common Law*[1566]

Il est intéressant de noter que la réduction du prix peut être invoquée même dans le cas d'exonération prévue par l'article 79 CVIM et qu'elle n'exclut pas l'octroi de dommages-intérêts, le cas échéant.

Quant à la résolution, elle existe dans les deux systèmes de droit analysés (*avoidance* dans la *Common Law*), elle est précédée dans la CVIM de délais de grâce qui peuvent être accordés aux parties (arts. 47 et 63) ou demandés par le vendeur (art. 48). Ces délais sont étrangers à la *Common Law*[1567], propres de la *Nachfrist* allemande et proches de la maxime « raisonnable » du droit civil, récurrente dans la CVIM.

Favorisant la poursuite du contrat, les articles 49 et 64 CVIM établissent une action en résolution du contrat de vente de marchandises au profit de l'acheteur et du vendeur, suite à l'inexécution essentielle de leurs obligations, mais comme une sorte d'*ultima ratio*, quand les autres alternatives n'ont pas abouti.

Dans la même logique, l'article 25 CVIM précise qu'une violation contractuelle, pour être qualifiée d'essentielle, doit priver l'autre partie de ce qu'elle attendait du contrat, conception proche du droit civil.

Cependant, conformément au mode opératoire mentionné (la reprise de solutions d'un système de droit comme règle principale, en y associant celles d'un autre à titre d'exception), une institution de la *Common Law*, l'*anticipatory breach* a été reprise à l'article 72, n° 1 CVIM. En droit civil, le nouvel article 1226 du Code civil français autorise la résolution unilatérale

---

1563 Règle 52 s.g.a.
1564 Section 2-716(1) du code commercial uniforme des États-Unis d'Amérique.
1565 CARR I., op. cit., p. 86-87.
1566 Cf. http://www.cisg.law.pace.edu/cisg/text/comparison50.html, contrôlé le 29 juin 2017.
1567 Ibid, p. 85.

dès lors que l'inexécution est avérée, mais non de façon « préventive » comme le font la CVIM et les P.U.[1568].

7. Concernant l'exécution par équivalent, avec octroi de dommages-intérêts, il est intéressant de noter que bien que la CVIM ne l'établisse pas comme un remède/sanction « primaire » (comme la *Common Law*), toutes les violations contractuelles donnent lieu à leur octroi, indépendamment des moyens que la partie lésée peut utiliser afin de sanctionner l'inexécution (arts. 45, n° 2 et 61, n° 2).

Tous les dommages sont donc indemnisés. La seule exception est l'inexécution prévue à l'article 79, le n° 5 de celle-ci l'excluant expressément.

Sur ce point, nous pouvons conclure que même si la réparation intégrale est limitée par le critère de « prévisibilité » (art. 8, n° 2 CVIM) commun aux deux systèmes de droit analysés[1569], cette notion est plus ancienne dans le droit civil français, remontant à l'article 1150 du Code Napoléon (1804). La *Hadley rule* n'a été retenue qu'un demi-siècle après (1854)[1570].

8. Les hypothèses d'exonération prévues aux articles 79 et 80 CVIM sont également clairement d'inspiration civiliste.

A l'article 79, la CVIM établit une règle « hybride » qui reprend la force majeure du droit civil[1571]-[1572], mais plus largement conçue[1573]. Ainsi, à la différence de la force majeure « traditionnelle », ces effets sont transitoires et elle doit être notifiée à l'autre partie pour opérer.

De plus, elle n'empêche pas le recours aux sanctions d'inexécution autres que les dommages-intérêts. C'est-à-dire qu'en accord avec la bonne foi et la poursuite du contrat, la partie lésée peut agir en exécution en nature (ou en résolution) une fois que l'empêchement disparaît.

Nous pouvons conclure que l'imprévision n'a pas été retenue par la CVIM, à la façon du droit civil « classique »[1574] et de la *Common Law*. Des lors, il est préférable de « prévoir l'imprévision » (*hardship*) en stipulant des clauses à cet égard[1575], qui autorisent la suspension des effets, l'exonération de responsabilité ou la renégociation selon les P.U.[1576].

[1568] Art. 7.3.3 PU.

[1569] Art 1231-3, nouveau code civil ; art. 1558 c.c.ch. ; *Hadley rule* de la common law.

[1570] *Hadley vs. Baxendale,* (1854), EWHC J70.

[1571] Il faut rappeler, comme nous l'avons vu précédemment, que la force majeure est retenue par l'article 45 c.c.ch. et que ses conditions son l'imprévisibilité et le caractère insurmontable. En France, l'article 1218, nouveau code civil la consacre, avec les mêmes caractères, mais en excluant la notion de cas fortuit.

[1572] Les commentaires du Digeste de Jurisprudence Uncitral sur la CVIM considèrent que la disposition a cette nature aussi. Cf. *Uncitral Digest of Case Law on The United Nations Convention on the International Sale of Goods*, op. cit. p. 251.

[1573] Cf. COLLART DUTILLEUL F. et DELEBECQUE Ph., op. cit., p.298-299.

[1574] Nous avons vu qu'elle vient d'être consacrée à l'article 1195, nouveau code civil.

[1575] V. CARR Indira, op. cit., p. 92.

[1576] Dans ce sens: JACQUET Jean-Michel, DELEBECQUE Philippe, *Droit du Commerce International*, op. cit., p. 129.

D'autre part, l'article 80 établit l'*exceptio non adimpleti contractus* et, conformément à la maxime *nemo auditur* et le principe de bonne foi, dispose qu'elle ne peut pas être invoquée suite à une violation de la même partie qui veut se prévaloir de cette exception. Comme l'exonération de l'article 79, elle empêche l'octroi de dommages-intérêts, mais aussi d'agir en résolution.

9. L'interprétation de la CVIM et des contrats de vente internationale de marchandises est un sujet capital.

De par son caractère international, la CVIM privilégie une interprétation dite « autonome ». A cette fin, elle prône le recours à la bonne foi (art. 7, n° 1, deuxième partie) et aux principes généraux de droit (art. 7, n° 2, première partie).

L'utilisation de la bonne foi comme critère interprétatif est une solution du droit civil. Comme nous l'avons indiqué plusieurs fois tout au long de cette étude, la *Common Law* ne prend pas en considération la bonne foi sinon de façon restrictive.

De plus, l'article 8 CVIM, à la différence de la *parol evidence rule* de la *Common Law*, et selon la « règle d'or » d'interprétation du droit civil, consacre dans son n° 1 l'interprétation subjective, c'est-à-dire la recherche de l'intention des parties, et, à défaut de cette règle, utilise un autre mécanisme de droit civil prévu dans son n° 2, à savoir un critère objectif proche de celui du « bon père de famille » afin de chercher le sens qu'une personne « raisonnable » placée dans la même situation aurait donné à la situation (en considération des négociations - art. 8, n° 3-, critère écarté dans la *Common Law*).

10. En ce qui concerne les lacunes existantes de la CVIM (clauses pénales, intérêts moratoires et dommage moral), nous concluons qu'elles doivent être comblées conformément aux articles 7, n° 2 et 9, n° 2 CVIM avec les principes d'Unidroit.

Le principe de « spécialité » et les articles de la Convention de Vienne de 1980 précités incitent en effet à faire usage des P.U. bien qu'ils soient postérieurs à la CVIM.

11. La CVIM ne règlemente pas la représentation.

Dès lors que la Convention sur la représentation en matière de vente internationale de marchandises signée à Genève le 17 février 1983 n'est pas en vigueur en France, Chili ni au Royaume-Uni, nous pouvons considérer qu'une solution serait de combler cette lacune, encore une fois conformément aux articles 7, n° 2 et 9, n° 2 CVIM, en utilisant les règles prévues à cet effet par les principes d'Unidroit (Section 2 des P.U., articles 2.2.1 à 2.2.10).

12. Enfin, si l'existence d'un nombre plus important d'institutions issues du droit civil que d'institutions venant de la *Common Law* dans la CVIM ne suffit pas à convaincre le lecteur de la primauté du droit civil dans cette dernière, d'autres arguments supplémentaires, convaincants à notre avis, peuvent être apportés à l'appui de notre thèse :

i. L'exécution en nature est privilégiée dans la CVIM car la résolution/*avoidance* reste une solution d'*ultima ratio.* Les délais de grâce favorisent aussi l'exécution en nature. En revanche, elle est un *remède*/sanction d'inexécution exceptionnelle dans la Common Law.

ii. L'interprétation est la façon dont le droit prend vie en pratique, donc il s'agit du sujet le plus important dans un traité. Ces règles sont indiscutablement de droit civil car il n'y a pas de place pour la *parol evidence rule* de la *Common Law* dans les règles d'interprétation de la CVIM[1577].

iii.- Le Royaume-Uni n'a pas souscrit à la CVIM, supposément en raison d'autres priorités législatives[1578]. Cependant, cette situation interroge ; en trente-sept ans, ce pays n'a-t-il vraiment pas pu trouver le moment opportun pour le faire ou cette position n'est-elle pas en réalité une reconnaissance tacite de la primauté du droit civil et de son principe transversal de bonne foi dans la Convention de Vienne de 1980 ?

On peut ainsi conclure que la force de la codification « à la française » s'est imposée sur la *Common Law* dans la Convention de Vienne de 1980.

[1577] Cf. CLOUT, cas n°23, Federal District Court, Southern District of New York, Etats-Unis d'Amérique, 14 avril 1992. Disponible sur : http://www.unilex.info/case.cfm?id=9 .

[1578] Selon certains auteurs il s'agirait d'un simple retard, conséquence d'autres priorités législatives. Dans ce sens : GOODE R., KRONKE H. et MCKENDRICK E., op. cit., p. 218.

TABLEAU COMPARATIF DES PRINCIPAUX SUJETS TRAITÉS

	Royaume-Uni	France	Chili	CVIM	PU
Bonne foi	Principe d'application limitée. Règle 61 (3) s.g.a. 1979.	Principe d'application générale. Art. 1104 c.civ. : *« Les contrats doivent être négociés, formés et exécutés de bonne foi. Cette disposition est d'ordre public »*.	Principe d'application générale. Arts. 706 et 1546 c.c.ch.	Principe d'application générale. Art. 7n°1 CVIM.	Principe d'application générale. Arts. 1.7 n°s 1 et 2, 2.1.15, 5.1.2 c), 5.1.3, 5.3.3 n°s 1 et 2, 5.3.4, 7.1.6.

	Royaume-Uni	France	Chili	CVIM	PU
Autonomie de la volonté	Règles 10 (1), 11(2), 17, 18, 19 (1), 20 (1), 28, 31, 34 et 36 s.g.a. 1979.	1103 et 1193 c.civ.	Art.1545 c.c.ch.	Art. 6 et 29 CVIM.	Arts. 1.1, 1.3, 1.4, 1.5 et 3.1.2.
Pourparlers	Pas de considération aux pourparlers. *May and Butcher Ltd. vs. The King,* (1934) 2 KB 17.	Pourparlers protégés. Art. 1104 c.civ. *Manoukian,* Cass. Com, 26 novembre 2003.	Pourparlers protégés. Art. 1546 c.c.ch. *Forestal Bio-Bio con Madesal y otra,* C. Ap. Concepción 1996, Civ. N° 374-93.	Protection tacite par application de l'art. 7n°1 CVIM.	Pourparlers protégés. Art. 2.1.15 n°s 1,2 et 3.
Formation du consentement	*Postal rule. Household Fire Insurance Co. vs. Grant,* (1879) LR 4 Ex D 216.	Théorie de la réception, art. 1121 c.civ.	Théorie de la déclaration (émission), articles 97 et 101 c.com.ch.	Théorie de la réception, arts.18 n°2 et 22 CVIM.	Théorie de la réception, art. 2.1.6 n°2.

	Royaume-Uni	France	Chili	CVIM	PU
Règles d'interpré-tation	*Parol evidence rule*. Pas de considération aux négociations préliminaires.	Interpré-tation subjective, art.1188, al 1er. c.civ. Interpré-tation objective, art.1188, al 2e. c.civ.	Interpré-tation subjective, art. 1560 c.c.ch.	Interprétation subjective, art. 8 n°1 CVIM. Interprétation objective, art. 8 n°2 CVIM. Considération des négociations préliminaires, art. 8 n°3 CVIM. Usages des parties, art. 9n°1 CVIM. Usages internationaux (*lex mercatoria, PU)*, art. 9 n°2 CVIM.	Interprétation subjective, art. 4.1. Interprétation objective, art 4.2. Considération des négociations préliminaires, art.4.3 a). Usages des parties, art. 4.3 b). Usages internatio-naux, art. 4.3 e) et f).

	Royaume-Uni	France	Chili	CVIM	PU
Exécution en nature	Exceptionnelle (remède d'équité, obligations d'espèce ou dès qu'elle est strictement nécessaire).	Arts. 1221, 1222 et 1228 c.civ.	Arts. 1489, 1553 n°s 1 et 2 et 1568 c.c.ch.	Arts. 28 et 46 CVIM. Remède par excellence.	Règle générale. Art. 7.2.2.
Réduction du prix	Règle 24 Consumer Rights Act, 2015.	Arts. 1223 et 1644 c.civ.	Arts. 154 c.com.ch. et 1860 c.c.ch.	Arts. 44 et 50 CVIM.	Art. 7.2.2 b).
Exception d'inexécution	Règles 39 et 41 s.g.a, 1979.	Arts.1219 et 1220 c.civ.	Arr. 1552 c.c.ch.	Art. 80 CVIM.	Art. 7.1.3.
Résolution Judiciaire	Application limitée (*fundamental breach, breach of condition, lack of consideration*).	Suite à la violation des obligations essentielles. Arts. 1224, 1610 et 1654 c.civ.	Suite à la violation des obligations essentielles. Art. 1489 c.c.ch.	Suite à la violation des obligations essentielles. Arts. 49 et 64 CVIM. *Ultima ratio.*	Art. 7.3.1.

	Royaume-Uni	France	Chili	CVIM	PU
Résolution unilatérale	*Anticipatory breach, Hochster vs. De la Tour*, 2 E & B 678 ; *Bowdell vs. Parsons*, 10 East, 359.	Possibilité de résolution unilatérale, art. 1226 c.civ.	Pas de possibilité de résolution unilatérale.	Possibilité de résolution unilatérale, art. 72 CVIM.	Possibilité de résolution unilatérale, art.7.3.3.
Dommages-intérêts	*Remoteness, Hadley rule, Hadley vs. Baxendale,* (1854), EWHC J70.	Réparation intégrale, arts. 1231 à 1231-7 c.civ.	Réparation intégrale, art. 2329 c.c.ch.	Réparation intégrale, art. 74 CVIM.	Réparation intégrale, art.7.4.2.
Obligation d'atténuation	*Mitigation, Hadley rule, Hadley vs. Baxendale,* (1854), EWHC J70.	Pas d'obligation	Pas d'obligation	Art. 77 CVIM.	Art. 7.4.8.

	Royaume-Uni	France	Chili	CVIM	PU
Imprévision	*Hardship.* Pas de reconnaissaient. *Tsakiroglou & Co. Ltd vs. Noblee Thorl GmbH*, 1962, AC 93.	Art. 1195 c. civ.	Retenue exceptionnellement, d'après le principe de bonne foi. *Guillermo Larraín Vial con SERVIU*, C.Ap. de Santiago, 14 novembre 2006. Inversiones Mónaco Ltda. con ENAP, S.J.A. Carlos Urenda Zegers, 13 novembre 1986 Sociedad Constructora La Aguada Ltda. con EMOS S.A., S.J.A. Claudio Illanes Ríos, ratifié par la Cour Suprême, 10 octobre 1994.	Force majeure élargie. Art. 79 CVIM	*Hardship.* Arts. 6.2.1, 6.2.2, 6.2.3.

	Royaume-Uni	France	Chili	CVIM	PU
Force majeure	*Krell vs. Henry*, (1903) 2 KB 740 *Taylor vs. Caldwell*, (1863) 3B & S 826, 122 ER 309.	Art. 1218 c.civ.	Art. 45 c.c.ch.	Force majeure élargie. Art. 79 CVIM.	Art. 7.1.7.
Clauses pénales	*Dunlop Pneumatic Tyre Co. Ltd. v. New Garage Motor*, (1915) A.C. 79. *Cavendish Square Holdings BV vs. Talal El Makdessi*, (2012) EWHC 3582 (Comm).; *Parking Eye Limited vs. Beavis*, EWCA Civ 402.	Art. 1231-5 c.civ. Art. R. 132-2 n°3 c.consom.	Arts. 1535 et s. c.c.ch.		Art. 7.4.13.

BIBLIOGRAPHIE

LIVRES

ALESSANDRI R. Arturo et SOMARRIVA U. Manuel, Curso de Derecho Civil, tome IV, Fuentes de las Obligaciones, ed. Nascimiento, Santiago, Chili, 1942.

ALESSANDRI R. Arturo et SOMARRIVA U. Manuel (mis à jour par VODANOVIC H. Antonio), Curso de Derecho Civil, tome III, De las obligaciones, ed. Nascimiento, Santiago, Chili, 1941.

ATIYAH P.S., The Sale of Goods, 9ème édition, J.N. Adams, Pitman Publishing, Londres, Angleterre, 1995.

BÉNABENT A., Droit des obligations, 15e. Édition, LGDJ, Paris, France, 2016.

BÉNABENT A., Droit des contrats spéciaux civils et commerciaux, 12e. Édition, LGDJ, Paris, France, 2017.

BONELL M.J. (édité par), The Unidroit Principles in Practice, Caselaw and Bibliography on the Principles of Commercial Contracts, Transnational Publishers Inc., Ardsley, New York, Etats Unis, 2002.

BOURDEISEAU J. et ROULET V., L'essentiel du droit des contrats spéciaux, Gualino, Lextenso, Paris, France, 2015.

BRIDGE, M.G., The Sale of Goods, 3ème édition Oxford University Press, Angleterre, 2014.

BRIDGE, M.G., The International Sale of Goods, Law and Practice, 2e édition, Oxford University Press, Royaume Uni, 2007.

BRIDGE, M.G. ; FAWCETT James, HARRIS Jonathan, International Sale of Goods in the Conflict of Laws, Oxford University Press, Royaume Uni, 2005.

BRIDGE, M.G., Benjamin's Sale of Goods, premier supplement à la 8ème ed., Sweet & Maxwell, Londres, 2010.

CAPITANT H., TERRÉ F., LEQUETTE Y., Les grands arrêts de la jurisprudence civile, tome 2, obligations, contrats spéciaux, sûretés, 13e. Ed., Dalloz, Paris, 2015.

CARR Indira, International Trade Law, 4e édition, Routledge-Cavendish, Londres, Angleterre, 2010.

CASTELLANOS R. Esperanza, Autonomía de la voluntad y derecho uniforme en la compraventa internacional, editorial Comares S.L., Madrid, Espagne, 1998.
C.C.I., Rétention of Title, 2ème édition, Paris, France, 1993.
C.C.I., Contrat Modèle ICC de Vente Internationale, ICC publication No. 738 EF, Paris, France, 2013.
CHÉNEDÉ F., Le nouveau droit des contrats et des obligations, Dalloz, Paris, France, 2016.
CISG official records, Nations Unies, New York, 1991.
CLAEYS Ignace, ERAUW Johan, FONTAINE Marcel, KLEINHEISTERKAMP Jan, PHILIPPE Denis, PIERS Maud, KEUTGEN Guy, Les Principes Unidroit Relatifs aux Contrats de Commerce International (Éd.2010) et L'Arbitrage, Actes du Colloque du CEPANI du 24 mai 2011, Bruylant, Bruxelles, Belgique, 2011.
CLARKSON C.M.V. et HILL Jonathan, The Conflict of Laws, third edition, Oxford University Press, Angleterre, 2006.
CLARO S., Luis, Explicaciones de Derecho Civil Chileno y Comparado, Vol. III., De los Bienes, editorial jurídica de Chile, Bogotá, Colombie,1992.
CLARO S. Luis, Explicaciones de Derecho Civil Chileno y Comparado, Vol. X., I, De las Obligaciones, editorial jurídica de Chile, Bogotá, Colombie,1988.
COHEN Herb, Negotiate This!, By Caring, but not T-h-a-t Much, Business Plus, New York/Boston, États-Unis, 2003.
COLLART DUTILLEUL F. et DELEBECQUE Ph., Contrats civils et commerciaux, 10e. Édition, Dalloz, Paris, France, 2015.
CORRAL T., Hernán, La Cláusula Penal, función y eficacia del contrato penal en el derecho chileno, ed. Jurídica de Chile, Santiago, Chili, 2012.
CHRISTOU Richard, Drafting Commercial Agreements, 5e édition, Sweet & Maxwell, Thomson Reuters, Londres, Angleterre, 2013.
COX Raymond, MERRETT Louise, SMITH Marcus, Private International Law of Reinsurance and Insurance, Informa Law, Londres, Angleterre, 2006.
DAVID René, JAUFFRET-SPINOSI Camille, GORÉ Marie, Les grands systèmes de droit contemporains, 12e édition, Dalloz, Paris, France, 2016.
DAVID René, Le droit anglais, 2e édition, collection Que sais-je n°1162, Presses Universitaires de France, Paris, France, 1969.
DAVIES Iwan, Retention of Title clauses in Sale of goods Contracts in Europe, Ashgate Publishing, Cornwall, Royaume Uni, 1999.
DEEB G. Henry, Contracts for the Sale of Goods, a Comparison of U.S. and International Law, 2e édition, Oxford University Press, New York, Etats Unis, 2009.
DUPICHOT Philippe, Le pouvoir des volontés individuelles en droit des sûretés, éditions Panthéon-Assas, Paris, France, 2005.

DEL CANTO R. Nicole, HERDENER B. Kristin, SALDIAS T. Katherine, Costumbre Mercantil, prácticas, jurisprudencia y doctrina, Librotecnia, Santiago, Chili, 2013.

DELEBECQUE Philippe, Droit Maritime, 13e édition, Dalloz, Paris, France, 2014.

DIEZ-PICAZO Y PONCE DE LEON Luis, La Compraventa Internacional de Mercaderías, Comentario de la Convención de Viena, editorial Aranzandi S.A., Navarre, Espagne, édition 1997 (réimpression de 2006).

DIMATTEO Larry A., International Contracting: Law and Practice, 3e édition, Kluwer Law International, Londres, Angleterre, 2013.

DIMATTEO Larry A., DHOOGE Lucien J., GREENE Stephanie et al., International Sales Law, A Critical Analysis of CISJ Jurisprudence, Cambridge University Press, États-Unis, 2005.

DOBSON Paul et STOKES Rob, Commercial Law, Sweet & Maxwell, Londres, Royaume Uni, 2012.

EBERHARD Stephan, Les sanctions de l'inexécution du contrat et les Principes UNIDROIT, Cedidac, Suisse, 2005.

ESPINA C. Alberto et QUINTANA H. Alejandro, Compraventa Internacional de Mercaderías, Análisis de la Convención de las Naciones Unidas, editorial jurídica de Chile, Santiago, Chili, 1985.

FERRY Claude, La validité des contrats en droit international privé France / Etats-Unis, Librairie générale de droit et de jurisprudence, Paris, France, 1989.

FERRARI Franco, Contracts for the International Sale of Goods, Applicability and Applications of the 1980 United Nations Sale Convention, Martinus Nijhoff Publishers, Pays Bas, 2012.

FISHER Roger, URY William, PATTON Bruce, Getting to Yes, Negotiating Agreement Without Giving in, Houghton Mifflin Company, Boston/New York, second edition, 1991.

GAFTA 100 -, Grain and Feed Trade Association, 2010.

GELDART William, Elements of English Law, Oxford University Press, Royaume Uni, 6e édition, 1959 (réimpression de 1960).

GILIKER Paula, Pre-Contractual Liability in English and French Law, Kluwer Law International, Pays Bas, 2002.

GOODE Roy, KRONKE Herbert, MCKENDRICK Ewan, Transnational Commercial Law, texts, cases and materials, 2e édition, Oxford University Press, Royaume Uni, 2015.

GUZMÁN L. Diego, Derecho Internacional Privado, editorial jurídica de Chile, Santiago, 1989.

HARISSON Reziya, Good Faith in Sales, Sweet & Maxwell, Londres, Angleterre, 1997.

JACQUET Jean-Michel, DELEBECQUE Philippe, CORNELOUP Sabine, Droit du commerce international, 3e édition, Dalloz, Paris, France, 2014.

JACQUET Jean-Michel, DELEBECQUE Philippe, Droit du Commerce International, cours Dalloz, série droit privé, Paris, France, 1997.

KENNEDY Gavin, Everything is Negotiable, How to get the Best Deal Every Time, RH Books, U.K., 2008.

LAWSON F.H., Remedies of English Law, Penguin books Ltd., Angleterre, 1972.

LEÓN H. Avelino, La voluntad y la capacidad en los actos jurídicos, editorial jurídica de Chile, Santiago, Chile, 3ème édition, 1979.

LEVASSEUR Alain A., « Le Contrat en droit américain », Dalloz, Paris, France, 1996.

LOO G. Martín, Incumplimiento Contractual en el Ámbito de la Compraventa Internacional y el Transporte Marítimo, Lexis Nexis, Santiago, Chili, 2005.

LÓPEZ BLANCO José Luis, Compraventa internacional de mercaderías, convención de Viena 1980, Incoterms 2000, normas sobre cartas de crédito, Ace ediciones y publicaciones S.A. – Xerox de Chile, Santiago, Chili, 2001.

LÓPEZ SANTA MARÍA Jorge, Los Contratos, Parte General, Tome II, ed. Jurídica de Chile, Santiago, Chili, 1998.

MALAURIE Philippe, AYNÈS Laurent, GAUTIER Pierre-Yves, Droit des contrats Spéciaux, 8e. édition, Defrénois, Paris, France, 2016.

MALAURIE Philippe, AYNÈS Laurent, STOFFEL-MUNCK Ph., Droit des Obligations, 8e. Édition, LGDJ, Paris, France, 2016.

MITCHELL Andrew D., SORNARAJAH M., VOON Tania (édité par), Good Faith and International Economic Law, Oxford University Press, Londres, Angleterre, 2015.

MONTAS Arnaud, Droit Maritime, Vuibert, Paris, France, 2015.

N.U., United Nations Conference on Contracts for the International Sale of Goods, Vienna 10 mar-11 avril 1981, official records, documents of the conference and summary records of the plenary meetings and of the meetings of the main comitees, Nations Unis, New York, 1991.

N.U., Uncitral Digest of Case Law on The United Nations Convention on the International Sale of Goods, United Nations publication, New York, 2008.

OLIVA B. Francisco, LO BLANCH Tirant, Compraventa Internacional de Mercaderías (ámbito de aplicación del Convenio de Viena de 1980), Valencia, Espagne, 2002.

PANIZZON Marion, Good Faith in the Jurisprudence of the WTO, The Protection of Legitimate Expectations, Good Faith Interpretation and Fair Dispute Settlement, Hart publishing, Oxford and Portland, Oregon, Etats-Unis, 2006.

PEÑAILLO Daniel, Libre hommage au professeur Fernando FUEYO Lanieri, Insituciones Modernas de Derecho Civil, ed. Cono Sur, Santiago, Chili, 1996.

POUND Roscoe, The Spirit of the Common Law, Beacon Press, Boston, Etats-Unis, 2e édition, 1921, (deuxième impression, de 1966).

REDFERN Alan, HUNTER Martin, BLACKABY Nigel, PARTASIDES Constantine, Law and Practice of International Commercial Arbitration, London Sweet & Maxwell, Fourth Edition, London, 2004.

RAYMOND Guy, La vente de marchandises, Dalloz, Paris, France, 1996.

SAAVEDRA G. Francisco Javier, Teoría del Consentimiento, Ed. Jurídica Conosur, Santiago, Chili, 1994.

SAIDOW Djakhongir, The Law of Damages in International Sales, The CISG and Other International Instruments, Hart Publishing, Oxford and Portland, Oregon, Etats-Unis, 2008.

SALDIAS C. Osvaldo, El Contrato de Compraventa Internacional en el Comercio Chile Unión Europea, Marco Jurídico y los Principios de Derecho Europeo de los Contratos, editorial Metropolitana, Santiago, Chile, 2006.

SANDOVAL L. Ricardo, Contratos Mercantiles, Tomo I, editorial jurídica de Chile, Santiago, Chili, 2003.

SCHULZ Fritz, Principles of Roman Law, Oxford at the Clarendon Press, Royaume Uni, 2e édition, 1936 (réimpression de 1967).

SCHWENZER Ingeborg, FOUNTOULAKIS Christiana, DIMSEY Mariel, International Sales Law, a guide to the CISG, Hart publishing, Etats- Unis, 2e édition, 2012.

SCHMITTHOFF C., MURRAY C., HOLLOWAY David et al., The Law and practice of International Trade, 12ème édition, Sweet and Maxwell-Thomson Reuters, Londres, Angleterre, 2012.

TERRÉ F., SIMLER Ph., LEQUETTE Y., Droit Civil, Les Obligations, Dalloz, Paris, 11e. édition, 2013.

TOMKIEWICZ Vincent (sous la direction de), GARCIA Thierry, PAVOT David (avec la collaboration de), Les Sources et les Normes dans le Droit de l'OMC, colloque de Nice des 24 et 25 juin 2010, Editions Pedone, Paris, France, 2012.

THE LAW COMMISION AND THE SCOTTISH LAW COMMISION, (Law Com. N°145), (Scot. Law Com. N°145), SALES OF GOODS FORMING PART OF A BULK, Londres, Angleterre, 1993.

VIDAL O. Álvaro, La protección del comprador, régimen de la convención de Viena y su contraste con el Código Civil, ediciones universitarias de Valparaíso, Pontificia Universidad Católica de Valparaíso, Valparaíso, Chili, 2006.

VIRGO Graham, The Principles of the Law of Restitution, Oxford University Press, 2e édition, Royaume Uni, 2006 (réimpression de 2012).

WILL Michael R. (édité par), Twenty years of International Sales Law under the CISG (The UN Convention on Contracts for the International Sale of Goods), International Bibliography and Case Law Digest (1980-2000), Kluwer Law International, Pays Bas, 2000.

ZELLER Bruno, Damages Under the Convention on Contracts for the International Sale of Goods, Oceana publications, New York, Etats Unis, 2005.

ZULOAGA RÍOS Isabel Margarita, Teoría de la Responsabilidad Precontractual, Lexis Nexis, Santiago, Chili, 2ème édition, 2007.

ARTICLES

ALCALDE R. Enrique, Revista Chilena de Derecho, Vol. 34, No. 2 (Mayo - Agosto 2007), pp. 361-372.

AUDIT Bernard, "Vente", sur: http://www.dalloz.fr/documentation/Document?id=ENCY/INTR/RUB000248/PLAN043/2011-09&ctxt=0_YSR0MT1hdXRvbm9taWUgZGUgbGEgdm9sb250w6kgdmVudGXCp3gkc2Y9cGFnZS1yZWNoZXJjaGU=&ctxtl=0_cyRwYWdlTnVtPTHCp3MkdHJpZGF0ZT1GYWxzZcKncyRzb3J0PcKncyRzbE5iUGFnPTIwwqdzJGlzYWJvPVRydWXCp3MkcGFnaW5nPVRydWXCp3Mkb25nbGV0PcKncyRmcmVlc2NvcGU9RmFsc2U=&nrf=0_UmVjaGVyY2hlfExpc3Rl, contrôlé le 1er. mars 2017.

BARROILHET Silvia, Revista chilena de derecho informático, n°3, 2003, sur : http://www.derechoinformatico.uchile.cl/index.php/RCHDI/article/view/10664/11418, controlé le 21 novembre 2016.

CAPRILE B. Bruno, "La Reserva de Propiedad, garantía eficaz en el derecho chileno?", Revista Chilena de Derecho, Vol. 27 N° 1, p. 29 -49 (2000).

COLOMBO Sylviane, « The Present Differences Between the Civil Law and Common Law Worlds With Regard to Culpa in Contrahendo », Tilburg Law Review, Volume 2, Issue 4, pages 341-376, disponible sur : http://booksandjournals.brillonline.com/content/journals/10.1163/221125993x00448, controlé le 21 novembre 2016.

DOMINGUEZ B. Ramón ; DOMINGUEZ A. Ramón ; DOMINGUEZ H. Carmen, Magazine de droit de l'Université de Concepción, Chili, N°199, année LXIV, pp. 181.

DÖRR Z. Juan Carlos, "Notas acerca de la teoría de la imprevisión", Revista Chilena de Derecho, vol.12, 1988.

LECAROS José M., "Notas de derecho civil, los contratos, parte general", disponible sur: http://www.josemiguellecaros.cl, contrôlé le 13 avril 2017.

LÓPEZ D. Patricia, « La autonomía de la indemnización de daños en la jurisprudencia nacional reciente : un cambio de paradigma ? ». Disponible sur : http://www.scielo.cl/scielo.php?script=sci_arttext&pid=S0718-80722014000200004, contrôlé le 6 juillet 2017.

MOURRE Alexis, « Aplicación por el árbitro de la Convención sobre Compraventa Internacional de Mercaderías, Revista Internacional de Arbitraje, N°5 Julio – Diciembre 2006 », Legis, Bogotá, Colombie.

OVIEDO A. Jorge, « La costumbre en la Compraventa Internacional de Mercaderías (Comentarios a los artículos 8.3 y 9 de la Convención de Viena de 1980) », Revista Jurídica del Perú, año LIII N°47, Junio de 2003, Perú.

PIZARRO W. Carlos, « Puede el acreedor poner término unilateral al contrato ?", magazine Ius et Praxis, v13 n°1, Talca, Chili, 2007, disponible sur : http://www.scielo.cl/scielo.php?script=sci_arttext&pid=S0718-00122007000100002, contrôlé le 16 novembre 2016.

RIMKE Joern, "Force majeure and hardship: Application in international trade practice with specific regard to the CISG and the UNIDROIT Principles of International Commercial Contracts", disponible sur: http://www.cisg.law.pace.edu/cisg/biblio/rimke.html, contrôlé le 7 avril 2017.

SONDAHL Erika, "Understanding the Remedy of Price Reduction – A Means to Fostering a More Uniform Application of the United Nations Convention on Contracts for the International Sale of Goods", April 2003, disponible sur: http://www.cisg.law.pace.edu/cisg/biblio/sondahl.html, contrôlé le 7 avril 2017.

TAPIA R., Mauricio, « Pérdida de una chance. Su Indemnización en la Jurisprudencia Chilena », Revista de Derecho, Escuela de Postgrado N°2, Diciembre 2012, p. 251-264, sur : www.revistaderecho.uchile.cl/index.php/RDEP/article/download/31008/32736, controlé le 16 novembre 2016.

VÁSQUEZ, María Fernanda, "Sobre la contratación internacional y la posibilidad de someterse a tribunales extranjeros", El Mercurio Legal, sur: http://www.elmercurio.com/Legal/Noticias/Analisis-Juridico/2016/05/13/Sobre-la-contratacion-internacional-y-la-posibilidad-de-someterse-a-tribunales-extranjeros.aspx, controlé le 19 mars 2017.

VIDAL O. Álvaro R., « La Noción de Incumplimiento Esencial en el Código Civil », magazine de droit de la Pontificia U. Católica de Valparaíso, Chili, XXXII, premier semestre 2009, sur: http://www.scielo.cl/scielo.php?script=sci_arttext&pid=S0718-68512009000100006, contrôlé le 21 novembre 2016.

VIDAL O. Álvaro R., « El incumplimiento del vendedor y la transmisión del riesgo en la compraventa internacional de mercaderías », magazine de droit de la Pontificia U. Católica de Valparaíso, XXVII, Valparaíso, Chili, 2006, premier semestre, pp. 235-247.

WITZ Claude, "Une clause de droit applicable figurant dans un contrat de vente internationale de marchandises n'exclut pas l'application de la Convention de Vienne sur la vente internationale de marchandises", D. 1998. 308, disponible sur:

http://www.dalloz.fr/documentation/Document?id=RECUEIL/OBS/1998/0507&ctxt=0_YSR0MT1hdXRvbm9taWUgZGUgbGEgdm9sb250w6kgdmVudGXCp3gkc2Y9cGFnZS1yZWNoZXJjaGU=&ctxtl=0_cyRwYWdlTnVtPTTCp3MkdHJpZGF0ZT1GYWxzZcKncyRzb3J0PcKncyRzbE5iUGFnPTIwwqdzJGlzYWJvPUZhbHNlwqdzJHBhZ2luZz1UcnVlwqdzJG9uZ2xldD3Cp3MkZnJlZXNjb3BlPUZhbHNlwqd4JHNmPXBhZ2UtcmVjaGVyY2hl&nrf=0_UmVjaGVyY2hlfExpc3RlRGVSZXN1bHRhdFVycw==, consulté le 1er mars 2017.

ZULOAGA Ríos Isabel Margarita, “Comentario crítico a la ponencia principal presentada por el profesor don Álvaro Puelma Accorsi, en Los Contratos Preparatorios”, en Estudios sobre reformas al Código Civil y Código de Comercio, de la fundación Fernando Fueyo Laneri, Santiago, 2000.

THÈSES ET MONOGRAPHIES

HERMOSILLA E. Paola A. et REYES E., Ramón I., El Deber de Mitigar el Daño en Responsabilidad Contractual Chilena, disponible sur : http://repositorio.uchile.cl/bitstream/handle/2250/114927/de-hermosiilla_p.pdf?sequence=1, consulté le 17 juin 2017.

PIZARRO W. Carlos, Étude critique sur la responsabilité contractuelle en droit positif chilien, thèse pour le doctorat en droit privé, U. Panthéon-Assas, Paris, France, 2003.

POPINEAU-DEHAULLON Catherine, Les remèdes de justice privée à l’inexécution du contrat, étude comparative, L.G.D.J., Paris, France, 2008.

SCHLEYER A. Jorge, La Formación del Consentimiento en los Contratos Internacionales, Propuesta de reformas al Derecho chileno, Legal Publishing, Thomson Reuters, Santiago, Chili, 2013.

UBEIRA O. Cristián A., La Contratación Mercantil Internacional: Compraventa, Transporte, Seguros e Incoterms, Universidad Central, Chili, 2004.

URREJOLA S. Bárbara, Teoría de la Imprevisión, U. de Chile, 2003.

MANUELS

BARROS B. Enrique, Curso de Derecho de Obligaciones, Responsablidad Extracontractual, Université du Chili, Santiago, 2001.

KENFACK H., Droit du Commerce International, Dalloz, Paris, France, 5e édition, 2015.

ALFREDO Pierre, L’essentiel du Droit du Commerce International, Ellipses, Paris, France, 2014.

AZZOUZ Saliha, Contract Law, Les Points Essentiels du Droit des Contrats Internationaux, éditions Ophrys, Paris, France, 2015.

BRANAA Jean-Éric, English Law Made Simple, le droit anglais facile, Ellipses, Paris, France, 2013.

BRANAA Jean-Éric, BRUNON-ERNST A., CHAUDOIR N. et al., The English of Law: England and Wales, Belin, Paris, France, 2006.

CORRAL T., Hernán, Responsabilidad por Productos Defectuosos, análisis y propuestas para el derecho civil y de consumo en Chile, ed. Abeledo Perrot, Legal Publishing Chile, Santiago, Chili, 2011.

EL BADAWI Lamia, Les indispensables du droit commercial, Ellipses, Paris, France, 2015.

FROMONT Michel, Grands systèmes de droit étrangers, 7e édition, Dalloz, Paris, France, 2013.

LABORDE Jean-Pierre, SANA-CHAILLE DE NERE Sandrine, Droit International Privé, 18e édition, Dalloz, Paris, France, 2014.

LE GALL Jean Pierre ; RUELLAN Caroline, Droit Commercial, Notions générales, 16e édition, Dalloz, Paris, France, 2014.

LEGRAND Gislaine ; MARTINI Hubert, Commerce International, 3e édition, Dunod, Paris, France, 2010.

LEGAY Danièle (dirigé par), Commerce International, Nathan, Paris, France, 2015.

MEZA B., Ramón, Manual de Derecho Civil, de las Fuentes de las Obligaciones, Tomo I, 8ème. ed., Ed. Jurídica de Chile, Santiago, Chili, 1995.

RENAULT-BRAHINSKY Corinne, L'essentiel de la réforme du droit des obligations, Gualiano, Lextenso, Paris, France, 2016.

REPERTORIO DE LEGISLACIÓN Y JURISPRUDENCIA CHILENAS, Código Civil y Leyes complementarias, Tomos I - XI, 2e. édition, editorial jurídica de Chile, Santiago, 1998.

DICTIONNAIRES

Lexique des Termes Juridiques 2015-2016, Dalloz, Paris, France, 2016.

Le Robert de Poche 2010, Dictionnaires Le Robert-Sejer, Paris, France, 2009.

Larousse Espagnol, dictionnaire de poche, Larousse, Paris, France, 2008.

Larousse Anglais, dictionnaire poche plus, Larousse, Paris, France, 2008.

MADOYAN Annie, Les mots clés du commerce international, Bréal, Paris, France, 2016.

LIVRES DE MÉTHODOLOGIE

BEAUD Michel, L'art de la thèse, Comment préparer et rédiger un mémoire de master, une thèse de doctorat ou tout autre travail universitaire à l'ère du Net, La Découverte, Paris, France, 2006.

BOUTILLIER Sophie, GOGUEL D'ALLONDANS Alban, LABERE Nelly et al. Méthodologie de la thèse et du mémoire, Studyrama, Paris, France, 2014.
CAPITANT Henri, Comment il faut faire sa thèse de doctorat en droit, Dalloz, Paris, France, 1926.
MONGEAU Pierre, Réaliser son mémoire ou sa thèse, Cotê Jeans & Côté Tenue de soirée, Presses de l'Université de Québec, Québec, Canada, 2008.
ROMELAER Pierre, KALIKA Michel, Comment réussir sa thèse ? La conduite du projet de doctorat, Dunod, Paris, France, 2007.

CODES ET LOIS

Code de Droit International Privé, Code Bustamante, Santo Domingo, République Dominicaine.
Sale of Goods Act, Angleterre, 1979.
Principes d'Unidroit Relatifs aux Contrats de Commerce International, Unidroit, Rome, Italie, 2010.
Convention des Nations Unies sur les contrats de vente internationale de marchandises, N.U., 1980.
Code Civil Francais, Dalloz, Paris, France, 2016.
Code de Commerce Francais, Dalloz, Paris, France, 2016.
Código Civil Chileno, Thomson Reuters, Santiago, Chile, 2013.
Código de Comercio Chileno, Thomson Reuters, Santiago, Chile, 2013

ANNEXES

ANNEXE 1 : PRINCIPES D'UNIDROIT RELATIFS AUX CONTRATS DU COMMERCE INTERNATIONAL 2010

PRÉAMBULE

(Objet des Principes)

Les Principes qui suivent énoncent des règles générales propres à régir les contrats du commerce international.

Ils s'appliquent lorsque les parties acceptent d'y soumettre leur contrat (*).

Ils peuvent s'appliquer lorsque les parties acceptent que leur contrat soit régi par les principes généraux du droit, la *lex mercatoria* ou autre formule similaire.

Ils peuvent s'appliquer lorsque les parties n'ont pas choisi une loi particulière devant régir leur contrat.

Ils peuvent être utilisés afin d'interpréter ou de compléter d'autres instruments du droit international uniforme.

Ils peuvent être utilisés afin d'interpréter ou de compléter le droit national. Ils peuvent servir de modèle aux législateurs nationaux et internationaux.

(*) Les parties qui souhaitent prévoir que leur contrat sera soumis aux Principes pourraient utiliser le libellé qui suit, en ajoutant toute exception ou modification désirée :

"Le présent contrat sera régi par les Principes d'UNIDROIT (2010) [à l'exception des articles ...]".

Les parties qui souhaitent en outre prévoir l'application du droit d'un Etat particulier pourraient utiliser le libellé suivant :

"Le présent contrat sera régi par les Principes d'UNIDROIT (2010) [à l'exception des articles ...], complétés le cas échéant par le droit [du pays X]".

CHAPITRE 1 — DISPOSITIONS GÉNÉRALES

ARTICLE 1.1

(Liberté contractuelle)

Les parties sont libres de conclure un contrat et d'en fixer le contenu.

ARTICLE 1.2

(Forme du contrat)

Ces Principes n'imposent pas que le contrat, la déclaration ou tout autre acte soit conclu ou constaté sous une forme particulière. Il peut être prouvé par tous moyens, y compris par témoins.

ARTICLE 1.3

(Force obligatoire du contrat)

Le contrat valablement formé lie ceux qui l'ont conclu. Les parties ne peuvent le modifier ou y mettre fin que selon ses dispositions, d'un commun accord ou encore pour les causes énoncées dans ces Principes.

ARTICLE 1.4

(Règles impératives)

Ces Principes ne limitent pas l'application des règles impératives, d'origine nationale, Internationale ou supranationale, applicables selon les règles pertinentes du droit international privé.

(Exclusion ou modification conventionnelles)

Les parties peuvent exclure l'application de ces Principes, déroger à l'une quel- conque de leurs dispositions ou en modifier les effets, à moins que ces Principes n'en disposent autrement.

ARTICLE 1.5

(Exclusion ou modification conventionnelles)

Les parties peuvent exclure l'application de ces Principes, déroger à l'une quelconque de leurs dispositions ou en modifier les effets, à moins que ces Principes n'en disposent autrement.

ARTICLE 1.6

(Interprétation et comblement des lacunes)

1. Pour l'interprétation de ces Principes, il sera tenu compte de leur caractère international et de leur finalité, notamment de la nécessité de promouvoir l'uniformité de leur application.

2. Les questions qui entrent dans le champ d'application de ces Principes, mais que ceux-ci ne tranchent pas expressément, sont, dans la mesure du possible, réglées conformément aux principes généraux dont ils s'inspirent.

ARTICLE 1.7

(Bonne foi)

1. Les parties sont tenues de se conformer aux exigences de la bonne foi dans le commerce international.

2. Elles ne peuvent exclure cette obligation ni en limiter la portée.

ARTICLE 1.8

(Interdiction de se contredire)

Une partie ne peut agir en contradiction avec une attente qu'elle a suscitée chez l'autre partie lorsque cette dernière a cru raisonnablement à cette attente et a agi en conséquence à son désavantage.

ARTICLE 1.9

(Usages et pratiques)

1. Les parties sont liées par les usages auxquels elles ont consenti, ainsi que par les pratiques qu'elles ont établies entre elles.

2. Elles sont liées par tout usage qui, dans le commerce international, est largement connu et régulièrement observé par les parties à des contrats dans la branche commerciale considérée, à moins que son application ne soit déraisonnable.

ARTICLE 1.10

(Notification)

1. Une notification, lorsqu'elle est requise, peut se faire par tout moyen approprié aux circonstances.

2. Elle prend effet au moment où elle parvient au destinataire.

3. Aux fins du paragraphe précédent, une notification parvient à son destinataire lorsqu'elle lui est faite verbalement ou est délivrée à son établissement ou à son adresse postale.

4. Aux fins du présent article, le terme "notification" s'applique aussi à une déclaration, demande, requête ou autre communication d'intention.

ARTICLE 1.11

(Définitions)

Aux fins de ces Principes :

– le terme "tribunal" s'applique au tribunal arbitral ;

– lorsqu'une partie a plus d'un établissement, l' "établissement" à prendre en considération est celui qui a la relation la plus étroite avec le contrat et son exécution ;

– eu égard aux circonstances connues des parties ou envisagées par elles à un moment quelconque avant la conclusion ou lors de la conclusion du contrat ;

– le terme “débiteur” désigne la partie qui est tenue d’exécuter l’obligation et le terme “créancier” désigne la partie qui peut en réclamer l’exécution ;

– le terme “écrit” s’entend de tout mode de communication qui permet de conserver l’information qui y est contenue et qui est de nature à laisser une trace matérielle.

ARTICLE 1.12

(Computation des délais fixés par les parties)

1. Les jours fériés ou chômés qui tombent pendant que court le délai fixé par les parties pour l’accomplissement d’un acte sont comptés dans le calcul de ce délai.

2. Toutefois, le délai qui expirerait un jour qui est férié ou chômé au lieu d’établissement de la partie qui doit accomplir un acte, est prorogé jusqu’au premier jour ouvrable suivant, à moins que les circonstances n’indiquent le contraire.

3. La zone horaire est celle du lieu d’établissement de la partie qui fixe le délai, à moins que les circonstances n’indiquent le contraire.

CHAPITRE 2 — FORMATION DU CONTRAT ET POUVOIR DE REPRÉSENTATION

SECTION 1: FORMATION DU CONTRAT

ARTICLE 2.1.1

(Mode de formation)

Le contrat se conclut soit par l'acceptation d'une offre, soit par un comportement des parties qui indique suffisamment leur accord.

ARTICLE 2.1.2

(Définition de l'offre)

Une proposition de conclure un contrat constitue une offre si elle est suffisamment précise et si elle indique la volonté de son auteur d'être lié en cas d'acceptation.

ARTICLE 2.1.3

(Rétractation de l'offre)

1. L'offre prend effet lorsqu'elle parvient au destinataire.
2. L'offre, même irrévocable, peut être rétractée si la rétractation parvient au destinataire avant ou en même temps que l'offre.

ARTICLE 2.1.4

(Révocation de l'offre)

1. Jusqu'à ce que le contrat ait été conclu, l'offre peut être révoquée si la révocation parvient au destinataire avant que celui-ci ait expédié son acceptation.
2. Cependant, l'offre ne peut être révoquée :

a) si elle indique, en fixant un délai déterminé pour l'acceptation ou autrement, qu'elle est irrévocable ; ou

b) si le destinataire était raisonnablement fondé à croire que l'offre était irrévocable et s'il a agi en conséquence.

ARTICLE 2.1.5

(Rejet de l'offre)

L'offre prend fin lorsque son rejet parvient à son auteur.

ARTICLE 2.1.6

(Mode d'acceptation)

1. Constitue une acceptation toute déclaration ou autre comportement du destinataire indiquant qu'il acquiesce à l'offre. Le silence ou l'inaction ne peuvent à eux seuls valoir acceptation.
2. L'acceptation d'une offre prend effet au moment où l'indication

D'acquiescement parvient à l'auteur de l'offre.

3. Cependant, si, en vertu de l'offre, des pratiques établies entre les parties ou des usages, le destinataire peut, sans notification à l'auteur de l'offre, indiquer qu'il acquiesce en accomplissant un acte, l'acceptation prend effet au moment où cet acte est accompli.

ARTICLE 2.1.7

(Délai d'acceptation)

L'offre doit être acceptée dans le délai stipulé par l'auteur de l'offre ou, à défaut d'une telle stipulation, dans un délai raisonnable, compte tenu des circonstances, notamment de la rapidité des moyens de communication utilisés par l'auteur de l'offre. Une offre verbale doit être acceptée immédiatement, à moins que les circonstances n'indiquent le contraire.

ARTICLE 2.1.8

(Délai déterminé d'acceptation)

Le délai d'acceptation fixé par l'auteur de l'offre commence à courir au moment où l'offre est expédiée. La date indiquée dans l'offre est présumée être celle de l'expédition, à moins que les circonstances n'indiquent le contraire.

ARTICLE 2.1.9

(Acceptation tardive. Retard dans la transmission)

1. Une acceptation tardive produit néanmoins effet en tant qu'acceptation si, sans retard indu, l'auteur de l'offre en informe le destinataire ou lui adresse une notification à cet effet.

2. Une communication contenant une acceptation tardive, expédiée dans des circonstances telles que si sa transmission avait été régulière, elle serait parvenue à temps à l'auteur de l'offre, produit effet en tant qu'acceptation, à moins que, sans retard indu, l'auteur de l'offre n'informe le destinataire qu'il considère celle-ci comme ayant pris fin.

ARTICLE 2.1.10

(Rétractation de l'acceptation)

L'acceptation peut être rétractée pourvu que la rétractation parvienne à l'auteur de l'offre au plus tard au moment où l'acceptation aurait pris effet.

ARTICLE 2.1.11

(Modification de l'acceptation)

1. La réponse à une offre qui se veut acceptation de cette offre, mais qui contient des additions, des limitations ou d'autres modifications, vaut rejet de l'offre et constitue une contre-proposition.

2. Toutefois, la réponse qui se veut acceptation, mais qui contient des éléments complémentaires ou différents n'altérant pas substantiellement les

termes de l'offre, constitue une acceptation, à moins que l'auteur de l'offre, sans retard indu, n'exprime son désaccord sur ces éléments. S'il ne le fait pas, les termes du contrat sont ceux de l'offre avec les modifications énoncées dans l'acceptation.

ARTICLE 2.1.12

(Confirmation écrite)

Si un écrit qui se veut confirmation d'un contrat, tout en contenant des éléments complémentaires ou différents, est expédié dans un délai raisonnable après sa conclusion, ces éléments font partie du contrat, à moins qu'ils n'en altèrent la substance ou que le destinataire, sans retard indu, n'exprime son désaccord sur ces éléments.

ARTICLE 2.1.13

(Contrat subordonné à un accord sur certaines questions relatives au fond ou à la forme)

Lorsqu'une partie, au cours des négociations, exige que la conclusion du contrat soit subordonnée à un accord sur certaines questions relatives au fond ou à la forme, le contrat n'est conclu que si les parties parviennent à un accord sur ces questions.

ARTICLE 2.1.14

(Clause à déterminer ultérieurement)

1. Dès lors que les parties entendent conclure un contrat, le fait qu'elles renvoient la détermination d'une clause à un accord ultérieur ou à la décision d'un tiers ne fait pas obstacle à la conclusion du contrat.

2. L'existence du contrat n'est pas compromise du fait que, par la suite

a) les parties ne sont pas parvenues à un accord; ou

b) le tiers n'a pas pris de décision, à condition qu'il y ait un autre moyen de déterminer cette clause qui soit raisonnable dans les circonstances en tenant compte de l'intention des parties.

ARTICLE 2.1.15

(Mauvaise foi dans les négociations)

1. Les parties sont libres de négocier et ne peuvent être tenues pour responsables si elles ne parviennent pas à un accord.

2. Toutefois, la partie qui, dans la conduite ou la rupture des négociations, agit de mauvaise foi est responsable du préjudice qu'elle cause à l'autre partie.

3. Est, notamment, de mauvaise foi la partie qui entame ou poursuit des négociations sachant qu'elle n'a pas l'intention de parvenir à un accord.

ARTICLE 2.1.16

(Devoir de confidentialité)

Qu'il y ait ou non conclusion du contrat, la partie qui, au cours des négociations, reçoit une information donnée à titre confidentiel par l'autre partie, est tenue de ne pas la divulguer ni l'utiliser de façon indue à des fins personnelles. Le manquement à ce devoir est susceptible de donner lieu à une indemnité comprenant, le cas échéant, le bénéfice qu'en aura retiré l'autre partie.

ARTICLE 2.1.17

(Clauses d'intégralité)

Le contrat écrit qui contient une clause stipulant que le document renferme toutes les conditions dont les parties sont convenues ne peut être contredit ou complété par la preuve de déclarations ou d'accords antérieurs. Ces déclarations ou accords peuvent cependant servir à l'interprétation du document.

ARTICLE 2.1.18

(Modification sous une forme particulière)

Le contrat écrit qui contient une clause stipulant que toute modification ou révocation amiable doit être faite sous une forme particulière ne peut être modifié ou révoqué sous une autre forme. Toutefois, une partie peut être privée du bénéfice de cette disposition si son comportement a incité l'autre partie à agir raisonnablement en conséquence.

ARTICLE 2.1.19

(Clauses-types)

1. Les règles générales relatives à la formation du contrat s'appliquent lorsque l'une des parties ou les deux utilisent des clauses-types, sous réserve des articles 2.1.20 à 2.1.22.

2. Sont des clauses-types les dispositions établies à l'avance par l'une des parties pour un usage général et répété et effectivement utilisées sans négociation avec l'autre partie.

ARTICLE 2.1.20

(Clauses inhabituelles)

1. Une clause reproduisant une clause-type est sans effet lorsqu'elle est d'une nature telle que l'autre partie ne pouvait raisonnablement s'attendre à la voir figurer au contrat, à moins que celle-ci n'y consente expressément.

2. Pour déterminer si une clause est d'une telle nature, on prend en considération son contenu, le langage employé ou sa présentation.

ARTICLE 2.1.21

(Conflit entre clauses-types et clauses qui ne le sont pas)

En cas d'incompatibilité entre une clause-type et une clause qui ne l'est pas, cette dernière l'emporte.

ARTICLE 2.1.22

(Désaccord sur les clauses-types)

Lorsque les parties utilisent des clauses-types sans parvenir à un accord sur celles-ci, le contrat est néanmoins conclu sur la base des clauses convenues et des clauses- types qui, pour l'essentiel, sont communes aux parties, à moins que l'une d'elles ne signifie à l'autre, soit à l'avance, soit ultérieurement et sans retard indu, qu'elle n'entend pas être liée par un tel contrat.

SECTION 2 : POUVOIR DE REPRÉSENTATION

ARTICLE 2.2.1

(Objet de la Section)

1. La présente Section régit le pouvoir d'une personne (le "représentant") de produire des effets dans la situation juridique d'une autre personne (le "représenté")

2. relativement à la conclusion ou à l'exécution d'un contrat avec un tiers. Le représentant agit en son propre nom ou au nom du représenté.

3. Elle ne régit que les rapports entre, d'une part, le représenté ou le représentant et, d'autre part, le tiers.

4. Elle ne régit pas le pouvoir conféré par la loi à un représentant, ni celui d'un représentant nommé par une autorité publique ou judiciaire.

ARTICLE 2.2.2

(Constitution et étendue du pouvoir de représentation)

1. L'attribution par le représenté du pouvoir de représentation peut être expresse ou implicite.

2. Le représentant a le pouvoir d'accomplir tous les actes nécessaires à l'exécution de sa mission, compte tenu des circonstances.

ARTICLE 2.2.3

(Divulgation de la représentation)

1. Les actes accomplis par le représentant dans la limite de ses pouvoirs, alors que le tiers savait ou aurait dû savoir qu'il agissait en cette qualité, engagent directement le représenté et le tiers. Aucun rapport juridique n'est créé entre le représentant et le tiers.

2. Toutefois, le représentant qui, avec le consentement du représenté, devient lui-même partie au contrat, n'engage que lui-même envers le tiers.

ARTICLE 2.2.4

(Non divulgation de la représentation)

1. Les actes accomplis par le représentant dans la limite de ses pouvoirs, alors que le tiers ne savait ni n'aurait dû savoir que le représentant agissait en cette qualité, n'engagent que lui-même et le tiers.

2. Toutefois, si le représentant, en contractant avec le tiers pour le compte d'une entreprise, se présente comme en étant le propriétaire, le tiers qui découvre le véritable propriétaire peut aussi exercer, à l'encontre de ce dernier, les droits qu'il détient à l'encontre du représentant.

ARTICLE 2.2.5

(Représentant agissant sans pouvoir ou au-delà de ses pouvoirs)

1. Une personne qui agit en qualité de représentant, mais sans pouvoir ou au-delà de ses pouvoirs, n'engage ni le représenté ni le tiers.

2. Toutefois, lorsque le comportement du représenté conduit le tiers à croire raisonnablement que le représentant a le pouvoir d'agir pour le compte du représenté et qu'il agit dans la limite de ce pouvoir, le représenté ne peut se prévaloir à l'égard du tiers du défaut de pouvoir du représentant.

ARTICLE 2.2.6

(Responsabilité du représentant agissant sans pouvoir ou au-delà de ses pouvoirs)

1. Le représentant qui agit sans pouvoir ou au-delà de ses pouvoirs est tenu, en l'absence de ratification par le représenté, de payer au tiers les dommages-intérêts qui placeront ce dernier dans la situation où il se serait trouvé si le représentant avait agi en vertu d'un pouvoir ou s'il n'avait pas agi au-delà de ses pouvoirs.

2. Toutefois, le représentant n'y sera pas tenu si le tiers savait ou aurait dû savoir que le représentant agissait sans pouvoir ou au-delà de ses pouvoirs.

ARTICLE 2.2.7

(Conflit d'intérêts)

1. Si le contrat conclu par le représentant implique celui-ci dans un conflit d'intérêts avec le représenté, que le tiers connaissait ou aurait dû connaître, le représenté peut annuler le contrat, conformément aux dispositions des articles 3.2.9 et 3.2.11 à 3.2.15.

2. Toutefois, le représenté ne peut annuler le contrat

a) s'il a consenti à l'implication du représentant dans le conflit d'intérêts, ou s'il le connaissait ou aurait dû le connaître; ou

b) si le représentant a révélé le conflit au représenté et que ce dernier n'a pas soulevé d'objection dans un délai raisonnable.

ARTICLE 2.2.8

(Substitution de représentant)

Le représentant a le pouvoir implicite de désigner un représentant substitué pour accomplir les actes dont il n'est pas raisonnable de penser qu'il les accomplira personnellement. Les règles de la présente Section s'appliquent à la représentation par substitution.

ARTICLE 2.2.9

(Ratification)

1. Le représenté peut ratifier l'acte accompli par une personne qui a agi en qualité de représentant, sans en avoir le pouvoir ou au-delà de ses pouvoirs. Une fois ratifié, l'acte produit les mêmes effets que s'il avait été, dès l'origine, accompli en vertu d'un pouvoir.

2. Le tiers peut, par voie de notification, accorder au représenté un délai raisonnable pour la ratification. Si, dans ce délai, le représenté ne ratifie pas l'acte, il ne pourra plus le faire.

3. Lorsque, au moment de l'acte accompli par le représentant, le tiers ne connaissait et n'aurait pas dû connaître le défaut de pouvoir, il peut, à tout moment avant la ratification, indiquer au représenté par voie de notification son refus d'être lié par la ratification.

ARTICLE 2.2.10

(Extinction du pouvoir)

1. L'extinction du pouvoir n'a d'effet à l'égard du tiers que s'il en avait ou aurait dû en avoir connaissance.

Nonobstant l'extinction de son pouvoir, le représentant demeure habilité à accomplir les actes nécessaires afin d'éviter toute atteinte aux intérêts du représenté.

CHAPITRE 3 — VALIDITÉ

SECTION 1 : DISPOSITIONS GÉNÉRALES

ARTICLE 3.1.1

(Matières non traitées)

Le présent Chapitre ne traite pas de l'incapacité des parties.

ARTICLE 3.1.2

(Validité par seul accord)

Pour conclure, modifier un contrat ou y mettre fin, il suffit de l'accord des parties et de lui seul.

ARTICLE 3.1.3

(Impossibilité initiale)

1. Le seul fait que, lors de la conclusion du contrat, l'une des parties était dans l'impossibilité d'exécuter ses obligations ne porte pas atteinte à la validité du contrat.

2. Il en est de même si, lors de la conclusion du contrat, l'une des parties ne pouvait disposer des biens qui en faisaient l'objet.

ARTICLE 3.1.4

(Caractère impératif des dispositions)

Les dispositions relatives au dol, à la contrainte, à l'avantage excessif et à l'illicéité contenues dans le présent Chapitre sont impératives.

SECTION 2 : MOTIFS D'ANNULATION

ARTICLE 3.2.1

(Définition de l'erreur)

L'erreur est une fausse croyance relative aux faits ou au droit existant au moment de la conclusion du contrat.

ARTICLE 3.2.2

(Nullité pour erreur)

1. La nullité pour cause d'erreur ne peut être invoquée par une partie que si, lors de la conclusion du contrat, l'erreur était d'une importance telle qu'une personne raisonnable, placée dans les mêmes circonstances, ne se serait pas engagée ou ne se serait engagée qu'à des conditions substantiellement différentes si elle avait eu connaissance de la situation véritable, et que l'autre partie:

a) a commis la même erreur ou a été à l'origine de celle-ci ou encore a connu ou aurait dû connaître son existence et qu'il était contraire aux exigences de la bonne foi en matière commerciale de laisser la victime dans l'erreur; ou

b) n'a pas agi raisonnablement, au moment de l'annulation, en se prévalant des dispositions du contrat.

2. En outre, la nullité pour cause d'erreur ne peut être invoquée lorsque:

a) l'erreur découle de la faute lourde de la partie qui l'a commise; ou

b) l'erreur porte sur une matière dans laquelle le risque d'erreur avait été assumé ou, eu égard aux circonstances, devait être assumé par la partie qui est dans l'erreur.

ARTICLE 3.2.3

(Erreur dans l'expression ou la transmission)

L'erreur commise dans l'expression ou la transmission d'une déclaration est imputable à l'auteur de cette déclaration.

ARTICLE 3.2.4

(Moyens ouverts en cas d'inexécution)

La nullité du contrat pour cause d'erreur ne peut être invoquée par une partie lorsque les circonstances donnent ou auraient pu donner ouverture à un moyen fondé sur l'inexécution.

ARTICLE 3.2.5

(Dol)

La nullité du contrat pour cause de dol peut être invoquée par une partie lorsque son engagement a été déterminé par les manœuvres frauduleuses de l'autre partie, notamment son langage ou ses actes, ou lorsque cette dernière, contrairement aux exigences de la bonne foi en matière commerciale, a omis frauduleusement de faire part à la première de circonstances particulières qu'elle aurait dû révéler.

ARTICLE 3.2.6

(Contrainte)

La nullité du contrat pour cause de contrainte peut être invoquée par une partie lorsque son engagement a été déterminé par les menaces injustifiées de l'autre partie, dont l'imminence et la gravité, eu égard aux circonstances, ne laissent à la première aucune autre issue raisonnable. Une menace est, notamment, injustifiée lorsque l'acte ou l'omission dont une partie est menacée est en soi illicite, ou qu'est illicite le recours à une telle menace en vue d'obtenir la conclusion du contrat.

ARTICLE 3.2.7

(Avantage excessif)

1. La nullité du contrat ou de l'une de ses clauses pour cause de lésion peut être invoquée par une partie lorsqu'au moment de sa conclusion, le

contrat ou la clause accorde injustement un avantage excessif à l'autre partie. On doit, notamment, prendre en considération :

a) le fait que l'autre partie a profité d'une manière déloyale de l'état de dépendance, de la détresse économique, de l'urgence des besoins, de l'imprévoyance, de l'ignorance, de l'inexpérience ou de l'inaptitude à la négociation de la première; et

b) la nature et le but du contrat.

2. Le tribunal peut, à la demande de la partie lésée, adapter le contrat ou la clause afin de le rendre conforme aux exigences de la bonne foi en matière commerciale.

3. Le tribunal peut également adapter le contrat ou la clause à la demande de la partie ayant reçu une notification d'annulation si l'expéditeur de la notification en soit informé sans tarder et qu'il n'ait pas agi raisonnablement en conséquence. Le paragraphe 2 de l'article 3.2.10 est alors applicable.

ARTICLE 3.2.8

(Tiers)

1. La victime du dol, de la contrainte, de l'avantage excessif ou de l'erreur imputables à un tiers, ou qui sont connus ou devraient être connus d'un tiers, pour les actes dont l'autre partie répond, peut annuler le contrat au même titre que si ces vices avaient été le fait de l'autre partie elle-même.

2. La victime du dol, de la contrainte ou de l'avantage excessif imputables à un tiers pour les actes dont l'autre partie ne répond pas, peut annuler le contrat lorsque l'autre partie avait, ou aurait dû avoir, connaissance de ces vices ou que, au moment de l'annulation, elle n'a pas agi raisonnablement en se prévalant des dispositions du contrat.

ARTICLE 3.2.9

(Confirmation)

Le contrat ne peut être annulé lorsque la partie en droit de le faire confirme expressément ou implicitement ce contrat dès que le délai pour la notification de l'annulation a commencé à courir.

ARTICLE 3.2.10

(Perte du droit à l'annulation)

1. En dépit de l'erreur autorisant une partie à annuler le contrat, celui-ci n'en est pas moins conclu tel que cette partie l'avait envisagé, si l'autre partie manifeste l'intention de s'y conformer ou qu'elle exécute ses obligations ainsi que la victime de l'erreur l'entendait. La partie qui entend agir de la sorte doit le faire promptement après avoir été informée de l'erreur commise par l'autre partie et avant que cette dernière n'ait donné raisonnablement suite à la notification d'annulation.

2. La victime de l'erreur perd alors le droit d'annuler le contrat et toute notification antérieure d'annulation est sans effet.

ARTICLE 3.2.11

(Annulation par notification)

L'annulation du contrat par une partie se fait par voie de notification à l'autre.

ARTICLE 3.2.12

(Délais)

1. L'annulation doit être notifiée dans un délai raisonnable, eu égard aux circonstances, à partir du moment où la partie en droit d'annuler le contrat soit connaissait les causes de l'annulation ou ne pouvait les ignorer, soit pouvait agir librement.

2. Le délai de notification visant l'annulation d'une clause particulière du contrat en vertu de l'article 3.2.7 court à partir du moment où l'autre partie s'en prévaut.

ARTICLE 3.2.13

(Annulation partielle)

L'annulation se limite aux seules clauses du contrat visées par la cause d'annulation, à moins que, eu égard aux circonstances, il ne soit déraisonnable de maintenir les autres dispositions du contrat.

ARTICLE 3.2.14

(Effet rétroactif de l'annulation)

L'annulation a un effet rétroactif.

ARTICLE 3.2.15

(Restitution)

1. L'annulation permet à chaque partie de demander la restitution de ce qu'elle a fourni en exécution du contrat ou des clauses annulées, pourvu qu'elle procède simultanément à la restitution de ce qu'elle a reçu.

2. Si la restitution en nature s'avère impossible ou n'est pas appropriée, elle doit, si cela est raisonnable, être exécutée en valeur.

3. Celui qui a reçu l'exécution n'est pas tenu de restituer en valeur si l'impossibilité de restituer en nature est imputable à l'autre partie.

4. Une indemnité peut être demandée pour les frais raisonnablement nécessaires pour préserver ou conserver ce qui a été reçu.

ARTICLE 3.2.16

(Dommages-intérêts)

Que le contrat ait été annulé ou non, la partie qui connaissait ou aurait dû connaître la cause d'annulation est tenue à des dommages-intérêts de manière à replacer l'autre partie dans l'état où elle se serait trouvée si le contrat n'avait pas été conclu.

ARTICLE 3.2.17

(Déclarations unilatérales)

Les dispositions du présent Chapitre s'appliquent, avec les adaptations nécessaires, à toute communication d'intention qu'une partie adresse à l'autre.

SECTION 3 : ILLICÉITÉ

ARTICLE 3.3.1

(Contrat violant une règle impérative)

1. La violation d'une règle impérative d'origine nationale, internationale ou supranationale qui s'applique en vertu de l'article 1.4 produit sur le contrat les effets que ladite règle a pu prescrire expressément.

2. Lorsque la règle impérative ne prescrit pas expressément les effets de sa violation sur le contrat, les parties peuvent exercer les moyens fondés sur l'inexécution du contrat qui sont raisonnables dans les circonstances.

3. Pour déterminer ce qui est raisonnable, il sera tenu compte, notamment:

a) du but de la règle violée ;

b) de la catégorie de personnes que la règle entend protéger ;

c) de toute sanction qui pourrait être imposée en vertu de la règle violée ;

d) de la gravité de la violation ;

e) du fait que la violation était connue ou aurait dû être connue de l'une des parties ou des deux ;

f) du fait que l'exécution du contrat requiert la violation ; et

g) des attentes raisonnables des parties.

ARTICLE 3.3.2

(Restitution)

1. Lorsqu'un contrat violant une règle impérative au sens de l'article 3.3.1 a été exécuté, la restitution peut être permise si cela est raisonnable dans les circonstances.

2. Pour déterminer ce qui est raisonnable, il sera tenu compte, avec les adaptations nécessaires, des critères visés au paragraphe 3 de l'article 3.3.1.

3. Si la restitution est permise, les règles énoncées à l'article 3.2.15 s'appliquent avec les adaptations nécessaires.

CHAPITRE 4 — INTERPRÉTATION

ARTICLE 4.1

(Intention des parties)

1. Le contrat s'interprète selon la commune intention des parties.

2. Faute de pouvoir déceler la commune intention des parties, le contrat s'interprète selon le sens que lui donnerait une personne raisonnable de même qualité placée dans la même situation.

ARTICLE 4.2

(Interprétation des déclarations et des comportements)

1. Les déclarations et le comportement d'une partie s'interprètent selon l'intention de leur auteur lorsque l'autre partie connaissait ou ne pouvait ignorer cette intention.

2. A défaut d'application du paragraphe précédent, ils s'interprètent selon le sens que lui donnerait une personne raisonnable de même qualité placée dans la même situation.

ARTICLE 4.3

(Circonstances pertinentes)

Pour l'application des articles 4.1 et 4.2, on prend en considération toutes les circonstances, notamment :

a) les négociations préliminaires entre les parties ;

b) les pratiques établies entre les parties ;

c) le comportement des parties postérieur à la conclusion du contrat ;

d) la nature et le but du contrat ;

e) le sens généralement attribué aux clauses et aux expressions dans la branche commerciale concernée ;

f) les usages.

ARTICLE 4.4

(Cohérence du contrat)

Les clauses et les expressions s'interprètent en fonction de l'ensemble du contrat ou de la déclaration où elles figurent.

ARTICLE 4.5

(Interprétation utile)

Les clauses d'un contrat s'interprètent dans le sens avec lequel elles peuvent toutes avoir quelque effet, plutôt que dans le sens avec lequel certaines n'en auraient aucun.

ARTICLE 4.6

(Règle *contra proferentem*)

En cas d'ambiguïté, les clauses d'un contrat s'interprètent de préférence contre celui qui les a proposées.

ARTICLE 4.7

(Divergences linguistiques)

En cas de divergence entre deux ou plusieurs versions linguistiques faisant également foi, préférence est accordée à l'interprétation fondée sur une version d'origine.

ARTICLE 4.8

(Omissions)

1. A défaut d'accord entre les parties quant à une clause qui est importante pour la détermination de leurs droits et obligations, on y supplée par une clause appropriée.

2. Pour déterminer ce qui constitue une clause appropriée, on prend en considération, notamment :

a) l'intention des parties ;
b) la nature et le but du contrat ;
c) la bonne foi ;
d) ce qui est raisonnable.

CHAPITRE 5 — CONTENU DU CONTRAT, DROITS DES TIERS ET OBLIGATIONS CONDITIONNELLES

SECTION 1: CONTENU DU CONTRAT

ARTICLE 5.1.1

(Obligations expresses et implicites)

Les obligations contractuelles des parties sont expresses ou implicites.

ARTICLE 5.1.2

(Obligations implicites)

Les obligations implicites découlent :

a) de la nature et du but du contrat ;

b) des pratiques établies entre les parties et des usages ;

c) de la bonne foi ;

d) de ce qui est raisonnable.

ARTICLE 5.1.3

(Devoir de coopération)

Les parties ont entre elles un devoir de coopération lorsque l'on peut raisonnablement s'y attendre dans l'exécution de leurs obligations.

ARTICLE 5.1.4

(Obligation de résultat et obligation de moyens)

1. Le débiteur d'une obligation de résultat est tenu de fournir le résultat promis.

2. Le débiteur d'une obligation de moyens est tenu d'apporter à l'exécution de sa prestation la prudence et la diligence d'une personne raisonnable de même qualité placée dans la même situation.

ARTICLE 5.1.5

(Détermination du type d'obligation)

Pour déterminer si l'obligation est de moyens ou de résultat, on prend en considération, notamment :

a) la manière dont l'obligation est exprimée dans le contrat ;

b) le prix et les autres éléments du contrat ;

c) le degré d'aléa normalement présent dans la poursuite du résultat recherché ;

d) l'influence que peut exercer l'autre partie sur l'exécution de l'obligation.

ARTICLE 5.1.6

(Détermination de la qualité de la prestation)

Lorsque la qualité de la prestation n'est pas fixée par le contrat ou déterminable en vertu de celui-ci, une partie est tenue de fournir une prestation de qualité raisonnable et, eu égard aux circonstances, au moins égale à la moyenne.

ARTICLE 5.1.7

(Fixation du prix)

1. Lorsque le contrat ne fixe pas de prix ou ne prévoit pas le moyen de le déterminer, les parties sont réputées, sauf indication contraire, s'être référées au prix habituellement pratiqué lors de la conclusion du contrat, dans la branche commerciale considérée, pour les mêmes prestations effectuées dans des circonstances comparables ou, à défaut d'un tel prix, à un prix raisonnable.
2. Lorsque le prix qui doit être fixé par une partie s'avère manifestement déraisonnable, il lui est substitué un prix raisonnable, nonobstant toute stipulation contraire.
3. Lorsqu'un tiers chargé de la fixation du prix ne peut ou ne veut le faire, il est fixé un prix raisonnable.
4. Lorsque le prix doit être fixé par référence à un facteur qui n'existe pas, a cessé d'exister ou d'être accessible, celui-ci est remplacé par le facteur qui s'en rapproche le plus.

ARTICLE 5.1.8

(Contrat à durée indéterminée)

Chacune des parties peut résilier un contrat à durée indéterminée en notifiant un préavis d'une durée raisonnable.

ARTICLE 5.1.9

(Renonciation par convention)

1. Un créancier peut renoncer à son droit par convention avec le débiteur.
2. L'offre à titre gratuit de renoncer à un droit est présumée acceptée si le débiteur ne la rejette pas immédiatement après en avoir eu connaissance.

SECTION 2: DROITS DES TIERS

ARTICLE 5.2.1

(Stipulation pour autrui)

1. Les parties (le "promettant" et le "stipulant") peuvent, par un accord exprès ou tacite, conférer un droit à un tiers (le "bénéficiaire").
2. L'existence et le contenu du droit que le bénéficiaire peut exercer à l'encontre du promettant sont déterminés par l'accord des parties et soumis aux conditions ou autres limitations prévues dans l'accord.

ARTICLE 5.2.2

(Tiers identifiable)

Le bénéficiaire doit être identifiable avec une certitude suffisante dans le contrat, mais il peut ne pas exister au moment de la conclusion du contrat.

ARTICLE 5.2.3

(Clauses exonératoires et limitatives)

Les droits conférés au bénéficiaire comprennent celui d'invoquer une clause du contrat qui exclut ou limite la responsabilité du bénéficiaire.

ARTICLE 5.2.4

(Moyens de défense)

Le promettant peut opposer au bénéficiaire tous les moyens de défense qu'il pourrait opposer au stipulant.

ARTICLE 5.2.5

(Révocation)

Les parties peuvent modifier ou révoquer les droits conférés par le contrat au bénéficiaire, tant que ce dernier ne les a pas acceptés ou n'a pas agi raisonnablement en conséquence.

ARTICLE 5.2.6

(Renonciation)

Le bénéficiaire peut renoncer à un droit qui lui a été conféré.

SECTION 3: OBLIGATIONS CONDITIONNELLES

ARTICLE 5.3.1

(Types de conditions)

Un contrat ou une obligation contractuelle peuvent être rendus conditionnels si on les fait dépendre de la réalisation d'un événement futur et incertain, de sorte que le contrat ou l'obligation contractuelle ne prennent effet (condition suspensive) ou ne prennent fin (condition résolutoire) que si l'événement se réalise.

ARTICLE 5.3.2

(Effet des conditions)

A moins que les parties n'en disposent autrement :

a) le contrat ou l'obligation contractuelle concernés prennent effet au moment de la réalisation d'une condition suspensive;

b) le contrat ou l'obligation contractuelle concernée prennent fin au moment de la réalisation d'une condition résolutoire.

ARTICLE 5.3.3

(Immixtion dans le jeu de la condition)

1. Si la réalisation d'une condition est empêchée par une partie, contrairement au devoir de bonne foi ou de coopération, cette partie ne peut pas invoquer la non- réalisation de la condition.

2. Si la réalisation d'une condition est provoquée par une partie, contrairement au devoir de bonne foi ou de coopération, cette partie ne peut pas invoquer la réalisation de la condition.

ARTICLE 5.3.4

(Obligation de préserver les droits)

Avant la réalisation de la condition, une partie ne peut pas, contrairement au devoir d'agir de bonne foi, faire en sorte de porter atteinte aux droits de l'autre partie pour le cas où la condition se réaliserait.

ARTICLE 5.3.5

(Restitution en cas de réalisation d'une condition résolutoire)

1. Lors de la réalisation d'une condition résolutoire, les règles sur la restitution des articles 7.3.6 et 7.3.7 s'appliquent avec les adaptations nécessaires.

2. Si les parties sont convenues qu'une condition résolutoire aura un effet rétroactif, les règles sur la restitution de l'article 3.2.15 s'appliquent avec les adaptations nécessaires.

CHAPITRE 6 — EXÉCUTION

SECTION 1 : EXÉCUTION EN GÉNÉRAL

ARTICLE 6.1.1

(Moment de l'exécution)

Le débiteur est tenu d'exécuter ses obligations :

a) si une date est fixée par le contrat ou déterminable en vertu de celui-ci, à cette date ;

b) si une période de temps est fixée par le contrat ou déterminable en vertu de celui-ci, à un moment quelconque au cours de cette période, à moins qu'il ne résulte des circonstances que le choix du moment appartienne à l'autre partie ;

c) à défaut, dans un délai raisonnable à partir de la conclusion du contrat.

ARTICLE 6.1.2

(Exécution en une seule fois ou échelonnée)

Dans les cas prévus à l'article 6.1.1 b) et c), le débiteur doit, dans la mesure de la possible et sauf indication contraire découlant des circonstances, exécuter ses obligations en une seule fois.

ARTICLE 6.1.3

(Exécution partielle)

1. Le créancier peut, à l'échéance, refuser d'accepter une offre d'exécution partielle, qu'elle soit ou non accompagnée d'une assurance de bonne exécution du solde, à moins de n'avoir aucun intérêt légitime à le faire.

2. Les frais supplémentaires occasionnés au créancier du fait de l'exécution partielle sont à la charge du débiteur, sans préjudice de tout autre moyen.

ARTICLE 6.1.4

(Ordre des prestations)

1. Dans la mesure où les prestations de chaque partie peuvent être exécutées simultanément, les parties sont tenues de les exécuter ainsi, à moins de circonstances indiquant le contraire.

2. Dans la mesure où la prestation d'une seule partie exige un délai d'exécution, cette partie est tenue de l'exécuter en premier, à moins de circonstances indiquant le contraire.

ARTICLE 6.1.5

(Exécution avant l'échéance)

1. Le créancier peut refuser l'exécution avant l'échéance, à moins de n'avoir aucun intérêt légitime à le faire.

2. L'acceptation par une partie d'une exécution avant l'échéance n'a aucun effet sur la date à laquelle elle doit exécuter ses propres obligations, dès lors que cette date a été fixée sans tenir compte de l'exécution des obligations de l'autre partie.

3. Les frais supplémentaires occasionnés au créancier du fait de l'exécution avant l'échéance sont à la charge du débiteur, sans préjudice de tout autre moyen.

ARTICLE 6.1.6

(Lieu d'exécution)

1. Lorsque le lieu d'exécution de l'obligation n'est pas fixé par le contrat ou déterminable en vertu de celui-ci, l'exécution s'effectue :

a) pour une obligation de somme d'argent, au lieu de l'établissement du créancier;

b) pour toute autre obligation, au lieu de l'établissement du débiteur.

2. La partie qui change d'établissement après la conclusion du contrat supporte l'augmentation des frais liés à l'exécution qu'un tel changement a pu occasionner.

ARTICLE 6.1.7

(Paiement par chèque ou autres instruments)

1. Le paiement peut être effectué par tout moyen en usage dans les conditions normales du commerce au lieu de paiement.

2. Toutefois, le créancier qui, en vertu du paragraphe précédent ou volontairement, accepte un chèque, un autre ordre de paiement ou un engagement de payer n'est présumé le faire qu'à la condition que ces instruments seront honorés.

ARTICLE 6.1.8

(Paiement par transfert de fonds)

1. A moins que le créancier n'ait indiqué un compte particulier, le paiement peut être effectué par transfert à l'un quelconque des établissements financiers où le créancier a fait savoir qu'il possède un compte.

2. En cas de paiement par transfert, le débiteur est libéré de son obligation à la date à laquelle le transfert à l'établissement financier du créancier prend effet.

ARTICLE 6.1.9

(Monnaie de paiement)

1. Le débiteur d'une obligation de somme d'argent exprimée dans une monnaie autre que celle du lieu de paiement, peut se libérer dans cette dernière monnaie, à moins :

a) que cette monnaie ne soit pas librement convertible ; ou

b) que les parties aient convenu que le paiement sera effectué uniquement dans la monnaie dans laquelle l'obligation est exprimée.

2. Lorsque le débiteur se trouve dans l'impossibilité d'effectuer un paiement dans la monnaie dans laquelle l'obligation est exprimée, le créancier peut, même dans le cas visé à l'alinéa b) du paragraphe 1 b), exiger le paiement dans la monnaie du lieu où le paiement doit être effectué.

3. Le paiement dans la monnaie du lieu où le paiement doit être effectué se fait selon le taux de change qui y est fixé à l'échéance.

4. Toutefois, si le débiteur n'a pas payé à l'échéance, le créancier peut exiger le paiement selon le taux de change fixé soit à l'échéance, soit au moment du paiement.

ARTICLE 6.1.10

(Monnaie non précisée)

Lorsque la monnaie d'une obligation de somme d'argent n'est pas précisée, le paiement a lieu dans la monnaie du lieu où il doit être effectué.

ARTICLE 6.1.11

(Coût de l'exécution)

Chaque partie supporte les frais de l'exécution de ses obligations.

ARTICLE 6.1.12

(Imputation des paiements)

1. Le débiteur tenu de plusieurs dettes de sommes d'argent à l'égard d'un même créancier peut indiquer, au moment du paiement, sur quelle dette il entend l'imputer. Toutefois, le paiement est imputé d'abord sur les frais, puis sur les intérêts échus et, enfin, sur le capital.

2. A défaut d'indication par le débiteur, le créancier peut, dans un délai raisonnable après le paiement, indiquer au débiteur la dette sur laquelle il l'impute, pourvu que celle-ci soit exigible et non litigieuse.

3. A défaut d'imputation en vertu de l'un des paragraphes précédents, le paiement est imputé sur la dette qui satisfait à l'un des critères suivants dans l'ordre fixé ci-après:

a) une dette échue ou à échoir en premier ;

b) la dette pour laquelle le créancier a la garantie la plus faible ;

c) la dette la plus onéreuse pour le débiteur ;

d) la dette la plus ancienne.

Si aucun des critères précédents ne s'applique, l'imputation se fait proportionnellement sur toutes les dettes.

ARTICLE 6.1.13

(Imputation en cas d'obligations non pécuniaires)

L'article 6.1.12 s'applique, avec les adaptations nécessaires, à l'imputation du paiement d'obligations non pécuniaires.

ARTICLE 6.1.14

(Demande d'autorisation publique)

A moins de dispositions ou de circonstances contraires, lorsqu'une autorisation publique touchant la validité ou l'exécution du contrat est exigée par la loi d'un Etat, il revient :

a) à la partie qui a seule son établissement dans cet Etat de prendre les mesures nécessaires à l'obtention d'une telle autorisation ;

b) dans tout autre cas, à la partie dont l'exécution de l'obligation exige une autorisation, de prendre les mesures nécessaires.

ARTICLE 6.1.15

(Procédure d'obtention de l'autorisation)

1. La partie qui doit prendre les mesures nécessaires à l'obtention de l'autorisation doit le faire sans retard indu et en supporter les frais.

2. Elle doit, s'il y a lieu, informer sans retard indu l'autre partie de l'octroi ou du refus de l'autorisation.

ARTICLE 6.1.16

(Autorisation ni accordée ni refusée)

1. L'une ou l'autre des parties peut mettre fin au contrat si, bien que toutes les mesures requises aient été prises par la partie qui y est tenue, l'autorisation n'est ni accordée ni refusée dans le délai fixé ou, à défaut, dans un délai raisonnable à partir de la conclusion du contrat.

2. Le paragraphe précédent ne s'applique pas lorsque l'autorisation ne concerne que certaines clauses du contrat et que, même dans l'éventualité d'un refus, il paraît raisonnable, eu égard aux circonstances, de maintenir les autres clauses.

ARTICLE 6.1.17

(Refus d'autorisation)

1. Le refus d'une autorisation touchant la validité du contrat emporte la nullité du contrat. La nullité n'est que partielle lorsque le refus invalide seulement certaines clauses du contrat et que, eu égard aux circonstances, il paraît raisonnable de maintenir les autres clauses.

2. Les règles relatives à l'inexécution s'appliquent lorsque le refus d'autorisation rend impossible l'exécution totale ou partielle du contrat.

SECTION 2 : HARDSHIP

ARTICLE 6.2.1

(Respect du contrat)

Les parties sont tenues de remplir leurs obligations, quand bien même l'exécution en serait devenue plus onéreuse, sous réserve des dispositions suivantes relatives au hardship.

ARTICLE 6.2.2

(Définition)

Il y a hardship lorsque surviennent des événements qui altèrent fondamentalement l'équilibre des prestations, soit que le coût de l'exécution des obligations ait augmenté, soit que la valeur de la contre-prestation ait diminué, et

a) que ces événements sont survenus ou ont été connus de la partie lésée après la conclusion du contrat ;

b) que la partie lésée n'a pu, lors de la conclusion du contrat, raisonnablement prendre de tels événements en considération ;

c) que ces événements échappent au contrôle de la partie lésée ; et

d) que le risque de ces événements n'a pas été assumé par la partie lésée.

ARTICLE 6.2.3

(Effets)

1. En cas de hardship, la partie lésée peut demander l'ouverture de renégociations. La demande doit être faite sans retard indu et être motivée.

2. La demande ne donne pas par elle-même à la partie lésée le droit de suspendre l'exécution de ses obligations.

3. Faute d'accord entre les parties dans un délai raisonnable, l'une ou l'autre peut saisir le tribunal.

4. Le tribunal qui conclut à l'existence d'un cas de hardship peut, s'il l'estime raisonnable:

a) mettre fin au contrat à la date et aux conditions qu'il fixe; ou

b) adapter le contrat en vue de rétablir l'équilibre des prestations.

CHAPITRE 7 — INEXÉCUTION

SECTION 1 : INEXÉCUTION EN GÉNÉRAL

ARTICLE 7.1.1

(Définition)

Par inexécution, on entend tout manquement par une partie à l'une quelconque de ses obligations résultant du contrat, y compris l'exécution défectueuse ou tardive.

ARTICLE 7.1.2

(Fait du créancier)

Une partie ne peut se prévaloir de l'inexécution par l'autre partie dans la mesure où l'inexécution est due à un acte ou à une omission de sa propre part ou encore à un événement dont elle a assumé le risque.

ARTICLE 7.1.3

(Exception d'inexécution)

Une partie tenue d'exécuter sa prestation en même temps que l'autre partie peut en suspendre l'exécution tant que celle-ci n'a pas offert d'exécuter la sienne.

Une partie tenue d'exécuter sa prestation après l'autre partie peut en suspendre l'exécution tant que celle-ci n'a pas exécuté la sienne.

ARTICLE 7.1.4

(Correction par le débiteur)

Le débiteur peut, à ses propres frais, prendre toute mesure destinée à corriger l'inexécution, pourvu que :

Il donne, sans retard indu, notification de la mesure indiquant comment et à quel moment elle sera effectuée ;

La mesure soit appropriée aux circonstances ;

Le créancier n'ait aucun intérêt légitime à la refuser ; et

La mesure soit prise sans retard.

La notification de la résolution ne porte pas atteinte au droit à la correction.

Les droits du créancier qui sont incompatibles avec l'exécution des prestations du débiteur sont eux-mêmes suspendus par la notification effective de la correction jusqu'à l'expiration du délai prévu.

Le créancier peut suspendre l'exécution de ses obligations tant que la correction n'a pas été effectuée.

Nonobstant la correction, le créancier conserve le droit à des dommages-intérêts pour le retard occasionné, de même que pour le préjudice causé ou qui n'a pu être empêché.

ARTICLE 7.1.5

(Délai d'exécution supplémentaire)

En cas d'inexécution, le créancier peut notifier au débiteur qu'il lui impartit un délai supplémentaire pour l'exécution de ses obligations.

Avant l'expiration de ce délai, le créancier peut suspendre l'exécution de ses obligations corrélatives et demander des dommages-intérêts, mais il ne peut se prévaloir d'aucun autre moyen. Le créancier peut, néanmoins, se prévaloir de tout autre moyen prévu au présent Chapitre lorsque le débiteur lui fait parvenir une notification l'informant qu'il ne s'acquittera pas de ses obligations dans le délai imparti ou lorsque, pendant ce délai supplémentaire, l'exécution correcte n'est pas intervenue.

Le créancier qui, dans sa notification, a imparti un délai supplémentaire d'une durée raisonnable peut, si le retard dans l'exécution ne constitue pas une inexécution essentielle, mettre fin au contrat à l'expiration de ce délai. Un délai supplémentaire d'une durée déraisonnable est porté à une durée raisonnable. Le créancier peut, dans sa notification, stipuler que l'inexécution des obligations dans le délai imparti mettra fin de plein droit au contrat.

Le paragraphe précédent ne s'applique pas lorsque l'inexécution est d'importance minime par rapport à l'ensemble des obligations du débiteur.

ARTICLE 7.1.6

(Clauses exonératoires)

Une partie ne peut se prévaloir d'une clause limitative ou exclusive de responsabilité en cas d'inexécution d'une obligation, ou lui permettant de fournir une prestation substantiellement différente de celle à laquelle peut raisonnablement s'attendre l'autre partie, si, eu égard au but du contrat, il serait manifestement inéquitable de le faire.

ARTICLE 7.1.7

(Force majeure)

Est exonéré des conséquences de son inexécution le débiteur qui établit que celle-ci est due à un empêchement qui échappe à son contrôle et que l'on ne pouvait raisonnablement attendre de lui qu'il le prenne en considération au moment de la conclusion du contrat, qu'il le prévienne ou le surmonte ou qu'il en prévienne ou surmonte les conséquences.

Lorsque l'empêchement n'est que temporaire, l'exonération produit effet pendant un délai raisonnable en tenant compte des conséquences de l'empêchement sur l'exécution du contrat.

Le débiteur doit notifier au créancier l'existence de l'empêchement et les conséquences sur son aptitude à exécuter. Si la notification n'arrive pas à destination dans un délai raisonnable à partir du moment où il a eu, ou aurait dû avoir, connaissance de l'empêchement, le débiteur est tenu à des dommages-intérêts pour le préjudice résultant du défaut de réception.

Les dispositions du présent article n'empêchent pas les parties d'exercer leur droit de résoudre le contrat, de suspendre l'exécution de leurs obligations ou d'exiger les intérêts d'une somme échue.

SECTION 2: DROIT À L'EXÉCUTION

ARTICLE 7.2.1

(Exécution de l'obligation de somme d'argent)

A défaut par le débiteur de payer une dette de somme d'argent, le créancier peut en exiger le paiement.

ARTICLE 7.2.2

(Exécution de l'obligation non pécuniaire)

A défaut par le débiteur de s'acquitter d'une obligation autre que de somme d'argent, le créancier peut en exiger l'exécution, sauf lorsque :

L'exécution est impossible en droit ou en fait ;

L'exécution ou, s'il y a lieu, les voies d'exécution exigent des efforts ou des dépenses déraisonnables ;

Le créancier peut raisonnablement en obtenir l'exécution d'une autre façon ;

L'exécution présente un caractère strictement personnel ; ou

Le créancier n'exige pas l'exécution dans un délai raisonnable à partir du moment où il a eu, ou aurait dû avoir, connaissance de l'inexécution.

ARTICLE 7.2.3

(Réparation et remplacement)

Le droit à l'exécution comprend, le cas échéant, le droit à la réparation ou au remplacement de l'objet, ainsi qu'à tout autre moyen de remédier à une exécution défectueuse. Les dispositions des articles 7.2.1 et 7.2.2 sont alors applicables.

ARTICLE 7.2.4

(Pénalité judiciaire)

Le tribunal qui ordonne au débiteur de s'acquitter de ses obligations peut également lui imposer une pénalité s'il ne se conforme pas à la décision.

La pénalité est payable au créancier, sauf dispositions impératives de la loi du for. Le paiement de la pénalité n'empêche pas le créancier de réclamer des dommages-intérêts.

ARTICLE 7.2.5

(Changement de moyens)

Le créancier qui, ayant exigé l'exécution d'une obligation autre que de somme d'argent, ne l'a pas reçue dans le délai fixé ou, à défaut, dans un délai raisonnable, peut se prévaloir de tout autre moyen.

Lorsque la décision du tribunal relative à l'exécution d'une obligation autre que de somme d'argent ne peut faire l'objet d'une exécution forcée, le créancier peut se prévaloir de tout autre moyen.

SECTION 3: RÉSOLUTION

ARTICLE 7.3.1

(Droit à la résolution)

Une partie peut résoudre le contrat s'il y a inexécution essentielle de la part de l'autre partie.

Pour déterminer ce qui constitue une inexécution essentielle, on prend, notamment, en considération les circonstances suivantes :

L'inexécution prive substantiellement le créancier de ce qu'il était en droit d'attendre du contrat, à moins que le débiteur n'ait pas prévu ou n'ait pu raisonnablement prévoir ce résultat ;

La stricte exécution de l'obligation est de l'essence du contrat ;

L'inexécution est intentionnelle ou téméraire ;

L'inexécution donne à croire au créancier qu'il ne peut plus compter dans l'avenir sur l'exécution du contrat ;

Le débiteur subirait, en cas de résolution, une perte excessive résultant de la préparation ou de l'exécution du contrat.

En cas de retard, le créancier peut également résoudre le contrat si le débiteur n'exécute pas dans le délai visé à l'article 7.1.5.

ARTICLE 7.3.2

(Notification de la résolution)

La résolution du contrat s'opère par notification au débiteur.

Lorsque l'offre d'exécution est tardive ou que l'exécution n'est pas conforme, le créancier perd le droit de résoudre le contrat s'il ne fait parvenir à l'autre partie une notification dans un délai raisonnable à partir du moment où il a eu, ou aurait dû avoir, connaissance de l'offre ou de la non-conformité.

ARTICLE 7.3.3

(Inexécution anticipée)

Une partie est fondée à résoudre le contrat si, avant l'échéance, il est manifeste qu'il y aura inexécution essentielle de la part de l'autre partie.

ARTICLE 7.3.4

(Assurances suffisantes de bonne exécution)

La partie qui croit raisonnablement qu'il y aura inexécution essentielle de la part de l'autre partie peut exiger d'elle des assurances suffisantes de bonne exécution et peut, dans l'intervalle, suspendre l'exécution de ses propres obligations. Elle peut résoudre le contrat si ces assurances ne sont pas fournies dans un délai raisonnable.

ARTICLE 7.3.5

(Effets de la résolution)

La résolution du contrat libère pour l'avenir les parties de leurs obligations respectives.

Elle n'exclut pas le droit de demander des dommages-intérêts pour inexécution.

Elle n'a pas d'effet sur les clauses du contrat relatives au règlement des différends ni sur toute autre clause destinée à produire effet même en cas de résolution.

ARTICLE 7.3.6

(Restitution s'agissant des contrats à exécuter en une seule fois)

Après résolution d'un contrat à exécuter en une seule fois, chaque partie peut demander la restitution de ce qu'elle a fourni en exécution du contrat, pourvu qu'elle procède simultanément à la restitution de ce qu'elle a reçu.

Si la restitution en nature s'avère impossible ou n'est pas appropriée, elle doit, si cela est raisonnable, être exécutée en valeur.

Celui qui reçoit l'exécution n'est pas tenu de restituer en valeur si l'impossibilité de restituer en nature est imputable à l'autre partie.

Une indemnité peut être demandée pour les frais raisonnablement nécessaires pour préserver ou conserver ce qui a été reçu.

ARTICLE 7.3.7

(Restitution s'agissant des contrats dont l'exécution se prolonge dans le temps)

Après résolution d'un contrat dont l'exécution se prolonge dans le temps, la restitution ne peut avoir lieu que pour la période postérieure à la résolution, à condition que le contrat soit divisible.

Dans la mesure où il y a restitution, les dispositions de l'article 7.3.6 s'appliquent.

SECTION 4: DOMMAGES-INTÉRÊTS

ARTICLE 7.4.1

(Droit aux dommages-intérêts)

L'inexécution d'une obligation donne au créancier le droit à des dommages-intérêts, soit à titre exclusif, soit en complément d'autres moyens, sous réserve des exonérations prévues dans ces Principes.

ARTICLE 7.4.2

(Réparation intégrale)

Le créancier a droit à la réparation intégrale du préjudice qu'il a subi du fait de l'inexécution. Le préjudice comprend la perte qu'il a subie et le bénéfice dont il a été privé, compte tenu de tout gain résultant pour le créancier d'une dépense ou d'une perte évitée.

Le préjudice peut être non pécuniaire et résulter, notamment, de la souffrance physique ou morale.

ARTICLE 7.4.3

(Certitude du préjudice)

N'est réparable que le préjudice, même futur, qui est établi avec un degré raisonnable de certitude.

La perte d'une chance peut être réparée dans la mesure de la probabilité de sa réalisation.

Le préjudice dont le montant ne peut être établi avec un degré suffisant de certitude est évalué à la discrétion du tribunal.

ARTICLE 7.4.4

(Prévisibilité du préjudice)

Le débiteur est tenu du seul préjudice qu'il a prévu, ou qu'il aurait pu raisonnablement prévoir, au moment de la conclusion du contrat comme une conséquence probable de l'inexécution.

ARTICLE 7.4.5

(Preuve du préjudice en cas de remplacement)

Le créancier qui, ayant résolu le contrat, passe un contrat de remplacement dans un délai et d'une manière raisonnables, peut recouvrer la différence entre le prix prévu au contrat initial et le prix du contrat de remplacement, de même que des dommages-intérêts pour tout préjudice supplémentaire.

ARTICLE 7.4.6

(Preuve du préjudice par référence au prix courant)

Le créancier qui, ayant résolu le contrat, ne procède pas à un contrat de remplacement peut, s'il existe un prix courant pour la prestation convenue, recouvrer la différence entre le prix prévu au contrat et le prix courant au jour de la résolution, de même que des dommages-intérêts pour tout préjudice supplémentaire.

Par prix courant, on entend le prix généralement pratiqué pour une prestation effectuée dans des circonstances comparables au lieu où elle aurait dû être effectuée ou, à défaut de prix courant en ce lieu, le prix courant pratiqué en un autre lieu qu'il paraît raisonnable de prendre comme lieu de référence.

ARTICLE 7.4.7

(Préjudice partiellement imputable au créancier)

Lorsque le préjudice est partiellement imputable à un acte ou une omission du créancier ou à un autre événement dont il a assumé le risque, le montant des dommages-intérêts est réduit dans la mesure où ces facteurs ont contribué à la réalisation du préjudice et compte tenu du comportement respectif des parties.

ARTICLE 7.4.8

(Atténuation du préjudice)

Le débiteur ne répond pas du préjudice dans la mesure où le créancier aurait pu l'atténuer par des moyens raisonnables.

Le créancier peut recouvrer les dépenses raisonnablement occasionnées en vue d'atténuer le préjudice.

ARTICLE 7.4.9

(Intérêts pour non-paiement de somme d'argent)

En cas de non-paiement d'une somme d'argent à l'échéance, le créancier a droit aux intérêts de cette somme entre l'échéance et la date du paiement, qu'il y ait ou non exonération.

Le taux d'intérêt est le taux bancaire de base à court terme moyen pour la monnaie de paiement du contrat au lieu où le paiement doit être effectué ou, à défaut d'un tel taux en ce lieu, le même taux dans l'Etat de la monnaie de paiement. En l'absence d'un tel taux à l'un ou l'autre lieu, le taux d'intérêt est le taux approprié fixé par la loi de l'Etat de la monnaie de paiement.

Le créancier a droit, en outre, à des dommages-intérêts pour tout préjudice supplémentaire.

ARTICLE 7.4.10

(Intérêts des dommages-intérêts)

Sauf stipulation contraire, les dommages-intérêts pour inexécution d'une obligation autre que de somme d'argent portent intérêt à compter de la date d'inexécution.

ARTICLE 7.4.11

(Modalité de la réparation en argent)

Les dommages-intérêts sont versés en une seule fois. Ils peuvent, toutefois, en raison de la nature du préjudice, faire l'objet de versements périodiques.

Les versements périodiques peuvent être assortis d'une indexation.

ARTICLE 7.4.12

(Monnaie d'évaluation des dommages-intérêts)

Les dommages-intérêts sont évalués soit dans la monnaie dans laquelle l'obligation pécuniaire a été exprimée, soit dans la monnaie dans laquelle le préjudice a été subi, selon ce qui paraît le plus approprié.

ARTICLE 7.4.13

(Indemnité établie au contrat)

Lorsque le contrat porte que celui qui manquera de l'exécuter paiera une certaine somme à raison de l'inexécution, cette somme sera allouée au créancier indépendamment du préjudice effectivement subi.

Toutefois, nonobstant toute stipulation contraire, l'indemnité peut être réduite à un montant raisonnable si elle est manifestement excessive par rapport au préjudice découlant de l'inexécution et aux autres circonstances.

CHAPITRE 8 — COMPENSATION

ARTICLE 8.1

(Conditions de la compensation)

Lorsque deux personnes sont réciproquement débitrices de sommes d'argent ou de dettes de même nature, l'une d'entre elles ("la première partie") peut compenser la dette qu'elle a envers son créancier ("l'autre partie") si, au moment de la compensation,

La première partie a le droit de payer sa dette;

La dette de l'autre partie est certaine, dans son existence et dans son montant, et est exigible.

Si les dettes des deux parties proviennent du même contrat, la première partie peut compenser sa dette avec une dette de l'autre partie, qui n'est pas certaine dans son existence ou dans son montant.

ARTICLE 8.2

(Compensation de dettes en monnaie étrangère)

Lorsque des dettes de sommes d'argent doivent être payées dans des monnaies différentes, la compensation ne peut s'exercer que si les deux monnaies sont librement convertibles et si les parties n'ont pas convenu que la première partie paierait sa dette exclusivement dans une monnaie déterminée.

ARTICLE 8.3

(Compensation par notification)

La compensation s'exerce par notification à l'autre partie.

ARTICLE 8.4

(Contenu de la notification)

La notification doit indiquer, de manière suffisamment précise, les dettes concernées par la compensation.

Si la notification n'indique pas les dettes à l'égard desquelles la compensation est exercée, l'autre partie peut, dans un délai raisonnable, déclarer à la première partie la ou les dettes qu'elle entend compenser. A défaut d'une telle déclaration, la compensation s'exerce proportionnellement à l'égard de toutes les dettes.

ARTICLE 8.5

(Effets de la compensation)

La compensation éteint les dettes.

Si les dettes diffèrent dans leur montant, la compensation les éteint à concurrence du montant de la dette la moins élevée.

La compensation prend effet au jour de la notification.

CHAPITRE 9 — CESSION DE CRÉANCES, CESSION DE DETTES, CESSION DE CONTRATS

SECTION 1: CESSION DE CRÉANCES

ARTICLE 9.1.1

(Définitions)

Une "cession de créance" est le transfert par convention, effectué par une personne (le "cédant") à une autre personne (le "cessionnaire"), d'une créance du cédant contre un tiers (le "débiteur"), relative au paiement d'une somme d'argent ou à l'exécution d'une autre prestation. Le transfert peut être fait à titre de garantie.

ARTICLE 9.1.2

(Exclusions)

La présente Section ne régit pas les transferts réalisés selon les règles particulières applicables aux transferts : d'instruments tels que des titres négociables, des titres de propriété et des instruments financiers, ou de créances dans le cadre d'un transfert d'entreprise.

ARTICLE 9.1.3

(Cessibilité de créances non pécuniaires)

Une créance relative à l'exécution d'une prestation non pécuniaire ne peut être cédée que si la cession ne rend pas l'obligation substantiellement plus onéreuse.

ARTICLE 9.1.4

(Cession partielle)

Une créance relative au paiement d'une somme d'argent peut être cédée partiellement.

Une créance relative à l'exécution d'une prestation non pécuniaire ne peut être cédée partiellement que si elle est divisible et si la cession ne rend pas l'obligation substantiellement plus onéreuse.

ARTICLE 9.1.5

(Créances futures)

Une créance future est réputée cédée au moment de la convention, à condition que la créance, lorsqu'elle naît, puisse être identifiée comme la créance cédée.

ARTICLE 9.1.6

(Créances cédées sans désignation individuelle)

Plusieurs créances peuvent être cédées ensemble sans désignation individuelle, à condition que ces créances puissent être identifiées comme les créances cédées au moment de la cession ou lorsque les créances viennent à naître.

ARTICLE 9.1.7

(Convention entre cédant et cessionnaire suffisante)

Une créance est cédée par la seule convention entre cédant et cessionnaire, sans notification au débiteur.

Le consentement du débiteur n'est pas requis, sauf si l'obligation, selon les circonstances, revêt un caractère essentiellement personnel.

ARTICLE 9.1.8

(Frais supplémentaires pour le débiteur)

Le débiteur a droit à être indemnisé par le cédant ou par le cessionnaire de tous les frais supplémentaires occasionnés par la cession.

ARTICLE 9.1.9

(Clauses d'incessibilité)

La cession d'une créance relative au paiement d'une somme d'argent est valable malgré l'existence d'un accord entre le cédant et le débiteur limitant ou interdisant une telle cession. Toutefois, le cédant peut être responsable envers le débiteur pour inexécution du contrat.

La cession d'une créance relative à l'exécution d'une autre prestation n'est pas valable, si elle enfreint un accord entre le cédant et le débiteur limitant ou interdisant une telle cession. Toutefois, la cession est valable si le cessionnaire, au moment de la cession, ne connaissait pas et n'aurait pas dû connaître l'existence de cet accord. Dans ce cas, le cédant peut être responsable envers le débiteur pour inexécution du contrat.

ARTICLE 9.1.10

(Notification au débiteur)

Tant que la cession ne lui a pas été notifiée par le cédant ou par le cessionnaire, le débiteur se libère en payant le cédant.

Après avoir reçu cette notification, le débiteur ne peut plus se libérer qu'en payant le cessionnaire.

ARTICLE 9.1.11

(Cessions successives)

Si le cédant cède une même créance à deux ou plusieurs cessionnaires successifs, le débiteur se libère en payant selon l'ordre dans lequel les notifications ont été reçues.

ARTICLE 9.1.12

(Preuve suffisante de la cession)

Si la notification de la cession est faite par le cessionnaire, le débiteur peut demander au cessionnaire de lui produire, dans un délai raisonnable, une preuve suffisante de la réalité de la cession.

Tant qu'il n'a pas reçu cette preuve suffisante, le débiteur peut suspendre le paiement.

La notification est sans effet si la preuve suffisante n'est pas produite.

Une preuve suffisante peut, notamment, consister en un écrit émanant du cédant et indiquant que la cession a eu lieu.

ARTICLE 9.1.13

(Moyens de défense et compensation)

Le débiteur peut opposer au cessionnaire tous les moyens de défense qu'il pourrait opposer au cédant.

Le débiteur peut exercer à l'encontre du cessionnaire tout droit de compensation dont il disposait à l'égard du cédant jusqu'au moment où il a reçu notification de la cession.

ARTICLE 9.1.14

(Droits relatifs à la créance cédée)

Une cession de créance transfère au cessionnaire :

tous les droits du cédant à un paiement ou à une autre prestation prévus par le contrat relatifs à la créance cédée, et tous les droits garantissant le paiement de la créance cédée.

ARTICLE 9.1.15

(Garanties dues par le cédant)

Sauf indication contraire, le cédant garantit au cessionnaire que : la créance cédée existe au moment de la cession, à moins qu'il ne s'agisse d'une créance future ;

Le cédant a le droit de céder la créance ; la créance n'a pas été précédemment cédée à un autre cessionnaire, et elle est libre de tout droit ou prétention d'un tiers ; le débiteur ne peut opposer aucun moyen de défense ; ni le débiteur ni le cédant n'ont notifié la compensation de la créance cédée et ne procéderont pas à une telle notification ;

Le cédant remboursera au cessionnaire tout paiement reçu du débiteur avant que la cession ait été notifiée.

SECTION 2: CESSION DE DETTES

ARTICLE 9.2.1

(Modalités de la cession)

Une obligation de payer une somme d'argent ou d'exécuter une autre prestation peut être cédée par une personne (le "débiteur originaire") à une autre (le "nouveau débiteur") soit par une convention entre le débiteur originaire et le nouveau débiteur, sous réserve de l'article 9.2.3, soit par une convention entre le créancier et le nouveau débiteur, par laquelle le nouveau débiteur assume l'obligation.

ARTICLE 9.2.2

(Exclusion)

La présente Section ne régit pas les cessions de dettes réalisées selon les règles particulières applicables aux cessions de dettes dans le cadre d'un transfert d'entreprise.

ARTICLE 9.2.3

(Exigence du consentement du créancier à la cession)

La cession d'une dette par convention entre le débiteur originaire et le nouveau débiteur requiert le consentement du créancier.

ARTICLE 9.2.4

(Consentement anticipé du créancier)

Le créancier peut donner son consentement de manière anticipée.

Si le créancier a donné son consentement de manière anticipée, la cession de la dette produit ses effets lorsque la cession est notifiée au créancier ou lorsque le créancier la reconnaît.

ARTICLE 9.2.5

(Libération du débiteur originaire)

Le créancier peut libérer le débiteur originaire.

Le créancier peut également conserver le débiteur originaire comme débiteur pour le cas où le nouveau débiteur n'exécuterait pas correctement son obligation.

En tout autre cas, le débiteur originaire et le nouveau débiteur sont engagés solidairement.

ARTICLE 9.2.6

(Exécution par un tiers)

Sans le consentement du créancier, le débiteur peut convenir avec une autre personne que cette dernière exécutera l'obligation à la place du débiteur, à moins que l'obligation, selon les circonstances, ne revête un caractère essentiellement personnel.

Le créancier conserve son recours contre le débiteur.

ARTICLE 9.2.7

(Moyens de défense et compensation)

Le nouveau débiteur peut opposer au créancier tous les moyens de défense que le débiteur originaire pourrait opposer au créancier.

Le nouveau débiteur ne peut pas exercer à l'encontre du créancier un droit de compensation dont disposait le débiteur originaire à l'égard du créancier.

ARTICLE 9.2.8

(Droits relatifs à la dette cédée)

Le créancier peut se prévaloir à l'égard du nouveau débiteur de tous ses droits à un paiement ou à une autre prestation prévue par le contrat relativement à la dette cédée.

Si le débiteur originaire est libéré en vertu du paragraphe 1 de l'article 9.2.5, toute personne autre que le nouveau débiteur ayant garanti le paiement de la dette est libéré, à moins que cette autre personne n'accepte de maintenir la garantie en faveur du créancier.

La libération du débiteur originaire entraîne également l'extinction de toute sûreté donnée par le débiteur originaire au créancier en garantie de l'exécution de l'obligation, à moins que la sûreté ne porte sur un bien transféré dans le cadre d'une opération intervenue entre le débiteur originaire et le nouveau débiteur.

SECTION 3: CESSION DE CONTRATS

ARTICLE 9.3.1

(Définitions)

Une "cession de contrat" est le transfert par convention effectué par une personne (le "cédant") à une autre (le "cessionnaire") des droits et obligations du cédant né d'un contrat avec une autre personne (l'"autre partie").

ARTICLE 9.3.2

(Exclusion)

La présente Section ne régit pas les cessions de contrats réalisées selon les règles particulières applicables aux cessions de contrats dans le cadre d'un transfert d'entreprise.

ARTICLE 9.3.3

(Exigence du consentement de l'autre partie)

La cession d'un contrat requiert le consentement de l'autre partie.

ARTICLE 9.3.4

(Consentement anticipé de l'autre partie)

L'autre partie peut donner son consentement de manière anticipée.

Si l'autre partie a donné son consentement de manière anticipée, la cession du contrat produit ses effets lorsque la cession est notifiée à l'autre partie ou lorsque l'autre partie la reconnaît.

ARTICLE 9.3.5

(Libération du cédant)

L'autre partie peut libérer le cédant.

L'autre partie peut également conserver le cédant comme débiteur pour le cas où le cessionnaire n'exécuterait pas correctement ses obligations.

En tout autre cas, le cédant et le cessionnaire sont engagés solidairement.

ARTICLE 9.3.6

(Moyens de défense et compensation)

Dans la mesure où la cession d'un contrat comporte une cession de créances, l'article 9.1.13 est alors applicable.

Dans la mesure où la cession d'un contrat comporte une cession de dettes, l'article 9.2.7 est alors applicable.

ARTICLE 9.3.7

(Droits transférés avec le contrat)

Dans la mesure où la cession d'un contrat comporte une cession de créances, l'article 9.1.14 est alors applicable.

Dans la mesure où la cession d'un contrat comporte une cession de dettes, l'article 9.2.8 est alors applicable.

CHAPITRE 10 — DÉLAIS DE PRESCRIPTION

ARTICLE 10.1

(Portée du Chapitre)

Les droits régis par ces Principes ne peuvent plus être exercés après l'expiration d'un certain laps de temps, appelé "délai de prescription", selon les règles du présent Chapitre.

Le présent Chapitre ne régit pas le délai pendant lequel, en vertu de ces Principes, une partie doit, pour acquérir ou exercer son droit, adresser une notification à l'autre partie ou accomplir un acte autre que l'engagement d'une procédure.

ARTICLE 10.2

(Délais de prescription)

Le délai de prescription de droit commun est de trois ans à partir du lendemain du jour où le créancier a connu ou devait connaître les faits lui permettant d'exercer son droit.

En toute hypothèse, le délai maximum de prescription est de dix ans à partir du lendemain du jour où le droit pouvait être exercé.

ARTICLE 10.3

(Modification des délais de prescription par les parties)

Les parties peuvent modifier les délais de prescription.

Toutefois, elles ne peuvent pas

Abréger le délai de prescription de droit commun à moins d'un an;

Abréger le délai maximum de prescription à moins de 4 ans ;

Allonger le délai maximum de prescription à plus de 15 ans.

ARTICLE 10.4

(Nouveau délai de prescription par reconnaissance du droit)

Lorsque, avant l'expiration du délai de prescription de droit commun, le débiteur reconnaît le droit du créancier, un nouveau délai de prescription de droit commun court à partir du lendemain du jour de la reconnaissance.

Le délai maximum de prescription demeure inchangé, mais il peut être dépassé par le cours d'un nouveau délai de prescription de droit commun visé au paragraphe 1 de l'article 10.2.

ARTICLE 10.5

(Suspension par les procédures judiciaires)

Le délai de prescription est suspendu :

Lorsque le créancier, en intentant une procédure judiciaire ou au cours d'une procédure judiciaire déjà engagée, accomplit tout acte qui, d'après la loi de la juridiction saisie, est considéré comme faisant valoir son droit envers le débiteur ;

Lorsque le créancier, en cas d'insolvabilité du débiteur, fait valoir son droit dans la procédure d'insolvabilité ; ou

Lorsque le créancier, en cas de procédure en dissolution de l'entité débitrice, fait valoir son droit dans cette procédure.

La suspension se prolonge jusqu'à ce qu'une décision définitive ait été rendue ou que la procédure ait pris fin d'une autre façon.

ARTICLE 10.6

(Suspension par les procédures arbitrales)

Le délai de prescription est suspendu lorsque le créancier, en intentant une procédure arbitrale ou au cours d'une procédure arbitrale déjà engagée, accomplit tout acte qui, d'après la loi du tribunal arbitral saisi, est considéré comme faisant valoir son droit envers le débiteur. En l'absence de règlement de la procédure arbitrale ou de dispositions déterminant la date exacte du début de la procédure arbitrale, cette procédure est réputée engagée à la date à laquelle le débiteur reçoit une requête en arbitrage.

La suspension se prolonge jusqu'à ce qu'une décision obligatoire ait été rendue ou que la procédure ait pris fin d'une autre façon.

ARTICLE 10.7

(Règlements alternatifs des différends)

Les dispositions des articles 10.5 et 10.6 s'appliquent, avec les adaptations nécessaires, aux autres procédures dans lesquelles les parties demandent à une tierce personne de les aider dans leurs efforts pour parvenir à un règlement amiable du litige.

ARTICLE 10.8

(Suspension en cas de force majeure, de décès ou d'incapacité)

Lorsque, par un événement échappant à son contrôle et qu'il ne pouvait ni prévenir ni surmonter, le créancier a été empêché d'arrêter le cours d'un délai de prescription en vertu des articles précédents, le délai de prescription de droit commun est suspendu et il ne pourra prendre fin avant une année après que l'empêchement ait cessé d'exister.

Lorsque l'empêchement résulte de l'incapacité ou du décès du créancier ou du débiteur, la suspension cesse lorsqu'a été désigné un représentant de la personne incapable ou un exécuteur de la personne décédée ou de sa succession, ou lorsqu'un héritier aura repris le patrimoine de la personne décédée ; le délai additionnel d'un an prévu au paragraphe précédent est alors applicable.

ARTICLE 10.9

(Effet de l'expiration du délai)

L'expiration du délai de prescription n'éteint pas le droit.

L'expiration du délai de prescription n'a d'effet que si le débiteur l'invoque comme moyen de défense.

Un droit peut toujours être invoqué comme moyen de défense, même si l'expiration du délai de prescription a été soulevée.

ARTICLE 10.10

(Droit de compensation)

Le créancier peut exercer le droit de compensation jusqu'à ce que le débiteur ait soulevé l'expiration du délai de prescription.

ARTICLE 10.11

(Restitution)

Lorsqu'une prestation a été fournie en exécution d'une obligation, la seule expiration du délai de prescription n'ouvre aucun droit à restitution.

CHAPITRE 11 — PLURALITÉ DE DÉBITEURS ET DE CRÉANCIERS

SECTION 1: PLURALITÉ DE DÉBITEURS

ARTICLE 11.1.1

(Définitions)

Lorsque plusieurs débiteurs sont tenus de la même obligation envers un créancier :

Les obligations sont solidaires lorsque chaque débiteur est tenu pour le tout;

Les obligations sont séparées lorsque chaque débiteur est tenu seulement pour sa part.

ARTICLE 11.1.2

(Présomption de solidarité)

Lorsque plusieurs débiteurs sont tenus de la même obligation envers un créancier, ils sont présumés solidairement tenus, à moins que les circonstances n'indiquent le contraire.

ARTICLE 11.1.3

(Droits du créancier envers les débiteurs solidaires)

Lorsque des débiteurs sont solidairement tenus, le créancier peut réclamer l'exécution à n'importe lequel d'entre eux, jusqu'à ce qu'il ait reçu pleine exécution.

ARTICLE 11.1.4

(Moyens de défense et compensation)

Un débiteur solidaire contre qui le créancier exerce un recours peut invoquer tous moyens de défense et exercer tous droits de compensation qui lui sont personnels ou qui sont communs à tous les coobligés, mais il ne peut ni invoquer les moyens de défense ni exercer les droits de compensation qui sont personnels à un ou plusieurs des autres coobligés.

ARTICLE 11.1.5

(Effets de l'exécution ou de la compensation)

L'exécution ou la compensation de l'obligation par un débiteur solidaire, ou la compensation exercée par le créancier envers un débiteur solidaire, libère les autres coobligés à l'égard du créancier, dans la mesure de l'exécution ou de la compensation.

ARTICLE 11.1.6

(Effets de la remise ou de la transaction)

La remise de dette accordée à un débiteur solidaire, ou la transaction avec un débiteur solidaire, libère tous les autres débiteurs de la part du débiteur concerné, à moins que les circonstances n'indiquent le contraire.

Lorsque les autres débiteurs sont libérés de la part du débiteur concerné, ils ne disposent plus envers ce dernier du recours contributoire prévu à l'article 11.1.10.

ARTICLE 11.1.7

(Effets de l'expiration ou de la suspension du délai de prescription)

L'expiration du délai de prescription des droits du créancier envers un débiteur solidaire n'affecte ni :

Les obligations envers le créancier des autres débiteurs solidaires ; ni

Les droits de recours entre les débiteurs solidaires prévus à l'article 11.1.10.

Si le créancier intente une procédure contre un débiteur solidaire dans le cadre des articles 10.5, 10.6 ou 10.7, le cours de la prescription est également suspendu à l'égard des autres débiteurs solidaires.

ARTICLE 11.1.8

(Effets des jugements)

Une décision rendue par un tribunal concernant la responsabilité envers le créancier d'un débiteur solidaire n'affecte ni :

Les obligations envers le créancier des autres débiteurs solidaires ; ni :

Les droits de recours entre les débiteurs solidaires prévus à l'article 11.1.10.

Toutefois, les autres débiteurs solidaires peuvent eux-mêmes se prévaloir d'une telle décision, sauf si elle était basée sur des motifs personnels au débiteur concerné. En ce cas, les droits de recours entre les débiteurs solidaires prévus à l'article 11.1.10 sont affectés en conséquence.

ARTICLE 11.1.9

(Répartition entre débiteurs solidaires)

Dans leurs rapports entre eux, les débiteurs solidaires sont tenus par parts égales, à moins que les circonstances n'indiquent le contraire.

ARTICLE 11.1.10

(Etendue du recours contributoire)

Un débiteur solidaire qui a payé plus que sa part peut réclamer la différence de tout autre débiteur solidaire dans la mesure de la part impayée de chacun.

ARTICLE 11.1.11

(Droits du créancier)

Un débiteur solidaire à qui s'applique l'article 11.1.10 peut également exercer les droits du créancier, y compris les droits garantissant le paiement, en vue de recouvrer la différence de tout autre débiteur solidaire dans la mesure de la part impayée de chacun.

Un créancier qui n'a pas reçu entier paiement conserve ses droits envers les coobligés dans la mesure de l'impayé, de préférence aux coobligés exerçant des recours contributoires.

ARTICLE 11.1.12

(Moyens de défense dans les recours contributoires)

Un débiteur solidaire contre qui un recours est exercé par le coobligé qui a exécuté l'obligation :

Peut invoquer tous moyens de défense et exercer tous droits de compensation qui sont communs à tous les coobligés et qui pouvaient être invoqués ou exercés par le coobligé envers le créancier ;

Peut invoquer tous moyens de défense qui lui sont personnels ;

Ne peut pas invoquer les moyens de défense ou exercer les droits de compensation qui sont personnels à un ou plusieurs des autres coobligés.

ARTICLE 11.1.13

(Incapacité de recouvrer)

Lorsqu'un débiteur solidaire qui a payé plus que sa part est incapable, en dépit d'avoir exercé tous efforts raisonnables, de recouvrer la contribution d'un autre débiteur solidaire, la part des autres débiteurs, y compris celle du débiteur qui a payé, est augmentée en proportion.

SECTION 2: PLURALITÉ DE CRÉANCIERS

ARTICLE 11.2.1

(Définitions)

Lorsque plusieurs créanciers peuvent exiger d'un débiteur l'exécution d'une même obligation :

Les créances sont séparées lorsque chaque créancier peut seulement exiger sa part ;

Les créances sont solidaires lorsque chaque créancier peut exiger l'ensemble de la prestation ;

Les créances sont communes lorsque tous les créanciers sont tenus d'exiger ensemble la prestation.

ARTICLE 11.2.2

(Effets des créances solidaires)

L'exécution totale en faveur de l'un des créanciers solidaires libère le débiteur envers les autres créanciers.

ARTICLE 11.2.3

(Moyens de défense envers les créanciers solidaires)

Le débiteur peut invoquer envers tout créancier solidaire tous moyens de défense et exercer tous droits de compensation qui sont personnels à sa relation avec ce créancier ou qu'il peut invoquer envers tous les créanciers, mais il ne peut ni invoquer les moyens de défense ni exercer les droits de compensation qui sont personnels à sa relation avec un ou plusieurs des autres créanciers.

Les dispositions des articles 11.1.5, 11.1.6, 11.1.7 et 11.1.8 s'appliquent aux créances solidaires, avec les adaptations nécessaires.

ARTICLE 11.2.4

(Répartition entre créanciers solidaires)

Dans leurs rapports entre eux, les créanciers solidaires ont droit à des parts égales, à moins que les circonstances n'indiquent le contraire.

Un créancier qui a reçu plus que sa part doit transmettre l'excédent aux autres créanciers, dans la mesure de leurs parts respectives.

ANNEXE 2: SALE OF GOODS ACT 1979

An Act to consolidate the law relating to the sale of goods. [6th December 1979]

PART I

CONTRACTS TO WHICH ACT APPLIES

1 Contracts to which Act applies.

1) This Act applies to contracts of sale of goods made on or after (but not to those made before) 1 January 1894.

2) In relation to contracts made on certain dates, this Act applies subject to the modification of certain of its sections as mentioned in Schedule 1 below.

3) Any such modification is indicated in the section concerned by a reference to Schedule 1 below.

4) Accordingly, where a section does not contain such a reference, this Act applies in relation to the contract concerned without such modification of the section.

5) Certain sections or subsections of this Act do not apply to a contract to which Chapter 2 of Part 1 of the Consumer Rights Act 2015 applies.

6) Where that is the case it is indicated in the section concerned.

PART II

FORMATION OF THE CONTRACT

Contract of sale

2 Contract of sale.

1) A contract of sale of goods is a contract by which the seller transfers or agrees to transfer the property in goods to the buyer for a money consideration, called the price.

2) There may be a contract of sale between one part owner and another.

3) A contract of sale may be absolute or conditional.

4) Where under a contract of sale the property in the goods is transferred from the seller to the buyer the contract is called a sale.

5) Where under a contract of sale the transfer of the property in the goods is to take place at a future time or subject to some condition later to be fulfilled the contract is called an agreement to sell. An agreement to sell becomes a sale when the time elapses or the conditions are fulfilled subject to which the property in the goods is to be transferred.

3 Capacity to buy and sell.

1) Capacity to buy and sell is regulated by the general law concerning capacity to contract and to transfer and acquire property.

2) Where necessaries are sold and delivered to a minor or to a person who by reason of mental incapacity or drunkenness is incompetent to contract, he must pay a reasonable price for them.

3) In subsection (2) above "necessaries" means goods suitable to the condition in life of the minor or other person concerned and to his actual requirements at the time of the sale and delivery.

Formalities of contract.

4 How contract of sale is made.

1) Subject to this and any other Act, a contract of sale may be made in writing (either with or without seal), or by word of mouth, or partly in writing and partly by word of mouth or may be implied from the conduct of the parties.

2) Nothing in this section affects the law relating to corporations.

Subject matter of contract

5 Existing or future goods.

1) The goods which form the subject of a contract of sale may be either existing goods, owned or possessed by the seller, or goods to be

manufactured or acquired by him after the making of the contract of sale, in this Act called future goods.

2) There may be a contract for the sale of goods the acquisition of which by the seller depends on a contingency which may or may not happen.

3) Where by a contract of sale the seller purports to effect a present sale of future goods, the contract operates as an agreement to sell the goods.

6 Goods which have perished.

Where there is a contract for the sale of specific goods, and the goods without the knowledge of the seller have perished at the time when the contract is made, the contract is void.

7 Goods perishing before sale but after agreement to sell.

Where there is an agreement to sell specific goods and subsequently the goods, without any fault on the part of the seller or buyer, perish before the risk passes to the buyer, the agreement is avoided.

The price

8 Ascertainment of price.

1) The price in a contract of sale may be fixed by the contract or may be left to be fixed in a manner agreed by the contract, or may be determined by the course of dealing between the parties.

2) Where the price is not determined as mentioned in sub-section (1) above the buyer must pay a reasonable price.

3) What is a reasonable price is a question of fact dependent on the circumstances of each particular case.

9 Agreement to sell at valuation.

1) Where there is an agreement to sell goods on the terms that the price is to be fixed by the valuation of a third party, and he cannot or does not make the valuation, the agreement is avoided; but if the goods or any part of them have been delivered to and appropriated by the buyer he must pay a reasonable price for them.

2) Where the third party is prevented from making the valuation by the fault of the seller or buyer, the party not at fault may maintain an action for damages against the party at fault.

10 Stipulations about time.

1) Unless a different intention appears from the terms of the contract, stipulations as to time of payment are not of the essence of a contract of sale.

2) Whether any other stipulation as to time is or is not of the essence of the contract depends on the terms of the contract.

3) In a contract of sale “month” prima facie means calendar month.

11 When condition to be treated as warranty.

1) This section does not apply to Scotland.

2) Where a contract of sale is subject to a condition to be fulfilled by the seller, the buyer may waive the condition, or may elect to treat the breach of the condition as a breach of warranty and not as a ground for treating the contract as repudiated.

3) Whether a stipulation in a contract of sale is a condition, the breach of which may give rise to a right to treat the contract as repudiated, or a warranty, the breach of which may give rise to a claim for damages but not to a right to reject the goods and treat the contract as repudiated, depends in each case on the construction of the contract; and a stipulation may be a condition, though called a warranty in the contract.

4) Subject to section 35A below. Where a contract of sale is not severable and the buyer has accepted the goods or part of them, the breach of a condition to be fulfilled by the seller can only be treated as a breach of warranty, and not as a ground for rejecting the goods and treating the contract as repudiated, unless there is an express or implied term of the contract to that effect.

4A) Subsection (4) does not apply to a contract to which Chapter 2 of Part 1 of the Consumer Rights Act 2015 applies (but see the provision made about such contracts in sections 19 to 22 of that Act).

5) . . . .

6) Nothing in this section affects a condition or warranty whose fulfilment is excused by law by reason of impossibility or otherwise.

7) Paragraph 2 of Schedule 1 below applies in relation to a contract made before 22 April 1967 or (in the application of this Act to Northern Ireland) 28 July 1967.

12 Implied terms about title, etc.

1) In a contract of sale, other than one to which subsection (3) below applies, there is an implied term on the part of the seller that in the case of a sale he has a right to sell the goods, and in the case of an agreement to sell he will have such a right at the time when the property is to pass.

2) In a contract of sale, other than one to which subsection (3) below applies, there is also an implied term that—

a) the goods are free, and will remain free until the time when the property is to pass, from any charge or encumbrance not disclosed or known to the buyer before the contract is made, and

b) the buyer will enjoy quiet possession of the goods except so far as it may be disturbed by the owner or other person entitled to the benefit of any charge or encumbrance so disclosed or known.

3) This subsection applies to a contract of sale in the case of which there appears from the contract or is to be inferred from its circumstances an

intention that the seller should transfer only such title as he or a third person may have.

4) In a contract to which subsection (3) above applies there is an implied term that all charges or encumbrances known to the seller and not known to the buyer have been disclosed to the buyer before the contract is made.

5) In a contract to which subsection (3) above applies there is also an implied term that none of the following will disturb the buyer's quiet possession of the goods, namely—

a) the seller;

b) in a case where the parties to the contract intend that the seller should transfer only such title as a third person may have, that person;

c) anyone claiming through or under the seller or that third person otherwise than under a charge or encumbrance disclosed or known to the buyer before the contract is made.

5A) As regards England and Wales and Northern Ireland, the term implied by subsection (1) above is a condition and the terms implied by subsections (2), (4) and (5) above are warranties.

6) Paragraph 3 of Schedule 1 below applies in relation to a contract made before 18 May 1973.

7) This section does not apply to a contract to which Chapter 2 of Part 1 of the Consumer Rights Act 2015 applies (but see the provision made about such contracts in section 17 of that Act).

13 Sale by description.

1) Where there is a contract for the sale of goods by description, there is an implied term that the goods will correspond with the description.

1A) As regards England and Wales and Northern Ireland, the term implied by subsection (1) above is a condition.

2) If the sale is by sample as well as by description it is not sufficient that the bulk of the goods corresponds with the sample if the goods do not also correspond with the description.

3) A sale of goods is not prevented from being a sale by description by reason only that, being exposed for sale or hire, they are selected by the buyer.

4) Paragraph 4 of Schedule 1 below applies in relation to a contract made before 18 May 1973.

5) This section does not apply to a contract to which Chapter 2 of Part 1 of the Consumer Rights Act 2015 applies (but see the provision made about such contracts in section 11 of that Act).

14 Implied terms about quality or fitness.

1) Except as provided by this section and section 15 below and subject to any other enactment, there is no implied term about the quality or fitness for any particular purpose of goods supplied under a contract of sale.

2) Where the seller sells goods in the course of a business, there is an implied term that the goods supplied under the contract are of satisfactory quality.

2A) For the purposes of this Act, goods are of satisfactory quality if they meet the standard that a reasonable person would regard as satisfactory, taking account of any description of the goods, the price (if relevant) and all the other relevant circumstances.

2B) For the purposes of this Act, the quality of goods includes their state and condition and the following (among others) are in appropriate cases aspects of the quality of goods—

a) fitness for all the purposes for which goods of the kind in question are commonly supplied,

b) appearance and finish.

c) freedom from minor defects,

d) safety, and.

e) Durability.

2C) The term implied by subsection (2) above does not extend to any matter making the quality of goods unsatisfactory—

a) which is specifically drawn to the buyer's attention before the contract is made.

b) where the buyer examines the goods before the contract is made, which that examination ought to reveal, or

c) in the case of a contract for sale by sample, which would have been apparent on a reasonable examination of the sample

2E) ....

3E) ....

2F) ....

3) Where the seller sells goods in the course of a business and the buyer, expressly or by implication, makes known—

a) to the seller, or

b) where the purchase price or part of it is payable by instalments and the goods were previously sold by a credit-broker to the seller, to that credit-broker, any particular purpose for which the goods are being bought, there is an implied term that the goods supplied under the contract are reasonably fit for that purpose, whether or not that is a purpose for which such goods are commonly supplied, except where the circumstances show that the buyer does not rely, or that it is unreasonable for him to rely, on the skill or judgment of the seller or credit-broker.

4) An implied term about quality or fitness for a particular purpose may be annexed to a contract of sale by usage.

5) The preceding provisions of this section apply to a sale by a person who in the course of a business is acting as agent for another as they apply to a sale by a principal in the course of a business, except where that other is not selling in the course of a business and either the buyer knows that fact or

reasonable steps are taken to bring it to the notice of the buyer before the contract is made.

6) As regards England and Wales and Northern Ireland, the terms implied by subsections (2) and (3) above are conditions.

7) Paragraph 5 of Schedule 1 below applies in relation to a contract made on or after 18 May 1973 and before the appointed day, and paragraph 6 in relation to one made before 18 May 1973.

8) n subsection (7) above and paragraph 5 of Schedule 1 below references to the appointed day are to the day appointed for the purposes of those provisions by an order of the Secretary of State made by statutory instrument.

9) This section does not apply to a contract to which Chapter 2 of Part 1 of the Consumer Rights Act 2015 applies (but see the provision made about such contracts in sections 9, 10 and 18 of that Act).

Sale by sample

15 Sale by sample.

1) A contract of sale is a contract for sale by sample where there is an express or implied term to that effect in the contract.

2) In the case of a contract for sale by sample there is an implied term —

a) that the bulk will correspond with the sample in quality;

b) ....

c) that the goods will be free from any defect, making their quality unsatisfactory, which would not be apparent on reasonable examination of the sample.

3) As regards England and Wales and Northern Ireland, the term implied by subsection (2) above is a condition.

4) Paragraph 7 of Schedule 1 below applies in relation to a contract made before 18 May 1973.

5) This section does not apply to a contract to which Chapter 2 of Part 1 of the Consumer Rights Act 2015 applies (but see the provision made about such contracts in sections 13 and 18 of that Act).

Miscellaneous

15A Modification of remedies for breach of condition in non-consumer cases.

1) Where in the case of a contract of sale—

a) the buyer would, apart from this subsection, have the right to reject goods by reason of a breach on the part of the seller of a term implied by section 13, 14 or 15 above, but

b) the breach is so slight that it would be unreasonable for him to reject them,

... the breach is not to be treated as a breach of condition but may be treated as a breach of warranty

2) This section applies unless a contrary intention appears in, or is to be implied from, the contract.

3) It is for the seller to show that a breach fell within subsection (1)(b) above.

4) This section does not apply to Scotland.

15B Remedies for breach of contract as respects Scotland.

1) Where in a contract of sale the seller is in breach of any term of the contract (express or implied), the buyer shall be entitled—

a) to claim damages, and

b) if the breach is material, to reject any goods delivered under the contract and treat it as repudiated.

1A) Subsection (1) does not apply to a contract to which Chapter 2 of Part 1 of the Consumer Rights Act 2015 applies (but see the provision made about such contracts in sections 19 to 22 of that Act).

2) . . . .

3) This section applies to Scotland only.

PART III

EFFECTS OF THE CONTRACT

Transfer of property as between seller and buyer

16 Goods must be ascertained.

Subject to section 20A below. Where there is a contract for the sale of unascertained goods no property in the goods is transferred to the buyer unless and until the goods are ascertained.

17 Property passes when intended to pass.

1) Where there is a contract for the sale of specific or ascertained goods the property in them is transferred to the buyer at such time as the parties to the contract intend it to be transferred.

2) For the purpose of ascertaining the intention of the parties regard shall be had to the terms of the contract, the conduct of the parties and the circumstances of the case.

18 Rules for ascertaining intention.

Unless a different intention appears, the following are rules for ascertaining the intention of the parties as to the time at which the property in the goods is to pass to the buyer.

Rule 1. —Where there is an unconditional contract for the sale of specific goods in a deliverable state the property in the goods passes to the buyer when the contract is made, and it is immaterial whether the time of payment or the time of delivery, or both, be postponed.

Rule 2. —Where there is a contract for the sale of specific goods and the seller is bound to do something to the goods for the purpose of putting them into a deliverable state, the property does not pass until the thing is done and the buyer has notice that it has been done.

Rule 3. —Where there is a contract for the sale of specific goods in a deliverable state but the seller is bound to weigh, measure, test, or do some other act or thing with reference to the goods for the purpose of ascertaining the price, the property does not pass until the act or thing is done and the buyer has notice that it has been done.

Rule 4. — When goods are delivered to the buyer on approval or on sale or return or other similar terms the property in the goods passes to the buyer: —

a) when he signifies his approval or acceptance to the seller or does any other act adopting the transaction;

b) if he does not signify his approval or acceptance to the seller but retains the goods without giving notice of rejection, then, if a time has been fixed for the return of the goods, on the expiration of that time, and, if no time has been fixed, on the expiration of a reasonable time.

Rule 5 1) Where there is a contract for the sale of unascertained or future goods by description, and goods of that description and in a deliverable state are unconditionally appropriated to the contract, either by the seller with the assent of the buyer or by the buyer with the assent of the seller, the property in the goods then passes to the buyer; and the assent may be express or implied, and may be given either before or after the appropriation is made.

2) Where, in pursuance of the contract, the seller delivers the goods to the buyer or to a carrier or other bailee or custodier (whether named by the buyer or not) for the purpose of transmission to the buyer, and does not reserve the right of disposal, he is to be taken to have unconditionally appropriated the goods to the contract.

3) Where there is a contract for the sale of a specified quantity of unascertained goods in a deliverable state forming part of a bulk which is identified either in the contract or by subsequent agreement between the parties and the bulk is reduced to (or to less than) that quantity, then, if the buyer under that contract is the only buyer to whom goods are then due out of the bulk—

a) the remaining goods are to be taken as appropriated to that contract at the time when the bulk is so reduced; and

b) the property in those goods then passes to that buyer.

4) Paragraph (3) above applies also (with the necessary modifications) where a bulk is reduced to (or to less than) the aggregate of the quantities due to a single buyer under separate contracts relating to that bulk and he is the only buyer to whom goods are then due out of that bulk.

19 Reservation of right of disposal.

1) Where there is a contract for the sale of specific goods or where goods are subsequently appropriated to the contract, the seller may, by the terms of the contract or appropriation, reserve the right of disposal of the goods until certain conditions are fulfilled; and in such a case, notwithstanding the delivery of the goods to the buyer, or to a carrier or other bailee or custodier for the purpose of transmission to the buyer, the property in the goods does not pass to the buyer until the conditions imposed by the seller are fulfilled.

2) Where goods are shipped, and by the bill of lading the goods are deliverable to the order of the seller or his agent, the seller is prima facie to be taken to reserve the right of disposal.

3) Where the seller of goods draws on the buyer for the price, and transmits the bill of exchange and bill of lading to the buyer together to secure acceptance or payment of the bill of exchange, the buyer is bound to return the bill of lading if he does not honour the bill of exchange, and if he

wrongfully retains the bill of lading the property in the goods does not pass to him.

20 Passing of risk.

1) Unless otherwise agreed, the goods remain at the seller's risk until the property in them is transferred to the buyer, but when the property in them is transferred to the buyer the goods are at the buyer's risk whether delivery has been made or not

2) But where delivery has been delayed through the fault of either buyer or seller the goods are at the risk of the party at fault as regards any loss which might not have occurred but for such fault

3) Nothing in this section affects the duties or liabilities of either seller or buyer as a bailee or custodier of the goods of the other party.

4) This section does not apply to a contract to which Chapter 2 of Part 1 of the Consumer Rights Act 2015 applies (but see the provision made about such contracts in section 29 of that Act).

20A Undivided shares in goods forming part of a bulk.

1) This section applies to a contract for the sale of a specified quantity of unascertained goods if the following conditions are met—

a) the goods or some of them form part of a bulk which is identified either in the contract or by subsequent agreement between the parties; and

b) the buyer has paid the price for some or all of the goods which are the subject of the contract and which form part of the bulk.

2) Where this section applies, then (unless the parties agree otherwise), as soon as the conditions specified in paragraphs (a) and (b) of subsection (1) above are met or at such later time as the parties may agree—

a) property in an undivided share in the bulk is transferred to the buyer, and

b) the buyer becomes an owner in common of the bulk.

3) Subject to subsection (4) below, for the purposes of this section, the undivided share of a buyer in a bulk at any time shall be such share as the quantity of goods paid for and due to the buyer out of the bulk bears to the quantity of goods in the bulk at that time.

4) Where the aggregate of the undivided shares of buyers in a bulk determined under subsection (3) above would at any time exceed the whole of the bulk at that time, the undivided share in the bulk of each buyer shall be reduced proportionately so that the aggregate of the undivided shares is equal to the whole bulk.

5) Where a buyer has paid the price for only some of the goods due to him out of a bulk, any delivery to the buyer out of the bulk shall, for the purposes of this section, be ascribed in the first place to the goods in respect of which payment has been made.

6) For the purposes of this section payment of part of the price for any goods shall be treated as payment for a corresponding part of the goods.

20B Deemed consent by co-owner to dealings in bulk goods.

1) A person who has become an owner in common of a bulk by virtue of section 20A above shall be deemed to have consented to—

a) any delivery of goods out of the bulk to any other owner in common of the bulk, being goods which are due to him under his contract;

b) any dealing with or removal, delivery or disposal of goods in the bulk by any other person who is an owner in common of the bulk in so far as the goods fall within that co-owner's undivided share in the bulk at the time of the dealing, removal, delivery or disposal.

2) No cause of action shall accrue to anyone against a person by reason of that person having acted in accordance with paragraph (a) or (b) of subsection (1) above in reliance on any consent deemed to have been given under that subsection.

3) Nothing in this section or section 20A above shall—

a) impose an obligation on a buyer of goods out of a bulk to compensate any other buyer of goods out of that bulk for any shortfall in the goods received by that other buyer;

b) affect any contractual arrangement between buyers of goods out of a bulk for adjustments between themselves; or

c) affect the rights of any buyer under his contract.

Transfer of title

21 Sale by person not the owner.

1) Subject to this Act, where goods are sold by a person who is not their owner, and who does not sell them under the authority or with the consent of the owner, the buyer acquires no better title to the goods than the seller had, unless the owner of the goods is by his conduct precluded from denying the seller's authority to sell.

2) Nothing in this Act affects—

a) the provisions of the Factors Acts or any enactment enabling the apparent owner of goods to dispose of them as if he were their true owner;

b) the validity of any contract of sale under any special common law or statutory power of sale or under the order of a court of competent jurisdiction

22 Market overt.

1) . . . .

2) This section does not apply to Scotland.

3) Paragraph 8 of Schedule 1 below applies in relation to a contract under which goods were sold before 1 January 1968 or (in the application of this Act to Northern Ireland) 29 August 1967.

23 Sale under voidable title.

When the seller of goods has a voidable title to them, but his title has not been avoided at the time of the sale, the buyer acquires a good title to the goods, provided he buys them in good faith and without notice of the seller's defect of title.

24 Seller in possession after sale.

Where a person having sold goods continues or is in possession of the goods, or of the documents of title to the goods, the delivery or transfer by that person, or by a mercantile agent acting for him, of the goods or documents of title under any sale, pledge, or other disposition thereof, to any person receiving the same in good faith and without notice of the previous sale, has the same effect as if the person making the delivery or transfer were expressly authorized by the owner of the goods to make the same.

25 Buyer in possession after sale.

1) Where a person having bought or agreed to buy goods obtains, with the consent of the seller, possession of the goods or the documents of title to the goods, the delivery or transfer by that person, or by a mercantile agent acting for him, of the goods or documents of title, under any sale, pledge, or other disposition thereof, to any person receiving the same in good faith and without notice of any lien or other right of the original seller in respect of the goods, has the same effect as if the person making the delivery or transfer were a mercantile agent in possession of the goods or documents of title with the consent of the owner.

2) For the purposes of subsection (1) above—

a) the buyer under a conditional sale agreement is to be taken not to be a person who has bought or agreed to buy goods, and

b) "conditional sale agreement" means an agreement for the sale of goods which is a consumer credit agreement within the meaning of the Consumer Credit Act 1974 under which the purchase price or part of it is payable by instalments, and the property in the goods is to remain in the seller (notwithstanding that the buyer is to be in possession of the goods) until such conditions as to the payment of instalments or otherwise as may be specified in the agreement are fulfilled.

3) Paragraph 9 of Schedule 1 below applies in relation to a contract under which a person buys or agrees to buy goods and which is made before the appointed day.

4) In subsection (3) above and paragraph 9 of Schedule 1 below references to the appointed day are to the day appointed for the purposes of

those provisions by an order of the Secretary of State made by statutory instrument.

26 Supplementary to sections 24 and 25.

In sections 24 and 25 above "mercantile agent" means a mercantile agent having in the customary course of his business as such agent authority either—

a) to sell goods, or
b) to consign goods for the purpose of sale, or
c) to buy goods, or
d) to raise money on the security of goods.

PART IV

PERFORMANCE OF THE CONTRACT

27 Duties of seller and buyer.

It is the duty of the seller to deliver the goods, and of the buyer to accept and pay for them, in accordance with the terms of the contract of sale.

28 Payment and delivery are concurrent conditions.

Unless otherwise agreed, delivery of the goods and payment of the price are concurrent conditions, that is to say, the seller must be ready and willing to give possession of the goods to the buyer in exchange for the price and the buyer must be ready and willing to pay the price in exchange for possession of the goods.

29 Rules about delivery.

1) Whether it is for the buyer to take possession of the goods or for the seller to send them to the buyer is a question depending in each case on the contract, express or implied, between the parties.

2) Apart from any such contract, express or implied, the place of delivery is the seller's place of business if he has one, and if not, his residence; except that, if the contract is for the sale of specific goods, which to the knowledge of the parties when the contract is made are in some other place, then that place is the place of delivery.

3) Where under the contract of sale the seller is bound to send the goods to the buyer, but no time for sending them is fixed, the seller is bound to send them within a reasonable time.

3A) Subsection (3) does not apply to a contract to which Chapter 2 of Part 1 of the Consumer Rights Act 2015 applies (but see the provision made about such contracts in section 28 of that Act).

4) Where the goods at the time of sale are in the possession of a third person, there is no delivery by seller to buyer unless and until the third person acknowledges to the buyer that he holds the goods on his behalf; but nothing in this section affects the operation of the issue or transfer of any document of title to goods.

5) Demand or tender of delivery may be treated as ineffectual unless made at a reasonable hour; and what is a reasonable hour is a question of fact.

6) Unless otherwise agreed, the expenses of and incidental to putting the goods into a deliverable state must be borne by the seller.

30 Delivery of wrong quantity.

1) Where the seller delivers to the buyer a quantity of goods less than he contracted to sell, the buyer may reject them, but if the buyer accepts the goods so delivered he must pay for them at the contract rate.

2) Where the seller delivers to the buyer a quantity of goods larger than he contracted to sell, the buyer may accept the goods included in the contract and reject the rest, or he may reject the whole.

2A) A buyer may not—

a) where the seller delivers a quantity of goods less than he contracted to sell, reject the goods under subsection (1) above, or

b) where the seller delivers a quantity of goods larger than he contracted to sell, reject the whole under subsection (2) above, if the shortfall or, as the case may be, excess is so slight that it would be unreasonable for him to do so.

2B) It is for the seller to show that a shortfall or excess fell within subsection (2A) above.

2C) Subsections (2A) and (2B) above do not apply to Scotland.

2D) Where the seller delivers a quantity of goods—

a) less than he contracted to sell, the buyer shall not be entitled to reject the goods under subsection (1) above,

b) larger than he contracted to sell, the buyer shall not be entitled to reject the whole under subsection (2) above, unless the shortfall or excess is material.

2E) Subsection (2D) above applies to Scotland only.

3) Where the seller delivers to the buyer a quantity of goods larger than he contracted to sell and the buyer accepts the whole of the goods so delivered he must pay for them at the contract rate.

4) . . . .

5) This section is subject to any usage of trade, special agreement, or course of dealing between the parties.

6) This section does not apply to a contract to which Chapter 2 of Part 1 of the Consumer Rights Act 2015 applies (but see the provision made about such contracts in section 25 of that Act).

31 Instalment deliveries.

1) Unless otherwise agreed, the buyer of goods is not bound to accept delivery of them by instalments.

2) Where there is a contract for the sale of goods to be delivered by stated instalments, which are to be separately paid for, and the seller makes defective deliveries in respect of one or more instalments, or the buyer neglects or refuses to take delivery of or pay for one or more instalments, it is a question in each case depending on the terms of the contract and the circumstances of the case whether the breach of contract is a repudiation of the whole contract or whether it is a severable breach giving rise to a claim for compensation but not to a right to treat the whole contract as repudiated.

3) This section does not apply to a contract to which Chapter 2 of Part 1 of the Consumer Rights Act 2015 applies (but see the provision made about such contracts in section 26 of that Act).

32 Delivery to carrier.

1) Where, in pursuance of a contract of sale, the seller is authorised or required to send the goods to the buyer,

2) delivery of the goods to a carrier (whether named by the buyer or not) for the purpose of transmission to the buyer is prima facie deemed to be a delivery of the goods to the buyer.

3) Unless otherwise authorised by the buyer, the seller must make such contract with the carrier on behalf of the buyer as may be reasonable having regard to the nature of the goods and the other circumstances of the case; and if the seller omits to do so, and the goods are lost or damaged in course of transit, the buyer may decline to treat the delivery to the carrier as a delivery to himself or may hold the seller responsible in damages.

4) Unless otherwise agreed, where goods are sent by the seller to the buyer by a route involving sea transit, under circumstances in which it is usual to insure, the seller must give such notice to the buyer as may enable him to insure them during their sea transit; and if the seller fails to do so, the goods are at his risk during such sea transit.

5) This section does not apply to a contract to which Chapter 2 of Part 1 of the Consumer Rights Act 2015 applies (but see the provision made about such contracts in section 29 of that Act).

33 Risk where goods are delivered at distant place.

1) Where the seller of goods agrees to deliver them at his own risk at a place other than that where they are when sold, the buyer must nevertheless (unless otherwise agreed) take any risk of deterioration in the goods necessarily incident to the course of transit.

2) This section does not apply to a contract to which Chapter 2 of Part 1 of the Consumer Rights Act 2015 applies (but see the provision made about such contracts in section 29 of that Act).

34 Buyer's right of examining the goods.

1) Unless otherwise agreed, when the seller tenders delivery of goods to the buyer, he is bound on request to afford the buyer a reasonable opportunity of examining the goods for the purpose of ascertaining whether they are in conformity with the contract and, in the case of a contract for sale by sample, of comparing the bulk with the sample.

2) Nothing in this section affects the operation of section 22 (time limit for short-term right to reject) of the Consumer Rights Act 2015.

35 Acceptance.

1) The buyer is deemed to have accepted the goods subject to subsection (2) below—

a) when he intimates to the seller that he has accepted them, or

b) when the goods have been delivered to him and he does any act in relation to them which is inconsistent with the ownership of the seller.

2) Where goods are delivered to the buyer, and he has not previously examined them, he is not deemed to have accepted them under subsection (1) above until he has had a reasonable opportunity of examining them for the purpose—

a) of ascertaining whether they are in conformity with the contract, and

b) in the case of a contract for sale by sample, of comparing the bulk with the sample.

3) . . . .

4) The buyer is also deemed to have accepted the goods when after the lapse of a reasonable time he retains the goods without intimating to the seller that he has rejected them.

5) The questions that are material in determining for the purposes of subsection (4) above whether a reasonable time has elapsed include whether the buyer has had a reasonable opportunity of examining the goods for the purpose mentioned in subsection (2) above.

6) The buyer is not by virtue of this section deemed to have accepted the goods merely because—

a) he asks for, or agrees to, their repair by or under an arrangement with the seller, or

b) the goods are delivered to another under a sub-sale or other disposition.

7) Where the contract is for the sale of goods making one or more commercial units, a buyer accepting any goods included in a unit is deemed to have accepted all the goods making the unit; and in this subsection "commercial unit " means a unit division of which would materially impair the value of the goods or the character of the unit.

8) Paragraph 10 of Schedule 1 below applies in relation to a contract made before 22 April 1967 or (in the application of this Act to Northern Ireland) 28 July 1967.

9) This section does not apply to a contract to which Chapter 2 of Part 1 of the Consumer Rights Act 2015 applies (but see the provision made about such contracts in section 21 of that Act).

35A Right of partial rejection.

1) If the buyer—

a) has the right to reject the goods by reason of a breach on the part of the seller that affects some or al of them, but

b) accepts some of the goods, including, where there are any goods unaffected by the breach, all such goods,

he does not by accepting them lose his right to reject the rest.

2) In the case of a buyer having the right to reject an instalment of goods, subsection (1) above applies as if references to the goods were references to the goods comprised in the instalment.

3) For the purposes of subsection (1) above, goods are affected by a breach if by reason of the breach they are not in conformity with the contract.

4) This section applies unless a contrary intention appears in, or is to be implied from, the contract.

5) This section does not apply to a contract to which Chapter 2 of Part 1 of the Consumer Rights Act 2015 applies (but see the provision made about such contracts in section 21 of that Act).

36 Buyer not bound to return rejected goods.

1) Unless otherwise agreed, where goods are delivered to the buyer, and he refuses to accept them, having the right to do so, he is not bound to return them to the seller, but it is sufficient if he intimates to the seller that he refuses to accept them.

2) This section does not apply to a contract to which Chapter 2 of Part 1 of the Consumer Rights Act 2015 applies (but see the provision made about such contracts in section 20 of that Act).

37 Buyer's liability for not taking delivery of goods.

1) When the seller is ready and willing to deliver the goods, and requests the buyer to take delivery, and the buyer does not within a reasonable time after such request take delivery of the goods, he is liable to the seller for any loss occasioned by his neglect or refusal to take delivery, and also for a reasonable charge for the care and custody of the goods.

2) Nothing in this section affects the rights of the seller where the neglect or refusal of the buyer to take delivery amounts to a repudiation of the contract.

PART V

RIGHTS OF UNPAID SELLER AGAINST THE GOODS

Preliminary

38 Unpaid seller defined.

1) The seller of goods is an unpaid seller within the meaning of this Act—

a) when the whole of the price has not been paid or tendered;

b) when a bill of exchange or other negotiable instrument has been received as conditional payment, and the condition on which it was received has not been fulfilled by reason of the dishonour of the instrument or otherwise.

2) In this Part of this Act "seller" includes any person who is in the position of a seller, as, for instance, an agent of the seller to whom the bill of lading has been indorsed, or a consignor or agent who has himself paid (or is directly responsible for) the price.

39 Unpaid seller's rights.

1) Subject to this and any other Act, notwithstanding that the property in the goods may have passed to the buyer, the unpaid seller of goods, as such, has by implication of law—

a) a lien on the goods or right to retain them for the price while he is in possession of them;

b) in case of the insolvency of the buyer, a right of stopping the goods in transit after he has parted with the possession of them;

c) a right of re-sale as limited by this Act.

2) Where the property in goods has not passed to the buyer, the unpaid seller has (in addition to his other remedies) a right of withholding delivery similar to and co-extensive with his rights of lien or retention and stoppage in transit where the property has passed to the buyer.

40 Attachment by seller in Scotland.

In Scotland a seller of goods may attach them while in his own hands or possession by arrestment or poinding; and such arrestment or poinding shall have the same operation and effect in a competition or otherwise as an arrestment or poinding by a third party.

41 Seller's lien.

1) Subject to this Act, the unpaid seller of goods who is in possession of them is entitled to retain possession of them until payment or tender of the price in the following cases: —

a) where the goods have been sold without any stipulation as to credit;

b) where the goods have been sold on credit but the term of credit has expired;

c) where the buyer becomes insolvent.

2) The seller may exercise his lien or right of retention notwithstanding that he is in possession of the goods as agent or bailee or custodier for the buyer.

42 Part delivery.

Where an unpaid seller has made part delivery of the goods, he may exercise his lien or right of retention on the remainder, unless such part delivery has been made under such circumstances as to show an agreement to waive the lien or right of retention.

43 Termination of lien.

1) The unpaid seller of goods loses his lien or right of retention in respect of them—

a) when he delivers the goods to a carrier or other bailee or custodier for the purpose of transmission to the buyer without reserving the right of disposal of the goods;

b) when the buyer or his agent lawfully obtains possession of the goods;

c) by waiver of the lien or right of retention.

2) An unpaid seller of goods who has a lien or right of retention in respect of them does not lose his lien or right of retention by reason only that he has obtained judgment or decree for the price of the goods.

Stoppage in transit

44 Right of stoppage in transit.

Subject to this Act, when the buyer of goods becomes insolvent the unpaid seller who has parted with the possession of the goods has the right of stopping them in transit, that is to say, he may resume possession of the goods as long as they are in course of transit and may retain them until payment or tender of the price.

45 Duration of transit.

1) Goods are deemed to be in course of transit from the time when they are delivered to a carrier or other bailee or custodier for the purpose of transmission to the buyer, until the buyer or his agent in that behalf takes delivery of them from the carrier or other bailee or custodier.

2) If the buyer or his agent in that behalf obtains delivery of the goods before their arrival at the appointed destination, the transit is at an end.

3) If, after the arrival of the goods at the appointed destination, the carrier or other bailee or custodier acknowledges to the buyer or his agent that he holds the goods on his behalf and continues in possession of them as

bailee or custodier for the buyer or his agent, the transit is at an end, and it is immaterial that a further destination for the goods may have been indicated by the buyer.

4) If the goods are rejected by the buyer, and the carrier or other bailee or custodier continues in possession of them, the transit is not deemed to be at an end, even if the seller has refused to receive them back.

5) When goods are delivered to a ship chartered by the buyer it is a question depending on the circumstances of the particular case whether they are in the possession of the master as a carrier or as agent to the buyer.

6) Where the carrier or other bailee or custodier wrongfully refuses to deliver the goods to the buyer or his agent in that behalf, the transit is deemed to be at an end.

7) Where part delivery of the goods has been made to the buyer or his agent in that behalf, the remainder of the goods may be stopped in transit, unless such part delivery has been made under such circumstances as to show an agreement to give up possession of the whole of the goods.

46 How stoppage in transit is effected.

1) The unpaid seller may exercise his right of stoppage in transit either by taking actual possession of the goods or by giving notice of his claim to the carrier or other bailee or custodier in whose possession the goods are.

2) The notice may be given either to the person in actual possession of the goods or to his principal.

3) If given to the principal, the notice is ineffective unless given at such time and under such circumstances that the principal, by the exercise of reasonable diligence, may communicate it to his servant or agent in time to prevent a delivery to the buyer.

4) When notice of stoppage in transit is given by the seller to the carrier or other bailee or custodier in possession of the goods, he must re-deliver the goods to, or according to the directions of, the seller; and the expenses of the re-delivery must be borne by the seller.

Re-sale etc. by buyer

47 Effect of sub-sale etc. by buyer.

1) Subject to this Act, the unpaid seller's right of lien or retention or stoppage in transit is not affected by any sale or other disposition of the goods which the buyer may have made, unless the seller has assented to it.

2) Where a document of title to goods has been lawfully transferred to any person as buyer or owner of the goods, and that person transfers the document to a person who take it in good faith and for valuable consideration, then—

a) if the last-mentioned transfer was by way of sale the unpaid seller's right of lien or retention or stoppage in transit is defeated; and

b) if the last-mentioned transfer was made by way of pledge or other disposition for value, the unpaid seller's right of lien or retention or stoppage in transit can only be exercised subject to the rights of the transferee.

Rescission: and re-sale by seller

48 Rescission: and re-sale by seller.

1) Subject to this section, a contract of sale is not rescinded by the mere exercise by an unpaid seller of his right of lien or retention or stoppage in transit.

2) Where an unpaid seller who has exercised his right of lien or retention or stoppage in transit re-sells the goods, the buyer acquires a good title to them as against the original buyer.

3) Where the goods are of a perishable nature, or where the unpaid seller gives notice to the buyer of his intention to re-sell, and the buyer does not within a reasonable time pay or tender the price, the unpaid seller may re-sell the goods and recover from the original buyer damages for any loss occasioned by his breach of contract.

4) Where the seller expressly reserves the right of re-sale in case the buyer should make default, and on the buyer making default re-sells the goods, the original contract of sale is rescinded but without prejudice to any claim the seller may have for damages.

PART 5A

ADDITIONAL RIGHTS OF BUYER IN CONSUMER CASES.

48A Introductory.

....

48B Repair or replacement of the goods.

....

48C Reduction of purchase price or rescission of contract.

....

48D Relation to other remedies etc.

....

48E Powers of the court.

....

48F Conformity with the contract.

....

PART VI

ACTIONS FOR BREACH OF THE CONTRACT

Seller's remedies

49 Action for price.

1) Where, under a contract of sale, the property in the goods has passed to the buyer and he wrongfully neglects or refuses to pay for the goods according to the terms of the contract, the seller may maintain an action against him for the price of the goods.

2) Where, under a contract of sale, the price is payable on a day certain irrespective of delivery and the buyer wrongfully neglects or refuses to pay such price, the seller may maintain an action for the price, although the property in the goods has not passed and the goods have not been appropriated to the contract.

3) Nothing in this section prejudices the right of the seller in Scotland to recover interest on the price from the date of tender of the goods, or from the date on which the price was payable, as the case may be.

50 Damages for non-acceptance.

1) Where the buyer wrongfully neglects or refuses to accept and pay for the goods, the seller may maintain an action against him for damages for non-acceptance.

2) The measure of damages is the estimated loss directly and naturally resulting, in the ordinary course of events, from the buyer's breach of contract.

3) Where there is an available market for the goods in question the measure of damages is prima facie to be ascertained by the difference between the contract price and the market or current price at the time or times when the goods ought to have been accepted or (if no time was fixed for acceptance) at the time of the refusal to accept.

Buyer's remedies

51 Damages for non-delivery.

1) Where the seller wrongfully neglects or refuses to deliver the goods to the buyer, the buyer may maintain an action against the seller for damages for non-delivery.

2) The measure of damages is the estimated loss directly and naturally resulting, in the ordinary course of events, from the seller's breach of contract.

3) Where there is an available market for the goods in question the measure of damages is prima facie to be ascertained by the difference between the contract price and the market or current price of the goods at the

time or times when they ought to have been delivered or (if no time was fixed) at the time of the refusal to deliver.

4) This section does not apply to a contract to which Chapter 2 of Part 1 of the Consumer Rights Act 2015 applies (but see the provision made about such contracts in section 19 of that Act).

52 Specific performance.

1) In any action for breach of contract to deliver specific or ascertained goods the court may, if it thinks fit, on the plaintiff's application, by its judgment or decree direct that the contract shall be performed specifically, without giving the defendant the option of retaining the goods on payment of damages.

2) The plaintiff's application may be made at any time before judgment or decree.

3) The judgment or decree may be unconditional, or on such terms and conditions as to damages, payment of the price and otherwise as seem just to the court.

4) The provisions of this section shall be deemed to be supplementary to, and not in derogation of, the right of specific implement in Scotland.

5) This section does not apply to a contract to which Chapter 2 of Part 1 of the Consumer Rights Act 2015 applies (but see the provision made about such contracts in section 19 of that Act).

53 Remedy for breach of warranty.

1) Where there is a breach of warranty by the seller, or where the buyer elects (or is compelled) to treat any breach of a condition on the part of the seller as a breach of warranty, the buyer is not by reason only of such breach of warranty entitled to reject the goods; but he may—

a) set up against the seller the breach of warranty in diminution or extinction of the price, or

b) maintain an action against the seller for damages for the breach of warranty.

2) The measure of damages for breach of warranty is the estimated loss directly and naturally resulting, in the ordinary course of events, from the breach of warranty.

3) In the case of breach of warranty of quality such loss is prima facie the difference between the value of the goods at the time of delivery to the buyer and the value they would have had if they had fulfilled the warranty.

4) The fact that the buyer has set up the breach of warranty in diminution or extinction of the price does not prevent him from maintaining an action for the same breach of warranty if he has suffered further damage.

4A) This section does not apply to a contract to which Chapter 2 of Part 1 of the Consumer Rights Act 2015 applies (but see the provision made about such contracts in section 19 of that Act).

5) This section does not apply to Scotland.

53A Measure of damages as respects Scotland.

1) The measure of damages for the seller's breach of contract is the estimated loss directly and naturally resulting, in the ordinary course of events, from the breach.

2) Where the seller's breach consists of the delivery of goods which are not of the quality required by the contract and the buyer retains the goods, such loss as aforesaid is prima facie the difference between the value of the goods at the time of delivery to the buyer and the value they would have had if they had fulfilled the contract.

2A) This section does not apply to a contract to which Chapter 2 of Part 1 of the Consumer Rights Act 2015 applies (but see the provision made about such contracts in section 19 of that Act).

3) This section applies to Scotland only.

Interest, etc.

54 Interest, etc.

1) Nothing in this Act affects the right of the buyer or the seller to recover interest or special damages in any case where by law interest or special damages may be recoverable, or to recover money paid where the consideration for the payment of it has failed.

2) This section does not apply to a contract to which Chapter 2 of Part 1 of the Consumer Rights Act 2015 applies (but see the provision made about such contracts in section 19 of that Act).

PART VII

SUPPLEMENTARY

55 Exclusion of implied terms.

1) Where a right, duty or liability would arise under a contract of sale of goods by implication of law, it may (subject to the Unfair Contract Terms Act 1977) be negatived or varied by express agreement, or by the course of dealing between the parties, or by such usage as binds both parties to the contract.

1A) Subsection (1) does not apply to a contract to which Chapter 2 of Part 1 of the Consumer Rights Act 2015 applies (but see the provision made about such contracts in section 31 of that Act).

2) An express term does not negative a term implied by this Act unless inconsistent with it.

3) Paragraph 11 of Schedule 1 below applies in relation to a contract made on or after 18 May 1973 and before 1 February 1978, and paragraph 12 in relation to one made before 18 May 1973.

56 Conflict of laws.

Paragraph 13 of Schedule 1 below applies in relation to a contract made on or after 18 May 1973 and before 1 February 1978, so as to make provision about conflict of laws in relation to such a contract.

57 Auction sales.

1) Where goods are put up for sale by auction in lots, each lot is prima facie deemed to be the subject of a separate contract of sale.

2) A sale by auction is complete when the auctioneer announces its completion by the fall of the hammer, or in other customary manner; and until the announcement is made any bidder may retract his bid.

3) A sale by auction may be notified to be subject to a reserve or upset price, and a right to bid may also be reserved expressly by or on behalf of the seller.

4) Where a sale by auction is not notified to be subject to a right to bid by or on behalf of the seller, it is not lawful for the seller to bid himself or to employ any person to bid at the sale, or for the auctioneer knowingly to take any bid from the seller or any such person.

5) A sale contravening subsection (4) above may be treated as fraudulent by the buyer.

6) Where, in respect of a sale by auction, a right to bid is expressly reserved (but not otherwise) the seller or any one person on his behalf may bid at the auction.

58 Payment into court in Scotland.

1) In Scotland where a buyer has elected to accept goods which he might have rejected, and to treat a breach of contract as only giving rise to a claim for damages, he may, in an action by the seller for the price, be required, in the discretion of the court before which the action depends, to consign or pay into court the price of the goods, or part of the price, or to give other reasonable security for its due payment.

2) This section does not apply to a contract to which Chapter 2 of Part 1 of the Consumer Rights Act 2015 applies (but see the provision made about such contracts in section 27 of that Act)

59 Reasonable time a question of fact.

Where a reference is made in this Act to a reasonable time the question what is a reasonable time is a question of fact.

60 Rights etc. enforceable by action.

Where a right, duty or liability is declared by this Act, it may (unless otherwise provided by this Act) be enforced by action.

61 Interpretation.

1) In this Act, unless the context or subject matter otherwise requires, —

"**action**" includes counterclaim and set-off, and in Scotland condescendence and claim and compensation;

"**bulk**" means a mass or collection of goods of the same kind which—

a) is contained in a defined space or area; and

b) is such that any goods in the bulk are interchangeable with any other goods therein of the same number or quantity;

"**business**" includes a profession and the activities of any government department (including a Northern Ireland department) or local or public authority;

"**buyer**" means a person who buys or agrees to buy goods;

"**contract of sale**" includes an agreement to sell as well as a sale;

"**credit-broker**" means a person acting in the course of a business of credit brokerage carried on by him, that is a business of effecting introductions of individuals desiring to obtain credit—

a) to persons carrying on any business so far as it relates to the provision of credit, or

b) to other persons engaged in credit brokerage;

"**defendant**" includes in Scotland defender, respondent, and claimant in a multiplepoinding;

"**delivery**" means voluntary transfer of possession from one person to another; except that in relation to sections 20A and 20B above it includes such appropriation of goods to the contract as results in property in the goods being transferred to the buyer;

“**document** of title to goods” has the same meaning as it has in the Factors Acts;

“**Factors Acts**” means the Factors Act 1889, the Factors (Scotland) 1890, and any enactment amending or substituted for the same;

“**fault**” means wrongful act or default;

“**future goods**” means goods to be manufactured or acquired by the seller after the making of the contract of sale;

“**goods**” includes all personal chattels other than things in action and money, and in Scotland all corporeal moveables except money; and in particular “goods” includes emblements, industrial growing crops, and things attached to or forming part of the land which are agreed to be severed before sale or under the contract of sale; and includes an undivided share in goods;

“**plaintiff**” includes pursuer, complainer, claimant in a multiplepoinding and defendant or defender counter-claiming;

“**property**” means the general property in goods, and not merely a special property;

“**sale**” includes a bargain and sale as well as a sale and delivery;

“**seller**” means a person who sells or agrees to sell goods;

“**specific goods**” means goods identified and agreed on at the time a contract of sale is made and includes an undivided share, specified as a fraction or percentage, of goods identified and agreed on as aforesaid;

“**warranty**” (as regards England and Wales and Northern Ireland) means an agreement with reference to goods which are the subject of a contract of sale, but collateral to the main purpose of such contract, the breach of which gives rise to a claim for damages, but not to a right to reject the goods and treat the contract as repudiated.

2) ....

3) A thing is deemed to be done in good faith within the meaning of this Act when it is in fact done honestly, whether it is done negligently or not.

4) A person is deemed to be insolvent within the meaning of this Act if he has either ceased to pay his debts in the ordinary course of business or he cannot pay his debts as they become due, whether he has committed an act of bankruptcy or not, and whether he has become a notour bankrupt or not.

5) Goods are in a deliverable state within the meaning of this Act when they are in such a state that the buyer would under the contract be bound to take delivery of them.

5A) ....

6) As regards the definition of “business” in subsection (1) above, paragraph 14 of Schedule 1 below applies in relation to a contract made on or after 18 May 1973 and before 1 February 1978, and paragraph 15 in relation to one made before 18 May 1973.

62 Savings: rules of law etc.

1) The rules in bankruptcy relating to contracts of sale apply to those contracts, notwithstanding anything in this Act.

2) The rules of the common law, including the law merchant, except in so far as they are inconsistent with the provisions of legislation including this Act and the Consumer Rights Act 2015, and in particular the rules relating to the law of principal and agent and the effect of fraud, misrepresentation, duress or coercion, mistake, or other invalidating cause, apply to contracts for the sale of goods.

3) Nothing in this Act or the Sale of Goods 1893 affects the enactments relating to bills of sale, or any enactment relating to the sale of goods which is not expressly repealed or amended by this Act or that.

4) The provisions of this Act about contracts of sale do not apply to a transaction in the form of a contract of sale which is intended to operate by way of mortgage, pledge, charge, or other security.

5) Nothing in this Act prejudices or affects the landlord's right of hypothec . . . in Scotland.

63 Consequential amendments, repeals and savings.

1) Without prejudice to section 17 of the Interpretation Act 1978 (repeal and re-enactment), the enactments mentioned in Schedule 2 below have effect subject to the amendments there specified (being amendments consequential on this Act).

2) The enactments mentioned in Schedule 3 below are repealed to the extent specified in column 3, but subject to the savings in Schedule 4 below.

3) The savings in Schedule 4 below have effect.

64 Short title and commencement.

1) This Act may be cited as the Sale of Goods Act 1979.

2) This Act comes into force on 1 January 1980.

SCHEDULES

Section 1

SCHEDULE 1

MODIFICATION OF ACT FOR CERTAIN CONTRACTS

Preliminary

1.

1) This Schedule modifies this Act as it applies to contracts of sale of goods made on certain dates.

2) In this Schedule references to sections are to those of this Act and references to contracts are to contracts of sale of goods.

3) Nothing in this Schedule affects a contract made before 1 January 1894.

Section 11: condition treated as warranty

2.

In relation to a contract made before 22 April 1967 or (in the application of this Act to Northern Ireland) 28 July 1967, in section 11(4) after "or part of them," insert "or where the contract is for specific goods, the property in which has passed to the buyer".

Section 12: implied terms about title etc.

3.

In relation to a contract made before 18 May 1973 substitute the following for section 12: —

"**12 Implied terms about title, etc.**

In a contract of sale, unless the circumstances of the contract are such as to show a different intention, there is—

a) an implied condition on the part of the seller that in the case of a sale he has a right to sell the goods, and in the case of an agreement to sell he will have such a right at the time when the property is to pass;

b) an implied warranty that the buyer will have and enjoy quiet possession of the goods;

c) an implied warranty that the goods will be free from any charge or encumbrance in favour of any third party, not declared or known to the buyer before or at the time when the contract is made."

Section 13: sale by description

4.

In relation to a contract made before 18 May 1973, omit section 13(3).

Section 14: quality or fitness (i)

5.

In relation to a contract made on or after 18 May 1973 and before the appointed day, substitute the following for section 14: —

"14 Implied terms about quality or fitness.

1) Except as provided by this section and section 15 below and subject to any other enactment, there is no implied condition or warranty about the quality or fitness for any particular purpose of goods supplied under a contract of sale.

2) Where the seller sells goods in the course of a business, there is an implied condition that the goods supplied under the contract are of merchantable quality, except that there is no such condition—

a) as regards defects specifically drawn to the buyer's attention before the contract is made; or

b) if the buyer examines the goods before the contract is made, as regards defects which that examination ought to reveal.

3) Where the seller sells goods in the course of a business and the buyer, expressly or by implication, makes known to the seller any particular purpose for which the goods are being bought, there is an implied condition that the goods supplied under the contract are reasonably fit for that purpose, whether or not that is a purpose for which such goods are commonly supplied, except where the circumstances show that the buyer does not rely, or that it is unreasonable for him to rely, on the seller's skill or judgment.

4) An implied condition or warranty about quality or fitness for a particular purpose may be annexed to a contract of sale by usage.

5) The preceding provisions of this section apply to a sale by a person who in the course of a business is acting as agent for another as they apply to a sale by a principal in the course of a business, except where that other is not selling in the course of a business and either the buyer knows that fact or reasonable steps are taken to bring it to the notice of the buyer before the contract is made.

6) Goods of any kind are of merchantable quality within the meaning of subsection (2) above if they are as fit for the purpose or purposes for which goods of that kind are commonly bought as it is reasonable to expect having regard to any description applied to them, the price (if relevant) and all the other relevant circumstances.

7) In the application of subsection (3) above to an agreement for the sale of goods under which the purchase price or part of it is payable by instalments any reference to the seller includes a reference to the person by whom any antecedent negotiations are conducted; and section 58(3) and (5) of the Hire-Purchase Act 1965, section 54(3) and (5) of the Hire-Purchase (Scotland) Act 1965 and section 65(3) and (5) of the Hire-Purchase Act (Northern Ireland) 1966 (meaning of antecedent negotiations and related expressions) apply in relation to this subsection as in relation to each of those Acts, but as if a reference to any such agreement were included in the references in subsection (3) of each of those sections to the agreements there mentioned."

Section 14: quality or fitness (ii)

6.

In relation to a contract made before 18 May 1973 substitute the following for section 14: —

"14 Implied terms about quality or fitness.

1) Subject to this and any other Act, there is no implied condition or warranty about the quality or fitness for any particular purpose of goods supplied under a contract of sale.

2) Where the buyer, expressly or by implication, makes known to the seller the particular purpose for which the goods are required, so as to show that the buyer relies on the seller's skill or judgment, and the goods are of a description which it is in the course of the seller's business to supply (whether he is the manufacturer or not), there is an implied condition that the goods will be reasonably fit for such purpose, except that in the case of a contract for the sale of a specified article under its patent or other trade name there is no implied condition as to its fitness for any particular purpose.

3) Where goods are bought by description from a seller who deals in goods of that description (whether he is the manufacturer or not), there is an implied condition that the goods will be of merchantable quality; but if the buyer has examined the goods, there is no implied condition as regards defects which such examination ought to have revealed.

4) An implied condition or warranty about quality or fitness for a particular purpose may be annexed by the usage of trade.

5) An express condition or warranty does not negative a condition or warranty implied by this Act unless inconsistent with it."

Section 15: sale by sample

7.

In relation to a contract made before 18 May 1973, omit section 15(3).

Section 22: market overt

8.

In relation to a contract under which goods were sold before 1 January 1968 or (in the application of this Act to Northern Ireland) 29 August 1967, add the following paragraph at the end of section 22(1): —

"Nothing in this subsection affects the law relating to the sale of horses."

Section 25: buyer in possession

9.

In relation to a contract under which a person buys or agrees to buy goods and which is made before the appointed day, omit section 25(2).

Section 35: acceptance

10.

In relation to a contract made before 22 April 1967 or (in the application of this Act to Northern Ireland) 28 July 1967, in section 35(1) omit "(except where section 34 above otherwise provides)".

Section 55: exclusion of implied terms (i)

11.

In relation to a contract made on or after 18 May 1973 and before 1 February 1978 substitute the following for section 55: —

"55 Exclusion of implied terms.

1) Where a right, duty or liability would arise under a contract of sale of goods by implication of law, it may be negatived or varied by express agreement, or by the course of dealing between the parties, or by such usage as binds both parties to the contract, but the preceding provision has effect subject to the following provisions of this section.

2) An express condition or warranty does not negative a condition or warranty implied by this Act unless inconsistent with it.

3) In the case of a contract of sale of goods, any term of that or any other contract exempting from all or any of the provisions of section 12 above is void.

4) In the case of a contract of sale of goods, any term of that or any other contract exempting from all or any of the provisions of section 13, 14 or 15 above is void in the case of a consumer sale and is, in any other case, not enforceable to the extent that it is shown that it would not be fair or reasonable to allow reliance on the term.

5) In determining for the purposes of subsection (4) above whether or not reliance on any such term would be fair or reasonable regard shall be had to all the circumstances of the case and in particular to the following matters—

a) the strength of the bargaining positions of the seller and buyer relative to each other, taking into account, among other things, the availability of suitable alternative products and sources of supply;

b) whether the buyer received an inducement to agree to the term or in accepting it had an opportunity of buying the goods or suitable alternatives without it from any source of supply;

c) whether the buyer knew or ought reasonably to have known of the existence and extent of the term (having regard, among other things, to any custom of the trade and any previous course of dealing between the parties);

d) where the term exempts from all or any of the provisions of section 13, 14 or 15 above if some condition is not complied with, whether it was reasonable at the time of the contract to expect that compliance with that condition would be practicable;

e) whether the goods were manufactured, processed, or adapted to the special order of the buyer.

6) Subsection (5) above does not prevent the court from holding, in accordance with any rule of law, that a term which purports to exclude or

restrict any of the provisions of section 13, 14 or 15 above is not a term of the contract.

7) In this section "consumer sale" means a sale of goods (other than a sale by auction or by competitive tender) by a seller in the course of a business where the goods—

a) are of a type ordinarily bought for private use or consumption; and

b) are sold to a person who does not buy or hold himself out as buying them in the course of a business.

8) The onus of proving that a sale falls to be treated for the purposes of this section as not being a consumer sale lies on the party so contending.

9) Any reference in this section to a term exempting from all or any of the provisions of any section of this Act is a reference to a term which purports to exclude or restrict, or has the effect of excluding or restricting, the operation of all or any of the provisions of that section, or the exercise of a right conferred by any provision of that section, or any liability of the seller for breach of a condition or warranty implied by any provision of that section.

10) It is hereby declared that any reference in this section to a term of a contract includes a reference to a term which although not contained in a contract is incorporated in the contract by another term of the contract.

11) Nothing in this section prevents the parties to a contract for the international sale of goods from negativing or varying any right, duty or liability which would otherwise arise by implication of law under sections 12 to 15 above.

12) In subsection (11) above "contract for the international sale of goods" means a contract of sale of goods made by parties whose places of business (or, if they have none, habitual residences) are in the territories of different States (the Channel Islands and the Isle of Man being treated for this purpose as different States from the United Kingdom) and in the case of which one of the following conditions is satisfied: –

a) the contract involves the sale of goods which are at the time of the conclusion of the contract in the course of carriage or will be carried from the territory of one State to the territory of another; or

b) the acts constituting the offer and acceptance have been effected in the territories of different States; or

c) delivery of the goods is to be made in the territory of a State other than that within whose territory the acts constituting the offer and the acceptance have been effected."

Section 55: exclusion of implied terms (ii)

12.

In relation to a contract made before 18 May 1973 substitute the following for section 55: —

"55 Exclusion of implied terms.

Where a right, duty or liability would arise under a contract of sale by implication of law, it may be negatived or varied by express agreement, or by the course of dealing between the parties, or by such usage as binds both parties to the contract."

Section 56 : conflict of laws

13.

1) In relation to a contract made on or after 18 May 1973 and before 1 February 1978 substitute for section 56 the section set out in sub-paragraph (3) below.

2) In relation to a contract made otherwise than as mentioned in sub-paragraph (1) above, ignore section 56 and this paragraph.

3) The section mentioned in sub-paragraph (1) above is as follows:—

"56 Conflict of laws.

1) Where the proper law of a contract for the sale of goods would, apart from a term that it should be the law of some other country or a term to the like effect, be the law of any part of the United Kingdom, or where any such contract contains a term which purports to substitute, or has the effect of substituting, provisions of the law of some other country for all or any of the provisions of sections 12 to 15 and 55 above, those sections shall, notwithstanding that term but subject to subsection (2) below, apply to the contract.

2) Nothing in subsection (1) above prevents the parties to a contract for the international sale of goods from negativing or varying any right, duty or liability which would otherwise arise by implication of law under sections 12 to 15 above.

3) In subsection (2) above "contract for the international sale of goods" means a contract of sale of goods made by parties whose places of business (or, if they have none, habitual residences) are in the territories of different States (the Channel Islands and the Isle of Man being treated for this purpose as different States from the United Kingdom) and in the case of which one of the following conditions is satisfied:—

a) the contract involves the sale of goods which are at the time of the conclusion of the contract in the course of carriage or will be carried from the territory of one State to the territory of another; or

b) the acts constituting the offer and acceptance have been affected in the territories of different States; or

c) delivery of the goods is to be made in the territory of a State other than that within whose territory the acts constituting the offer and the acceptance have been effected."

Section 61(1): definition of "business" (i)

14.

In relation to a contract made on or after 18 May 1973 and before 1 February 1978, in the definition of "business" in section 61(1) for "or local or public authority" substitute ", local authority or statutory undertaker".

Section 61(1): definition of "business" (ii)

15.

In relation to a contract made before 18 May 1973 omit the definition of "business" in section 61(1).

Section 63.

SCHEDULE 2

CONSEQUENTIAL AMENDMENTS

1.

....

Law Reform (Frustrated Contracts) Act 1943 (6 & 7 Geo. 6 c. 40)

2.

In section 2(5)(c) of the Law Reform (Frustrated Contracts) Act 1943 for "section seven of the Sale of Goods Act 1893" substitute "section 7 of the Sale of Goods Act 1979".

Frustrated Contracts Act (Northern Ireland) 1947 (c. 2)

3.

In section 2(5)(c) of the Frustrated Contracts Act (Northern Ireland) 1947 for "section seven of the Sale of Goods Act 1893" substitute "section 7 of the Sale of Goods Act 1979".

Hire-Purchase Act 1964 (c. 53)

4.

In section 27(5) of the Hire-Purchase Act 1964 (as originally enacted and as substituted by Schedule 4 to the Consumer Credit Act 1974)—

a) in paragraph (a) for "section 21 of the Sale of Goods Act 1893" substitute "section 21 of the Sale of Goods Act 1979 ";

b) in paragraph (b) for "section 62(1) of the said Act 0f 1893" substitute "section 61(1) of the said Act of 1979".

Hire-Purchase Act 1965 (c. 66)

5.

In section 20 of the Hire-Purchase Act 1965—

a) in subsection (1) for "Section 11(1)(c) of the Sale of Goods Act 1893" substitute "Section 11(4) of the Sale of Goods Act 1979";

b) in subsection (3) for "sections 12 to 15 of the Sale of Goods Act 1893" substitute "sections 12 to 15 of the Sale of Goods Act 1979"

6.

In section 54 of the Hire-Purchase At 1965 for “section 25(2) of the Sale of Goods Act 1893” substitute “section 25(1) of the Sale of Goods Act 1979”.

7.

In section 58(1) of the Hire-Purchase Act 1965 for “the Sale of Goods Act 1893” substitute “the Sale of Goods Act 1979”.

Hire-Purchase (Scotland) Act 1965 (c. 67)

8.

In section 20 of the Hire-Purchase (Scotland) Act 1965 for “1893” substitute “1979”.

9.

In section 50 of the Hire-Purchase (Scotland) Act 1965 for “section 25(2) of the Sale of Goods Act 1893” substitute “section 25(1) of the Sale of Goods Act 1979”.

10.

In section 54(1) of the Hire-Purchase (Scotland) Act 1965 for “the Sale of Goods Act 1893” substitute “the Sale of Goods Act 1979”.

Hire-Purchase Act (Northern Ireland) 1966 (c. 42)

11.

In section 20 of the Hire-Purchase Act (Northern Ireland) 1966—

a) in subsection (1) for “Section 11(1)(c) of the Sale of Goods Act 1893” substitute “Section 11(4) of the Sale of Goods Act 1979”;

b) in subsection (3) for “1893” substitute “ 1979 ”.

12.

In section 54 of the Hire-Purchase Act (Northern Ireland) 1966 for “section 25(2) of the Sale of Goods Act 1893” substitute “section 25(1) of the Sale of Goods Act 1979”.

13.

In section 62(5) of the Hire-Purchase Act (Northern Ireland) 1966 (as originally enacted and as substituted by Schedule 4 to the Consumer Credit Act 1974)—

a) in paragraph (a) for “1893” substitute “1979”;

b) in paragraph (b) for “section 62(1) of the said Act of 1893” substitute “section 61(1) of the said Act of 1979”.

14.

In section 65(1) of the Hire-Purchase Act (Northern Ireland) 1966 for “the Sale of Goods Act 1893” substitute “the Sale of Goods Act 1979”.

Uniform Laws on International Sales Act 1967 (c. 45)

15.

For section 1(4) of the Uniform Laws on International Sales Act 1967 substitute the following: —

“(4) In determining the extent of the application of the Uniform Law on Sales by virtue of Article 4 thereof (choice of parties)—

a) in relation to a contract made before 18 May 1973, no provision of the law of any part of the United Kingdom shall be regarded as a mandatory provision within the meaning of that Article;

b) in relation to a contract made on or after 18 May 1973 and before 1 February 1978, no provision of that law shall be so regarded except sections 12 to 15, 55 and 56 of the Sale of Goods Act 1979;

c) in relation to a contract made on or after 1 February 1978, no provision of that law shall be so regarded except sections 12 to 15 of the Sale of Goods Act 1979".

Supply of Goods (Implied Terms) Act 1973 (c. 13)

16.

In section 14(1) of the Supply of Goods (Implied Terms) Act 1973 (as originally enacted and as substituted by Schedule 4 to the Consumer Credit Act 1974) for "Section 11(1)(c) of the principal Act" substitute "Section 11(4) of the Sale of Goods Act 1979".

17.

For the definition of "consumer sale" in section 15(1) of the Supply of Goods (Implied Terms) Act 1973 substitute—

"consumer sale" has the same meaning as in section 55 of the Sale of Goods Act 1979 (as set out in paragraph 11 of Schedule 1 to that Act).

Consumer Credit Act 1974 (c. 39)

18.

In section 189(1) of the Consumer Credit Act 1974, in the definition of "goods", for "section 62(1) of the Sale of Goods Act 1893" substitute "section 61(1) of the Sale of Goods Act 1979".

Unfair Contract Terms Act 1977 (c. 50)

19.

In section 6 of the Unfair Contract Terms Act 1977—

a) in subsection (1)(a) for "section 12 of the Sale of Goods Act 1893" substitute "section 12 of the Sale of Goods Act 1979";

b) ....

20.

In section 14 of the Unfair Contract Terms Act 1977, in the definition of "goods", for "the Sale of Goods Act 1893" substitute "the Sale of Goods Act 1979 ".

21.

In section 20(1)(a) ... of the Unfair Contract Terms Act 1977 for "1893" substitute ... "1979".

22.

In section 25(1) of the Unfair Contract Terms Act 1977, in the definition of "goods", for "the Sale of Goods Act 1893" substitute "the Sale of Goods Act 1979".

Section 63

SCHEDULE 3

REPEALS

Chapter	Short title	Extent of repeal
56 & 57 Vict. c. 71.	Sale of Goods Act 1893.	The whole Act except section 26.
1967 c. 7.	Misrepresentation Act 1967.	Section 4. In section 6(3) the words "except section 4(2),".
1967 c. 14 (N.I.)	Misrepresentation Act (Northern Ireland) 1967.	Section 4.
1973 c. 13.	Supply of Goods (Implied Terms) Act 1973.	Sections 1 to 7 Section 18(2)
1974 c. 39.	Consumer Credit Act 1974.	In Schedule 4, paragraphs 3 and 4.
1977 c. 50.	Unfair Contract Terms Act 1977.	In Schedule 3, the entries relating to the Sale of Goods Act 1893.

Section 63.

SCHEDULE 4

SAVINGS

Preliminary

1.

In this Schedule references to the 1893 Act are to the Sale of Goods Act 1893.

Orders

2.

An order under section 14(8) or 25(4) above may make provision that it is to have effect only as provided by the order (being provision corresponding to that which could, apart from this Act, have been made by an order under section 192(4) of the Consumer Credit Act 1974 bringing into operation an amendment or repeal making a change corresponding to that made by the order under section 14(8) or 25(4) above).

Offences

3.

Where an offence was committed in relation to goods before 1 January 1969 or (in the application of this Act to Northern Ireland) 1 August 1969, the effect of a conviction in respect of the offence is not affected by the repeal by this Act of section 24 of the 1893 Act.

1893 Act, section 26

4.

The repeal by this Act of provisions of the 1893 Act does not extend to the following provisions of that Act in so far as they are needed to give effect to or interpret section 26 of that Act, namely, the definitions of "goods" and "property" in section 62(1), section 62(2) and section 63 (which was repealed subject to savings by the Statute Law Revision Act 1908).

Things done before 1 January 1894

5.

The repeal by this Act of section 60 of and the Schedule to the 1893 Act (which effected repeals and which were themselves repealed subject to savings by the Statute Law Revision Act 1908) does not affect those savings, and accordingly does not affect things done or acquired before 1 January 1894.

6.

In so far as the 1893 Act applied (immediately before the operation of the repeals made by this Act) to contracts made before 1 January 1894 (when the 1893 Act came into operation), the 1893 Act shall continue so to apply notwithstanding this Act.

ANNEXE 3 : CONVENTION DES NATIONS UNIES SUR LES CONTRATS DE VENTE INTERNATIONALE DE MARCHANDISES

PRÉAMBULE

Les Etats parties à la présente Convention

Ayant présent à l'esprit les objectifs généraux inscrits dans les résolutions relatives à l'instauration d'un nouvel ordre économique international que l'Assemblée générale a adoptées à sa sixième session extraordinaire,

Considérant que le développement du commerce international sur la base de l'égalité et des avantages mutuels est un élément important dans la promotion de relations amicales entre les États,

Estimant que l'adoption de règles uniformes applicables aux contrats de vente internationale de marchandises et compatibles avec les différents systèmes sociaux, économiques et juridiques contribuera à l'élimination des obstacles juridiques aux échanges internationaux et favorisera le développement du commerce international,

Sont convenus de ce qui suit :

Première partie. Champ d'application et dispositions générales

CHAPITRE PREMIER. CHAMP D'APPLICATION

Article premier

1) La présente Convention s'applique aux contrats de vente de marchandises entre des parties ayant leur établissement dans des États différents:

a) Lorsque ces États sont des États contractants; ou.

b) Lorsque les règles du droit international privé mènent à l'application de la loi d'un État contractant.

2) II n'est pas tenu compte du fait que les parties ont leur établissement dans des États différents lorsque ce fait ne ressort ni du contrat, ni de transactions antérieures entre les parties, ni de renseignements donnés par elles à un moment quelconque avant la conclusion ou lors de la conclusion du contrat.

3) Ni la nationalité des parties ni le caractère civil ou commercial des parties ou du contrat ne sont pris en considération pour l'application de la présente Convention.

Article 2

La présente Convention ne régit pas les ventes:

a) de marchandises achetées pour un usage personnel, familial ou domestique, à moins que le vendeur, à un moment quelconque avant la conclusion ou lors de la conclusion du contrat, n'ait pas su et n'ait pas été censé savoir que ces marchandises étaient achetées pour un tel usage;

b) aux enchères;

c) sur saisie ou de quelque autre manière par autorité de justice;

d) de valeurs mobilières, effets de commerce et monnaies;

e) de navires, bateaux, aéroglisseurs et aéronefs;

f) d'électricité.

Article 3

1) Sont réputés ventes les contrats de fourniture de marchandises à fabriquer ou à produire, à moins que la partie qui commande celles-ci n'ait à fournir une part essentielle des éléments matériels nécessaires à cette fabrication ou production.

2) La présente Convention ne s'applique pas aux contrats dans lesquels la part prépondérante de l'obligation de la partie qui fournit les marchandises consiste en une fourniture de main-d'œuvre ou d'autres services.

Article 4

La présente Convention régit exclusivement la formation du contrat de vente et les droits et obligations qu'un tel contrat fait naître entre le vendeur et l'acheteur. En particulier, sauf disposition contraire expresse de la présente Convention, celle-ci ne concerne pas:

a) La validité du contrat ni celle d'aucune de ses clauses non plus que celle des usages.

b) Les effets que le contrat peut avoir sur la propriété des marchandises vendues.

Article 5

La présente Convention ne s'applique pas à la responsabilité du vendeur pour décès ou lésions corporelles causés à quiconque par les marchandises.

Article 6

Les parties peuvent exclure l'application de la présente Convention ou, sous réserve des dispositions de l'article 12, déroger à l'une quelconque de ses dispositions ou en modifier les effets.

CHAPITRE II. DISPOSITIONS GÉNÉRALES

Article 7

1) Pour l'interprétation de la présente Convention, il sera tenu compte de son caractère international et de la nécessité de promouvoir l'uniformité de son application ainsi que d'assurer le respect de la bonne foi dans le commerce international.

2) Les questions concernant les matières régies par la présente Convention et qui ne sont pas expressément tranchées par elle, seront réglées selon les principes généraux dont elle s'inspire ou, à défaut de ces principes, conformément à la loi applicable en vertu des règles du droit international privé.

Article 8

1) Aux fins de la présente Convention, les indications et les autres comportements d'une partie doivent être interprétés selon l'intention de celle-ci lorsque l'autre partie connaissait ou ne pouvait ignorer cette intention.

2) Si le paragraphe précédent n'est pas applicable, les indications et autres comportements d'une partie doivent être interprétés selon le sens qu'une personne raisonnable de même qualité que l'autre partie, placée dans la même situation, leur aurait donné.

3) Pour déterminer l'intention d'une partie ou ce qu'aurait compris une personne raisonnable, il doit être tenu compte des circonstances pertinentes, notamment des négociations qui ont pu avoir lieu entre les parties, des habitudes qui se sont établies entre elles, des usages et de tout comportement ultérieur des parties.

Article 9

1) Les parties sont liées par les usages auxquels elles ont consenti et par les habitudes qui se sont établies entre elles.

2) Sauf convention contraire des parties, celles-ci sont réputées s'être tacitement référées dans le contrat et pour sa formation à tout usage dont elles avaient connaissance ou auraient dû avoir connaissance et qui, dans le commerce international, est largement connu et régulièrement observé par les parties à des contrats de même type dans la branche commerciale considérée.

Article 10

Aux fins de la présente Convention :

a) Si une partie a plus d'un établissement, l'établissement à prendre en considération est celui qui a la relation la plus étroite avec le contrat et son exécution eu égard aux circonstances connues des parties ou envisagées par elles à un moment quelconque avant la conclusion ou lors de la conclusion du contrat ;

b) Si une partie n'a pas d'établissement, sa résidence habituelle en tient lieu.

Article 11

Le contrat de vente n'a pas à être conclu ni constaté par écrit et n'est soumis à aucune autre condition de forme. Il peut être prouvé par tous moyens, y compris par témoins.

Article 12

Toute disposition de l'article 11, de l'article 29 ou de la deuxième partie de la présente Convention autorisant une forme autre que la forme écrite, soit pour la conclusion ou pour la modification ou la résiliation amiable d'un contrat de vente, soit pour toute offre, acceptation ou autre manifestation d'intention, ne s'applique pas dès lors qu'une des parties a son établissement dans un État contractant qui a fait une déclaration conformément à l'article 96 de la présente Convention. Les parties ne peuvent déroger au présent article ni en modifier les effets.

Article 13

Aux fins de la présente Convention, le terme "écrit" doit s'entendre également des communications adressées par télégramme ou par télex.

Deuxième partie. Formation du contrat

Article 14

1) Une proposition de conclure un contrat adressée à une ou plusieurs personnes déterminées constitue une offre si elle est suffisamment précise et si elle indique la volonté de son auteur d'être lié en cas d'acceptation. Une proposition est suffisamment précise lorsqu'elle désigne les marchandises et, expressément ou implicitement, fixe la quantité et le prix ou donne des indications permettant de les déterminer.

2) Une proposition adressée à des personnes indéterminées est considérée seulement comme une invitation à l'offre, à moins que la personne qui a fait la proposition n'ait clairement indiqué le contraire.

Article 15

1) Une offre prend effet lorsqu'elle parvient au destinataire.

2) Une offre, même si elle est irrévocable, peut être rétractée si la rétractation parvient au destinataire avant ou en même temps que l'offre.

Article 16

1) Jusqu'à ce qu'un contrat ait été conclu, une offre peut être révoquée si la révocation parvient au destinataire avant que celui-ci ait expédié une acceptation.

2) Cependant, une offre ne peut être révoquée :

a) Si elle indique, en fixant un délai déterminé pour l'acceptation, ou autrement, qu'elle est irrévocable ; ou

b) S'il était raisonnable pour le destinataire de considérer l'offre comme irrévocable et s'il a agi en conséquence.

Article 17

Une offre, même irrévocable, prend fin lorsque son rejet parvient à l'auteur de l'offre.

Article 18

1) Une déclaration ou autre comportement du destinataire indiquant qu'il acquiesce à une offre constitue une acceptation. Le silence ou l'inaction à eux seuls ne peuvent valoir acceptation.

2) L'acceptation d'une offre prend effet au moment où l'indication d'acquiescement parvient à l'auteur de l'offre. L'acceptation ne prend pas effet si cette indication ne parvient pas à l'auteur de l'offre dans le délai qu'il a stipulé ou, à défaut d'une telle stipulation, dans un délai raisonnable, compte tenu des circonstances de la transaction et de la rapidité des moyens de communication utilisés par l'auteur de l'offre. Une offre verbale doit être acceptée immédiatement, à moins que les circonstances n'impliquent le contraire.

3) Cependant, si, en vertu de l'offre, des habitudes qui se sont établies entre les parties ou des usages, le destinataire de l'offre peut indiquer qu'il acquiesce en accomplissant un acte se rapportant, par exemple, à l'expédition des marchandises ou au paiement du prix, sans communication à l'auteur de l'offre, l'acceptation prend effet au moment où cet acte est accompli, pour autant qu'il le soit dans les délais prévus par le paragraphe précédent.

Article 19

1) Une réponse qui tend à être l'acceptation d'une offre, mais qui contient des additions, des limitations ou autres modifications, est un rejet de l'offre et constitue une contre-offre.

2) Cependant, une réponse qui tend à être l'acceptation d'une offre, mais qui contient des éléments complémentaires ou différents n'altérant pas substantiellement les termes de l'offre, constitue une acceptation, à moins que l'auteur de l'offre, sans retard injustifié, n'en relève les différences verbalement Ou n'adresse un avis à cet effet. S'il ne le fait pas, les termes du contrat sont ceux de l'offre, avec les modifications comprises dans l'acceptation.

3) Des éléments complémentaires ou différents relatifs notamment au prix, au paiement, à la qualité et à la quantité des marchandises, au lieu et au moment de la livraison, à l'étendue de la responsabilité d'une partie à l'égard

de l’autre ou au règlement des différends, sont considérés comme altérant substantiellement les termes de l’offre.

Article 20

1) Le délai d’acceptation fixé par l’auteur de l’offre dans un télégramme ou une lettre commence à courir au moment où le télégramme est remis pour expédition ou à la date qui apparaît sur la lettre ou, à défaut, à la date qui apparaît sur l’enveloppe. Le délai d’acceptation que l’auteur de l’offre fixe par téléphone, par télex ou par d’autres moyens de communication instantanés commence à courir au moment où l’offre parvient au destinataire.

2) Les jours fériés ou chômés qui tombent pendant que court le délai d’acceptation sont comptés dans le calcul de ce délai. Cependant, si la notification ne peut être remise à l’adresse de l’auteur de l’offre le dernier jour du délai, parce que celui-ci tombe un jour férié ou chômé au lieu d’établissement de l’auteur de l’offre, le délai est prorogé jusqu’au premier jour ouvrable suivant.

Article 21

1) Une acceptation tardive produit néanmoins effet en tant qu’acceptation si, sans retard, l’auteur de l’offre en informe verbalement le destinataire ou lui adresse un avis à cet effet.

2) Si la lettre ou autre écrit contenant une acceptation tardive révèle qu’elle a été expédiée dans des conditions telles que, si sa transmission avait été régulière, elle serait parvenue à temps à l’auteur de l’offre, l’acceptation tardive produit effet en tant qu’acceptation à moins que, sans retard, l’auteur de l’offre n’informe verbalement le destinataire de l’offre qu’il considère que son offre avait pris fin ou qu’il ne lui adresse un avis à cet effet.

Article 22

L’acceptation peut être rétractée si la rétractation parvient à l’auteur de l’offre avant le moment où l’acceptation aurait pris effet ou à ce moment.

Article 23

Le contrat est conclu au moment où l’acceptation d’une offre prend effet conformément aux dispositions de la présente Convention.

Article 24

Aux fins de la présente partie de la Convention, une offre, une déclaration d’acceptation ou toute autre manifestation d’intention “parvient” à son destinataire lorsqu’elle lui est faite verbalement ou est délivrée par tout autre moyen au destinataire lui-même, à son établissement, à son adresse postale ou, s’il n’a pas d’établissement ou d’adresse postale, à sa résidence habituelle.

Troisième partie. Vente de marchandises

CHAPITRE PREMIER. DISPOSITIONS GÉNÉRALES

Article 25

Une contravention au contrat commise par l'une des parties est essentielle lorsqu'elle cause à l'autre partie un préjudice tel qu'elle la prive substantiellement de ce que celle-ci était en droit d'attendre du contrat, à moins que la partie en défaut n'ait pas prévu un tel résultat et qu'une personne raisonnable de même qualité placée dans la même situation ne l'aurait pas prévu non plus.

Article 26

Une déclaration de résolution du contrat n'a d'effet que si elle est faite par notification à l'autre partie.

Article 27

Sauf disposition contraire expresse de la présente partie de la Convention, si une notification, demande ou autre communication est faite par une partie au contrat conformément à la présente partie et par un moyen approprié aux circonstances, un retard ou une erreur dans la transmission de la communication ou le fait qu'elle n'est pas arrivée à destination ne prive pas cette partie au contrat du droit de s'en prévaloir.

Article 28

Si, conformément aux dispositions de la présente Convention, une partie a le droit d'exiger de l'autre l'exécution d'une obligation, un tribunal n'est tenu d'ordonner l'exécution en nature que s'il le ferait en vertu de son propre droit pour des contrats de vente semblables non régis par la présente Convention.

Article 29

1) Un contrat peut être modifié ou résilié par accord amiable entre les parties.

2) Un contrat écrit qui contient une disposition stipulant que toute modification ou résiliation amiable doit être faite par écrit ne peut être modifié ou résilié à l'amiable sous une autre forme. Toutefois, le comportement de l'une des parties peut l'empêcher d'invoquer une telle disposition si l'autre partie s'est fondée sur ce comportement.

CHAPITRE II. OBLIGATIONS DU VENDEUR

Article 30

Le vendeur s'oblige, dans les conditions prévues au contrat et par la présente Convention, à livrer les marchandises, à en transférer la propriété et, s'il y a lieu, à remettre les documents s'y rapportant.

Section I. Livraison des marchandises et remise des documents

Article 31

Si le vendeur n'est pas tenu de livrer les marchandises en un autre lieu particulier, son obligation de livraison consiste :

a) Lorsque le contrat de vente implique un transport des marchandises, à remettre les marchandises au premier transporteur pour transmission à l'acheteur ;

b) Lorsque, dans les cas non visés au précédent alinéa, le contrat porte sur un corps certain ou sur une chose de genre qui doit être prélevée sur une masse déterminée ou qui doit être fabriquée ou produite et lorsque, au moment de la conclusion du contrat, les parties savaient que les marchandises se trouvaient ou devaient être fabriquées ou produites en un lieu particulier, à mettre les marchandises à la disposition de l'acheteur en ce lieu;

c) Dans les autres cas, à mettre les marchandises à la disposition de l'acheteur au lieu où le vendeur avait son établissement au moment de la conclusion du contrat.

Article 32

1) Si, conformément au contrat ou à la présente Convention, le vendeur remet les marchandises à un transporteur et si les marchandises ne sont pas clairement identifiées aux fins du contrat par l'apposition d'un signe distinctif sur les marchandises, par des documents de transport ou par tout autre moyen, le vendeur doit donner à l'acheteur avis de l'expédition en désignant spécifiquement les marchandises.

2) Si le vendeur est tenu de prendre des dispositions pour le transport des marchandises, il doit conclure les contrats nécessaires pour que le transport soit effectué jusqu'au lieu prévu, par les moyens de transport appropriés aux circonstances et selon les conditions usuelles pour un tel transport.

3) Si le vendeur n'est pas tenu de souscrire lui-même une assurance de transport, il doit fournir à l'acheteur, à la demande de celui-ci, tous renseignements dont il dispose qui sont nécessaires à la conclusion de cette assurance.

Article 33

Le vendeur doit livrer les marchandises:

a) Si une date est fixée par le contrat ou déterminable par référence au contrat, à cette date;

b) Si une période de temps est fixée par le contrat ou déterminable par référence au contrat, à un moment quelconque au cours de cette période, à moins qu'il ne résulte des circonstances que c'est à l'acheteur de choisir une date; ou

c) Dans tous les autres cas, dans un délai raisonnable à partir de la conclusion du contrat.

Article 34

Si le vendeur est tenu de remettre les documents se rapportant aux marchandises, il doit s'acquitter de cette obligation au moment, au lieu et dans la forme prévus au contrat. En cas de remise anticipée, le vendeur conserve, jusqu'au moment prévu pour la remise, le droit de réparer tout défaut de conformité des documents, à condition que l'exercice de ce droit ne cause à l'acheteur ni inconvénients ni frais déraisonnables. Toutefois, l'acheteur conserve le droit de demander des dommages-intérêts conformément à la présente Convention.

Section II. Conformité des marchandises et droits ou prétentions de tiers

Article 35

1) Le vendeur doit livrer des marchandises dont la quantité, la qualité et le type répondent à ceux qui sont prévus au contrat, et dont l'emballage ou le conditionnement correspond à celui qui est prévu au contrat.

2) À moins que les parties n'en soient convenues autrement, les marchandises ne sont conformes au contrat que si:

a) Elles sont propres aux usages auxquels serviraient habituellement des marchandises du même type;

b) Elles sont propres à tout usage spécial qui a été porté expressément ou tacitement à la connaissance du vendeur au moment de la conclusion du contrat, sauf s'il résulte des circonstances que l'acheteur ne s'en est pas remis à la compétence ou à l'appréciation du vendeur ou qu'il n'était pas raisonnable de sa part de le faire;

c) Elles possèdent les qualités d'une marchandise que le vendeur a présentée à l'acheteur comme échantillon ou modèle;

d) Elles sont emballées ou conditionnées selon le mode habituel pour les marchandises du même type ou, à défaut du mode habituel, d'une manière propre à les conserver et à les protéger.

3) Le vendeur n'est pas responsable, au regard des alinéas *a* à *d* du paragraphe précédent, d'un défaut de conformité que l'acheteur connaissait ou ne pouvait ignorer au moment de la conclusion du contrat.

Article 36

1) Le vendeur est responsable, conformément au contrat et à la présente Convention, de tout défaut de conformité qui existe au moment du transfert des risques à l'acheteur, même si ce défaut n'apparaît qu'ultérieurement.

2) Le vendeur est également responsable de tout défaut de conformité qui survient après le moment indiqué au paragraphe précédent et qui est imputable à l'inexécution de l'une quelconque de ses obligations, y compris à un manquement à une garantie que, pendant une certaine période, les marchandises resteront propres à leur usage normal ou à un usage spécial ou conserveront des qualités ou caractéristiques spécifiées.

Article 37

En cas de livraison anticipée, le vendeur a le droit, jusqu'à la date prévue pour la livraison, soit de livrer une partie ou une quantité manquante, ou des marchandises nouvelles en remplacement des marchandises non conformes au contrat, soit de réparer tout défaut de conformité des marchandises, à condition que l'exercice de ce droit ne cause à l'acheteur ni inconvénients ni frais déraisonnables. Toutefois, l'acheteur conserve le droit de demander des dommages-intérêts conformément à la présente Convention.

Article 38

1) L'acheteur doit examiner les marchandises ou les faire examiner dans un délai aussi bref que possible eu égard aux circonstances.

2) Si le contrat implique un transport des marchandises, l'examen peut être différé jusqu'à leur arrivée à destination.

3) Si les marchandises sont déroutées ou réexpédiées par l'acheteur sans que celui-ci ait eu raisonnablement la possibilité de les examiner et si, au moment de la conclusion du contrat, le vendeur connaissait ou aurait dû connaître la possibilité de ce déroutage ou de cette réexpédition, l'examen peut être différé jusqu'à l'arrivée des marchandises à leur nouvelle destination.

Article 39

1) L'acheteur est déchu du droit de se prévaloir d'un défaut de conformité s'il ne le dénonce pas au vendeur, en précisant la nature de ce défaut, dans un délai raisonnable à partir du moment où il l'a constaté ou aurait dû le constater.

2) Dans tous les cas, l'acheteur est déchu du droit de se prévaloir d'un défaut de conformité, s'il ne le dénonce pas au plus tard dans un délai de deux ans à compter de la date à laquelle les marchandises lui ont été

effectivement remises, à moins que ce délai ne soit incompatible avec la durée d'une garantie contractuelle.

Article 40

Le vendeur ne peut pas se prévaloir des dispositions des articles 38 et 39 lorsque le défaut de conformité porte sur des faits qu'il connaissait ou ne pouvait ignorer et qu'il n'a pas révélés à l'acheteur.

Article 41

Le vendeur doit livrer les marchandises libres de tout droit ou prétention d'un tiers, à moins que l'acheteur n'accepte de prendre les marchandises dans ces conditions. Toutefois, si ce droit ou cette prétention est fondé sur la propriété industrielle ou autre propriété intellectuelle, l'obligation du vendeur est régie par l'article 42.

Article 42

1) Le vendeur doit livrer les marchandises libres de tout droit ou prétention d'un tiers fondé sur la propriété industrielle ou autre propriété intellectuelle, qu'il connaissait ou ne pouvait ignorer au moment de la conclusion du contrat, à condition que ce droit ou cette prétention soit fondé sur la propriété industrielle ou autre propriété intellectuelle :

a) En vertu de la loi de l'État où les marchandises doivent être revendues ou utilisées, si les parties ont envisagé au moment de la conclusion du contrat que les marchandises seraient revendues ou utilisées dans cet État ; ou

b) Dans tous les autres cas, en vertu de la loi de l'État où l'acheteur a son établissement.

2) Dans les cas suivants, le vendeur n'est pas tenu de l'obligation prévue au paragraphe précédent :

a) Au moment de la conclusion du contrat, l'acheteur connaissait ou ne pouvait ignorer l'existence du droit ou de la prétention ; ou

b) Le droit ou la prétention résulte de ce que le vendeur s'est conformé aux plans techniques, dessins, formules ou autres spécifications analogues fournis par l'acheteur.

Article 43

1) L'acheteur perd le droit de se prévaloir des dispositions des articles 41 et 42 s'il ne dénonce pas au vendeur le droit ou la prétention du tiers, en précisant la nature de ce droit ou de cette prétention, dans un délai raisonnable à partir du moment où il en a eu connaissance ou aurait dû en avoir connaissance.

2) Le vendeur ne peut pas se prévaloir des dispositions du paragraphe précédent s'il connaissait le droit ou la prétention du tiers et sa nature.

Article 44

Nonobstant les dispositions du paragraphe 1 de l'article 39 et du paragraphe 1 de l'article 43, l'acheteur peut réduire le prix conformément à l'article 50 ou demander des dommages-intérêts, sauf pour le gain manqué, s'il a une excuse raisonnable pour n'avoir pas procédé à la dénonciation requise.

Section III. Moyens dont dispose l'acheteur en cas de contravention au contrat par le vendeur.

Article 45

1) Si le vendeur n'a pas exécuté l'une quelconque des obligations résultant pour lui du contrat de vente ou de la présente Convention, l'acheteur est fondé à :

a) exercer les droits prévus aux articles 46 à 52 ;

b) demander les dommages-intérêts prévus aux articles 74 à 77.

2) L'acheteur ne perd pas le droit de demander des dommages-intérêts lorsqu'il exerce son droit de recourir à un autre moyen.

3) Aucun délai de grâce ne peut être accordé au vendeur par un juge ou par un arbitre lorsque l'acheteur se prévaut d'un des moyens dont il dispose en cas de contravention au contrat.

Article 46

1) L'acheteur peut exiger du vendeur l'exécution de ses obligations, à moins qu'il ne se soit prévalu d'un moyen incompatible avec cette exigence.

2) Si les marchandises ne sont pas conformes au contrat, l'acheteur ne peut exiger du vendeur la livraison de marchandises de remplacement que si le défaut de conformité constitue une contravention essentielle au contrat et si cette livraison est demandée au moment de la dénonciation du défaut de conformité faite conformément à l'article 39 ou dans un délai raisonnable à compter de cette dénonciation.

3) Si les marchandises ne sont pas conformes au contrat, l'acheteur peut exiger du vendeur qu'il répare le défaut de conformité, à moins que cela ne soit déraisonnable compte tenu de toutes les circonstances. La réparation doit être demandée au moment de la dénonciation du défaut de conformité faite conformément à l'article 39 ou dans un délai raisonnable à compter de cette dénonciation.

Article 47

1) L'acheteur peut impartir au vendeur un délai supplémentaire de durée raisonnable pour l'exécution de ses obligations.

2) À moins qu'il n'ait reçu du vendeur une notification l'informant que celui-ci n'exécuterait pas ses obligations dans le délai ainsi imparti, l'acheteur ne peut, avant l'expiration de ce délai, se prévaloir d'aucun des

moyens dont il dispose en cas de contravention au contrat. Toutefois, l'acheteur ne perd pas, de ce fait, le droit de demander des dommages-intérêts pour retard dans l'exécution.

Article 48

1) Sous réserve de l'article 49, le vendeur peut, même après la date de la livraison, réparer à ses frais tout manquement à ses obligations, à condition que cela n'entraîne pas un retard déraisonnable et ne cause à l'acheteur ni inconvénients déraisonnables ni incertitude quant au remboursement par le vendeur des frais faits par l'acheteur. Toutefois, l'acheteur conserve le droit de demander des dommages-intérêts conformément à la présente Convention.

2) Si le vendeur demande à l'acheteur de lui faire savoir s'il accepte l'exécution et si l'acheteur ne lui répond pas dans un délai raisonnable, le vendeur peut exécuter ses obligations dans le délai qu'il a indiqué dans sa demande. L'acheteur ne peut, avant l'expiration de ce délai, se prévaloir d'un moyen incompatible avec l'exécution par le vendeur de ses obligations.

3) Lorsque le vendeur notifie à l'acheteur son intention d'exécuter ses obligations dans un délai déterminé, il est présumé demander à l'acheteur de lui faire connaître sa décision conformément au paragraphe précédent.

4) Une demande ou une notification faite par le vendeur en vertu des paragraphes 2 ou 3 du présent article n'a d'effet que si elle est reçue par l'acheteur.

Article 49

1) L'acheteur peut déclarer le contrat résolu :

a) Si l'inexécution par le vendeur de l'une quelconque des obligations résultant pour lui du contrat ou de la présente Convention constitue une contravention essentielle au contrat ; ou

b) En cas de défaut de livraison, si le vendeur ne livre pas les marchandises dans le délai supplémentaire imparti par l'acheteur conformément au paragraphe 1 de l'article 47 ou s'il déclare qu'il ne les livrera pas dans le délai ainsi imparti.

2) Cependant, lorsque le vendeur a livré les marchandises, l'acheteur est déchu du droit de déclarer le contrat résolu s'il ne l'a pas fait:

a) En cas de livraison tardive, dans un délai raisonnable à partir du moment où il a su que la livraison avait été effectuée;

b) En cas de contravention autre que la livraison tardive, dans un délai raisonnable:

i) À partir du moment où il a eu connaissance ou aurait dû avoir connaissance de cette contravention ;

ii) Après l'expiration de tout délai supplémentaire imparti par l'acheteur conformément au paragraphe 1 de l'article 47 ou après que le vendeur a déclaré qu'il n'exécuterait pas ses obligations dans ce délai supplémentaire ; ou

iii) Après l'expiration de tout délai supplémentaire indiqué par le vendeur conformément au paragraphe 2 de l'article 48 ou après que l'acheteur a déclaré qu'il n'accepterait pas l'exécution.

Article 50

En cas de défaut de conformité des marchandises au contrat, que le prix ait été ou non déjà payé, l'acheteur peut réduire le prix proportionnellement à la différence entre la valeur que les marchandises effectivement livrées avaient au moment de la livraison et la valeur que des marchandises conformes auraient eue à ce moment. Cependant, si le vendeur répare tout manquement à ses obligations conformément à l'article 37 ou à l'article 48 ou si l'acheteur refuse d'accepter l'exécution par le vendeur conformément à ces articles, l'acheteur ne peut réduire le prix.

Article 51

1) Si le vendeur ne livre qu'une partie des marchandises ou si une partie seulement des marchandises livrées est conforme au contrat, les articles 46 à 50 s'appliquent en ce qui concerne la partie manquante ou non conforme.

2) L'acheteur ne peut déclarer le contrat résolu dans sa totalité que si l'inexécution partielle ou le défaut de conformité constitue une contravention essentielle au contrat.

Article 52

1) Si le vendeur livre les marchandises avant la date fixée, l'acheteur a la faculté d'en prendre livraison ou de refuser d'en prendre livraison.

2) Si le vendeur livre une quantité supérieure à celle prévue au contrat, l'acheteur peut accepter ou refuser de prendre livraison de la quantité excédentaire. Si l'acheteur accepte d'en prendre livraison en tout ou en partie, il doit la payer au tarif du contrat.

CHAPITRE III. OBLIGATIONS DE L'ACHETEUR

Article 53

L'acheteur s'oblige, dans les conditions prévues au contrat et par la présente Convention, à payer le prix et à prendre livraison des marchandises.

Section I. Paiement du prix

Article 54

L'obligation qu'a l'acheteur de payer le prix comprend celle de prendre les mesures et d'accomplir les formalités destinées à permettre le paiement du prix qui sont prévues par le contrat ou par les lois et les règlements.

Article 55

Si la vente est valablement conclue sans que le prix des marchandises vendues ait été fixé dans le contrat expressément ou implicitement ou par une disposition permettant de le déterminer, les parties sont réputées, sauf indications contraires, s'être tacitement référées au prix habituellement pratiqué au moment de la conclusion du contrat, dans la branche commerciale considérée, pour les mêmes marchandises vendues dans des circonstances comparables.

Article 56

Si le prix est fixé d'après le poids des marchandises, c'est le poids net qui, en cas de doute, détermine ce prix.

Article 57

1) Si l'acheteur n'est pas tenu de payer le prix en un autre lieu particulier, il doit payer le vendeur :

a) À l'établissement de celui-ci ; ou

b) Si le paiement doit être fait contre la remise des marchandises ou des documents, au lieu de cette remise.

2) Le vendeur doit supporter toute augmentation des frais accessoires au paiement qui résultent de son changement d'établissement après la conclusion du contrat.

Article 58

1) Si l'acheteur n'est pas tenu de payer le prix à un autre moment déterminé, il doit le payer lorsque, conformément au contrat et à la présente Convention, le vendeur met à sa disposition soit les marchandises, soit des documents représentatifs des marchandises. Le vendeur peut faire du paiement une condition de la remise des marchandises ou des documents.

2) Si le contrat implique un transport des marchandises, le vendeur peut en faire l'expédition sous condition que celles-ci ou les documents représentatifs ne seront remis à l'acheteur que contre paiement du prix.

3) L'acheteur n'est pas tenu de payer le prix avant d'avoir eu la possibilité d'examiner les marchandises, à moins que les modalités de livraison ou de paiement dont sont convenues les parties ne lui en laissent pas la possibilité.

Article 59

L'acheteur doit payer le prix à la date fixée au contrat ou résultant du contrat et de la présente Convention, sans qu'il soit besoin d'aucune demande ou autre formalité de la part du vendeur.

Section II. Prise de livraison

Article 60

L'obligation de l'acheteur de prendre livraison consiste:

a) À accomplir tout acte qu'on peut raisonnablement attendre de lui pour permettre au vendeur d'effectuer la livraison; et

b) À retirer les marchandises.

Section III. Moyens dont dispose le vendeur en cas de contravention au contrat par l'acheteur.

Article 61

1) Si l'acheteur n'a pas exécuté l'une quelconque des obligations résultant pour lui du contrat de vente ou de la présente Convention, le vendeur est fondé à:

a) Exercer les droits prévus aux articles 62 à 65;

b) Demander les dommages-intérêts prévus aux articles 74 à 77.

2) Le vendeur ne perd pas le droit de demander des dommages- intérêts lorsqu'il exerce son droit de recourir à un autre moyen.

3) Aucun délai de grâce ne peut être accordé à l'acheteur par un juge ou par un arbitre lorsque le vendeur se prévaut d'un des moyens dont il dispose en cas de contravention au contrat.

Article 62

Le vendeur peut exiger de l'acheteur le paiement du prix, la prise de livraison des marchandises ou l'exécution des autres obligations de l'acheteur, à moins qu'il ne se soit prévalu d'un moyen incompatible avec ces exigences.

Article 63

1) Le vendeur peut impartir à l'acheteur un délai supplémentaire de durée raisonnable pour l'exécution de ses obligations.

2) À moins qu'il n'ait reçu de l'acheteur une notification l'informant que celui-ci n'exécuterait pas ses obligations dans le délai ainsi imparti, le vendeur ne peut, avant l'expiration de ce délai, se prévaloir d'aucun des moyens dont il dispose en cas de contravention au contrat. Toutefois, le vendeur ne perd pas, de ce fait, le droit de demander des dommages-intérêts pour retard dans l'exécution.

Article 64

1) Le vendeur peut déclarer le contrat résolu:

a) Si l'inexécution par l'acheteur de l'une quelconque des obligations résultant pour lui du contrat ou de la présente Convention constitue une contravention essentielle au contrat; ou

b) Si l'acheteur n'exécute pas son obligation de payer le prix ou ne prend pas livraison des marchandises dans le délai supplémentaire imparti par le vendeur conformément au paragraphe 1 de l'article 63 ou s'il déclare qu'il ne le fera pas dans le délai ainsi imparti.

2) Cependant, lorsque l'acheteur a payé le prix, le vendeur est déchu du droit de déclarer le contrat résolu s'il ne l'a pas fait :

a) En cas d'exécution tardive par l'acheteur, avant d'avoir su qu'il y avait eu exécution ; ou

b) En cas de contravention par l'acheteur autre que l'exécution tardive, dans un délai raisonnable :

i) À partir du moment où le vendeur a eu connaissance ou aurait dû avoir connaissance de cette contravention ; ou

ii) Après l'expiration de tout délai supplémentaire imparti par le vendeur conformément au paragraphe 1 de l'article 63 ou après que l'acheteur a déclaré qu'il n'exécuterait pas ses obligations dans ce délai supplémentaire.

Article 65

1) Si le contrat prévoit que l'acheteur doit spécifier la forme, la mesure ou d'autres caractéristiques des marchandises et si l'acheteur n'effectue pas cette spécification à la date convenue ou dans un délai raisonnable à compter de la réception d'une demande du vendeur, celui-ci peut, sans préjudice de tous autres droits qu'il peut avoir, effectuer lui-même cette spécification d'après les besoins de l'acheteur dont il peut avoir connaissance.

2) Si le vendeur effectue lui-même la spécification, il doit en faire connaître les modalités à l'acheteur et lui impartir un délai raisonnable pour une spécification différente. Si, après réception de la communication du vendeur, l'acheteur n'utilise pas cette possibilité dans le délai ainsi imparti, la spécification effectuée par le vendeur est définitive.

CHAPITRE IV. TRANSFERT DES RISQUES

Article 66

La perte ou la détérioration des marchandises survenue après le transfert des risques à l'acheteur ne libère pas celui-ci de son obligation de payer le prix, à moins que ces événements ne soient dus à un fait du vendeur.

Article 67

1) Lorsque le contrat de vente implique un transport des marchandises et que le vendeur n'est pas tenu de les remettre en un lieu déterminé, les risques sont transférés à l'acheteur à partir de la remise des marchandises au premier transporteur pour transmission à l'acheteur conformément au contrat de vente. Lorsque le vendeur est tenu de remettre les marchandises à un transporteur en un lieu déterminé, les risques ne sont pas transférés à l'acheteur tant que les marchandises n'ont pas été remises au transporteur en ce lieu. Le fait que le vendeur soit autorisé à conserver les documents représentatifs des marchandises n'affecte pas le transfert des risques.

2) Cependant, les risques ne sont pas transférés à l'acheteur tant que les marchandises n'ont pas été clairement identifiées aux fins du contrat, que ce soit par l'apposition d'un signe distinctif sur les marchandises, par des documents de transport, par un avis donné à l'acheteur ou par tout autre moyen.

Article 68

En ce qui concerne les marchandises vendues en cours de transport, les risques sont transférés à l'acheteur à partir du moment où le contrat est conclu. Toutefois, si les circonstances l'impliquent, les risques sont à la charge de l'acheteur à compter du moment où les marchandises ont été remises au transporteur qui a émis les documents constatant le contrat de transport. Néanmoins, si, au moment de la conclusion du contrat de vente, le vendeur avait connaissance ou aurait dû avoir connaissance du fait que les marchandises avaient péri ou avaient été détériorées et qu'il n'en a pas informé l'acheteur, la perte ou la détérioration est à la charge du vendeur.

Article 69

1) Dans les cas non visés par les articles 67 et 68, les risques sont transférés à l'acheteur lorsqu'il retire les marchandises ou, s'il ne le fait pas en temps voulu, à partir du moment où les marchandises sont mises à sa disposition et où il commet une contravention au contrat en n'en prenant pas livraison.

2) Cependant, si l'acheteur est tenu de retirer les marchandises en un lieu autre qu'un établissement du vendeur, les risques sont transférés lorsque la livraison est due et que l'acheteur sait que les marchandises sont mises à sa disposition en ce lieu.

3) Si la vente porte sur des marchandises non encore individualisées, les marchandises ne sont réputées avoir été mises à la disposition de l'acheteur que lorsqu'elles ont été clairement identifiées aux fins du contrat.

Article 70

Si le vendeur a commis une contravention essentielle au contrat, les dispositions des articles 67, 68 et 69 ne portent pas atteinte aux moyens dont l'acheteur dispose en raison de cette contravention.

CHAPITRE V. DISPOSITIONS COMMUNES AUX OBLIGATIONS DU VENDEUR ET DE L'ACHETEUR

Section I. Contravention anticipée et contrats à livraisons successives

Article 71

1) Une partie peut différer l'exécution de ses obligations lorsqu'il apparaît, après la conclusion du contrat, que l'autre partie n'exécutera pas une partie essentielle de ses obligations du fait :

a) D'une grave insuffisance dans la capacité d'exécution de cette partie ou sa solvabilité ; ou

b) De la manière dont elle s'apprête à exécuter ou exécute le contrat.

2) Si le vendeur a déjà expédié les marchandises lorsque se révèlent les raisons prévues au paragraphe précédent, il peut s'opposer à ce que les marchandises soient remises à l'acheteur, même si celui-ci détient un document lui permettant de les obtenir. Le présent paragraphe ne concerne que les droits respectifs du vendeur et de l'acheteur sur les marchandises.

3) La partie qui diffère l'exécution, avant ou après l'expédition des marchandises, doit adresser immédiatement une notification à cet effet à l'autre partie, et elle doit procéder à l'exécution si l'autre partie donne des assurances suffisantes de la bonne exécution de ses obligations. **Article 72**

1) Si, avant la date de l'exécution du contrat, il est manifeste qu'une partie commettra une contravention essentielle au contrat, l'autre partie peut déclarer celui-ci résolu.

2) Si elle dispose du temps nécessaire, la partie qui a l'intention de déclarer le contrat résolu doit le notifier à l'autre partie dans des conditions raisonnables pour lui permettre de donner des assurances suffisantes de la bonne exécution de ses obligations.

3) Les dispositions du paragraphe précédent ne s'appliquent pas si l'autre partie a déclaré qu'elle n'exécuterait pas ses obligations.

Article 73

1) Dans les contrats à livraisons successives, si l'inexécution par l'une des parties d'une obligation relative à une livraison constitue une contravention essentielle au contrat en ce qui concerne cette livraison, l'autre partie peut déclarer le contrat résolu pour ladite livraison.

2) Si l'inexécution par l'une des parties d'une obligation relative à une livraison donne à l'autre partie de sérieuses raisons de penser qu'il y aura contravention essentielle au contrat en ce qui concerne des obligations futures, elle peut déclarer le contrat résolu pour l'avenir, à condition de le faire dans un délai raisonnable.

3) L'acheteur qui déclare le contrat résolu pour une livraison peut, en même temps, le déclarer résolu pour les livraisons déjà reçues ou pour les livraisons futures si, en raison de leur connexité, ces livraisons ne peuvent

être utilisées aux fins envisagées par les parties au moment de la conclusion du contrat.

Section II. Dommages-intérêts

Article 74

Les dommages-intérêts pour une contravention au contrat commise par une partie sont égaux à la perte subie et au gain manqué par l'autre partie par suite de la contravention. Ces dommages-intérêts ne peuvent être supérieurs à la perte subie et au gain manqué que la partie en défaut avait prévus ou aurait dû prévoir au moment de la conclusion du contrat, en considérant les faits dont elle avait connaissance ou aurait dû avoir connaissance, comme étant des conséquences possibles de la contravention au contrat.

Article 75

Lorsque le contrat est résolu et que, d'une manière raisonnable et dans un délai raisonnable après la résolution, l'acheteur a procédé à un achat de remplacement ou le vendeur à une vente compensatoire, la partie qui demande des dommages-intérêts peut obtenir la différence entre le prix du contrat et le prix de l'achat de remplacement ou de la vente compensatoire ainsi que tous autres dommages-intérêts qui peuvent être dus en vertu de l'article 74.

Article 76

1) Lorsque le contrat est résolu et que les marchandises ont un prix courant, la partie qui demande des dommages-intérêts peut, si elle n'a pas procédé à un achat de remplacement ou à une vente compensatoire au titre de l'article 75, obtenir la différence entre le prix fixé dans le contrat et le prix courant au moment de la résolution ainsi que tous autres dommages- intérêts qui peuvent être dus au titre de l'article 74. Néanmoins, si la partie qui demande des dommages-intérêts a déclaré le contrat résolu après avoir pris possession des marchandises, c'est le prix courant au moment de la prise de possession qui est applicable et non pas le prix courant au moment de la résolution.

2) Aux fins du paragraphe précédent, le prix courant est celui du lieu où la livraison des marchandises aurait dû être effectuée ou, à défaut de prix courant en ce lieu, le prix courant pratiqué en un autre lieu qu'il apparaît raisonnable de prendre comme lieu de référence, en tenant compte des différences dans les frais de transport des marchandises.

Article 77

La partie qui invoque la contravention au contrat doit prendre les mesures raisonnables, eu égard aux circonstances, pour limiter la perte, y compris le gain manqué, résultant de la contravention. Si elle néglige de le faire, la partie en défaut peut demander une réduction des dommages-intérêts égale au montant de la perte qui aurait dû être évitée.

Section III. Intérêts

Article 78

Si une partie ne paie pas le prix ou toute autre somme due, l'autre partie a droit à des intérêts sur cette somme, sans préjudice des dommages- intérêts qu'elle serait fondée à demander en vertu de l'article 74.

Section IV. Exonération

Article 79

1) Une partie n'est pas responsable de l'inexécution de l'une quelconque de ses obligations si elle prouve que cette inexécution est due à un empêchement indépendant de sa volonté et que l'on ne pouvait raisonnablement attendre d'elle qu'elle le prenne en considération au moment de la conclusion du contrat, qu'elle le prévienne ou le surmonte ou qu'elle en prévienne ou surmonte les conséquences.

2) Si l'inexécution par une partie est due à l'inexécution par un tiers qu'elle a chargé d'exécuter tout ou partie du contrat, cette partie n'est exonérée de sa responsabilité que dans le cas :

a) Où elle l'est en vertu des dispositions du paragraphe précédent ; et

b) Où le tiers serait lui aussi exonéré si les dispositions de ce paragraphe lui étaient appliquées.

3) L'exonération prévue par le présent article produit effet pendant la durée de l'empêchement.

4) La partie qui n'a pas exécuté doit avertir l'autre partie de l'empêchement et de ses effets sur sa capacité d'exécuter. Si l'avertissement n'arrive pas à destination dans un délai raisonnable à partir du moment où la partie qui n'a pas exécuté a connu ou aurait dû connaître l'empêchement, celle-ci est tenue à des dommages-intérêts du fait de ce défaut de réception.

5) Les dispositions du présent article n'interdisent pas à une partie d'exercer tous ses droits autres que celui d'obtenir des dommages-intérêts en vertu de la présente Convention.

Article 80

Une partie ne peut pas se prévaloir d'une inexécution par l'autre partie dans la mesure où cette inexécution est due à un acte ou à une omission de sa part.

Section V. Effets de la résolution

Article 81

1) La résolution du contrat libère les deux parties de leurs obligations, sous réserve des dommages-intérêts qui peuvent être dus. Elle n'a pas d'effet sur les stipulations du contrat relatives au règlement des différends ou aux droits et obligations des parties en cas de résolution.

2) La partie qui a exécuté le contrat totalement ou partiellement peut réclamer restitution à l'autre partie de ce qu'elle a fourni ou payé en exécution du contrat. Si les deux parties sont tenues d'effectuer des restitutions, elles doivent y procéder simultanément.

Article 82

1) L'acheteur perd le droit de déclarer le contrat résolu ou d'exiger du vendeur la livraison de marchandises de remplacement s'il lui est impossible de restituer les marchandises dans un état sensiblement identique à celui dans lequel il les a reçues.

2) Le paragraphe précédent ne s'applique pas :

a) Si l'impossibilité de restituer les marchandises ou de les restituer dans un état sensiblement identique à celui dans lequel l'acheteur les a reçues n'est pas due à un acte ou à une omission de sa part ;

b) Si les marchandises ont péri ou sont détériorées, en totalité ou en partie, en conséquence de l'examen prescrit à l'article 36 ; ou

c) Si l'acheteur, avant le moment où il a constaté ou aurait dû constater le défaut de conformité, a vendu tout ou partie des marchandises dans le cadre d'une opération commerciale normale ou a consommé ou transformé tout ou partie des marchandises conformément à l'usage normal.

Article 83

L'acheteur qui a perdu le droit de déclarer le contrat résolu ou d'exiger du vendeur la livraison de marchandises de remplacement en vertu de l'article 82 conserve le droit de se prévaloir de tous les autres moyens qu'il tient du contrat et de la présente Convention.

Article 84

1) Si le vendeur est tenu de restituer le prix, il doit aussi payer des intérêts sur le montant de ce prix à compter du jour du paiement.

2) L'acheteur doit au vendeur l'équivalent de tout profit qu'il a retiré des marchandises ou d'une partie de celles-ci :

a) Lorsqu'il doit les restituer en tout ou en partie ; ou

b) Lorsqu'il est dans l'impossibilité de restituer tout ou partie des marchandises ou de les restituer en tout ou en partie dans un état sensiblement identique à celui dans lequel il les a reçues et que néanmoins il a déclaré le contrat résolu ou a exigé du vendeur la livraison de marchandises de remplacement.

Section VI. Conservation des marchandises

Article 85

Lorsque l'acheteur tarde à prendre livraison des marchandises ou qu'il n'en paie pas le prix, alors que le paiement du prix et la livraison doivent se faire simultanément, le vendeur, s'il a les marchandises en sa possession ou sous son contrôle, doit prendre les mesures raisonnables, eu égard aux circonstances, pour en assurer la conservation. Il est fondé à les retenir jusqu'à ce qu'il ait obtenu de l'acheteur le remboursement de ses dépenses raisonnables.

Article 86

1) Si l'acheteur a reçu les marchandises et entend exercer tout droit de les refuser en vertu du contrat ou de la présente Convention, il doit prendre les mesures raisonnables, eu égard aux circonstances, pour en assurer la conservation. Il est fondé à les retenir jusqu'à ce qu'il ait obtenu du vendeur le remboursement de ses dépenses raisonnables.

2) Si les marchandises expédiées à l'acheteur ont été mises à sa disposition à leur lieu de destination et si l'acheteur exerce le droit de les refuser, il doit en prendre possession pour le compte du vendeur à condition de pouvoir le faire sans paiement du prix et sans inconvénients ou frais déraisonnables. Cette disposition ne s'applique pas si le vendeur est présent au lieu de destination ou s'il y a en ce lieu une personne ayant qualité pour prendre les marchandises en charge pour son compte. Les droits et obligations de l'acheteur qui prend possession des marchandises en vertu du présent paragraphe sont régis par le paragraphe précédent.

Article 87

La partie qui est tenue de prendre des mesures pour assurer la conservation des marchandises peut les déposer dans les magasins d'un tiers aux frais de l'autre partie, à condition que les frais qui en résultent ne soient pas déraisonnables.

Article 88

1) La partie qui doit assurer la conservation des marchandises conformément aux articles 85 ou 86 peut les vendre par tous moyens appropriés si l'autre partie a apporté un retard déraisonnable à prendre possession des marchandises ou à les reprendre ou à payer le prix ou les frais de leur conservation, sous réserve de notifier à cette autre partie, dans des conditions raisonnables, son intention de vendre.

2) Lorsque les marchandises sont sujettes à une détérioration rapide ou lorsque leur conservation entraînerait des frais déraisonnables, la partie qui est tenue d'assurer la conservation des marchandises conformément aux articles 85 ou 86 doit raisonnablement s'employer à les vendre. Dans la mesure du possible, elle doit notifier à l'autre partie son intention de vendre.

3) La partie qui vend les marchandises a le droit de retenir sur le produit de la vente un montant égal aux frais raisonnables de conservation et de vente des marchandises. Elle doit le surplus à l'autre partie.

Quatrième partie. Dispositions finales

Article 89

Le Secrétaire général de l'Organisation des Nations Unies est désigné comme dépositaire de la présente Convention.

Article 90

La présente Convention ne prévaut pas sur un accord international déjà conclu ou à conclure qui contient des dispositions concernant les matières régies par la présente Convention, à condition que les parties au contrat aient leur établissement dans des États parties à cet accord.

Article 91

1) La présente Convention sera ouverte à la signature à la séance de clôture de la Conférence des Nations Unies sur les contrats de vente internationale de marchandises et restera ouverte à la signature de tous les États au Siège de l'Organisation des Nations Unies, à New York, jusqu'au 30 septembre 1981.

2) La présente Convention est sujette à ratification, acceptation ou approbation par les États signataires.

3) La présente Convention sera ouverte à l'adhésion de tous les États qui ne sont pas signataires, à partir de la date à laquelle elle sera ouverte à la signature.

4) Les instruments de ratification, d'acceptation, d'approbation ou d'adhésion seront déposés auprès du Secrétaire général de l'Organisation des Nations Unies.

Article 92

1) Tout État contractant pourra, au moment de la signature, de la ratification, de l'acceptation, de l'approbation ou de l'adhésion, déclarer qu'il ne sera pas lié par la deuxième partie de la présente Convention ou qu'il ne sera pas lié par la troisième partie de la présente Convention.

2) Un État contractant qui fait, en vertu du paragraphe précédent, une déclaration à l'égard de la deuxième partie ou de la troisième partie de la présente Convention ne sera pas considéré comme étant un État contractant, au sens du paragraphe 1 de l'article premier de la Convention, pour les matières régies par la partie de la Convention à laquelle cette déclaration s'applique.

Article 93

1) Tout État contractant qui comprend deux ou plusieurs unités territoriales dans lesquelles, selon sa constitution, des systèmes de droit différents s'appliquent dans les matières régies par la présente Convention pourra, au moment de la signature, de la ratification, de l'acceptation, de

l'approbation ou de l'adhésion, déclarer que la présente Convention s'appliquera à toutes ses unités territoriales ou seulement à l'une ou plusieurs d'entre elles et pourra à tout moment modifier cette déclaration en faisant une nouvelle déclaration.

2) Ces déclarations seront notifiées au dépositaire et désigneront expressément les unités territoriales auxquelles la Convention s'applique.

3) Si, en vertu d'une déclaration faite conformément au présent article, la présente Convention s'applique à l'une ou à plusieurs des unités territoriales d'un État contractant, mais non pas à toutes, et si l'établissement d'une partie au contrat est situé dans cet État, cet établissement sera considéré, aux fins de la présente Convention, comme n'étant pas situé dans un État contractant, à moins qu'il ne soit situé dans une unité territoriale à laquelle la Convention s'applique.

4) Si un État contractant ne fait pas de déclaration en vertu du paragraphe 1 du présent article, la Convention s'appliquera à l'ensemble du territoire de cet État.

Article 94

1) Deux ou plusieurs États contractants qui, dans des matières régies par la présente Convention, appliquent des règles juridiques identiques ou voisines peuvent, à tout moment, déclarer que la Convention ne s'appliquera pas aux contrats de vente ou à leur formation lorsque les parties ont leur établissement dans ces États. De telles déclarations peuvent être faites conjointement ou être unilatérales et réciproques.

2) Un État contractant qui, dans des matières régies par la présente Convention, applique des règles juridiques identiques ou voisines de celles d'un ou de plusieurs États non contractants peut, à tout moment, déclarer que la Convention ne s'appliquera pas aux contrats de vente ou à leur formation lorsque les parties ont leur établissement dans ces États.

3) Lorsqu'un État à l'égard duquel une déclaration a été faite en vertu du paragraphe précédent devient par la suite un État contractant, la déclaration mentionnée aura, à partir de la date à laquelle la présente Convention entrera en vigueur à l'égard de ce nouvel État contractant, les effets d'une déclaration faite en vertu du paragraphe 1, à condition que le nouvel État contractant s'y associe ou fasse une déclaration unilatérale à titre réciproque.

Article 95

Tout État peut déclarer, au moment du dépôt de son instrument de ratification, d'acceptation, d'approbation ou d'adhésion, qu'il ne sera pas lié par l'alinéa *b* du paragraphe 1 de l'article premier de la présente Convention.

Article 96

Tout État contractant dont la législation exige que les contrats de vente soient conclus ou constatés par écrit peut à tout moment déclarer, conformément à l'article 12, que toute disposition de l'article 11, de l'article 29 ou de la deuxième partie de la présente Convention autorisant une forme autre que la forme écrite pour la conclusion, la modification ou la résiliation amiable d'un contrat de vente, ou pour toute offre, acceptation ou autre manifestation d'intention, ne s'applique pas dès lors que l'une des parties a son établissement dans cet État.

Article 97

1) Les déclarations faites en vertu de la présente Convention lors de la signature sont sujettes à confirmation lors de la ratification, de l'acceptation ou de l'approbation.

2) Les déclarations, et la confirmation des déclarations, seront faites par écrit et formellement notifiées au dépositaire.

3) Les déclarations prendront effet à la date de l'entrée en vigueur de la présente Convention à l'égard de l'État déclarant. Cependant, les déclarations dont le dépositaire aura reçu notification formelle après cette date prendront effet le premier jour du mois suivant l'expiration d'un délai de six mois à compter de la date de leur réception par le dépositaire. Les déclarations unilatérales et réciproques faites en vertu de l'article 94 prendront effet le premier jour du mois suivant l'expiration d'une période de six mois après la date de la réception de la dernière déclaration par le dépositaire.

4) Tout État qui fait une déclaration en vertu de la présente Convention peut à tout moment la retirer par une notification formelle adressée par écrit au dépositaire. Ce retrait prendra effet le premier jour du mois suivant l'expiration d'une période de six mois après la date de réception de la notification par le dépositaire.

5) Le retrait d'une déclaration faite en vertu de l'article 94 rendra caduque, à partir de la date de sa prise d'effet, toute déclaration réciproque faite par un autre État en vertu de ce même article.

Article 98

Aucune réserve n'est autorisée autre que celles qui sont expressément autorisées par la présente Convention.

Article 99

1) La présente Convention entrera en vigueur, sous réserve des dispositions du paragraphe 6 du présent article, le premier jour du mois suivant l'expiration d'une période de douze mois après la date du dépôt du dixième instrument de ratification, d'acceptation, d'approbation ou d'adhésion, y compris tout instrument contenant une déclaration faite en vertu de l'article 92.

2) Lorsqu'un État ratifiera, acceptera ou approuvera la présente Convention ou y adhérera après le dépôt du dixième instrument de

ratification, d'acceptation, d'approbation ou d'adhésion, la Convention, à l'exception de la partie exclue, entrera en vigueur à l'égard de cet État, sous réserve des dispositions du paragraphe 6 du présent article, le premier jour du mois suivant l'expiration d'une période de douze mois après la date du dépôt de l'instrument de ratification, d'acceptation, d'approbation ou d'adhésion.

3) Tout État qui ratifiera, acceptera ou approuvera la présente Convention ou y adhérera et qui est partie à la Convention portant loi uniforme sur la formation des contrats de vente Internationale des objets mobiliers corporels faite à La Haye le 1 juillet 1964 (Convention de La Haye de 1964 sur la information) ou à la Convention portant loi uniforme sur la vente Internationale des objets mobiliers corporels faite à La Haye le 1 juillet 1964 (Convention de La Haye de 1964 sur la vente), ou à ces deux conventions, dénoncera en même temps, selon le cas, la Convention de La Haye de 1964 sur la vente ou la Convention de La Haye sur la formation, ou ces deux conventions, en adressant une notification à cet effet au Gouvernement néerlandais.

4) Tout État partie à la Convention de La Haye de 1964 sur la vente qui ratifiera, acceptera ou approuvera la présente Convention ou y adhérera et qui déclarera ou aura déclaré en vertu de l'article 92 qu'il n'est pas lié par la deuxième partie de la Convention, dénoncera, au moment de la ratification, de l'acceptation, de l'approbation ou de l'adhésion, la Convention de La Haye de 1964 sur la vente en adressant une notification à cet effet au Gouvernement néerlandais.

5) Tout État partie à la Convention de La Haye de 1964 sur la vente qui ratifiera, acceptera ou approuvera la présente Convention ou y adhérera et qui déclarera ou aura déclaré en vertu de l'article 92 qu'il n'est pas lié par la troisième partie de la Convention, dénoncera, au moment de la ratification, de l'acceptation, de l'approbation ou de l'adhésion, la Convention de La Haye de 1964 sur la formation en adressant une notification à cet effet au Gouvernement néerlandais.

6) Aux fins du présent article, les ratifications, acceptations, approbations et adhésions effectuées à l'égard de la présente Convention par des États parties à la Convention de La Haye de 1964 sur la formation ou à la Convention de La Haye de 1964 sur la vente ne prendront effet qu'à la date à laquelle les dénonciations éventuellement requises de la part desdits États à l'égard de ces deux conventions auront elles-mêmes pris effet. Le dépositaire de la présente Convention s'entendra avec le Gouvernement néerlandais, dépositaire des conventions de 1964, pour assurer la coordination nécessaire à cet égard.

Article 100

1) La présente Convention s'applique à la formation des contrats conclus à la suite d'une proposition intervenue après l'entrée en vigueur de la

Convention à l'égard des États contractants visés à l'alinéa *a* du paragraphe 1 de l'article premier ou de l'État contractant visé à l'alinéa *b* du paragraphe 1 de l'article premier.

2) La présente Convention s'applique uniquement aux contrats conclus après son entrée en vigueur à l'égard des États contractants visés à l'alinéa *a* du paragraphe 1 de l'article premier ou de l'État contractant visé à l'alinéa *b* du paragraphe 1 de l'article premier.

Article 101

1) Tout État contractant pourra dénoncer la présente Convention, ou la deuxième ou la troisième partie de la Convention, par une notification formelle adressée par écrit au dépositaire.

2) La dénonciation prendra effet le premier jour du mois suivant l'expiration d'une période de douze mois après la date de réception de la notification par le dépositaire. Lorsqu'une période plus longue pour la prise d'effet de la dénonciation est spécifiée dans la notification, la dénonciation prendra effet à l'expiration de la période en question après la date de réception de la notification.

Résumé :

La *Common Law* et le droit civil sont les principaux systèmes de droit dans le monde et la vente de marchandises est le contrat le plus important.

La vente internationale de marchandises a été soumise à la loi anglaise et au droit civil indistinctement, ce qui a parfois posé problème en raison des approches différentes adoptées fondées sur des principes et institutions distincts.

La Convention de Vienne du 11 avril 1980 sur la vente internationale de marchandises a essayé de concilier ces différences avec une technique codificatrice, typique du droit civil, en privilégiant le plus souvent des règles de droit civil mais en introduisant aussi des institutions du *Common Law* qui ne sont pas incompatibles avec le droit civil.

Les principes généraux du droit civil et d'Unidroit ont participé à la réalisation de ce but d'harmonisation des règles relatives à la vente internationale de marchandises en intégrant les dispositions de la Convention des Nations Unies sur les contrats de vente (CVIM), même lors de la phase interprétative.

La force de la codification s'impose par rapport à la tradition jurisprudentielle britannique, en donnant ainsi certitude et sophistication législative à ce sujet, dont l'importance est capitale pour le commerce mondial.

Descripteurs : Common Law ; Convention de Vienne 1980 ; droit civil ; internationale ; principes d'Unidroit ; principes généraux du droit ; vente

Abstract:

Common Law and Civil Law are the main legal systems in the world and the sale of goods is the most important contract.

Sales of goods have been ruled either by English Law or Civil Law, which has posed problems sometimes due to different approaches regarding certain principles and institutions.

The 11th April 1980 Vienna Convention on international sale of goods tried to harmonise these differences with a codification technique, typical of Civil Law, giving privilege to rules of Civil Law most of the time but also introducing institutions from Common Law, that are not incompatible with Civil Law, as we will see.

The general principles of Civil Law and Unidroit principles help with this harmonisation goal, integrating the rules of the CISG and also with the interpretation phase.

The power of codification prevails over Common Law, giving certitude and sophistication to this matter, which is vital for global commerce.

Keywords:

Civil law; common law; general principles of law; goods; international; sale; unidroit principles; Vienna Convention 1980.

TABLE DES MATIÈRES

DROIT

AUX ÉDITIONS L'HARMATTAN

Dernières parutions

DROIT DES RESSOURCES NATURELLES
Éléments d'élaboration, d'analyse et d'évaluation des lois
Mukendi Mukendi Ntantamika
Préface de Maître Emery Mukendi Wafwana
Cet ouvrage tente de répondre à la problématique induite par la quête scientifique et politique d'un meilleur système d'appropriation des ressources naturelles, d'un meilleur dispositif de contrôle d'accès à leurs gisements et de redistribution des revenus de leur exploitation. C'est par la construction d'archétypes de régimes juridiques déduits des critères institutionnels, écologiques, sociaux et économiques du principe de développement durable que ce livre procède.
(Coll. Harmattan RDC, 612 p., 49 euros)
ISBN : 978-2-343-15169-4, EAN EBOOK : 9782140122569

LES PROCÉDURES DE CONTRÔLE A POSTERIORI EN RD CONGO
Mise en oeuvre de contrôles douaniers et accisiens modernes et efficaces
Alain Tenday Lupumba
Préface d'Albert Yuma Mulimbi - Postface de Gabriel Mwepu Numbi
"Les objectifs de cet ouvrage sont de sensibiliser les professionnels et les autres acteurs du commerce international aux spécificités du contrôle douanier a posteriori et d'offrir une approche pratique et spécifique des rôles et responsabilités des uns et des autres. En l'intitulant Les procédures de contrôle a posteriori en RD Congo, mise en oeuvre de contrôles douaniers et accisiens modernes et efficaces, l'auteur a volontairement pris le parti de questionner l'ensemble des composantes susceptibles d'influencer la performance de l'administration douanière, y compris les aspects humains" (extrait de la préface de Albert Yuma Mulimbi)
(Coll. Comptes Rendus, 270 p., 28 euros)
ISBN : 978-2-343-17235-4, EAN EBOOK : 9782140122149

AN OUTILINE OF CUSTOMS POLICY OF THE DEMOCRATIC REPUBLIC OF CONGO
2003-2010
Jean-Paul Esamba Bokel'Ipoka
Foreword by Déo Rugwiza Magera
An Outline of Customs Policy of the Democratic Republic of Congo presents in the easiest way what is meant by customs policy in general, its basics namely: objects, elements, sources, instruments, functions (...), regional and international frameworks. The author stresses on the customs policy progress from 2003 to 2010, which is a decisive period in the DRC customs management, through the implementation of 2003 customs reform and modernization programme.
(Coll. Harmattan Cameroun, 156 p., 17 euros)
ISBN : 978-2-343-17710-6, EAN EBOOK : 9782140122040

LA GOUVERNANCE FORESTIÈRE EN RÉPUBLIQUE DU CONGO
1899-2017
André Ondele-Kanga
Ce livre a été rédigé pour documenter et archiver, au profit des générations futures, l'historique de la gouvernance forestière en République du Congo de 1899 à 2018. Il dénonce un paradoxe de la

gouvernance forestière actuelle qui, renonçant à la croissance économique du secteur, fonde son satisfécit sur le succès diplomatique retentissant qui fait jouer au pays un rôle honorifique de leadership des forêts du bassin du Congo.

(Coll. Harmattan Congo-Brazzaville, 376 p., 37,5 euros)

ISBN : 978-2-343-15305-6, EAN EBOOK : 9782140121845

LES CHEFFERIES TRADITIONNELLES AFRICAINES FACE À LA DYNAMIQUE DES RÉFORMES TERRITORIALES

Contribution à l'étude des processus de décentralisation

Koko Adiki Tovenim

Cette étude, au-delà d'un bilan sur les processus de décentralisation en Afrique, se veut aussi prospective en offrant une mise à jour des institutions locales en Afrique subsaharienne dans le cadre des réformes territoriales entreprises ces dernières années.

(Coll. Études africaines, 228 p., 24,5 euros)

ISBN : 978-2-343-17045-9, EAN EBOOK : 9782140121371

LES MUTATIONS RÉCENTES DE LA JUSTICE ADMINISTRATIVE EN AFRIQUE FRANCOPHONE

Etude critique à partir du modèle camerounais

Olivier Fandjip

En Afrique francophone, on observe ces dernières années des réformes qui tendent, d'une part, à consolider les différents modèles de justice administrative en vigueur et, d'autre part, à améliorer la qualité de la justice. Ces évolutions renouvellent les interrogations sur la déconcentration et l'autonomie des juridictions administratives. À travers une analyse critique et prospective, cet ouvrage montre que, malgré l'importance de ces mutations, les problématiques de l'accès et de l'autonomie de la justice administrative se posent encore avec acuité.

(Coll. Études africaines, 254 p., 25 euros)

ISBN : 978-2-343-16510-3, EAN EBOOK : 9782140120657

DROITS DES TÉLÉCOMS ET DU NUMÉRIQUE

Profil africain et congolais, prospective comparée d'Europe et de France

Kodjo Ndukuma Adjayi

Les télécoms, l'Internet et le numérique sont des facteurs techniques de transformation du droit. À l'origine, les télécoms étaient sous le régime des services publics. À partir des États-Unis et de l'Europe, l'OMC (1994-1997) a promu le droit sectoriel de la régulation. Partout, de nouveaux défis sont nés, dans le démantèlement des monopoles vers une totale économie de marché. Pour la République démocratique du Congo, ses lois « dérégulatrices », figées depuis le 16 octobre 2002, contrastent avec les mutations numériques, économiques et sociétales des États postmodernes à l'épreuve d'Internet. L'« Europe des télécoms » réajuste constamment sa politique législative autour d'objectifs structurants : construction du marché, diffusion technologique, protection des données, etc. Si l'Afrique s'adapte à peine et avec peine, la République démocratique du Congo entend bien encadrer télécoms et TIC, renouveau de régulation étatique, échanges et commerce électroniques, à travers trois textes de loi en gestation...

(Coll. Enjeux et droits numériques, 434 p., 39 euros)

ISBN : 978-2-343-15722-1, EAN EBOOK : 9782140119033

DROIT DE L'ÉCONOMIE NUMÉRIQUE

E-commerce et dérégulation européenne, française, internationale, africaine, congolaise des télécoms

Kodjo Ndukuma Adjayi

Télécoms, Internet et numérisation ont donné prise à la révolution numérique. La phénoménologie d'ordre sociétal qui en résulte est une source réelle pour le Droit. Aujourd'hui, l'État fait face à des polycentres du pouvoir normatif et aux géants planétaires du Net. L'indépendance du Net postule la régulation seulement par le code informatique et par le marché. Tourneboulés, les paradigmes du droit offrent deux approches possibles de législation : via le contenu des activités réseautées ou via leur contenant. Le réseau est, en effet, la voie électronique pour le commerce à distance. Il monétise la valeur du clic ainsi que les intelligences sans cesse inventives. Il faut donc appréhender les enjeux dans le champ d'un Droit de l'économie numérique.

(Coll. Enjeux et droits numériques, 460 p., 42 euros)

ISBN : 978-2-343-15721-4, EAN EBOOK : 9782140119057

ESCULAPE ET MARS

Certificat médical et détention d'armes

Tanguy Kerneïs

Comment rédiger un certificat médical pour "faire du tir" et que faut-il écrire ? Engage-t-on sa responsabilité pour établir un certificat lors d'une demande d'inscription à l'examen du permis de chasser ou pour rédiger un document pour ce patient qui vient d'hériter du fusil du grand-père et qui veut le conserver ? Cet ouvrage explique les arcanes de la législation des armes et détaille les diverses situations pour que ces certificats ne deviennent pas une source d'inquiétude supplémentaire à une époque où la détention et l'usage d'une arme provoquent une angoisse sociétale.

SPM (92 p., 13 euros)

ISBN : 978-2-917232-98-9, EAN EBOOK : 9782140119460

CENTENAIRE DE LA DEUXIÈME RÉVOLUTION RUSSE

Perceptions et représentations contemporaines

David Cumin

2017 fut l'année du centenaire de la Révolution russe. Les contributions regroupées dans cet ouvrage s'intéressent aux perceptions et aux représentations contemporaines de cet événement. Comment perçoit-on le bolchevisme et l'URSS de nos jours, aussi bien en Russie qu'en France ou en Europe occidentale ? Andreï Gratchev (ancien conseiller de Mikhaïl Gorbatchev) fournit une réponse inédite sur ce point.

(Coll. Épistémologie et philosophie des sciences, 182 p., 19 euros)

ISBN : 978-2-343-17482-2, EAN EBOOK : 9782140120411

SÉPARATION DES POUVOIRS ET CONTRE-POUVOIRS

Actes des 1ères journées scientifiques de droit constitutionnel

Palais des Congrès de Niamey, du 10 au 13 octobre 2017

Oumarou Narey

Avec l'Association Nigérienne de Droit Constitutionnel (Andc)

L'ouvrage tente de remettre en lumière l'essence de la séparation des pouvoirs et l'esprit des contre-pouvoirs alors qu'ils ont toujours été au centre des débats doctrinaux. La tombée en désuétude de la théorie ou son inadaptation aux réalités contemporaines fait que l'on assiste aujourd'hui à la construction d'une notion de substitution, celle de contre-pouvoir. Mais le recours presque frénétique à la notion, dans le champ du droit constitutionnel et politique, comporte un risque principal : celui de la perte de toute portée explicative et de son sens critique.

(Coll. Harmattan Sénégal, 518 p., 49 euros)

ISBN : 978-2-343-16827-2, EAN EBOOK : 9782140120237

QUAND SURVEILLER C'EST PUNIR

Vers un au-delà de la justice pénale

Dominique Rivière

Punir semble la réponse naturelle à un acte jugé indésirable. Pourtant, constatant l'impossibilité de définir clairement l'acte délictueux ou criminel, et réalisant que ce sont surtout les pauvres qui sont punis, la question du sens de la peine se pose, et plus encore sa justification. Remplacer le mot crime par situation problème, c'est envisager un au-delà de la justice rétributive. Refuser toute violence, c'est aller vers une société où le paradigme punitif cède la place au soin, à l'éducation, à la médiation, à la protection des personnes. Abolir la prison, et le Code pénal, suppose un changement de regard : l'autre, dans une altérité parfois très difficile, reste un être de parole et ne peut être l'objet de coercition. Puissent ces lignes ouvrir un nouvel horizon qui exclue radicalement la violence.

(Coll. Questions contemporaines, 222 p., 22,5 euros)

ISBN : 978-2-343-17356-6, EAN EBOOK : 9782140120138

POUR UNE CRIMINOLOGIE INTERCULTURELLE
Ethnoprobation
Guillaume Arandel
Préface de Philippe Pottier. Postface de Loïck M. Villerbu

Travailler avec des personnes délinquantes ou victimes suppose une adaptation à la diversité humaine et la singularité des situations. Or, dans un contexte d'interculturalité, les risques d'incompréhensions, de méprises et de maladresses sont démultipliés. L'analyse proposée ici s'appuie sur différentes méthodes et s'inspire de disciplines telles que : l'approche comparée (France, Canada, Mali), la philosophie, l'anthropologie juridique, l'ethnopsychiatrie, la communication interculturelle ou encore des témoignages. Développer ces savoirs revient à se donner l'opportunité de mieux appréhender les différentes cultures pour, in fine, encourager une meilleure prise de conscience de celle dans laquelle nous évoluons. Il s'agit de mieux appréhender les cultures questionnées, en comprendre leurs déviances et de gagner en lucidité sur leurs valeurs.

(Coll. Controverses, 134 p., 15 euros)
ISBN : 978-2-343-17291-0, EAN EBOOK : 9782140120008

LA DOMANIALITÉ DES BIENS DE L'ADMINISTRATION PUBLIQUE À L'ÉPREUVE DES RÉGIMES FONCIERS TRADITIONNELS
Samba Sarr

De nombreuses difficultés demeurent par rapport à la gestion du domaine, qu'il soit public ou privé, qu'il appartienne à l'Etat ou aux collectivités territoriales. Les droits coutumiers désormais reconnus et magnifiés à la faveur de la valorisation des traditions séculaires contestent la primauté du droit écrit. L'auteur présente la photographie des biens de l'administration publique ainsi que leur évolution par rapport aux régimes fonciers coutumiers.

(426 p., 42 euros)
ISBN : 978-2-343-17362-7, EAN EBOOK : 9782140120046

LES SÛRETÉS ET GARANTIES RÉELLES DANS LES PROCÉDURES COLLECTIVES
Yaya Diallo
Préface de Philippe Delebecque

En France et dans l'espace OHADA, le droit des procédures collectives renvoie aux procédures judiciaires spéciales et dérogatoires par rapport au droit commun réservées au traitement curatif des difficultés des entreprises. D'ordre public, ce droit est destiné à l'entreprise débitrice et à ses créanciers. Conformément aux objectifs poursuivis, les droits et sûretés subissent des atteintes et des restrictions. Mais cette emprise naturelle du droit des procédures collectives sur les sûretés des créanciers est remise en cause. Les nouveaux mécanismes de garantie de créance ont été différenciés des sûretés réelles classiques. Il en résulte une incohérence entre le droit des sûretés et le droit des procédures collectives. Pour y remédier, cette thèse propose l'extension de l'emprise du droit des procédures collectives aux propriétés sûretés.

(Coll. Logiques Juridiques, 564 p., 49 euros)
ISBN : 978-2-343-15222-6, EAN EBOOK : 9782140119538

LIRE LES CONSTITUTIONS
Laureline Fontaine
Ouvrage coordonné par

Le phénomène du constitutionnalisme englobe plusieurs événements et appréciations : la philosophie initiale s'appuyant sur la valeur du droit comme « capable » de limiter et de cadrer le pouvoir politique qu'il s'agit effectivement de limiter et de cadrer, relayée par la valeur anthropologique du droit comme « élément traducteur » de la société humaine ; l'élaboration, la pratique, l'interprétation, la pensée et la diffusion des constitutions aussi, au sein des différents espaces géographiques et temporels, qui comptent donc autant d'éléments non juridiques que juridiques.

(Coll. Questions contemporaines, 196 p., 19,5 euros)
ISBN : 978-2-343-16082-5, EAN EBOOK : 9782140119132

Structures éditoriales du groupe L'Harmattan

L'Harmattan Italie
Via degli Artisti, 15
10124 Torino
harmattan.italia@gmail.com

L'Harmattan Hongrie
Kossuth l. u. 14-16.
1053 Budapest
harmattan@harmattan.hu

L'Harmattan Sénégal
10 VDN en face Mermoz
BP 45034 Dakar-Fann
senharmattan@gmail.com

L'Harmattan Cameroun
TSINGA/FECAFOOT
BP 11486 Yaoundé
inkoukam@gmail.com

L'Harmattan Burkina Faso
Achille Somé – tengnule@hotmail.fr

L'Harmattan Guinée
Almamya, rue KA 028 OKB Agency
BP 3470 Conakry
harmattanguinee@yahoo.fr

L'Harmattan RDC
185, avenue Nyangwe
Commune de Lingwala – Kinshasa
matangilamusadila@yahoo.fr

L'Harmattan Congo
67, boulevard Denis-Sassou-N'Guesso
BP 2874 Brazzaville
harmattan.congo@yahoo.fr

L'Harmattan Mali
Sirakoro-Meguetana V31
Bamako
syllaka@yahoo.fr

L'Harmattan Togo
Djidjole – Lomé
Maison Amela
face EPP BATOME
ddamela@aol.com

L'Harmattan Côte d'Ivoire
Résidence Karl – Cité des Arts
Abidjan-Cocody
03 BP 1588 Abidjan
espace_harmattan.ci@hotmail.fr

L'Harmattan Algérie
22, rue Moulay-Mohamed
31000 Oran
info2@harmattan-algerie.com

L'Harmattan Maroc
5, rue Ferrane-Kouicha, Talaâ-Elkbira
Chrableyine, Fès-Médine
30000 Fès
harmattan.maroc@gmail.com

Nos librairies en France

Librairie internationale
16, rue des Écoles – 75005 Paris
librairie.internationale@harmattan.fr
01 40 46 79 11
www.librairieharmattan.com

Librairie l'Espace Harmattan
21 bis, rue des Écoles – 75005 Paris
librairie.espace@harmattan.fr
01 43 29 49 42

Lib. sciences humaines & histoire
21, rue des Écoles – 75005 Paris
librairie.sh@harmattan.fr
01 46 34 13 71
www.librairieharmattansh.com

Lib. Méditerranée & Moyen-Orient
7, rue des Carmes – 75005 Paris
librairie.mediterranee@harmattan.fr
01 43 29 71 15

Librairie Le Lucernaire
53, rue Notre-Dame-des-Champs – 75006 Paris
librairie@lucernaire.fr
01 42 22 67 13

www.ingramcontent.com/pod-product-compliance
Lightning Source LLC
LaVergne TN
LVHW021147061026
849535LV00002B/383